法の理念と現実

酒匂一郎先生古稀記念論文集

［編集委員］
重松博之
高橋洋城
中山竜一
吉岡剛彦

成文堂

謹んで古稀をお祝いし

酒匂一郎 先生

に捧げます

執筆者一同

はしがき

　酒匂一郎先生は、本年5月に、古稀の誕生日を迎えられた。本書は、酒匂一郎先生の古稀を祝賀する記念論文集である。本書の執筆者は、酒匂先生の学恩に浴し学風に接してきた、幅広い者たちからなっている。具体的には、九州大学における酒匂先生の門下生のみならず、酒匂先生の学問上の師でもある故・三島淑臣教授（九州大学）門下の後輩や、九州法理論研究会・ドイツ法哲学研究会・日本法哲学会等で（また、その後の懇親会などでも）酒匂先生の薫陶を受けてきた研究者などである。

　本書の企画については、学会や研究会の後の懇親会の席上などで、まずは漠然と話題にあがっていた。その際、編集委員の念頭には、一冊の記念論文集が、一種の範型としてあった。その本には、酒匂一郎先生もまた、編集委員の一人として名を連ねられていた。それは、ホセ・ヨンパルト、田中成明、竹下賢、笹倉秀夫、酒匂一郎、永尾孝雄編『自由と正義の法理念　三島淑臣教授古稀祝賀』（成文堂、2003年）である。その論文集では、「法理念」が重要なキーワードとなっていた。それもふまえつつ、酒匂先生のこれまでの研究上の問題関心を振り返ってみると、ラートブルフやカントなどに即した形で、「法の理念」に関する問題関心が、酒匂法哲学の一つの重要な骨格をなしているように思われた。また、研究会後の懇親会の席上などにおいても、酒匂先生から「法の理念」に関する話題を、折々にうかがっていたところでもある。

　そうした際、杯が重なり議論が熱を帯びてくるにつれ、酒匂先生が、鋭利な現実認識を語られることもまた少なくない。それは、長い視野で見られた時代診断であり、その時々の社会事象への批評であり、ひいては人間の実相そのものへの観想でもある。また、法（哲）学界では類書に先んじて上梓されたご著書『インターネットと法』（信山社、2003年）からも知られるように、酒匂先生はネット全盛社会への造詣も深い。法がそこへ適用され、法の

効力とともに限界が露わになる場でもある「法の現実」に向けられた強いご関心についても、われわれは酒匂先生の炯眼に触れてきたところである。

　こうした事情をふまえて、酒匂先生の古稀を祝賀する本論文集を、『法の理念と現実』と題することとした。法哲学関連の本の書名としては、いささか古風で簡潔すぎるようにも思われるものの、堅実（かつ緻密）な研究を旨としておられる酒匂先生の古稀を祝賀する記念論文集としては、存外相応しいタイトルだとも思われる。ちなみに、この簡潔なタイトルの内には、法の理念と現実との間の、単なる二項対立だけではなく、むしろ、その対立の先にあるものの探求という意味合いが込められているということも、付記しておきたい。

　酒匂先生は、九州大学において長年にわたり、法哲学・法思想史を中心とする研究と教育に携わってこられた。大学や法科大学院における具体的な担当講義科目としては、「法理学」「法思想史」「現代法哲学」などの科目を担当された。また、日本法哲学会理事として、大会企画をはじめ学会運営に多大な貢献をしてこられたこと、さらに、『法の理論』（成文堂）の共編者としてご活動してこられたことは、法哲学研究者の間で広く知られているところである。

　酒匂先生の研究領域は、ラートブルフ、ハート、アレクシー、ハーバーマス、カント、ヘーゲル等の、法哲学・法思想史分野の多岐にわたっている。また近年は、比例性原則の研究などにも、集中的に取り組んでおられる。のみならず、その問題関心は、情報倫理や生命倫理などの広汎な実践的諸領域にも及んでおり、数多くの卓越した業績を残されている。そのうち、「酒匂法哲学」とも言うべき内容は、『法哲学講義』（成文堂、2019 年）としても結実しており、後進の法哲学研究者に対して、多くの示唆を与え続けている。

　ちなみに、酒匂先生の九州大学ご退官に際しては、『法政研究』（九州大学法政学会）より退職記念の論文集（第 86 巻第 3 号）が刊行されていたが、それからおおよそ 5 年を経て、この度、古稀記念論文集を刊行できるはこびとなった。今回の論文集は、学会・研究会等で酒匂先生の謦咳に接してきた、より一層幅広い執筆陣からご寄稿いただいたのを特徴としている。そうした執筆者と主題の多様性に鑑みて、本書所収の論文の部の構成を、主題ごとに

分類整理し、三部構成とすることとした。本書所収の各論文は、各執筆者が固有の問題関心から思い思いに論じたものであるが、結果としては、自由・正義・秩序などの「法の理念」に即したものへと、自ずと収斂していった。それは、酒匂先生との学会・研究会・懇親会などでの対話・やり取りを思い出し、それをふまえながら執筆された論文が多く含まれていた結果でもあるように思われる。

　最後に、専門書の刊行が難しい近年の出版動向のなか、本書の刊行をお引き受けいただいた成文堂社長の阿部成一氏、ならびに、本書の刊行に至るまで様々な場面で多大なご尽力と適切なアドバイスをいただいた、同編集部の飯村晃弘氏と松田智香子氏には、編集委員一同より、この場を借りて感謝申し上げる。

2024年5月

　　　　　　　　　　　　　　　　　　　　　　編集委員

　　　　　　　　　　　　　　　　　　　　　　　重松　博之
　　　　　　　　　　　　　　　　　　　　　　　高橋　洋城
　　　　　　　　　　　　　　　　　　　　　　　中山　竜一
　　　　　　　　　　　　　　　　　　　　　　　吉岡　剛彦

目　次

はしがき

第１部　自由・尊厳・連帯

トマス・アクィナスの人間理解から考える人間の尊厳
　……………………………………………………………河見　誠　3

カントの理念主義法哲学についての序説
　――尊厳の観点から――………………………城下健太郎　17

嘘の禁止と法秩序空間
　――カント「人間愛」論文を端緒として――…………木原　淳　29

ヘーゲル「法哲学」における理性的なもの（法）
と現実的なもの（法律）について
　――序文、緒論を中心に――……………………………小林正士　41

ヘーゲルの陪審裁判論
　――「法の理念と現実」との関連から――……………重松博之　53

ナッジと自由………………………………………………毛利康俊　71

ベーシック・インカムの採用についての覚書…………福原明雄　85

「健全な思弁」という法哲学方法論の含意………………菅原寧格　99

〝底ぬけ〟の人間と、〈知〉と〈生〉の有限性
　――哲学的解釈学にもとづく「法における人間」像の
　論究に向けた下準備として――………………………吉岡剛彦　115

第2部　正義・平等・道徳

『正義論』の遺産
　　——主題としての基本構造とグローバルな正義——……… 小園栄作　*133*

ロールズへのレクイエム
　　——正義論の本質的問題——……………………………… 渡辺幹雄　*143*

一般意志と公共的理性
　　——ロールズのルソー講義をめぐって——……………… 神原和宏　*155*

ロールズと社会主義 ……………………………………………… 亀本　洋　*171*

構造的不正義に対する複眼的観察 ……………………………… 若松良樹　*181*

平等の理論と現実
　　——アメリカ黒人人種差別問題を手がかりに——
　　……………………………………………………………… 細見佳子　*193*

怒りは建設的であらねばならないのか
　　——M. ヌスバウムの「転化する怒り」をめぐって——… 橋本祐子　*209*

アダム・スミスをめぐる刑罰論の諸相 ………………………… 太田寿明　*223*

法と道徳には必然的な結びつきがあるか ……………… 濱　真一郎　*237*

Ｈ・Ｌ・Ａ・ハート、ロン・Ｌ・フラー、グスタフ・ラートブルフ
　　——ナチスと法実証主義をめぐって——………………… 西村清貴　*249*

アレクシーを読むマコーミック
　　——ポスト実証主義の構想について——………………… 近藤圭介　*267*

第3部　秩序・倫理・自然法

純粋法学と現象学
　　——Fritz Schreier の法現象学とその可能性——……… 宮田賢人　*283*

アメリカ革命期憲法思想における「法廷としての議会」
　　……………………………………………………………清水　潤　297

誰が論争を仕掛けたのか
　　――天皇機関説論争の端緒をめぐる一考察――………森元　拓　317

中央銀行・貨幣・仮想通貨と多層的憲法秩序
　　――経済的自由権に関するドイツ「私法社会」論からの示唆――
　　………………………………………………………………塩見佳也　331

現代リスク社会を観察する
　　――社会構築主義的リスク理論のおさらい――…………江口厚仁　345

障害胎児を引き受ける親の責任………………………………陶久利彦　359

不正によって損なわれるもの
　　――『クリトン』篇のソクラテス――……………………村上　学　371

ヨハネス・メスナーの「文化倫理学」について
　　――「生活形式としての文化」について――……………井川昭弘　387

自然法としての「ダルマ」
　　――エゴイズムをいかにして超克するか？――…………高橋文彦　403

自然法の特免と衡平について
　　――スアレス『法律論』第2巻第16章を中心に――……松島裕一　421

酒匂一郎先生　略歴・主要業績目録……………………………………　431

第1部　自由・尊厳・連帯

トマス・アクィナスの人間理解から考える人間の尊厳

河見　誠

I　人間の尊厳論の舵取りを求めて――マリタンの危惧と現代
II　トマスの人間理解からの人間の尊厳
III　社会と法の舵取りとしての人間の尊厳提示に向けて

I　人間の尊厳論の舵取りを求めて
　　――マリタンの危惧と現代

　UNESCO 人権調査委員会のメンバーとして 1948 年国連憲章の起草に関わったジャック・マリタンは、二次大戦後の新しい時代と社会は「人間の尊厳」に基づいた人間人格の尊重によって根本的に組み立て直されなければならないと考えた。しかし同時に、人間の尊厳についても人格についても、コンセンサスは存せず、むしろ尊厳の内容と意味に関する普遍的な合意に関する偽りの自明性は極めて危険であると、危惧する。実際、人格尊重の名において、個人主義的無政府主義、独裁主義、全体主義が正当化されてきたのであって、この現実に対し、「トマス・アクィナスの思想によって導かれた inspired 人格主義のみが、人間人格から尊厳を奪い去ってしまうようなこれらの行き過ぎ excesses を明確に舵取りする steering ことができる」とマリタンは考えるのである[1]。『人格と共通善』の冒頭において、人格主義のエ

（1）　Paul Valadier, Jacques Maritain's personalist conception of human dignity, in: *The Cambridge Handbook of Human Dignity*, Cambridge U P, 2014, pp. 260-261. ここに要約されているヴァラジの記述内容については、cf. Jacques Maritain, *The Person and*

ッセンスである個人と人格の区別と関連の「本質的な重要性は、トマスの教説 principles において明らかにされる revealed」と明言する通りである[2]。

現在既に二次大戦から四分の三世紀以上経つが、マリタンの危惧は払拭されたであろうか。むしろ「もし文明が救済されるべきであるとするならば、新しい時代は神中心の theocentric ヒューマニズムでなければならない。今日人間の尊厳は至る所で踏みにじられている。更に悪いことに、文明は内側から崩壊してきている。というのは、純粋な科学や技術の視点を導きとすることによっては、人格の持つ尊厳の合理的な基盤を見出したりそれを信じるために何もできず途方に暮れてしまうから。」[3]というマリタンの指摘は、現代の政治的社会だけでなく、最先端の生命科学技術、情報さらには軍事に関する科学技術とそれを巡る議論状況に対しての危惧・警鐘としても鳴り響き続けているように思われる。人間の尊厳を巡る議論と実践を舵取りする必要性、少なくとも舵取りを模索する努力の必要性は、マリタンの時代以上に高まっているのではないだろうか。とはいえ益々多元的でボーダレスな社会状況となっているこの時代においてもなお、舵となり得るものをどこまで、しかも「神中心のヒューマニズム」の中に見出すことができるだろうか。

しかしマリタンが関わった国連憲章、世界人権宣言をはじめボン基本法などに「人間の尊厳」が法的概念として登場したのは二次大戦を契機とする。そこで本稿では、その大転換点に立っていたマリタンの指摘に真摯に耳を傾け、原点に立ち戻って、トマスによって明らかにされる人格主義的人間理解が、現代における人間の尊厳の議論と実践に、何らかの道しるべ、舵取りを与えてくれる可能性があるか、そこから模索を始めることとしたい。

Ⅱ　トマスの人間理解からの人間の尊厳

トマスの人間理解は、一言で言えば神の像ということに尽きるのである

---

the Common Good, (trsl. by John J. Fitzgerald), New York Charles Scribner's Sons, 1947, pp. 1-4, pp. 80-95, esp.
（2）　J. Maritain, *op. cit.*, p. 1.
（3）　J. Maritain, *The Range of Reason*, New York Charles Scribner's Sons, 1952, p. 93. cf. P. Valadier, *op. cit.*, p. 260.

が、神は三位一体、すなわち三つのペルソナであるとされるため、人間もペルソナという観点で理解される[4]。その意味で人格（ペルソナ）を中核に据えた人間理解、すなわち人格主義的人間理解であることは間違いない。

そしてトマスは人間の尊厳という考えを明確に持っていたが[5]、それではトマスの人間理解に基づく場合、人間が尊厳ある存在であるのはなぜか（why）、尊厳ある存在であるとはどういうことであるか（what）、そしてそのことが人間のあり方をどのように方向づけるのか（where or how to live）。これらのことを見出すため、『神学大全』第Ⅰ部第九十三問題に焦点を当てることとする[6]。その標題は「人間の産出の目的 finis 乃至は終極 terminus について」であり、ここでは人間が向かうべき方向、換言すれば人はいかに生きるべきかというテーマのために、人間の存在性が、まさに神の像というところから検討されている。

1　第九十三問題を順を追って見ていこう。トマスは最初の第一項で「人間のうちに神の像が存在するか」という問いを立て、反対異論で直接聖書を引用し、「『創世記』第1章第26節には『我々は人間を、我々の像のごとく似姿のごとくに ad imaginem et similitudinem nostram 造ろう。』とある」と述べる。

（why）その意味するところを主文からまとめてみよう。まず人間は単に神に似ているというだけでなくて神の「像」imago である。「像は、似姿 similitudo の概念の上に、更に何ものかを附加するもの」であり（但し、似

---

(4) トマスの人間観、三位一体論については、佐々木亘『トマス・アクィナスの人間論――個としての人間の超越性』（知泉書館、2005年）、片山寛『トマス・アクィナスの三位一体論研究』（創文社、1995年）の詳述を参照。
(5) 実際にストレートに dignitas humana という語句を用いる箇所もある。（"...a ratione, in qua tota dignitas humana consistit, ..." in: *De Veritate*, q. 25, a. 6, ad 2.) また本稿で中心的に検討する『神学大全』第九十三問題でも後述のように人間の尊厳を前提とした論述を見ることができる。（"dignitatem naturae, quae requiritur ad rationem imaginis." in: *ST*, q. 93, a. 2, ad. 2.）
(6) *Summa Theologiae* からの引用は、基本的に創文社刊の訳書を用いる。第九十三問題については高田三郎・山田晶訳『神學大全7』（創文社、1965年）を用いるが、項の順番通りに引用しながら説明する形をとるので、特に引用頁を記載しない。他の問題についても、本文中に原典の箇所を示すに留める。

姿にも二重の意味があることは第九項で述べられる)、それは「他者に基づいて表出されたもの」ということである。すなわち「他者の模写 imitatio としてつくりなされる」。そして人間は「我々の像のごとく」造られるのであるから、(三位一体の)「神を範型 exemplar」とする。そのような意味において、神の像 imago Dei であることに人間の尊厳が根拠づけられることになる。

　(what) しかし「人間のうちに神の像があるといわれるにしても、それはやはり完全なそれではなく不完全なそれであるにとどまる。」「神の像のごとくに ad imaginem Dei」の「ad という前置詞は一種の接近を表示するものであるが、接近ということは然し隔たったものについてこそふさわしい。」神という「範型は、これを範型とするところのもの exemplatum を無限に卓越している」とされる。

　(where or how) このことから、神的な「範型」が内在している存在であるが故に、人間は「尊厳」を持った存在として尊重されるべきであるが、人間はあくまで「造られた」像であり、そし範型は写されたものであって不完全であることを認めることが「人間の」尊厳の尊重にふさわしい、と言えそうである。すなわち人間(種として)あるいは自己(個として)の絶対化(人間の無限の卓越)は、トマスにおいては、人間の尊厳の名において否定されることになろう。

　2 (why) 第二項では「神の像は諸々の非理性的な被造物のうちにも見出されるか」という問いを立て、この世の被造物のうち人間のみが尊厳を持つことが論じられる。その根拠は、反対異論におけるアリストテレスからの引用において直截に示されている。すなわち「人間における卓越性は、神が人間に知性的精神 mens intellectualis を賦与することによって、これを自らの像のごとくに造り給うたというところに存している。」主文では更に次のように具体的に説明する。すなわち「ものが神に似るとされるのは、まず第一には、そして最も一般的な仕方においては、ものが存在しているかぎりにおいてであり、第二には、ものが生きているかぎりにおいてであり、第三には、ものが智慧あり知性認識するものなるかぎりにおいてである。この最後

のものこそ……『その類似性において神に最も近いものなのであって……』……知性的被造物のみが、厳密にいって神の像のごとくなのである。」神と人間との間には「本性における類似」similitudo in natura が見て取れるのであり（第四異論解答）、その意味において人間のみが神の像であるとされる。像という概念のためには「本性の尊貴性dignitasに関するかぎりにおいて」のなぞらえが要求されるのである（第二異論解答）。

　ここで、なぜ人間に尊厳があるか（why）ということのトマスによる実質的根拠がごく概略的に示されたことになるが（知性的被造物であること）、知性的精神とは何か（what）、それが人間に対してどのような方向づけを示すことになるか（where or how）については、この後の項及び他の箇所（ペルソナに関する諸問題）で述べられており、後述していく。

　3　（what）第三項では天使が題に挙げられる。すなわち「天使は人間以上に神の像のごとくなのであるか。」聖書においては人間だけでなく、天使も知性的被造物として登場する。前々段落において「この世の被造物のうち人間のみが尊厳を持つことが論じられる」と書いて、「人間のみ」に「この世の被造物のうち」という限定を加えたのはこのためである。この天使の存在を前提にしたとき、トマスの解答は「知性的本性は天使におけるほうが、より完全なもの」であるので、「端的な意味においては天使のほうがより多く神の像のごとくであることを容認すべき」であるが、「ただ、或るかぎられた意味においては人間のほうがより多くそうなのであるといいうる」とする。それは「神への或る一定の模倣 imitatio が人間のうちには見出だされるという点」であり、①「たとえば、人間が人間から出るものなること、あたかも神が神から出るごとく」、②「人間の魂が全身体において全体としてありながら、しかもまた身体のそれぞれの部分においても全体としてあるものなること、あたかも神が世界に対するごとくというかぎりにおいてである」（主文）。

　（where or how）第三項からまず言えることは、ここでも（第一項の神との関係においてだけでなく）、被造物の中においてさえも人間が必ずしも一番神に近いわけではないという、人間の絶対性の否定、そしてそこから知性的精

神の発揮における謙虚さが、さらに求められる、ということであろう。しかし「限られた意味」としてであるが、人間独自の尊厳性が現れる側面が提示されている。そこから、何がどこまで言えるか検討してみよう。

①人間がより多く神の像の模倣であるとされる前者「人間が人間から出る」について、R・コンラッドは「我々は子を持つことができる、そのことを通して父が御子を産み出すことを映し出すことができる」と説明する[7]。トマスは、三位一体の神の三ペルソナについて、ペルソナ（父）がペルソナ（御子・言）を発出し processio、父と御子というペルソナから聖霊というペルソナが霊発 spiratio すると説明するが（ST I, q.28, a.4, c.)、神（父）からの言（御子）の発出は出生 generatio と呼ぶことができると述べる（ST I, q. 27, a. 2, c.）。人間は神と異なり「生成し消滅するもの」ではあるが、「生けるもの・生命あるもの」の出生・誕生という形で、天使には見られない神の「発出」の像を担う。もっともこの側面は人間だけが持つものでなく諸々の動物とも共有するが、しかし人間は神を範型として、すなわち知性と知性に基づいた意志（愛）を有する活動主体（5で後述）として尊厳を有する。それ故、人間の生命それ自体は人間の尊厳に基づいて尊重されるべきことになるが（人間としての「生命」の尊厳性）、さらに同時に人間の生命の「誕生」についても、神の「発出」の像であるとするならば、子孫繁栄という生物学的意味だけでなく、そこに人格（ペルソナ）的意味が含まれるべきということになりそうである（人間としての生命「誕生」の尊厳性）。

さらに深く読み込んでみるならば、「人間から人間が出る」という場合、生命誕生に限らず、生き方についても敷衍することが可能かも知れない。より人間らしい生き方が、ある人の他の人との関わりの中で生まれ育っていく、そのようにして多様でありながら相互につながりあい成長していくといった人間の関係は、三位一体が神におけるペルソナ間の「関係」であるとすれば、「あたかも神から神が出るごとく」の、人間から人間が出る様相の一

---

(7)　Richard Conrad, The Holy Trinity as Sourse of Human Dignity according to St. Thomas Aquinas, in: *Human Dignity in the Judeo-Christian Tradithion: Catholic, Orthodox, Anglican and Protestant Perspectives*, Bloomsbury Academic, London, 2019, p. 89.

つと言えそうである（人間としての「（愛の）関係」の尊厳性）。

②さて、人間がより多く神の像の模倣であるとされる二つ目は、人間の「身体」が持つ人格的意味、位置づけの提示である。上に述べた誕生・出生も、人間においては身体を不可欠に伴うものであるが、後者では身体「それ自体」の神の像との関わりが取りあげられている。ここでは、身体の各部分は単に生物学的な有機的統一の秩序だけに独立して位置づけられるのではなくて、魂（精神）の全体性の中に位置づけられている。そこからは、その人の人格的意味づけが身体の各部分に浸透し（その人の足、手、目……）、各部分が人格（生き方）の統一性に各々不可欠な役割を果たしている、というような身体論の可能性を開くようにも読める（各人の「身体」の尊厳との関わり）。但し、トマスは第六項で、身体は神の像に含まれない、痕跡に過ぎないと断じる。この身体と尊厳の関係についてはさらなる検討が必要であろう[8]。

4　(why and who) 第四項では「神の像はおよそいかなる人間のうちにも見いだされるか」という問いが立てられる。その答えはイエスである。すなわち、人間が「最高度において神の像のごとくであるのは、その知性的本性が最高度に神を模倣 imitari することのできるごとき点についてである。」神の模倣とは「神が神自らを知性認識 intelligere し、神自らを愛する amare ということに関するかぎりにおいてである。」神の像が人間のうちに観られる仕方には三つあり、第一にはその模倣（神を知性認識し愛するということ）への「自然本性的な適性」aptitudo naturalis を有するかぎりにおいて、第二には「現実的に乃至は能力態的に habitu 神を認識し愛して」いるが不完全な仕方で、第三には「人間が完全な仕方において神を現実的に認識し愛するかぎりにおいて」である。第二の像は神の恩寵によって義とされた人（キリスト者）、第三の像は至福者のみに見出されるが、第一の像はすべての人

（8）マリタンは魂 soul と質料 matter（即ち身体 body）は、人という一つで同じ実在、存在の、二つの実体的な共同原理であるとするが (op. cit., p. 26)、さらに精神に対しての身体の声のような側面を、人間の尊厳ある存在性の中にどのように位置づけることができるか、検討が必要であると考える。

間に見出される。「こうした自然本性はすべての人間に共通する」からである（主文）。

このようにトマスによると、すべての人間に自然本性的に（神を知性認識できる適性、可能性を本性的に有している限り）神の像が見て取れる、すなわち尊厳がある。反対異論において、この点で男女の差はないことも明言する。「知性的本性に関するかぎりにおいては、神の像は男子のうちにも女人のうちにもひとしく見出される。」[9]

しかし知性認識と意志が判断基準とするならば、知性認識が不十分であったり意志表明ができないと判断される人間（「劣った者」とされ、社会的に「周縁に置かれ」てきた者たち）は、尊厳が（十分に）あるとは言えないのではないか。自然本性的適性が存する限り、「何らかの」知性認識と意志を持つ限り、という答えだけでは、種としての人間の分類の中には含まれるので尊重されるという、周縁性をそのまま容認したような理由づけに留まるように思われる。

これに対し、神の像という観点が更に加えられる場合、すべての人間に尊厳が認められることについて、別の根拠が生まれてくるであろう。まずすぐに考えられることは、知性認識が十分さらには優れている者であっても、神の像としては不完全であるという点である。人間のレベルで「劣った者」も「優れた者」も、神のレベルでは同じく不十分な者である。人間の尊厳という観点から見た場合、トマスにおいて第二（恩寵）、第三（至福者）の像が提示されることの意味はそこにもあるように思われる。但しこれは全ての人間が対等に不完全ということであり、ある意味で消極的な尊厳の根拠づけである。

もう一歩神の像という観点が深められた場合、知性認識・意志の質的転換、そして劣ったとされる者、社会的に周辺に置かれた者（さらにはそうでない者も含めた全て者の）の位置づけ直しによる、積極的な尊厳の根拠づけが出てくる。

「神的」知性認識・意志は人間の知性認識・意志とレベルが違うというこ

（9）　もっともトマスは続けて、「或る第二次的な点では、神の像は男子のうちには見出されるが、然し同じ意味では女人のうちには見いだされないのである」と限定づける。

とがその可能性を開く。その内容は、神の「完全な」似姿・像が提示している。三位一体（神のペルソナ）について論じる中の第三十五題「似像について」第二項では「似像という名称は御子に固有なものであるか」という問いが立てられ、「御子は、御父の完全な似像」とされる（ST I, q. 35, a. 2, ad 3.）。その御子が聖書において語る言においては、人間のレベルでは不完全、劣っていると考えられている者こそが神的知性認識・意志に近い、とする逆説が繰り返される。イエスは「神の国はこのようなものたちのものである」と語り、子どもたちを抱き上げ祝福する（マルコによる福音書10章14節他）。また様々な病気や障害の癒やし、さらには死んだと見なされている者の甦りの奇跡までも、新しい生き方とその証に向けたものとして福音書には記されている。聖書の言をどう受け止めるかは別問題として、「神的」知性認識・意志というスタンスは、周縁的存在者を含めた人間の尊厳の根拠づけに関し、その者たちの積極的な位置づけ（人間の社会では劣っているとされたりさらには生きていると見なされずに周縁に置かれている者こそ、神的知性認識・意志（愛）の近くにあり、そしてその証人としてむしろ中心に置かれうる）による展開可能性を有していると言えるであろう。

5　（What）第五項では「神の像は人間のうちに、ペルソナの三なるに関するかぎりにおいて存在しているのであるか」という問いが立てられ、人間は「三つのペルソナの表現たるかぎりにおいて神の像のごとくである」ということが確認される。それでは「三つのペルソナの表現」とはどういう内容か。トマスの三位一体論にも触れつつ、より具体的に検討してみよう。

　トマスは第二十九問題第一項で「ペルソナの定義について」を扱い、ボエティウスの定義「ペルソナとは理性的本性を有する個的実体」を肯定する。そして理性的な諸実体は「自らの行為に対する自主性 dominium sui actus を有し、他のもののように単にはたらかされるだけではなく、自らによってはたらく」のであり、このようなはたらきを行う「理性的本性を有する単一者」のある特殊な名称が「ペルソナ」にほかならない、とする（ST I, q. 29, a. 1, c.）。ペルソナは知性認識を行い自主性すなわち自由意志をもって行為する独立した個的実体ということになる。上記第二項で表現された「知性的

精神」とは、この知性、自由意志、独立した個を内容とするのである。

そして、神のはたらきは、「知的な神的本性においては、知性認識することintelligereと意志することvelleの他にはない」（感覚は知的本性の外なるものとされる）ので、「神においては言（御子）並びに愛（聖霊）の発出以外にはいかなる発出もない。」(ST I, q. 27, a. 5, c.) そして「これら二つの発出がみとめられるのは、神が自らの本質・自らの真理性・自らの善性を、認識し、愛amareする、というはたらきに基づくものなのである。」(ad. 2) と言われるように、神の知性認識は本質・真理・善を認識し、神の意志は愛するというはたらきである。

6 （what）続けて第六項「神の像は人間において、ただ精神の面でのみ存在するのであるか」で、「理性的被造物がそれ以外の被造物を超える所以のものは知性intellectus乃至は精神mensにある」ので、「理性的被造物そのものにおいて神の像が見出だされるのも、もっぱらその精神の面についてでしかない」と断じる。そしてそれ以外の諸部分、人間の身体もまた、「痕跡という似姿」という位置づけになる（主文）。身体が人間の尊厳にどのように関わるかについては3で触れたように一考を要するが、それは別にして「三つのペルソナの表現」こそが神の像としての人間の尊厳（他の生物、無生物と異なる）の根拠である、というトマスの徹底した立場がここに表明されている。

すなわち、第五項と合わせてまとめると、「三つのペルソナの表現」とは従って、まずもって、神の「三つのペルソナ」と同様に「知性認識を行い自主性すなわち自由意志をもって行為する独立した個的実体」であること（上記4における第一の、自然本性における神の像）になる。しかし尊厳ある人間の存在性は、そこに留まらない。

7 （where or how）「神の像」であることは、単なる能力に留まるものではなくて、三つのペルソナの「表現」（発出、はたらき、活動）である。第七項「神の像は魂のうちに、活動という現実態のかたちで見出だされるのであるか」という問いの主文で、「三位一体の像が我々の精神のうちに看取され

るのは、何よりも第一にそして根源的には、活動というかたちにおいてなのであって、つまり、我々が、その有する識 notitia に基づきつつ、実際に思考 cogitare するというはたらきによって内なる言 verbum interius を形成し、またここから愛 amor へほとばしり出るというそうした活動においてなのである。」とトマスは述べる。

　この記述について更に踏み込んで考えてみるならば、知性認識、意志能力をただ潜在的に有しているということではなくて、それらが実際に活動すること、換言すれば自らおよび他者へのはたらきかけがなされること、すなわち「関係形成」にこそ、人間の尊厳の根拠、そして人間の目的、人間存在の本義があるとまで言えるかも知れない。

　8（where or how）但し、トマスによれば、人間が尊厳ある存在性を有するのは、単に知性および意志の活動主体であるからだけではなく、それが神の像としての活動、すなわち神の認識と神の愛に向かう（ことができる・べき）ものであるためである。第八項「神の三位一体の像が魂のうちに存在するのは、ひとり神という対象の関聯においてのみであるか」という問いに対し、トマスは然りと答える。「神の像が、だから、人間のうちに看取されるのも、神の識について懐抱されるところの言と、そしてそこに淵由する愛に即してであるほかはない。かくして、神の像が我々の魂のうちに看られるのは、魂が神にまでもちきたらされるかぎりにおいて、乃至はそこにまでもちきたらさるべく本性的にできているかぎりにおいてなのである。」そしてアウグスティヌスを引用し、確かに「精神は自らを記憶し、自らを知性認識し、自らを愛する。もしこのことに気付くならば、我々は……いまだ神そのものに気付いているわけではないが、然しすでに、神の像に気付いているのである」が、「だが、このことは、決して、精神が単にそれだけの者としての自己自身にまでもちきたらされるからではなく、却って、これを通じて［あるいは出発点として（河見付記）］更に神にまでもちきたらされるものなるかぎりにおいてなのであ」るとする。（主文）

　先に述べた神の完全性、人間の不完全性という観点に合わせてまとめてみると、人間の知識と意志の絶対化は人間の尊厳にむしろ反することになる。

そして各人に閉じたあるいは人間に閉じた知識と意志を問い直しの議論に開き、不完全であるが故にこそ完成に向けた途上の「プロセス」にあるものとして、自らの知識、意志を謙虚に問い直す姿勢こそが、人間の尊厳の尊重である、という考え方に結びつくであろう。

9 （where or how）このプロセス性の故に、人間は神の像のごとく、だけでなく似姿のごとくとも言われるということが第九項「似姿が像と区別されるのは適切であるか」で論じられる。似姿・類似は、像に先行するか後続するか二様の仕方で区別されうるが、後者においては「似姿は、それが像の表出性 expressio や完全性 perfectio を意味するものなるかぎりにおいてみられることができる。」この観点から、トマスはダマスケヌスを引用する。すなわち「像という仕方で神のごとくなるものとは、『知性的であって、意思が自由であり、自主独立の行為の力あるもの』を意味する。似姿という仕方で神のごとくなるものとは、これに対して『人間に内在することの可能なかぎりにおいての徳における類似』を意味している。」（主文）

Ⅲ　社会と法の舵取りとしての人間の尊厳提示に向けて

以上のトマスの教説の検討から人間の尊厳の鍵となるものをキーワード的に列挙してまとめてみよう。神の像、知性認識・自由意志をもって行為する独立した個的実体、不完全性（ゆえの謙虚さ）、いのちの誕生の神聖性、身体と尊厳との関わり、人間社会のあり方（優劣、生死、周縁と中心）に対する逆説性、相互関係形成、動態性（活動）、途上性（プロセス）。

陶久利彦は、人間の尊厳という課題が迫ってくるのは奪われる側だけでなくむしろ奪う側であるとする。人間の尊厳という法概念を生み出すことになったホロコーストや原爆の体験は、大量の生命が悲惨なやり方で属性を理由にして一挙に奪われたというものであるが、そこには「奪う側と奪われる側との圧倒的な力の差」がある。「自らの恣意が全面的に許されているかのような状況にあるとき、……そこに現れるのは……自らの恣意が相手の生命を一挙に奪ったり、生活を一変させたりする力を持つことの恐れである。自ら

のうちに見る、人間の醜さ・傲慢さ・醜悪さである。総じて自らのうちに私の『人間』としての悪を自覚するときにこそ、人間の尊厳を語る場面に我々は現にいる。」[10] このように人間の尊厳が、我々が自らの「恣意」「傲慢さ」に向きあうことを促す「問いかけ」であるとすれば、確かにトマスの教説は現代の人間の尊厳の議論と実践の舵取りの一つとなりえ、少なくともその重要なヒントを与えてくれるものであろう[11]。

但しその示唆を、キリスト教的神学や信仰の範囲にとどまらず、[12] 社会全体そして法における人間の尊厳の舵取りの枠組みへと展開していくことがどこまで可能か。その探究は、社会哲学・法哲学の使命である。筆者は基本善の多元的重層的内容が法原理としてどこまで提示できるか、ということがその試みの一つと考えて取り組んできたが[13]、さらに深く検討を重ねていきたい。

---

(10) 陶久利彦「『人間の尊厳』の根拠を求めて」『要件事実・事実認定論と基礎法学の新たな展開――伊藤滋夫先生喜寿記念』（青林書院、2009年）711、734頁。
(11) ペルソナは個であり、人間のことばすなわち普遍化による理解には限界がある。しかし個と向きあうことができなければ、ペルソナの尊厳性に気づくことはできない。このような前提からスコトゥスの思想に着目し、「ことばが通じない」「議論ができない」者同士であっても、「神が創造したからこそ、それが在る」と考えて相手の存在に気づき、受け入れ、気遣う愛こそが互いに向きあう関わりを生みだすのであり、ここに人権の基盤がある、とする八木雄二の主張も、やはりこのような意味での舵取りの可能性につながる試みとして挙げることができよう（『神の三位一体が人権を生んだ――現代思想としての古代・中世哲学』春秋社、2019年、3-73頁）。
(12) 教皇庁国際神学委員会はカトリック教会として人間の尊厳を説明し、その尊重を強く呼びかける報告書を出している。International Theological Commission, Communion and Stewatrdship: Human Persons Created in the Image of God, 2004.（岩本潤一訳『人間の尊厳と科学技術』カトリック中央協議会、2006年。）
(13) 生命（人間としてのいのち）については『新版・現代社会と法原理』（成文堂、2019年）1、2章、宗教（個別の信仰でない、スピリチュアリティ）については同書4章、社交性（としての愛）については「正義・福祉・愛――代理出産から「法の正しさ」を考える」青山学院女子短期大学紀要第66輯（2012年）15-26頁、「愛の秩序と法――『新版・現代社会と法原理』書評に応えて」『法の理論39』（成文堂、2021年）239-266頁参照。

カントの理念主義法哲学についての序説
―― 尊厳の観点から ――

城 下 健 太 郎

I　はじめに
II　カント尊厳研究からの『法論』解釈への影響
III　カント『法論』における尊厳へのアプローチ方法
IV　法理念としての人間性の尊厳
V　むすびにかえて――残された課題

I　はじめに

　そのラートブルフ研究において示された酒匂一郎先生の研究課題のひとつに、法を単に経験的な現実や規範から把握するのでなく、法のもつ価値（すなわち正義）に着目し、法的実践に関わる人々がめざすべき理念から法を把握しようとする哲学的試みがある[1]。理念によって法という文化的現実の認識に実在性が与えられ、また理念によって法のあるべき理想がめざされるという点で、それは法の理念を構成的原理であると同時に統整的原理として捉え直そうとする試みであったといえよう。

　本稿は、こうした理念主義の法哲学をカントの尊厳論から見出そうとするものである。カントの法理念は、ラートブルフのように正義としては前面に現れず、自律としての自由とそしてそこから生じるところの人間性の尊厳として現れる。カントは、それまでの社会的地位や身分に付随する高貴さから

（1）　酒匂一郎「理念志向の法哲学」（角田猛之ほか編著『法理論をめぐる現代的諸問題』晃洋書房、2016 年所収）221-230 頁。

道徳的な高貴さに移行させることで尊厳を普遍的な理念へと高めた。それは人間にならば誰にでも付随すべき価値として法の経験的現実に対して要求される規範的な法理念である。以下ではこうした観点にかかわる近年のカント尊厳研究の動向を踏まえつつ、法理論・国家理論としてのカントの尊厳理論の構造を素描することとしたい。

II　カント尊厳研究からの『法論』解釈への影響

近年までカントの法哲学研究において尊厳は主題とされてこなかった。法哲学上の主著である晩年の『人倫の形而上学』の中の『法論の形而上学的基礎論』（以下『法論』）においても、彼の理性法体系と尊厳の関係は十分に考察されてきたとは言いがたい。その理由としては、現代の尊厳の議論の中心課題である「人間の尊厳 Menschenwürde, Würde der Menschen」が『法論』にそもそも登場しないことが指摘されている[2]。むしろ尊厳を主題とする現代の論考の多くは道徳哲学を対象としており、特にカントの批判期倫理学の諸著作における「人間性の尊厳 Würde der Menschheit」が論究されてきた。実際に批判期カントには「道徳性（Sittlichkeit）と、道徳的であることができる限りでの人間性だけが、尊厳を持つ」（IV 435）[3]という有名な記述がある。ここでの人間性は、現実の個々の人間ではなく、人間の内的自由たる自律を実現し、私欲や自己愛に流されずに普遍的法則を自ら立法して行為できる理想化された主体を意味する。こうした道徳的な尊厳が法的強制によって実現されるべきものと理解されるならば、単なる卓越主義者あるいはリーガル・モラリストとしてカントを位置づけるという誤解を与えるだろう。これは個人の自由の保障を基調とするカントの法理論からは全く理解さ

---

(2) von der Pfordten, Dietmar (2009): Mesnschenwürde, Recht und Staat bei Kant, Paderborn: Mentis. S. 25-6.
(3) 本稿におけるカントのテクストからの引用はすべてアカデミー版カント全集 Kant's gesammelte Schriften, (Hrsg.) Preußischen Akademie der Wissenschaften. の巻数、頁の順に指示する（『レフレクシオン』のみ通し番号を表記）。なお、メンツァー倫理学講義ノートのみ以下を利用したため、略称として VKE を用いる。Paul Menzer (Hrsg.), Eine Vorlesung Kants über Ethik, Berlin 1924.

れえないものであり、カントの尊厳概念はその『法論』において全く究明されないか、あるいは脇に追いやられてしまうのである。

このような状況がある一方で、近年、人権や尊厳概念についてのカント研究が活発化する中で『法論』における尊厳概念にも体系的考察やアプローチ方法の模索がなされるようになってきた。それらの研究の中でO・センセンによるそれは非常に重要な意義をもっている[4]。センセンの研究自体は『法論』における尊厳を対象としたものではないが、カントの尊厳概念の分析に対して重要な枠組みを与えてくれている。センセンによれば、カントの尊厳概念は、人間の内的・絶対的価値ではなく、他者との間での位階 (rank) の関係性を示すものである。彼は尊厳を伝統的なパラダイム（人間の卓越性・完全性）と現代的なパラダイム（自由・理性をもつ存在者の権利の根拠）から理解される2つに類型化したうえで、カントの尊厳の用法は、伝統的なパラダイムに従っており、尊厳の現代的パラダイムとは異なることを指摘する[5]。このことから、カントの道徳哲学においては、尊厳そのものを規範的価値の源泉にするのではなく、自己立法（自律）によって生じる道徳性が他の全ての価値を超え出ているという関係を表現するのに尊厳という用語を使用されているだけで、尊厳は二次的な役割をもつにすぎないとする。

それゆえ、センセンにおいては、カントは伝統的な尊厳の用語法（特にキケロと関連づけられたそれ）に従っているだけで、そこでの尊厳は（道徳的）義務から独立して実在する価値ではないということが強く主張される。こうして、尊厳から権利義務は根拠づけられなくなるため、道徳性（＝自律）による義務の契機が強調され、人間の道具化を禁止する目的自体としての人間性の尊重（定言命法第二定式：「汝の人格における人間性と同様、他の全ての人格における人間性もまた、決して単に手段として用いることのないように、常に同時に目的自体として用いるように行為せよ。」IV 429）は尊厳とは無関係なものとされる。それゆえ、尊厳の意味するところは「他の者より高い地位にある」という程度の意味になり、目的自体（としての人間性）は規範的な実在ではないとされる。そうなると、人間は尊厳があるから尊重されるというの

---

[4]　Sensen, Oliver (2011): Kant on Human Dignity, Berlin: De Gruyter.
[5]　Sensen, a.a.O., S. 149f.

ではなく、人間性を尊重するような道徳的行為をなす者は他のそうではない者よりも高い地位にあるという意味で尊厳が使われているにすぎないということになる。

　こうしたセンセンの伝統的／現代的な尊厳の二分類を用いて『法論』における尊厳を分析したのがA・ニーダーベルガーである[6]。ニーダーベルガーはまず伝統的な意味の尊厳に関して、自己自身に対する義務を実現した者が獲得するものであり、とりわけ市民としての義務を果たす者に与えられる卓越主義的＝共和主義的な尊厳であると規定した上で、個人の外的自由の相互保障を基調とするカントのリベラルな共和制国家においてはそのような卓越主義は中心的には現れないとする[7]。また、現代的な尊厳の用法においても、カントの尊厳を生得的な自由権の基礎になるとみなしたW・ケアスティング[8]を批判し、センセンの上述の理路を用いて、排撃する[9]。人間の生得的な権利は、人間が絶対的な価値としての尊厳をもつがゆえに保障されるとわざわざ述べる必要はなく、カントの法の概念：「法とはある人の意思がほかの人の意思と自由の普遍的法則にしたがって調和されうるための諸条件の総体」（Ⅵ 230）に依拠すれば十分に保障できるとする。他者を道具化し、生得的な自由を侵害するような尊厳の問題については、そもそも自由の普遍的法則にしたがっているとはいえ、法の普遍的原理に反するというだけで十分であるとする。

　以上のようなセンセンとニーダーベルガーの見解は一定の説得力をもっていると思われる。確かにカントのテクストにおいて、尊厳概念は登場すること自体が少ないうえに、それが義務や自律から独立した固有の価値をもつものとして実在することが論証されているわけでもない。とはいえ、こうした

（6）　Niderberger, Andreas (2018): Braucht die Kantische Rechtsphilosophie die Menschenwürde?: in Mosayabi, Reza (Hrsg.), Kant und Menschenrechte, Berlin: De Gruyter, S. 81-100.（石田京子・舟場保之監訳『カントと人権』法政大学出版局、2022年、119-148頁。）

（7）　Niderberger, a.a.O., S. 86f.（邦訳122頁以下）

（8）　Kersting, Wolfgang (2007): Wohlgeordnete Freiheit. Immanuel Kants Rechts-und Staatsphilosophie, Mentis: Paderborn. S. 160.（舟場保之・寺田俊郎監訳『自由の秩序』ミネルヴァ書房、2012年、142-143頁）

（9）　Niderberger, a.a.O., S. 90f.（邦訳134頁以下）

道徳と法にまたがるカント実践哲学全体の尊厳否定論ともいえる動向があるにもかかわらず、『法論』を含むカントのテクスト理解において尊厳を見出すアプローチは十分可能である。次節ではセンセンらへの批判を検討しながら、そのようなアプローチとその問題点を究明しよう。

Ⅲ　カント『法論』における尊厳へのアプローチ方法

　センセンらに対して向けられる批判は多岐に渡るが、そのうちの第一のものは、尊厳の価値が個々人の中に実在するという明確な記述をカントがしていないことを根拠に「ない」ということはできないのではないか、というものである[10]。センセンは尊厳がテクスト上に現れる箇所についてのみ詳細に言及し、『人倫の形而上学の基礎づけ』の第三章についてはほとんど無視しているが、こうした解釈方法はテクストの体系的な理解を無視している可能性がある。

　これと並ぶ批判として、伝統的な理解における尊厳からカントがはみ出ている可能性はあるのではないかと指摘するものもある[11]。この見解は、特に完全性・卓越性概念のみによってカントの他者尊重を理解することには限界があり、例えば人間性を侮辱・毀損しないように端的に求めている部分はカントの中にもあるのではないかと指摘する。

　ここからは一種のネガティブ・アプローチとも言える方法を導き出すことができるだろう。すなわち、尊厳が毀損されていると考えられるような具体的な問題がカントにおいてどのように論じられているかを確認する方法である。他者を性的に穢したり、必死に守ってきた誇りを失わせる、あるいは恥辱を与えることによって共同体内の成員からの社会的評価を毀損するなど、単なる道具化禁止以上のものを見出そうとする現代的な尊厳の議論にも通じる論点を探る方法である。これは、一見すると法的な論点にとっては有益に

---

(10)　蔵田伸雄「人間の尊厳という価値の実在性――センセンによる人間の尊厳概念の理解をめぐって」『日本カント研究』21巻、2020年、72頁。

(11)　中村信隆「カント倫理学において尊厳の概念は重要な役割を担うのか――O・ゼンセンによるカント解釈の検討を通して」『日本カント研究』19巻、2018年、142頁以下。

思える。たとえば、犬に食わせるなどの「人間性を辱める刑罰」をカントが禁止していることに着目し、そのような契機においては尊厳の概念を見出せるともいえよう[12]。

ただし、この方法には難点がある。カントがこれらの問題に対して何らかの回答を示したとしても、それが尊厳にもとづくものとは限らないという点である。カントは個別のテーマ（特に刑罰政策）について法政策的観点（功利主義的なものを含む）で論じている場合もあり[13]、現代的な尊厳にとって問題となるような場面を探せばカントの尊厳に行き着くとは限らない。さらには、同性愛への処罰（VI 363）や死刑の肯定、女性の政治参加排除といったカントのテクストの中には現代的な尊厳と相反するような主張も存在しており、この点をいかに整合的に理解するかということも課題になるであろう。

次に考えられるのは、センセンが目的自体の定式（定言命法第二定式）と尊厳を切り離して理解したことへの批判である。確かに第二定式には尊厳が直接登場していないため、尊厳があるがゆえに他者を尊重しているわけではないと結論したくなるが、尊厳は定言命法第三定式である「目的の国の定式」：「あたかも汝の格律によって、普遍的な目的の国においていつも立法する成員であるかのように行為せよ」（IV 439）において明確に関係付けられている。われわれは目的の国という共同体の成員として法則に支配されているが、同時に法則を自己立法する存在として尊厳を有するとされており、第二定式に尊厳が直接関係していないという問題を補足することができる[14]。両定式は相互補完的であって、目的の国の定式からだけでは得られない尊厳にかなった行為の具体化を目的自体の定式は人間性という概念を用いること

---

(12) 中村、前掲論文、150 頁ではこうした指摘があるが、ネガティブアプローチに近いものだといえよう。

(13) 筆者は、かつてこうしたことを指摘したことがある。拙稿『カントの刑罰的正義論』法政研究、86 巻 3 号、2019 年、205-225 頁。

(14) 直接、センセンを批判しているわけではないが、西野基継『尊厳概念の生成と構造』晃洋書房、2021 年、50 頁。また、蔵田、前掲論文、72 頁においても、目的自体ではなく自律を道徳性の根拠に置いたとしても、道徳的・自律的に行為する人に尊厳が実現されたとみなすならば、そのような行為主体には内在的価値としての尊厳があると言えるのではないか、という指摘がある。

で担っているともいえる。

　このように読み解けば、カント実践哲学の統一性を前提に、目的の国を通じて道徳哲学における尊厳が法哲学においても存続していることを示すアプローチに至ることができるだろう。この方法は、K・フリクシューによって論じられているが、それによれば道徳哲学における人格の尊厳から出発して社会契約にもとづく普遍的結合意志が形成される流れを通じて純粋共和制としての国家において各人が市民的な尊厳を得るという筋道がたどられており、道徳的尊厳が限定的ながらも法論においても作用し、『法論』がリベラルな民主的国家として妥当する可能性が示唆される[15]。

　このような理論構成はカントの中に確かに存在する。まず、社会契約により成立した「国家の尊厳」（VI 315）は、普遍的結合意志にしたがって三権の尊厳を生じさせる。すなわち支配権としての主権（立法権）と政府（執行権）、裁判権の三者はそれぞれ権力自体が尊厳をもつとされ、権力自体にも自律としての自己制限が求められる。例えば、立法権は誰に対しても決して不正を行いうることがあってはならない（VI 313）とされ、リベラルな権力制限の基礎をもたらすようにも見える。未公刊の手記遺稿である『レフレクシオン』の断片では、万人が主権者の尊厳の下にありながらも、主権者が宗教の決定の際に国民に対して誤る可能性が指摘され、その場合に主権者は国民に従うべきであるとされており（XIX 580, R 8006）、尊厳が宗教的な寛容の基礎になっていることが明示されてもいる。

　ただし、そのような国家の成員である公民がもつ尊厳（国家公民の尊厳）は、必ずしも現代的な尊厳のような絶対的価値をもつものとは規定されていない。国家の尊厳は最高命令権者による配分の対象にすぎず、国家公民の尊厳もまた主権者により配分された尊厳として一定の役割を果たすのみである。それはあらゆる契約に優先して作用し、公民の奴隷化を防ぐ役割をもつものの、国家権力の尊厳より下位におかれており、犯罪行為によって喪失するものにすぎない（XIX 593, R 8049）。公民に配分された尊厳は、絶対的価

---

(15)　Flikschuh, Katrin (2020): The Dignty of the State in Kant's Doctrin of Right: in Kato, Yasushi and Schönrich, Gerhard (ed.), Kant's Concept of Dignity, Berlin: De Gruyter, S. 283-302.

値を有するものとはいいがたく、現代的な尊厳として理解するにはあまりにも限定的な役割しか持たされていないように見える[16]。

以上、見てきたように、ここまでのアプローチは個別の箇所での尊厳の（特に現代的な）有意性を限定的ながらも見て取ることができているとしても、『法論』における尊厳概念が果たす体系的意義や効果までは立証できていないように思われる。『法論』の体系的理解と尊厳を関連させて論じるためには、センセンらの立てた枠組み自体を疑う必要がある。次節ではそのことを確認しよう。

Ⅳ　法理念としての人間性の尊厳

これまで言及したアプローチの難点の解決を図る上で本稿の主張する方法は、カントの人間性の尊厳を伝統的／現代的の二分法からではなく、理念／現実としての尊厳の二分法から把握しなおすことのほうが『法論』の理解にとって必要であり有益ではないかということである。そもそもセンセンらによる伝統的／現代的の二分法の難点は、そのどちらもが道徳的に生きる正しさや高貴さを理想とする生き方を含んでいることである。センセンは、伝統的な尊厳理解をキケロに依拠したためか、官職や支配階級としての特権的な地位の高さといった尊厳についての貴族的な理解とすべての人に開かれた道徳的な義務を達成することで得られる卓越性との区別をあいまいにしてしまっている。だが、むしろカントが理性法体系を論じる際に念頭に置いていたのは、社会的現実の中に生きる法的主体が生まれや地位にもとづく世襲的な尊厳をいかにして解消するかという問いではなかっただろうか[17]。カント

---

(16) ただし、カントは犯罪者を奴隷＝物権の地位に置くことを認めることで懲役刑を正当化しつつ（VI 329）、「人間が他人の意図のための手段としてのみ扱われることおよび物権の対象と混合されることはできず、公民的人格性を剥奪する判決が下されても、生得的人格性がそうした扱いからその人を守る」（VI 331）と論じることで、一定の生得的な自由権の「切り札」的性質は残されている。カントにおいて、人格性（Persönlichkeit）とは、人格を構成する素質・理念としての自己立法する能力であり、道徳的であるかぎりでの人間性と同一視されるものであるため、現代的な尊厳への契機は十分に残されているように思われる。

(17) この点は、『レフレクシオン』においても問われており、国家の最高命令権者が世

においては、理性由来の理念的な人間性の尊厳と、経験的現実から偶然的に生ずるところの尊厳とに分けて論じたほうがその理性法体系に尊厳が与えられたことへのカント自身の意図が明確になるのではないだろうか[18]。

もちろん、このことは一個の法概念として「人間性の尊厳」が規定され、制度化されることによって、それを現実の尊厳をめぐる法関係に「適用」し、「上書き」するといったことを意味するのではない。そのようなものとしてカントの尊厳を読み解くならば、それはカントを卓越主義者やリーガルモラリストとして規定することになりかねないだろう。『法論』において尊厳の帰属するところの人間性の理念によって提唱されていることは、たとえわれわれ自身が尊厳をもつ人間性の理念に到達することが不可能であるとしても、あたかも万人がそのような尊厳をもつことが可能であるかのように法秩序を形成し、漸進的に理念を現実化していくことなのである。一見すると尊厳と矛盾するような抵抗権の否認や能動的公民と受動的公民の間の格差もこの観点から理解せねばならない。このようなパースペクティブから『法論』における人間性の尊厳の理念を分析することで、カントが直面していたドイツの市民階級の成長の遅れに対応して、そうした人々の法的生活においても人間性の尊厳を回復させようとした著作として彼の『法論』を体系的に理解しうるようになるはずである。

このような試みのためにカントが用いたのが「人格のうちなる人間性の権利・義務」である（VI 232-233）。この権利は、理性的本性として尊厳を有するところの自身と他者の有する人間性を毀損しないように義務づける内的な法義務を構成する。たとえば、自権者としての自己の身体の任意処分禁止といったものがそれにあたるがここですべてを概観する余裕はない。理念主義の法哲学として『法論』を解釈する本稿の試みからは、あるべき人間の理想が法理論において構成され、その実現を阻み、後退させるような立法を禁止

襲貴族の尊厳を認めるならば、特定の領地からの独立を認めることになりかねないことを示唆している（XIX 568-9, R 7974）。

(18) センセンは、原初的尊厳（initial dignity）という用語を使って、理性的能力に由来する尊厳を論じている（Sensen, a.a.O., S. 168.）。この尊厳を理念として規定し、非・理性的な（それゆえ主観的かつ相対的な）尊厳を対置した上でカントを理解することが本稿の試みである。

することで現実に対する統整的な法理念として作用することを最後に確認することでその序説としたい。漸進的に理念を実現していくための啓蒙について、彼は以下のようにいう。「ある世代が、後の世代に対して、この世代の（とりわけ非常に切実な）認識を拡張し、誤謬から浄化して啓蒙を推進させることを不可能にせざるをえない状態に置くように連合したり、共謀したりすることはできない。このようなことは、啓蒙の前進にその根源的な規定が存在する人間本性に反する犯罪（ein Verbrechen wider die menschliche Natur）である」（VIII 39）。たとえば能動的公民と受動的公民を区別し、後者に投票権を与えないときにも彼は受動的状態から能動的状態へ向上するよう立法を統整している（VI 315）。抵抗権の禁止という現実においても文筆による抵抗と異議申し立ての権利は認められねばならなかったのも、同様の理由である[19]。人間性の尊厳とは矛盾するような法規定が与えられながらも、そのような法規定を漸進的に改良するプロセスの中に尊厳の理念の実現が目論まれていたのである。

V むすびにかえて——残された課題

上述のように、理念としての尊厳が法の現実に対する統整的原理として機能していることを提示したが、「人間性の権利」についての考察・論証が不十分だったこと、そして理念主義法哲学からカントを読み解く上での最大の問題点である犯罪と刑罰の問題への考察がなお課題として残る。特に後者の問題は、現代の尊厳からは完全に対立するような論点を残しており[20]、カントは性欲（他者へと向かう傾向性）を（他者のみならず自分の）人間性の尊厳を汚す（VKE. S. 205f.）ものとみなし、同性愛や獣姦を法的制裁の対象とするのである（VI 363）。しかも、その刑罰の内容は同性愛には去勢、獣姦には公民的社会からの追放刑という前時代的なものである。こうした記述か

---

(19) これについては、三島淑臣『法思想史［新版］』青林書院、1993年、293頁。
(20) この指摘はすでに以前からなされている。Cattaneo, Mario.A（1982）: Menschenwürde und Strafrechtsphilosophie der Aufklärung: in Reinhard Brandt（Hrsg.）: Rechtsphilosophie der Aufklärung, Berlin: De Gruyter, S. 330.

らカントの刑罰観を法共同体からの排除という伝統的な刑罰観に立ち返っているもの[21]として時代的拘束性から理解することもできるが、むしろ義務論的な人間性の尊厳をそのまま法規定として実定化することの危険性を示唆することもできる。いったん尊厳が毀損されてしまった場合、尊厳ある人間性を汚すような存在は人間扱いされなくなってしまうという隘路をカントは示しているようにも見える。人間の尊厳の理念を現実において実現することと法的強制との関係についてはさらなる考察が必要であるが、別の論考にゆだねることでこの序説を終えることにしたい。

---

(21) 村上淳一『近代法の形成』岩波全書、1979年、218頁。

嘘の禁止と法秩序空間
―― カント「人間愛」論文を端緒として ――

木原　淳

I　はじめに
II　「窮余の嘘」
III　普遍人類社会への義務
IV　結びに代えて

I　はじめに

　嘘は許されない。この命題は、最小限のコミュケーションを取れるようになった幼児に対し親がおこなうおそらく最初の倫理教育の一つである。しかし一定の会話ができるようになった幼児が、もし日常会話の中で全く嘘をつくことがないとすれば、その場合は知性の発達を疑うべき異常事態といえる。嘘をつくには、真実と虚偽を区別し、これを使い分ける一定の知性と共に、（叱られまいとするような）わが身を守る意欲の存在が必要である。したがって身を守るために他者を騙す嘘は当然ながら人間に固有のものではない。多くの動物、さらに植物も周囲の環境に自らを隠し、敵を騙す擬態をおこなうことで、天敵から逃れ、あるいは獲物を捕獲する。敵を騙す知性と意欲のない生物は自然の中で生き延びることができない。こうした広い意味での嘘は生き延びるための必要な技術であり、美徳とも言える。
　嘘が美徳であり得る、という上記の認識は人間にも当てはまる。軍略により敵を騙し、自軍を勝利に導く指揮官は讃えられる。擬似的戦争といえるスポーツ競技も、ルールの枠内で対戦者の虚をつき騙して勝利を得る競技者の

技術は美徳となる。嘘は無限の形態をもつため、そのすべてを包括した一般的な理論を作ることは至難の業だが、上記の単純な事例を前提にすれば、嘘の背景や必然性はさしあたり次のようにまとめられる。嘘とは利益を得あるいは害悪を避けるために必要とされる自己の資源や能力が十分でない場合、その欠如を補う手段である。したがって絶対的な強者は他者に対しても自己に対しても嘘をつく必然性をもたない[1]。嘘を言わざるを得ない状況に追い込まれるのは弱者ないし必要とする力の不足する者である。

ところで有名なカントの論文「人間愛のために嘘をついてもよいという誤った権利について」[2]はその結論の極端さから長く批判対象とされてきた。そこで示された、友人を殺すために居場所を尋ねてきた殺人者に対し嘘をつくことの是非もまた、必要な力の不足する状況を前提としている。もし私に、友人を保護し殺人者を圧倒する実力があれば、私は嘘をつく必然性は全くない。「いかにも彼はここにいる。だがお前に引渡しはしない」と正直に宣言するだけで十分であり、嘘を許容しうる例外について議論する必要はない[3]。

この事例から判明するように、嘘をつかねばならない背景とは多くの場合、（様々なレベルでの）自己保存を危うくする「敵」ないし何らかの窮状に陥った場合である。敵から自己または仲間を守る局面において一般的にはしばしば嘘は許容され、あるいは正当化される。特に戦争の場合にはこの要請が生まれる[4]。「人間愛」論文の結論への批判も、各人の自己保存を犠牲に

---

(1) ただし、優位にある者が理解力の低い弱者を導くという福祉のため、「方便」として利用される嘘言の場合、その目的は自己保存ではない。この種の嘘はプラトンの「高貴な嘘」のような大きな問題性を孕む論点に発展していく可能性があるもの、本稿ではこの問題を扱わない。

(2) 「人間愛からならうそついてもよいという誤った権利に関して」(Über ein vermeintes Recht aus Menschenliebe zu lügen, VIII, 1797)。以後、本稿では「人間愛」論文と表記する。またカント著作については本文脚注問わず、最初に表題を附した後はアカデミー版の巻数と頁数で示す。

(3) カント『人倫の形而上学』(Die Metaphysik der Sitten, 1797, VI) のうちの徳論 (Tugendlehre) の分類によれば、義務とは「他者に対する義務」と「自己自身への義務」に区別されるが、他者に対する完全義務としての嘘の禁止は「徳論」では問題とならない。

(4) グロティウス『戦争と平和の法』（一又正雄訳、巌松堂、1951年）は戦時における

し、有害な「敵」に対してまで誠実の義務を要求することの過大さにあると考えられるが、そうした「敵」とは嘘の禁止との関係でどのように考えるべきか、あるいはそうした例外は考えるべきではないのか。そしてこのことは同論文において唐突に登場する政治における道徳的原則とどのように関係してくるのか。

II 「窮余の嘘」

1 「窮余の嘘」の条件　窮余と自己保存

　嘘の禁止が一つの道徳的命法であるとすれば、経験的状況に依存しない絶対的に妥当する道徳的命法の確立をめざしたカントからすれば、求められるのは例外なき嘘の禁止といえよう。1785年の『人倫の形而上学の基礎付け』[5]ではこうした問題意識が鮮明に表明されている。だがそれ以前において、嘘の禁止は必ずしも絶対的な命令ではなかったことに注意する必要がある。「コリンズ Colins 道徳哲学講義」[6]の「他者に対する倫理的義務、さらに真実性について」と題する部分では、強盗が私に金をもっているかと問い尋ねる場合、「暴力で強要され、私の言明によって法に反する利用がなされる場合、さらに私が沈黙することで切り抜けることができないならば、その嘘は自衛である」。それは「窮余の嘘 Notlüge」として嘘の禁止への例外となるという（XXVII, 448）。Mrogovius によるカント講義も同様の記述が見られる（XXVII, 1564）。「窮余の嘘」も様々なレベルの「窮余」を想定し得るが、コリンズ講義録も示すように、一般的には強盗に自己の生存が脅かされるような正当防衛に相当する場合だと考えられる。講義録でカントは、許容のための要件を複数挙げているが、上記の要件は正当防衛と同様の論理構造である。違法な侵害者への抵抗は客観的法秩序の擁護に資することでもあり、窮余の嘘は正当防衛と同じく、個人の法益保護と、客観的な法秩序の擁

　　奇計の可否から出発し、嘘の諸形態を検討しつつ、彼自身も一定の条件でこれを容認している（3巻909頁以降）。
（5）　Grundlgung zur Metaphysik der Sitten, 1785, IV.
（6）　Moralphilosophie Colins, 1784 und 1785, XXVII.

護という二つの側面から支えられると言える。

　嘘の許容される条件が、正当防衛との類推から引き出されるならば、嘘を言う者と言われる者とは、法共同体の内と外を分かつ敵対関係にあると理解できよう[7]。そもそも嘘禁止の命題に限らず、ある道徳的命題が社会的に意味をもつのは、一定の倫理的・法的諸原則が共有される場合である。自己保存の権利をはじめ、倫理的・法的諸原則をまったく共有しない他者に対し、一方的に当該の倫理を遵守するならば、自滅的な作用しか持ち得ない。「窮余」という条件で嘘の禁止命令が解除される場合があるとすれば、それは相手が共有されるべき倫理的原則を信奉せず、あるいは倫理的共同体の外部にある場合と考えることができる。少なくとも講義録のカントにおいては、倫理的原則の妥当について「敵」の存在が考慮されていると言える。

　とはいえ、現実の国際政治や社会問題を考える上でこの命題を適用することは容易ではない。互いに武器を持ち対峙する関係にある国どうしでも、異なる局面では国際共同体の仲間であり得るし、ルールの枠内であれば共通の共同体内に生きるスポーツ競技の選手どうしでも一つの技術として「敵」を欺くことは許容されさえするからである。国内にせよ、国際間にせよ、友と敵の区別は必ずしも白か黒かのような二者択一のものではなく、同じ人間どうしの関係であっても各局面で変わり得る、相対的な性格をもつ。

2　「人間愛」論文事例の特殊性

　さて講義録において容認されていた「窮余の嘘」は何故に『基礎づけ』以降、姿を消し、嘘は一切の例外を許されないものへと移行したのだろうか。

　敵か友かという基準が状況により変動するとすれば、その状況の可変性の故に、倫理的命題としての嘘の禁止は当然ながら絶対的な妥当性を主張することは不可能になる。相手を見て結論を変更するような、状況に依存する結論の相対性を克服することが批判的倫理学の課題であった以上、嘘の禁止命題の相対性という結論は克服されねばならない。だがこの絶対的命題としての嘘禁止の結論を支えるだけの十分な理由は存在するのか。そこであらため

（7）　上記のコリンズ講義録の別の箇所では、私が金をもっているか尋ねてくるものを「敵 Feind」と表現している（XXVII, 447）。

て「人間愛」論文を参照する必要が出てくるが、その前に『人倫の形而上学の基礎づけ』における嘘禁止命題をあらためて確認しよう。ある格率の道徳性の評価は、その格率が普遍的法則となることを同時に意志しうるかどうかによって判定される。カントは、返済の意図なき借金の申し込みの例を取り上げているが、この場合の格率は、人は困難に陥った場合、返済の意図なきことを隠して借金の申し込みをしてよい、という形となるであろう。この格率をもし万人が採用し普遍化されるならば、およそ融資や借金という行為は不可能になる。それ故にこの格率は矛盾に陥り、道徳的正当性をもつとは言えない（IV, 422）。

この事例は定言命法を援用した嘘の不道徳性を示す例としてよく知られている。だがこの説明は嘘の不正を説明する唯一の理由とは言えないし、定言命法を援用したこの一例だけで無限の形を取る嘘すべての不道徳性を論証できるわけではない。そもそもこの結論自体は、必ずしも義務論的倫理学に依拠する必要はなく、功利主義の立場からも支持される。つまり『基礎づけ』で否認されているのは、他者の権利や利益を侵害する典型的な嘘であって、法的保護を受けるに値しない、殺人者の利益しか侵害しない「人間愛」論文の嘘と同列には語れない。『基礎づけ』における嘘禁止の根拠は、特定の形態の嘘の非道徳性を論証するにとどまり、「嘘はいかなる場合でも絶対的に許されない」という「人間愛」論文での広範な禁止命題を支えるには不十分なのである。

したがって帰結主義を批判する義務倫理学的な嘘禁止論にとって議論の中心的な土俵とされるべきは、他者を欺くことなく、また他者の権利や利益も侵害せず、場合によっては他者の利益を図るような、功利主義的には説明のつかない性質の嘘でなければならない。また「人間愛」論文の事例に見られる嘘とは『人倫の形而上学　徳論』で扱われる「自己自身への義務」違反でもない。「人間愛」論文の嘘は他者に対する完全義務としての嘘の禁止を問題としているから、『徳論』での議論はここでは適用できない[8]。殺人者に

---

(8)「不誠実は自己自身に対する義務を傷つけることである」とまでは言いたくない。なぜなら、これは倫理学に属するから。ここでは法義務が問題なのである」（VIII, 426）（傍点は筆者による）。カントは嘘を「他人に対して故意に真実でないことを言明するこ

対してさえ真実を語るべきという結論は、『基礎づけ』の例のように功利主義と共に是認できる穏当な結論ではなく、むしろ功利主義とは鋭い対照をなす結論である。「人間愛」論文はまさに従来の著作群ではカバーしきれなかった部分を扱っている。ここでの事例は、友人が殺されかけている状況であり、殺人の禁止という完全義務違反を犯そうとする者に対し、友人を助けるための親切（不完全義務）を果たすため、殺人者に嘘をつくことの正当性が問われている。

殺人者に嘘を言うことは殺人の阻止という道徳的には正当な動機をもち、友人のために嘘をつくことは、他者に対して親切を示すべきという（不完全）義務を果たす行為でもある。とはいえ、嘘とは法義務に関わる問題（VIII, 426）であり、親切という不完全義務が、完全義務としての法義務に優位することはない[9]。その結果、カントは殺害という違法な帰結を招来する現実的可能性に目をつぶり、嘘の禁止という命令を果たすため、親切の（不完全）義務を放棄することを主張する。だがこの場合の嘘禁止の根拠として定言命法が援用されることはない。「人間愛」論文では「真実（Wahrhaftigkeit）の義務の絶対性」が強調され（VIII, 426, 427, 429）、またそれは「契約にもとづく権利が消滅」するから「人類一般に加えられる不正」である。つまり嘘は特定の他者に損害を与えるものである必要はない。なぜなら嘘は「法の根源を役に立たないものとする限りで、人間性（Menschheit）一般を傷つける」からである（VIII, 426）。

この理由づけによる具体的事例への適用はあまりに教条主義的だが、カントはさらに念を入れた形で、命のかかる状況で友人が死ぬか逃げ延びるかは

と」とした上で、「嘘は他人に損害を与えるにちがいないということを付け加える必要はない」とする。ここでの事例は他者に対する不真実の表明という外的な振舞いでありながら、損害の発生という帰結主義的な要件を必要としない嘘なのである。

(9) 谷田信一「カントの実質的義務論の枠組みと『嘘』の問題」、『現代カント研究2 批判的形而上学とはなにか』（晃洋書房、1997年、246頁）では責務性の根拠の衝突としてカントが主に念頭に置いているのは「完全義務」と「不完全義務」とのあいだの衝突であるとするが、「不完全義務はつねに完全義務に敗れる」。ムロゴウィウス講義録では、不完全義務どうしでの衝突についてはアプリオリに一方的な決着はつかず、怜悧の規則で決定されることになる（XXVII, 1410）。人間愛論文の非常識な結論は、完全義務が不完全義務を原則通り圧倒した事例である。

経験的な偶然の問題であり、仮に友人が殺されるとしても私の真実の言明と彼の死の間に因果関係はないという（VIII, 427）。この言明は論理的には正しくとも倫理的アポリアからの逃避に見える。倫理的問題とは、どちらとも選択し難いアポリアの認識が出発点である。トロッコ問題はその典型だが、より多くの生命を救うため、人数の少ない路線にトロッコが進入するようにポイントを操作し、より少数の作業員を死なせることが倫理的に「正しい」と断言し、何の躊躇もなく冷徹にそれを実行する功利主義者がいるならば、我々はそこに公式主義に堕した倫理学の死を感じざるを得ない。方法論的立場こそ違え、無垢の友人の死に一瞥も与えることなく、真実の義務を強調するだけの「人間愛」論文の姿勢からはこれと同質の臭気が漂う。その態度は高尚な理念や理想を押し出すだけで理念に不都合な状況から目を背ける、傲慢で独善的な理想主義者のものであろう。

III　普遍人類社会への義務

1　普遍化可能性テーゼの前提

　嘘を禁止する「真実の義務の絶対性」は、『基礎づけ』に現れる、返済の意図なき借財の申し込みをするようなケースでは十分に納得のいくものである。では友人を殺そうとする殺人者に対してすら果たされるべき、真実の義務＝嘘の禁止との性質の違いはどこにあるのか。前者の場合、つまり返済の意図なき借金の申し込みをする相手とは、今後も直接間接を問わず関係を持ち、相互に依存し合う共同社会の仲間と言える。だからこそ、この類いの嘘は相互依存の体系の中で一貫させることがそもそも不可能であり、この格率は自壊的で、普遍化可能性をもたないのである。これに対して殺人を欲する者はそもそも法外の存在であり、相互依存の関係にあるとは言えない。その意味で無法者から自己や第三者の生命を守るための嘘は、決して一貫させることが不可能なわけではない。このことは「人間愛」論文の事例で定言命法による普遍化テストが援用されていない点からも裏付けられる。相手は死刑ないし社会から隔離されるべき法共同体の「敵 Feind」であり、相互依存関係にある共同社会のメンバーではない。道徳の根拠を普遍化可能性に求める

発想は、相互に依存し合う市民社会のメンバーシップが前提である。殺人者と相互に協力し依存し合う関係というのはそもそも倫理の想定を超えたものだが、この点が「人間愛」論文の特徴といえる。つまりカントは道徳性について、「仲間の理」としての倫理を超え、自己に対してでも他者に対してでもない「法の根源」と結びついた「人間性一般」に対する義務として嘘の禁止を説く。道徳性の基盤として想定されている社会は、諸ポリスが乱立し、友と敵に分かれ相争う社会ではなく、そうした区分の消滅した普遍人類的社会が認定されていると解釈できる。

カントも引用するように、コンスタンは倫理的基盤を共有しない、いわば敵に対しても真実を語る義務を求めることの無意味さに言及する。真実を言うことは義務だが、それは「ただ真実に対する権利をもつ人に対してだけ」（Ⅷ, 426）であり、それが「もし無条件かつ独立に認められるならば、あらゆる社会を不可能にしてしまう」（Ⅷ, 425）。この言及は道徳的義務とは相互依存の社会関係の中でだけ成立する相対的なものであることを指摘したものといえる。「殺人の禁止」という法原則も、国家という実定法秩序の中で正当防衛のような例外を定めつつ、またどの程度が正当かなども実定的な司法システムの中ではじめて具体化される。

これに対してカントは真実の義務の絶対性を強調し、これを完全義務である「法義務」とすることで、コンスタンの相対的な見方を批判する。嘘は「法の根源を役に立たないものとする」のであり、真実の義務とは「人間性一般に対する義務」とされる[10]。この不十分な説明の前後において、カントの議論は政治のあり方にかかわる議論に移行していく。

2 「政治に対する道徳の優位」論としての嘘論

「真実の義務の絶対性」「人間性一般への義務」について「人間愛」論文で

---

(10) コリンズ講義録では外的な嘘も含め、「人間性」を傷つけるものとしている（XXVII, 447）。これに対し『人倫の形而上学』の徳論では「内的な嘘」は「自己自身の人格における人間性の尊厳を毀損する」（Ⅵ, 429）とされ、「人間性」を根拠とする論理が残されているが、外的な自由に焦点を当て、倫理的嘘論を扱わない法論では「人間性の尊厳」の語は見られない（Dietmar von der Pfordten, Menschenwürde, Recht und Staat bei Kant, 2009. S. 10)。

は十分に説明されないまま、議論は「法の形而上学」から「政治学の課題の解決」に及んでいく。焦点の定まらないかに見えるこの議論の流れは「人間愛」論文が単なる嘘論ではなく、政治に対する道徳的原則の徹底をめぐる論争上で出てきたものであることを示している[11]。嘘の禁止という文脈で、コンスタンが提起しカントが反応した論点は、政治における道徳の実現をめぐる「中間的な原則 Zwischen Prinzip」をめぐるものであった。

「人間愛」論文では、コンスタンによる、政治において抽象的原則を現実に適用するための「中間的原則」の必要が引用されている。それによれば「真と証明される原則」の適用に際しては「中間的な原則」が必要である。例に挙げられるのは平等の理念だが、「きわめて密接に結びつけられた社会においては、この原則は直接的に適用されうる」が、「非常に多人数の社会」においてはこれをそのまま適用することはできず、立法に際して人々は代理人を通じて貢献しなければならない（VIII, 427f）。この記述は平等理念の実現にかかる直接民主制の否認と代表民主制の容認だが、これは平等理念がそれ自体では一義的なものではなく、何を以て平等とするかの具体的な基準を示す立法と、代表者による一定の裁量的な判断が不可欠であることを示している。多様な慣習や思想を内包する広域的な法秩序で、もしこの手続きなく誰もが平等理念を自由かつ直接に解釈し主張できるならば、平等理念は常に社会・政治制度を破壊し得る道具と化す。コンスタンは「嘘の禁止」という事例を使い、一般的にその正当性が承認されている道徳的原則すら何らの媒介（つまり中間的原則）なしに適用するならば、殺人者への協力すら結果的に正当化されてしまう帰結を批判するのである。こうして「中間的原則」論を通じ、嘘禁止の命題と政治における道徳性の議論はつながる。それ故、カントの反論は中間的原則という抽象的な議論にとどまることなく、具体的に示された嘘の絶対的禁止という要請について、政治における法原理の徹底、政治に対する道徳の優位の名にかけてこれを論証しなければならない。

両者の対立は以上のように図式化できるが、政治に対する道徳的理念の適

---

(11) 小谷英生「政治に対する道徳の優位――いわゆる『嘘論文』におけるカントのコンスタン批判について――」、群馬大学教育学部紀要人文社会科学編第67巻、2018年、77頁。

用にかかわるこの対立をより巨視的に見るなら、法の理念とその受け皿となる法秩序観の相違に帰着すると考えられる。既述のように、定言命法からの要請として嘘が禁止される典型的な例は『人倫の形而上学の基礎づけ』に見られるように、共同社会に生きる人間どうしの相互依存関係によって普遍化不可能と理解されるものであった。だから法外の存在ないし敵とみなされる者に対して倫理的原則を適用する必要はないというコンスタンの見解も成立しうるし、カントも『法論』では人民 Volk の普遍的立法意志という形で、立法権の国民国家的普遍性を前提とした議論を展開している。この限りではコンスタンとの間に法秩序観の相違はない。ただ周知のようにカントの法秩序構想は国民国家の枠にとどまるものではない。ここからが両者の差異となる。カントがコンスタンのいう中間的原則を否認し、例外なき理念の直接適用（＝例外なき嘘の禁止）を説く背景には、国際社会と世界市民社会という人類全般が相互に依存する普遍的な共同社会の構想がある。カントは国民国家や国境の存在を否認したわけではなく、戦争にも言及はしている。しかし戦争も国際法の理念で規律され、諸国家は国際社会の中での仲間として構想され、普遍的な人類社会構想の中では、政治的実存をめぐり闘争する「敵」は想定されない。嘘が「人類全般に対し加えられる不正」(VIII, 427)であるとの認識は、人類全般を包括した法秩序の想定がある。嘘が「法の原理を傷つける」(VIII, 429)とは、普遍人類的な法秩序の優位が想定されていたと解釈しうる。

　こうした認識は「友」と「敵」の区分に政治的なるものの本質を見出し、敵を知らない普遍人類的な思考を批判したカール・シュミットの認識とは鋭い対照を示す[12]。シュミットによれば、平等とは民主制を成立させる政治的なものと、普遍人類的なものとに区別されるが、政治的概念としての平等は特定の国民に帰属することにのみ基礎を置き、普遍人類的な平等はいかな

---

(12) Carl Schmidt, Der Begriff des Politischen, 1932 (6. Aufla.).「友と敵の概念は、具体的かつ実存的な意味においてとらえられなければならない」(S. 28)。政治的な意味での敵とは、「抗争している人間の総体」であり、「敵には公的な敵しかいない」(S. 29)。シュミットの区別によれば「汝の敵を愛せよ」の命題は、政治的ではない私的な敵でしかなく、それは公的な空間の中で相互依存の関係にあり、倫理的基盤を共有する関係にある。

る制度も基礎づけることはできない[13]。この認識は中間原則なき理念の直接適用が最終的に無秩序をもたらすというコンスタンの帰結とそのまま重なる。原則への例外を拒否しようとするカントの思考の基盤は明らかである。彼の普遍人類的な社会の構想は、「政治的なるもの」、実存的な「敵」の存在により道徳が相対化されることのないような法秩序空間への志向につながっている。

Ⅳ　結びに代えて

　嘘の禁止命題への例外を拒否するカントの立場は、リアリズム政治学への批判や世界市民社会の構想につながる独自の法秩序構想と連なる。『理論と実践』『永遠平和論』もまた政治的実践家からの絶対的な道徳原理への批判に対する応答であり、「人間愛」論文はこの文脈上に位置づけられよう。
　しかし次のような根底的な疑問も生じよう、普遍化された人類社会が仮に存在しうるとしても、それは原則が一律に運用される同一の社会を意味するのかどうか。むしろ普遍性とは、原則を共有しつつ、具体的な細則や実践において多様な形態を容認し、時として相争う関係も包含する価値でもあると理解できないのだろうか。状況に一切依存せず、結論に一切の揺れがない数学的な普遍性を理想と見る思考は、法や政治の世界にプラトン的理想主義を持ち込むことにならないのかどうか、現代の普遍的な人権、民主制を考える上で「人間愛」論文は多くの示唆を与えると思われる。（了）

---

(13)　Carl Schmidt, Verfassungslehre, S. 280.

ヘーゲル「法哲学」における理性的なもの（法）と現実的なもの（法律）について
―― 序文、緒論を中心に ――

小 林 正 士

I　はじめに――本稿の目的
II　「哲学的法学」とはいかなる立場であるのか
III　「哲学的法学」の意義について――哲学的法と実定法との区別と統一
IV　むすびに代えて

I　はじめに――本稿の目的

　ヘーゲルは『法哲学』（1821）における自身の立場を「哲学的法学（Die philosophische Rechtswissenschaft）」[1]と位置づけている。そこで問題になるのは、この「哲学的法学」とはいかなる立場であるのか、ということである。即ち、ヘーゲルの哲学的法学なる立場は、「自然法論」の立場や、ヘーゲルのいう「実定法学（positiven Jurisprudenz）」[2]の立場とどのような点で異なるのか、あるいは同じなのかということである。本稿ではこのような観点から、ヘーゲル自身が展開する「哲学的法学」の意義の一端を明らかにしようと試みるものである。なお本稿では紙幅の関係等から、ヘーゲル『法哲学』序文と緒論を主たる切り口としてこれを考察していくものである。

---

(1)　G. W. F. Hegel, *Grundlinien der Philosophie des Rechts, Werke 7*, Suhrkamp Frankfurt a. M.1970, §1, S.29. ヘーゲル著　上妻精・佐藤康邦・山田忠彰訳『法の哲学（上）――自然法と国家学綱要』45頁（岩波書店、2021）。加えて同書訳者解説442-444頁参照。
(2)　Ebd., Zusatz, S.17. 上妻ほか訳・前掲注1）22頁。なお邦訳では「実証法学」と訳されているが、引用者が後の箇所も同様に「実定法学」とした。

Ⅱ 「哲学的法学」とはいかなる立場であるのか

1 哲学的法学が必要とされる理由について

そこでまず、序文の「補遺（講義聴講者による筆記録）」における「自然の法則と法の法則（Gesetze der Natur und des Rechts）」[3]の個所を手がかりとしたい。この箇所では、自然の法則と法の法則との類似点と相違点について触れられている。では自然の法則と法の法則の類似点と相違点について、ヘーゲルはどのように考えているのか。

ヘーゲルによれば、自然の法則と法の法則とが同様である点は、現にあるがままの自然ないしは法律について親しみ、そこから学ぶ、という側面であるとされている。他方、相違する点は、「自然の法則は端的に存在し、あるがままに妥当している」[4]というように、存在と妥当・当為が「一致」しているのに対して、「法の法則」は、存在と妥当・当為が「分離し得る」ことがあるという点である。それは、自然とは異なり、「法律は制定されたもの、人間に由来するもの」[5]、即ち、人間が「定立する」ものであるので、内容的に正当なものが定立されるとは限らないからである。そうであるが故に、ヘーゲルは、実定法に内在する理性的な本性・契機を認識するための学、即ち「哲学的法学」が必要とされるのであるという。

以上の点が端的に述べられているのが、続く次の箇所である。

　「自然の場合、法則一般が存在するということが最高の真理である。しかし、法の法則の場合は、ことがらは、それが存在するから妥当するのではない。各人が、ことがらが彼自身の基準に合致すべきことを要求するのである。したがって、ここでは、存在するところのものと、存在すべきところのものとのあいだに、いいかえれば、不変でありつづける即自的かつ対自的に存在する法と、法として妥当すべきものの規定の恣意性とのあいだに抗争が起こりうる」[6]。

（3）　Ebd., S.15. 上妻ほか訳・前掲注1）20頁。
（4）　Ebd., Zusatz, S.15-16. 上妻ほか訳・前掲注1）20頁。
（5）　Ebd., Zusatz, S.16. 上妻ほか訳・前掲注1）20-21頁。
（6）　Ebd., Zusatz, S.16. 上妻ほか訳・前掲注1）21頁。

「だが、即自的かつ対自的に存在する法と、恣意が法として通用させるものとが対立するのは、まさにそこに、法の根本的な認識を学びたいという欲求が控えているからである。人間は法において彼自身の理性とであわなければならないのである。だから、人間は法の理性的本性（Vernünftigkeit des Rechts）を考察しなければならない。そして、これこそが、実定法学がしばしば矛盾し合うものだけを問題にするのと対照的に、われわれの学問が問題とすることがらである」[7]。

加えてここから分かることは、「法の根本的な認識」というものと、「法の理性的本性の考察」とが関連しており、哲学的法学は、この「法の理性的本性」を考察することが課題とされていることである。

では「法の理性的本性」を考察するとは、ヘーゲルにおいてどのようなことを意味するのか。そして、この哲学的法学の学問的性格は、これまでの「自然法論」や「実定法学」とどのように異なるものであり、また重なり合う点はあるのか。

2 「自然法論」でもなく「実定法学」でもない「哲学的法学」の独自性とは

上記の問いについて、以下の第3節ヘーゲル自身による注解が手掛かりになる。

「実定法そして法律に対して、感情や傾向性や恣意が対立させられるときには、それらのものに権威を承認するのは少なくとも哲学ではありえない。——暴力や専制が実定法のひとつの構成要素となりうるということは、実定法にとっては偶然的なことであり、実定法の本性には関係のないことである。法がいかなる場所で実定的なものとならざるをえないかは、のちに二一一から二一四（第三部人倫第二章市民社会Ｂ司法ａ法律としての法——引用者注）において示されるであろう。これらの諸節であきらかにされる諸規定にここで言及したのは、哲学的法の限界を示すためであり、哲学的法を体系的に展開するならば、そこから現実の国家が必要とするような実定法典が結果するはずであるというごとき、万が一起こりうる考えやそれどころか要求さえも、ただちに取り除くためである。——自然法や哲学的法が実定法と異なるということ、このことを、両者は相互に対立していて、矛盾し合っている

---

(7) Ebd., Zusatz, S.17. 上妻ほか訳・前掲注1) 21-22頁。

という方向に逆転させてしまうならば、それは大きな誤解であろう。前者が後者に対する関係は、むしろ『法学提要（Institutionen）』が『法規全書（Pandekten）』に対する関係である」[8]。

ここで注目されることは何か。第一に、ヘーゲルの主眼はあくまでも「実定法の本性」とは何か、別言すれば、「法の理性的本性」を考察することにあるということである。第二に、自然法と哲学的法とが並立的に位置づけられ、「哲学的法」という表現によって区別されているということ。第三に、哲学的法には「限界」があるということ。第四に、哲学的法や自然法と実定法とは異なるものだが、しかしそれは対立し、矛盾し合うものではないと述べられていることである。

第一の点については、これまでみてきた通りである。そこで問題になるのが、第二、第三、第四に関することである。即ち、ヘーゲルは、なぜ「哲学的法」という表現を用いているのかということ。次に、哲学的法には「限界」があるというが、それはどういうことかということ。最後に、哲学的法や自然法と実定法とは異なるものだが、しかしそれは対立し、矛盾し合うものではないというが、それはどういうことなのかということである。

(1) 「自然法」ではなく、なぜ「哲学的法」なのか

以上3つの問題点について以下でみていくが、まず三島淑臣氏の論文「ヘーゲル「法哲学」における〈自然法〉問題（一）」[9]を参考にしていきたい。

三島氏は、本稿でも先ほど取りあげた『法哲学』第3節ヘーゲルによる注解を引用した後の個所で、次のように述べている。

> 「ここで私たちの注意を引くのは、先ず第一に、いわゆる自然法がヘーゲルによって「哲学的法」というやや奇妙な表現に置き換えられている点であり、第二に、この哲学的法ないし自然法と実定法とは相互に区別と統一の関係にあること、換言すれば両者の不可同・不可分性が主張されていることである」[10]。

（8）　Ebd., §3, S.34-35. 上妻ほか訳・前掲注1) 51-52頁。
（9）　三島淑臣「ヘーゲル「法哲学」における〈自然法〉問題（一）」水波朗／稲葉良典／ホセ・ヨンパルト編『自然法――反省と展望』94頁以下参照（創文社、1987、所収）。

この第一の点について、ヘーゲルは、「1817／18 冬学期講義　ハイデルベルク」で次のように述べている。

> 「自然法という名称は廃棄されてしかるべきです。哲学的法理論、あるいは、それが自己をまた示すであろうように、客観的な精神の理論という名称づけによって取って代わられるべきものです。自然という表現はつぎの二つの意味を含んでいます。すなわちその表現のもとでは、[1] 或るものの本質および概念が理解され、そして (2) 無意識的な直接的な自然それ自体が理解されます。自然法という表現において、法はいまやそれが直接的な自然の力によって妥当するものとして理解されるべきものであったのです。それはかくして真の法がそこで現存在すべきところの自然状態という擬制と関連します。この自然状態は社会の状態に、とりわけ国家に対立させられます。その場合さらに社会がまるで何か精神の本質に即自・向自に適合するものおよび必要なものではなくて、人為的な悪と不幸の流儀であり、そしてそこでは真の自由が制限されているかのような誤った考え方が支配しています」[11]。

三島氏は、上記のヘーゲルの言説等を踏まえた上で、次のように述べている。「つまり（自由に基づく）人間的諸行為とその社会的・制度的連関そのものの中枢に活存する客観的理法を明らかにする作業が「哲学的法論」の本来的作業であることが主張され、無意識的＝直接的自然の領域に視野を限定しがちな近代自然法論の見地が批判されているのである。だから、私たちは、ヘーゲルによる「自然法」の「哲学的法」への言い換えを、単なる用語の代替として片付けるべきではなく、むしろそこに近代自然法論批判の基礎視角が提示されている点に着目すべきなのである」[12]。

要するに、ヘーゲルは、自然法という場合の「自然」という用語が「無意識的自然＝直接的自然」の意味で理解されることを避けるために、またそうした理解への批判的な観点から「哲学的法」という用語を使っていると解されている。そこには近代自然法論に対するヘーゲルの批判が内在していると

―――――――――――
(10)　三島・前掲注9) 96頁。
(11)　G. W. F. ヘーゲル 尼寺義弘訳『自然法および国家学に関する講義――1817／18 冬学期講義，ハイデルベルク　1818／19 冬学期序説（付録），ベルリン――』3頁（晃洋書房、2002）。
(12)　三島・前掲注9) 97頁。

いうことである⁽¹³⁾。その上で、「哲学的法」が意味するのは、「法の概念的本質」、言い換えれば、「法の理性的本性」を明らかにするという意図を明確にするために、この用語を使用したと考えられるということである。

このようにヘーゲルの「哲学的法学」の立場は、これまでの自然法論の立場と異なるものであるが、しかしながら同時に、これまでの自然法論と「共有」するものもある⁽¹⁴⁾。それが本稿で指摘したように自然法と哲学的法とが並列している理由である。その理由は種々考えられ得るのだが、例えば、マンフレート・リーデルは次のように述べている。「ヘーゲルは、主観的精神論において意志からあらゆる偶然的な自然的規定を洗い落としてしまったのちにはじめて、意志を『法の哲学』の対象として導入しているのだから、『法の哲学』の運動は、個別意志のなかに含まれている「一般意志」から出発する。だからヘーゲルにとっては、自由な意志とは「理性的な意志と、その活動の固有な直接の 場(エレメント) である個別的意志との統一」なのである。しかしこのことは、自然法思想を取り下げることを意味するものではなく、実際には自然法思想を途方もなく先鋭化することを意味している。なぜなら、このことによって、もはや自然の姿における個々人そのものではなく、理性的存在者としての個々人が『法の哲学』の出発点となり対象となるのだからである。カントとフィヒテは彼らの発見した自由の概念を倫理学の領域に限定し、個々人の（自然的に規定された）自由な恣意を自然法の基礎にしているが、ヘーゲルはこのカントとフィヒテの発見した自由概念を法理論のなかでも用いている。法は自由な意志の制限ではなく、その「具現（Dasein）」である」⁽¹⁵⁾。

即ち、ヘーゲルが近代自然法論から継承するものは、法は自由な意志に基づくという「自由の概念」である。その上で、ヘーゲルは、この「自由の概念」こそを、国家による「実定法」の基礎に据えるのである。そして、この

---

(13) 近代自然法論に対するヘーゲルの批判について、上妻精・小林靖昌・高柳良治著『ヘーゲル 法の哲学』54-56頁参照（有斐閣新書、1980）。
(14) 拙著『ヘーゲル『法哲学』と市民法学の原理』140-156頁参照（成文堂、2021）。
(15) Manfred Riedel, *Bürgerliche Gesellschaft und Staat bei Hegel*, Hermann Luchterhand Verlag GmbH, Neuwiedund Berlin. 1970. リーデル著 池田貞夫・平野英一訳『ヘーゲルにおける市民社会と国家』47-48頁（未来社、1985）。

ことが、後にみるように「哲学的法の限界」というヘーゲルの認識と関連するのである。それはどういうことであろうか。

(2) 哲学的法の限界とは

「哲学的法の限界」について、第3節（注解も含む）を踏まえた上で、三島氏は次のように述べている。

> 「ここで誤った「考え方」や「要請」としてヘーゲルが念頭に浮べているものが、グロティウスからプーフェンドルフを経てクリスティアン・ヴォルフに至る、体系構成型の大陸自然法論の系譜であることは疑問の余地がない。この系譜では、自然法の第一原理から合理的推論によって詳細な自然法体系が導出され、内容的に実定法の全領域を掩うまでに細目化されることが要請されるのである。そこでは、法の内容的規定にかかわる民族的・歴史的特性、具体的ケースへの適用の必然性、判決に不可欠な細目規定、といったところに存する法の実定的契機（『綱要』§三、冒頭文参照）とその偶然性・演繹不可能性が、大幅に無視されている」。「ヘーゲルに言わせれば、このような近代自然法論の一派の基本志向は、法の実定性という壁の前で立ちどまるべき自然法ないし哲学的法の限界を踏み越えるものであり、自然法と実定法との間にある必然的な区別を看過するものである」[16]。

「哲学的法」というのは、一方で確かに実定法と区別されるものである。なぜなら、ヘーゲルによれば、哲学的法は、具体的な法典ではなく、「法の理性的本性」[17]を意味するものだからである。従って、実定法の内容の正当性は、実定法それ自体に在るのではなく、実定法を超えた理性的本性、別言すれば、法の概念が実定法に内在しているかどうかというかたちで判断されることになる。それ故に、哲学的法学の役割は、実定法に理性的な本性が内在しているかどうか、また実定法に内在している理性的な本性を把握することであると言えるであろう[18]。この意味で、哲学的法と「体系構成型の大陸自然法論」とは区別されると共に、実定法とも区別されることになる。

他方で同時に、ヘーゲルによれば、この哲学的法は、実定法と内的に統一

---
(16) 三島・前掲注9) 98頁、98-99頁。
(17) Ebd., Zusatz, S.17. 上妻ほか訳・前掲注1) 22頁。
(18) 法哲学は、「法の概念がいかほどまでに実定法のなかに現存在しているものかを考察するものなのである」。上妻ほか著・前掲注13) 60頁。

され、実定法として現実化するものとされている。そして、このことがヘーゲルの指摘する哲学的法の「限界」なるものである。即ち、哲学的法は、理性的本性として実定法に「内在」することを通じて「現実化」されるである。それはなぜか。理由は、法の「内容」に関わるものと、法の「形式」に関わるものとの2つあると思われる。

III 「哲学的法学」の意義について
―― 哲学的法と実定法との区別と統一

前者の法の「内容」に関わるものとして、三島氏は次のように述べている。「とはいえ、両法（哲学的法ないし自然法と実定法――引用者注）のこうした区別を誇張して、両法の関係を対立・抗争のそれにまで極端化することも、ヘーゲルによれば、もう一つの誤りに陥るものであった。自然法ないし哲学的法が、私たちが前に見たように、「事物の本性」＝「概念的本質」に基づいた法であるとすれば、この法は実定法秩序にも内在しているはずである。なぜなら、実定法秩序もまた人間的行為とその相互連関という意味での「事物」の領域において成立するのであり、かかるものとしてこの「事物」の本性の根本規定に従属しているはずだからである。ヘーゲルが両法の関係をローマ法大全における「法学提要」と「パンデクテン」との関係に比しているのも、このことと関連していよう。諸々の法的ケースにかかわりつつカズイスティックに形成・集積された法命題の集合体としての「パンデクテン」と、これら膨大な法命題群の内部に貫徹する核心的理路を明らかにしようとした「法学提要」との間には、無差別に同一化し得ない区別がある。しかし、かといって両者は相互に対立・抗争し合うものでなく、むしろ相補的なものであり、内的統一を形造っているのである。こうして、ヘーゲルにとって、自然法ないし哲学的法と実定法とは、〈区別における統一〉（不可同・不可分）という関係にあるものとして捉えられることになる」[19]。

このように法の本質的な「内容」に関わるものとして、哲学的法と実定法

---

(19) 三島・前掲注9) 99頁。

とは、区別されながらも内在的統一がなされるものとして、ヘーゲルによって捉えられるのである。

さらに、後者の法の「形式」に関わる意味でも、哲学的法と実定法とは内在的に統一されるものとして捉えられるのである。本稿で筆者は、この観点の重要性を特に強調するものである。

即ち、ヘーゲルは、実定法の「実定性（positivität）」に、文字通りポジティヴな意義である「理性的な契機」を見出している。従って、この観点から実定法の内に「実定性」という理性的な契機が内在している限り、実定法は首肯されることになる。例えば、同じ実定法でも、慣習法と制定法（法典）とでは、ヘーゲルによって後者が重んじられその評価が異なるのは、制定法（法典）に「実定性」という積極的な意義が見出されているからであると考えられる[20]。

ではヘーゲルによって、制定法（法典）には実定性という理性的な契機が内在していると捉えられるのは、一体なぜであろうか。例えば第211節において、その理由の一つを見出すことができる。

> 「即自的に法であるものが、その客観的な定在において定立〔制定〕されている、すなわち思想によって意識に対して規定され、そして、法であるとともに妥当するものとして公示されて、法律となっている。そして法は、この規定によって実定法一般である」[21]。

さらに同節のヘーゲルによる注解では、次のように述べられている。

> 「法であるものは、それが法律となることによってはじめて、単に普遍性の形式をえるだけでなく、その真実の規定性をえるのである。それゆえに、立法というとき、それによって、あるものが万人に妥当する挙止動作の規則として表明されるという、ひとつの契機だけを考えるのであってはならない。むしろ、内的で本質的な契機は、先の契機にもまして、内容をその規定された普遍性において認識することである」[22]。

---

(20) Ebd., §211, S.361-364. ヘーゲル著 上妻・佐藤・山田訳『法の哲学（下）――自然法と国家学綱要』115-120頁参照（岩波書店、2021）。
(21) Ebd., §211, S.361. 上妻ほか訳・前掲注20）115頁。
(22) Ebd., §211, S.361-362. 上妻ほか訳・前掲注20）115-116頁。

こうした個所には、法の正当性と共に、実定性のポジティヴな意義が示されている[23]。即ち、ヘーゲルが指摘する「実定性」とは、法の概念が現実化すること、つまり理性的な法が人間の明確な意志として「定立」されることであり、かつそれが法律（法典）という「普遍的な形式」を得ることである。さらに、その内容が万人にしっかりと認識されるように「公示」されなければならないということをも含められている。ここでヘーゲルによって示されている事柄は、制定法（法典）が理性的な性格を有するためには欠くことができない条件となっている。

　以上のようなヘーゲルの指摘がなぜ重要になるかと言えば、思うにそのことが「形式的正義」の議論やL.L.フラーの指摘するような「法内在道徳」といったもの、さらに「法の正統性」の議論とつながりを有するからであると考える[24]。加えて興味深くかつ重要な点は、普遍的な形式として法典化

---

(23)　西村清貴氏は次のように述べている。「従来の研究においては、ヘーゲルが実定法を制定法、法律と同一視していると捉えられかねない理解が示されていたが、このような理解は精確ではない。ヘーゲルにとって実定性とは、理念としての法、即自的な法が、慣習法を経て、法律という形を取るプロセスを指すのであり、このようなプロセスを経た法が実定法と呼ばれる。したがって、単に法律という形をとっているだけでは、実定法であるとは限らない」。西村清貴「G・W・F・ヘーゲルのサヴィニー批判――実定法概念をめぐって――」『法学志林』第一一四巻第一・二合併号（2016）74頁。

(24)　笹倉秀夫氏は次のように述べている。「これらRechtの三概念（法・権利・正――引用者注）のうちもっとも根底にあるものは何であろうか。それは、「正しい」ということである。上に見たように、「正しい」の内容は、公正・法的安定性・矛盾のないこと・明確であることなどといった、形式面に関わる事柄であるとともに、善にかなうといった実質的内容に関わる事柄、および、ルールを尊重する、権利を尊重するといった事柄でもある」。「形式的正義には、「ルールを尊重すること」が該当する。（中略――引用者注）しかしながら、ルールを尊重することは、それ自体が目的とはなり得ないが、単なる一つの手続きに過ぎないというものでもない。それは、カントの言うように自由な個人が社会的に共存しうるための枠組として重要である。換言すれば、形式的正義は、多様な内容的正義の立場が共存しうるために必要である。ルールはまた、〈それを踏まえることによって良いものが獲得し得る〉道筋ともなる。すなわち形式的正義は、内容的正義実現の条件となることもある（必ず実現に至るというものではないが）」。笹倉秀夫『法哲学講義』118頁、122-123頁（東京大学出版会、2002）。

　井上達夫氏は次のように述べている。「しかし、フラーは単純に「悪法は法ではない」と主張したのではない。逆に、法がそれを「悪法」と評価する人々に対しても、なお「法」として承認され「忠誠」を払われるべきことを要求しうる点を認めた上で、「悪法」もまたこのような「法への忠誠」を「法」として要求しうるために満たすべき最低

され、それがしっかりと公布されていることが、諸個人が自己を「陶冶」するための契機として位置づけられている点である[25]。なぜなら、この諸個人が自己を「陶冶」するという観点は、諸個人の主体的な自由（自律）と法秩序という客観的な制度との調和、即ちヘーゲルが「自由に基づく秩序」を構想する上での「要諦」となるものだからである[26]。

Ⅳ　むすびに代えて

以上ここまでを踏まえ、ヘーゲルの哲学的法学の立場とその意義を端的に示すならば、次のように言い得るであろう。

即ち、ヘーゲルの哲学的法学では、法の内容の正当性が、「法の概念（理性的本性・概念的本質）」という実定法を超えたところに求められている点で、確かに自然法の伝統を引き継ぐものである。同時に他方で、法の形式ないしは現実的な定在としては、法は「法律（法典）」に依拠しなければならないと考えている点で、「実定法学」とも関連性を有するものである。そして、ここで直ちに付言しなければならないことは、ヘーゲルが「実定法典」を首肯するのは、「単に」それが実定法典だからというのではなく、そこに

限の条件が何かを問い、法の一般性・無矛盾性・明確性・公開性・非遡及性・持続性・遵守可能性・公的機関の行動との非乖離性という、法の形式に関わる「法内在道徳 (internal morality of law)」をかかる条件として提示したのである」。「フラーが法形式に関わる法内在道徳を法概念の中核に置いたのは、法内容の道徳的正当性の評価における対立を超えて「法への忠誠」を要求しうる根拠としての「正統性」の条件を解明するためであった。そう考えてはじめて、なぜ彼が法内在道徳を法の価値内容にではなく法の形式に求めたのかが理解可能になる。彼の法内在道徳が法の正統性条件として十分かについては批判の余地があるが、法の「正当性」から区別された法の「正統性」への問題関心はきわめて重要である」。井上達夫『立憲主義という企て』52頁、53頁（東京大学出版会、2019）。

(25)　「すなわち法律として公布せられることによって効力と客観的現実性とをえるにいたるのは、この市民社会においてである。これは個人が自己の特殊な個別性を抑制し否定して、普遍性の形式に従う自己を陶冶すること、すなわち教養を身につけることを意味する」。高峯一愚『法・道徳・倫理――ヘーゲルの法哲学について――』210頁（理想社、1961）。

(26)　拙稿「ヘーゲル『法哲学』におけるレヒト（権利・法）の基礎づけについて」『国士舘法学』第55号（2022）187-221頁参照。

内在する実定性に「理性的な契機」、即ち、「普遍的で明確な形式」や「公示」の必要性などを合わせ含んだものとして見出しているからである。この意味で、ヘーゲルの哲学的法学は、「形式的正義」、「法内在道徳」、「法の正統性」の議論とも関連するような重要な契機を含むものであると考える。加えて、こうした理性的なもの（法）が現実化され（法律）、即ち現実的なものの内に存在する理性的な契機を、主体が認識することが、「自己陶冶（自由の実現）」という観点から極めて重要なものとされているのが、ヘーゲルの「哲学的法学」である[27]。

　さて以上の点に関わる豊富な展開は、特に第三部人倫の個所でなされている。その点の考察は別の機会で行なうこととしたい。

---

(27)　拙稿・前掲注26) 187-221 頁参照。

ヘーゲルの陪審裁判論
―― 「法の理念と現実」との関連から ――

重 松 博 之

I　はじめに
II　陪審員と職業裁判官
III　自己意識の権利と自由心証主義
IV　おわりに

I　はじめに

　ヘーゲルは、『法の哲学』の緒論において、自らの「哲学的法学」の対象について、次のように論じている。すなわち、「哲学的法学は、法の理念を、すなわち法の概念とこの概念の実現（Verwirklichung）とを対象にする」（§1）[1]。また、ヘーゲルは、その「法の理念」について、「法の理念は自由である。そして真に把握されるためには、その理念はそれの概念と概念の定在（Dasen）とにおいて認識されなければならない」（§1 Zusatz）と論じている[2]。さらに、理念のありかたについて、比喩的に、ヘーゲルは次のよう

---

(1) G. W. F. Hegel, *Grundlinien der Philosophie des Rechts*, Werke in zwanzig Bänden, Bd.7, Suhrkamp, 1970. ヘーゲル『法の哲学（上）（下）』上妻精・佐藤康邦・山田忠彰訳（岩波書店、2021年）参照。以下、同書の引用に際しては、§を本文中に示す。
(2) この補遺（Zusatz）は、ホトーの筆記による講義録から採用されている。Vgl. Hegel, Philosophie des Rechts. Nach der Vorlesungsnachschrift von H. G. Hotho 1822/23, in: *Vorlesungen über Rechtsphilosophie 1818-1831*. Edition und Kommentar in sechs Bänden von Karl-Heinz Ilting, Bd.3, Stuttgart-Bad Cannstatt: Frommann-Holzboog, 1974, §1, S.104. 以下、RVL5 と略称。ヘーゲル『ヘーゲル教授殿の講義によ

に表現している。「定在と概念との、つまり肉体と霊魂との統一が理念である」(ibid.)。これらを踏まえると、ヘーゲルは、法の理念としての自由は、「客観的な制度や関係を通して現実のものとして実現されていなければならない」[3]と考えていたと理解することができる。

そこで、本稿では、法の理念としての自由の現実化（実現）について、ヘーゲルが展開した具体的な「制度」論である「陪審裁判」論に即して検討してみたい。というのも、ヘーゲル自身が論じているように、「それ［陪審裁判］について考察し、具体的に知り、制度のあり方を知ることは、よく耳にする、一般的自由、一般的な自由主義についてのおしゃべりよりも重要」[4]であるからである。また、「陪審裁判」制度に関する議論こそが、ヘーゲルが、当時のプロイセンとフランスやイギリス等の周辺国の法的状況をふまえつつ論じている様々な「制度」論の中でも[5]、「法の理念と現実（化）」について最も具体的かつ詳細に論じている主題の一つであるとみることができるからである。こうした検討を介することで、ヘーゲルを現状維持的で保守的なプロイセンの「国家（御用）哲学者」とする、旧来より根強く存在する理解を退けることもまた可能となる。それは同時に、『法の哲学』序文における「理性的なものは現実的であり、現実的なものは理性的である」(S.24) という周知の命題の趣旨を、とりわけ、その後半の命題の趣旨を、正確に理

る法の哲学Ⅰ 『法の哲学』 第五回 講義録 ——1822／23 冬学期、ベルリン——H. G. ホトー手稿』尼寺義弘訳（晃洋書房、2005年）10頁参照。
（3） 佐藤康邦・山田忠彰「解説（上巻）」ヘーゲル『法の哲学（上）』442頁。
（4） Vgl. Hegel, Philosophie des Rechts nach der Vorlesungsnachschrift K. G. v. Griesheims 1824/25, in: *Vorlesungen über Rechtsphilosophie 1818-1831*. Edition und Kommentar in sechs Bänden von Karl-Heinz Ilting, Bd.4, Stuttgart-Bad Cannstatt: Frommann-Holzboog, 1974, §227, S. 584f. 以下、RVL6と略称。ヘーゲル『法哲学講義』長谷川宏訳・（作品社、2000年）459頁参照。また、この点につき、松生建「刑事裁判と人間の自由——ヘーゲルの陪審制度論」内田博文・鯰越溢弘編『市民社会と刑事法の交錯』（成文堂、1997年）195頁参照。
（5） 第1回法哲学講義が行われたハイデルベルク大学があるバーデンは、かつてナポレオンを盟主とするライン同盟に加盟していた経緯があり、フランス法の影響の強い地域であったが、陪審制は未だ採用されていなかった。栗城壽夫『ドイツ初期立憲主義の研究』（有斐閣、1965年）32、84頁、および上山安敏『法社会史』（みすず書房、1966年）392頁参照。

解することにもつながると思われる[6]。

Ⅱ 陪審員と職業裁判官

1 事実問題と法律問題

　ヘーゲルは、『法の哲学』において、「陪審裁判（Geschworenengericht）」（§228 Anm.）について、刑事訴訟に即して論じるに際して、まずは、司法の職務について二つの面を区別することから論を始めている。すなわち、ヘーゲルによれば、「第一の面は、事件の性質をその直接的な個別性において認識すること」（§225）であり、「第二は法の回復である、法律のもとに事件を包摂すること」（ibid.）である。ヘーゲルは、こうした異なった意味を有する二つの面について、それぞれ異なった者が職務を担当するということに、大きな意義を見出している。すなわち、前者の事実問題としての「犯罪事実の認定」については、法律の素人の市民である陪審員が担当し[7]、後者の法律問題としての「法律のもとへの事件の包摂」については、法律の専門家である職業裁判官が担当するとしている。

　このうち、犯罪事実の認定については、法律の素人である陪審員であっても認定が可能であると、ヘーゲルはみている。すなわち、「第一の面である、事件をその直接的個別性において認識し、事件の法的性質を決定することは、それだけでは判決を下すことを含んではいない。この認識は、教養ある人間なら誰にでもふさわしい認識である」（§227）。『法の哲学』における上記の論点について、ヘーゲルは既にハイデルベルク講義（1817／18年）においても、同様の見解を表明していた[8]。例えば、「犯罪の法性決定（Qualifikation）や誰が犯罪者かということ、一般に犯罪事実の審理は、

（6）　関連して、拙著『ヘーゲル承認論と法』（成文堂、2021年）51頁参照。
（7）　松生・前掲論文186頁参照。
（8）　Hegel, *Vorlesungen über Naturrecht und Staatswissenschaft. Heidelberg 1817/18, mit Nachträgen aus der Vorlesung 1818/19, nachgeschrieben von P. Wannenmann,* hrsg. v. C. Becker et al., mit einer Einleitung von O. Pöggeler, Felix Meiner, 1983, §116, S.154. 以下、RVL1と略称。ヘーゲル『自然法と国家学講義　ハイデルベルク大学1817・18』高柳良治監訳（法政大学出版局、2007年）170頁以下参照。

陪審員にとって［課題の］一つであり、こうしたことは、教養形成された市民なら誰にでも認識できることである」（RVL1,§116, S.155, 171頁）と論じていた。この行為の「法性決定」（§227）に際しては、「行為者の洞察（Einsicht）や意図（Absicht）といった主観的な契機が本質的」（§227）であるため[9]、その際に犯罪事実の認定の拠り所となるのは、あくまで「主観的な確信（Überzeugung［心証・信念］）であり、良心」（ibid.）とならざるえないと、ヘーゲルは考えている。

　ちなみに、当時の高名な刑法学者であるフォイエルバッハは、陪審員の「素朴な日常的な人間悟性」と職業裁判官の「教育を受けた学問的な悟性」を対比した上で、法律の素人による事実認定には、世論と民衆感情に流されやすいという大きな難点があり、専門的な悟性を有する職業裁判官による裁判こそが、より確実に目的に到達しうると考えていた[10]。のみならず、フォイエルバッハは、事実問題と法的問題の分離という論点のうちに含まれている問題点を、理論的に整理し指摘していた。すなわち、ここで事実問題と呼ばれている「有罪なりや否や？」という問題は、その対象からすれば「事実問題」であるとともに、同時に「法的問題（Rechtsfrage）」[11]でもあり、それゆえに混合的な性質の問題であると指摘していた。というのも、「「有罪なりや否や」と言う問題は、（イ）あるいわゆる事実が歴史的に真実であるか、そして（ロ）これらの歴史的に真実なる事実が可罰的であるか、すなわち、これらの事実は、公訴がそれらの事実に帰する特徴をもち、その特徴のゆえにある刑罰法規に包摂されるか、という二つの本質的に異なった、それにもかかわらず互いに分かちがたく関連している構成部分へと分解されるか

---

(9) この点について、ヘーゲルは、第3回講義（1819／20年）では、「犯罪のような行為においては、ただ単に行為の外的現実を評価するだけでなく、謀殺か故殺かなどという行為の内的意味を評価しなければなりません。」と論じている。Vgl. Hegel, *Philosophie des Rechts. Die Vorlesung von 1819/20 in einer Nachschrift.*, hrsg. v. D. Henrich, Suhrkamp, 1983, S.182. ディーター・ヘンリッヒ編『ヘーゲル法哲学講義録1819／20』中村浩爾他訳（法律文化社、2002年）128頁。以下、RVL3と略称。

(10) Paul Johann Anselm Feuerbach, *Betrachtungen über das Geschwornen = Gericht*, Landshut, 1813, S. 140f. パウル・ヨハン・アンゼルム・フォイエルバッハ『陪審制度論』福井厚訳（日本評論社、2019年）125頁以下参照。

(11) Ibid., S. 169, 150頁。

らである」[12]と論じている。たしかに、有罪か否かの認定は、例えば「帰責」というような、法的根拠と関わる問題をも扱わざるを得ない[13]。ヘーゲル自身、上記のように、「法性決定」においては、行為者の主観的で内的な意味もまた問題となることを認識していたところであった[14]。

にもかかわらず、ヘーゲルは、法律の素人である市民から選出された陪審員が「事実認定」を行う、陪審裁判を支持している。とはいえ、それは必ずしも陪審裁判の方が職業裁判官のみによる裁判と比べてうまくいくという趣旨からではない。ヘーゲルは、「司法それ自体は、純然たる法律家としての裁判官のみによってうまく、おそらく他の諸制度をもってするよりも、いっそううまくおこなわれうるかもしれない」（§228 Anm.）とも述べている。そして、それに続けて、「しかし、この可能性がたとえ蓋然性に、いやそれどころか必然性にさえ高められたとしても、別の面から見て、そのさい要求を掲げ、それが満たされていないとみなすのがつねに自己意識の権利であるかぎり、この可能性は問題にならないのである」（ibid.）とも論じている。

裁判の「効率」自体という観点から見た場合には、裁判官のみによる裁判の方が、たとえ「効率」が良いものであったとしても、「自己意識の権利」、「主体的自由の契機」という別の観点からは、陪審裁判は必要不可欠だと、ヘーゲルは考えている[15]。そして、さらにこの観点の延長上で、ヘーゲルは、判決のうちに含まれる事実認定と法律の適用（「法律のもとへの事件の包摂」）という二つの機能が、異なった人格に振り分けられることは、陪審裁判を「重要な政治的制度」（RVL3, S.185., 130頁以下）たらしめる、とも考え

---

(12) Vgl. *ibid.*, S. 169. 邦訳150頁以下参照。
(13) Vgl. *ibid.*, S. 174. 邦訳154頁以下参照。
(14) この、いわゆる「事実問題の二重の性格」については、Ⅱ2でとりあげる「鑑定意見」もまた、議論の前提として受け入れている。この点につき、福井・「訳注」フォイエルバッハ・邦訳書174頁注（2）参照。なお、ヘーゲルは帰責の問題を、故意（Vorsatz）と意図（Absicht）という二重の観点から論じている。前者は、「意志の故意（Vorsatz）のうちにあったものだけを、自分の行為として承認し、それだけに責任を負うということ」（§117）である。これに対して、後者の場合、単に行為者の故意だけでなく、多様な普遍的な連関から、結果に対する配慮も問われることとなる（§119）。この点につき、佐藤康邦『教養のヘーゲル『法の哲学』』（三元社、2016年）49頁以下参照。
(15) 小林靖昌『ヘーゲルの人倫思想』（以文社、1992年）416頁以下参照。

ていた[16]。ヘーゲルが、この分離が実現されているイングランドにおいて、陪審裁判の制度が「自由の守護神」(RVL3, S.185., 131頁) とみなされていることに言及しているのは、そのような見地からにほかならない[17]。

2 プロイセン・ラインラントにおける陪審裁判

陪審員が下した「評決」を受け、それに基づいて職業裁判官が量刑し「判決」を下す。陪審裁判における職務の担当者の分離に関するヘーゲルの考えは、今日のわれわれからすれば、特段目新しいものではない。とはいえ、当時のプロイセンにおいては、陪審裁判は、フランスから返還された、ライン左岸地域のラインラントにのみ導入されていたにすぎなかった。すなわち、ナポレオンの敗退に伴い、その戦後処理をめぐり開催されたウィーン会議（1814年-1815年）の結果、フランスから返還されプロイセンに編入されることとなったラインラントにおいてのみ、プロイセンでは陪審制が導入されていた。ライン左岸地域では、フランス占領時に、フランス法と[18]陪審裁判を含むフランス流の司法制度を既に導入・実施しており、それが自由を求めるライン左岸地域の民衆の支持を得ていた[19]。そうした状況下、ラインラントがプロイセンへ編入される際に、フランス法と陪審裁判に代えて、そこに旧来のプロイセンの法と司法制度を再導入すべきか否かが問題となっていた。換言すれば、ラインラントにおける陪審裁判の存続か廃止かが、プロイ

---

(16) Vgl. RVL3, S.185. 邦訳130頁以下参照。
(17) 純粋に刑法上の観点からは陪審制に批判的であったフォイエルバッハも、政治的観点からは、権力分立の原理に立脚する立憲主義国家ないし共和主義国家という前提条件のもとでは、その必要性を認めてもいた。Vgl. Feuerbach, *op. cit.*, S. 64, 76. 邦訳56頁および66頁参照。また、上山・前掲書397頁以下、および、福井厚「[解題] フォイエルバッハの陪審制度論」フォイエルバッハ・邦訳書224頁以下参照。さらに、エーリッヒ・シュヴィンゲ「陪審裁判所をめぐるたたかい（一）」藤尾彰訳『法政理論』第25巻第4号（新潟大学法学会、1993年）386頁参照。Vgl. Erich Schwinge, *Der Kampf um die Schwurgerichte bis zur Frankfurter Nationalversammlung*, 2. Neudruck der Ausgabe Breslau 1926, Scientia Verlag Aalen, 1990, S.9.
(18) 陪審制度との関係では、1808年の刑事訴訟法典が特に重要となる。中村義孝編訳『ナポレオン刑事法典史料集成』（法律文化社、2006年）44頁から138頁参照。
(19) ただし、ライン型陪審が抱える一定の限界と問題点については、三成賢次『法・地域・都市――近代ドイツ地方自治の歴史的展開』（敬文堂、1997年）179頁以下参照。

センにおいて、単に法制度上の問題としてだけではなく、具体的な政治問題ともなっていた[20]。

このような状況の下、プロイセンの司法大臣キルヒアイゼンは、ラインラントへのプロイセン法の導入を企てたが、その企ては、プロイセンの宰相ハルデンベルクの登場とともに、慎重派により阻止される。そして、ラインラントの法とプロイセンの法との比較を目的とする「直属司法委員会」が1816年に設置された。同委員会は、司法機関や住民など各方面の意見を聴取したうえで、1818年に「鑑定意見」を纏め、さらに2年間の協議の後の1820年に、その「鑑定意見」は公表された[21]。この「鑑定意見」は、ラインラントにおける陪審制は、来たるプロイセン立法の大改訂まで存続すべきことを提言し、ラインラントの陪審裁判は存続することとなる[22]。

こうした状況を背景に、ヘーゲルは、ハイデルベルク大学における第1回法哲学講義（1817／18年）以来、ベルリン大学での第2回講義（1818／19年）、第3回講義（1819／20年）、『法の哲学』（1821年：実際の刊行は1820年末頃）においても、「陪審裁判」を積極的に支持する議論を展開してきた。ヘーゲルの基本的な姿勢は、当時のプロイセンにおけるシュタイン・ハルデンベルクの改革[23]の方向性を、基本的に支持するものである。と同時に、その議論は、その改革の路線のさらなる延長線上に位置づけることができる[24]。

---

(20) 上山・前掲書379頁および393頁以下参照。
(21) 小川清次「ヘーゲルの「陪審裁判制」論——三月前期陪審裁判制要求運動との関連において」『哲学論叢』XXI（京都大学哲学論叢刊行会編、1994年）64頁参照。
(22) 上山・前掲書396頁および402頁参照参照。
(23) シュタイン・ハルデンベルクの改革の内容については、林健太郎『プロイセン・ドイツ史研究』（東京大学出版会、1977年）194頁以下、203頁、および山田晟『ドイツ近代憲法史』（東京大学出版会、1963年）29頁以下参照。
(24) ラインラント以外のプロイセンにおいては、陪審制はヘーゲル死後の1849年に採用される。なお、ヘーゲルはハイデルベルク講義（§137, S.199）や『法の哲学』（§273）などで、「立憲君主制」について論じていた。しかし、プロイセンにおいては、1815年に国王が国民に憲法を約束したものの実行されず、1821年には憲法の発布が無期延期となっている。そして、実際に初の憲法が制定されたのは1848年のことであり、さらに改正を経て、新憲法が成立したのは1850年のことであった。林・前掲書187頁および山田・前掲書29頁参照。

当時、ラインラント以外のプロイセンでの裁判の状況は、こうしたヘーゲルの陪審裁判論とは大きくかけ離れるものであった。すなわち、「カロリナ法典のもとに発展してきた普通法上の糾問手続きは、周知のごとく書面主義的かつ秘密主義的なものであった」[25]。ヘーゲルは陪審裁判論におけると同様に、「主体的［主観的］意識の権利」（§224）という観点から、「法律の公示」（ibid.）や「司法の公開」（ibid.）について論じていた。後者に関連して言えば、ヘーゲルによる「陪審裁判」論は、単に法律の素人である民衆の司法参加という問題であるのみならず、同時に、プロイセンにおける裁判の「公開制」や「口頭制」といった裁判の構造全体、特に刑事裁判構造全体の変更を伴う主張にほかならなかった。

3 「同等の身分」としての陪審員

ヘーゲルは、陪審裁判における犯罪事実の認定に関して、陪審員が被告人と職業身分などを同じくする者であるという点に、その特質や長所を見出している。すなわち、司法の職務の二つの面のうち、「第一のものに属しているような内容についての決定に関していえば、当事者たちの自己意識の権利は決定を下す者の主観性に対する信頼のうちにその満足をみいだす。この信頼は、とりわけ当事者が、決定を下す者と、その特殊性、身分その他において同等であることにもとづいている」（§228）と、ヘーゲルは言う[26]。

また、この点に関連して、ヘーゲルは、「有罪か無罪かの宣告は、犯罪者の心魂からでたものとしてあたえられなければならない」（§227 Zusatz）とも論じていた。この補遺（Zusatz）は、ホトーの筆記録から採用されている。その第5回講義でヘーゲルは、「犯罪の被告人が有罪だという判決が下

---

(25) 三成・前掲書167頁。
(26) こうしたヘーゲルの考えは、プロイセンにおける陪審の是非をめぐる議論のなかで、法学者のガンス（Gans）やケストリン（Köstlin）などによっても援用され、「陪審評決の正当性は、その判断が論理的に形成されたという点にあるのではなくて、むしろ陪審員各自と被告人との人格の同質性にある」と解されていた。この点につき、庭山英雄『自由心証主義』（学陽書房、1978年）166頁以下、およびエーリッヒ・シュヴィンゲ「陪審裁判所をめぐるたたかい（五）」藤尾彰訳『法政理論』第28巻第2号（新潟大学法学会、1995年）132頁以下参照。Vgl. Schwinge, *op. cit.*, S.104ff.

されることによって、犯罪者の魂から判決が下されているべきであること、犯罪者はかくして法廷の決定に同意しているということ、これらのことが必要となる」(RVL5, §225, S.686, 413頁) と論じた上で、その箇所に、次のような内容の注を付している。「陪審裁判においてはしかし、主体の権利はつぎのことによって維持される。すなわち、犯罪事実を審理する者は犯罪者に対立させられた裁判官ではなくて、犯罪者の身分および心構えと同じであり、かくして審理する者は犯罪者の魂から語るということである」(RVL5, §225, S.686, 415頁)[27]。

職業裁判官による通常の裁判の場合、裁判官と被告人は職業身分や利害関心、党派性などの特殊性において全く異なる立場にあり、被告人のことを十分に理解し得ない。そうした裁判官が事実認定をして判決を下す場合、その判決は被告人にとって疎遠なものとなり、納得のいくものとはなり得ない。これに対して、陪審裁判においては、被告人と職業身分その他を同じくする者（陪審員）が犯罪事実を認定するため、特殊性という点において被告人と主観性を共有している。それゆえ、証拠調べに必然的に含まれざるを得ない陪審員による「洞察」や「意図」の認定は、被告人自身のそれと基盤を同じくしており、擬似的にではあるものの、被告人のいわば「代理」であるとみなすことができる。それゆえ、陪審員による犯罪事実の認定は、被告人自身も心から納得できるものとなりうる、とヘーゲルは考えていた[28]。

Ⅲ　自己意識の権利と自由心証主義

1　自己意識の権利と自白

ヘーゲルは、「自己意識の権利すなわち主体的［主観的］自由の契機」

---

(27) 同様に、ヘーゲルは第3回講義でも、次のように論じていた。「私にとって裁判官として対峙している人ではなく、私と同様の関係に立っている人が、語るべき」(RVL3, S.185, 131頁) であり、「私により近い立場の人だけが特殊な主観性に精通している」(ibid.)。

(28) この「身分の同等性」に関する議論は、多くの法哲学講義録に共通している。ただし、第6回講義では、従来とは異なる見解も示している。Vgl. RVL6, §225, S.569f. 邦訳446頁以下参照。

(§ 228 Anm.) は、「司法の公開やいわゆる陪審裁判 (Gechworenengericht) の必要性について問われる場合、実体的な視点とみなされうる」(ibid.) と論じている。すなわち、この「自己意識の権利」は、「主体的自由の契機」として、陪審裁判が必要とされる根拠をなしている[29]。その根拠は、「自己意識の権利」としての「自白の要求」の問題と、裁く者の主観的確信としての「自由心証」の問題を媒介しうるものが、「陪審裁判」にほかならないということにある[30]。

まず、被告人に「自白の要求」がなされることは、ある面では、犯罪者の「自己意識の権利」を満たすものであるという一面をもっている。このことについて、ヘーゲルは次のように論じている。「通常、ドイツ法に見られるように、犯罪者からの自白を要求することは、これによって主観的自己意識の権利が満たされるという真理を含んでいる。というのは、裁判官が宣告することが、意識において犯罪者と異なっていてはならないのであり、そして犯罪者が自白してしまってはじめて、判決には犯罪者の意に反するものがもはや含まれなくなる（kein Fremdes mehr gegen ihn）からである」(§ 227 Zusatz)。ここには、判決が犯罪者にとって疎遠なもの（Fremdes）であってはならず、犯罪者が自らも心から納得できるものでなければならないという考えが含まれている。

また、そこには、ヘーゲルが「道徳性」を論じる際に言及していた、「主観的意識の権利」(§ 132) という論点も関連している。ヘーゲルによれば、「主観的意識の権利」ないし「自己意識の権利」とは、「自我が理性的なものとして洞察しないものは、何であれ承認しないという権利 (§ 132 Anm.)」として特徴づけることができる[31]。被告人の「自白」によって犯行が認められる場合には、「裁判官が宣告することが、意識において犯罪者と異なる」(§ 227 Zusatz) ことがなくなり、「犯罪者が自白してしまってはじめて、判

---

(29) 小川・前掲論文61頁参照。
(30) 平井京子「ヘーゲルにおける法―法律―裁判」『法政研究』第57巻3号（九州大学法政学会、1991年）71頁参照。
(31) 今村健一郎「ヘーゲル刑罰論における〈犯罪者は犯行をつうじてひとつの法則を定立している〉というテーゼをめぐって」『愛知教育大学研究報告　人文・社会科学編』第67巻1号（2018年）81頁参照。

決には犯罪者の意に反するものがもはや含まれなくなるからである」(ibid.)。ただし、これは自白に関する一面の真理に過ぎない。というのも、ヘーゲルによれば、「ここで、犯罪者が否認する（leugnen）ことができ、それによって正義の利益が危うくされるという困難が生じる」(ibid.) からである。そうなると、「そこでふたたび裁判官の主観的な信念が妥当すべきとなると、その人間がもはや自由な者としては扱われないこととなり、またしても無情過酷さが生じることになる」(ibid.)。

この補遺は、ホトーの筆記による第5回講義録から採用されている。しかし、そこに示されている「拷問」に関する以下の記述は、『法の哲学』所収の補遺では、残念ながら省かれている。「拷問が廃止され、正義の利益がしかし危うくされずに存続するべきであるとするならば、裁判官の主観的な確信で十分であるべきであるということを受け入れる以外には何の逃げ道もない。……犯罪者が否認する場合は［通例の裁判所では：重松］裁判官の主観的な確信に基づいて、それが非正規なものであるところの特定の刑罰が下されるということを今や人は頼みにしている。……この場合、通例の裁判所は、犯罪者の自白が必要とはされないということが主要なモメントである陪審裁判所とは区別される」(RVL5, §225, S.684f., 412頁以下)[32]。ヘーゲルはこの箇所に注をつけ、さらに、次のように記している。「この［否認の］場合には通例の裁判所はつぎのことによって陪審裁判所とは区別される。すなわち、陪審裁判所は犯罪事実にしたがって主観的な心証を言い渡すのであるが、しかし通例の裁判所は自白がない（Nichtgeständniß）場合に非正規な刑罰（außerordentliche Strafe）を下すのである」(RVL5, S.685, 415頁)。

この「非正規な特定の刑罰」が何を意味しているのかについては、ホトーの筆記録だけでは明らかではない。しかし、その点については、グリースハイムの筆記録（第6回講義録）が参考となる。「自白が要求されるところでは、どうしても拷問へとむかうことになる。プロイセンのラント法では、筋の通らぬ救済手段が考え出されている。犯罪者を拷問にかけないで、論争のみで事を運ぶことになっているが、自白のない場合、やはり、自白は必要だ

---

(32) ヘーゲル『ヘーゲル教授殿の講義による法の哲学Ⅱ』（晃洋書房、2008年）。上掲注 (2) に同書のⅠ。

とするべきだとされます。もっとも、ある種の拷問——独居房、水とパンという粗食、仕事の禁止——はおこなわれるが、それは本当の意味での拷問ではありません。本当の拷問はゆるされず、ために、自白のない場合には、非正規な刑罰の導入が考えられています」(RVL6, §227, S.580, 455頁)[33]。

ここでヘーゲルは、プロイセンのラント法を念頭に、通常の裁判所において自白が得られない場合の対策として行われている、拷問に代わる(「不服従罰」としての)「閉居罰」や、「非正規(であり特別)な刑罰」について指摘した上で[34]、自白に対する別の扱い方を提示している。その際、陪審裁判においては、自白は必ずしも必要ではないことを、ヘーゲルは強調している。「陪審裁判では実行者の自白は求められないが、それ以外の裁判では自白は求められます」(RVL6, §227, S.578, 454頁)[35]。その上で、ヘーゲルは次のように述べている。「さて、自白の第二の扱い方はこうです。正義が行われるには犯罪者の自白が必要だが、それが得られない。そこで、他の人びとが当人の魂になり、当人になりかわって、「たしかにわたしがやりました」

---

(33) 拷問はプロイセンにおいては1740年にフリードリッヒ大王により廃止されており、それに代え「心理的な拷問」として、「ときには被疑者を外界から隔離して自白強要」が行われていた。庭山英雄・前掲書199頁参照。当時のザクセンでの拷問に関するヘーゲルの言及も参照。Vgl. RVL6, §227, S.579. 邦訳455頁参照。なお、フォイエルバッハは、拷問廃止後の「不完全な法律上の証明」への対応としての「非正規刑(特別刑・例外刑)」の一つである「嫌疑刑」に言及している。Feuerbach, *op. cit.*, S.44f. 邦訳34頁以下参照。

(34) 当時の最も高名な刑法学者の一人であるフォイエルバッハは、バイエルンの刑訴法草案において、拷問廃止後の間隙を埋めるべく、「不服従罰」などを提案していた。しかし、それは厳しい批判にさらされ、不服従罰に関して「水とパンだけの狭い房での閉居罰」を再提案していた。福井・「訳注」フォイエルバッハ・邦訳書39頁以下の注(14)、福井厚「フォイエルバッハの刑事司法論(1)」『京女法学』第18号(2020年)71頁以下、横山晃一郎編『現代刑事訴訟法入門』(法律文化社、1983年)48頁、および佐伯千仭「フォイエルバッハと法定証拠主義の運命(一)」『立命館法学』第102号(1972年)12頁参照。

(35) この論点につき、エンチュクロペディー(第3版:1830年)の以下の記述も参照。「もっと重要なのは、犯罪容疑者の自白が、判決を下すための必要条件とされるかどうかである。陪審裁判所ではこの条件が度外視される。注目すべきは、裁判の場では確信と真理とが切り離せないことだ」(§531)。Vgl. Hegel, *Enzyklopädie der philosophischen Wissenschaften III*, Werke, Bd. 10, Suhrkamp, 1986, S.327. ヘーゲル『精神哲学 哲学の集大成・要綱 第三部』長谷川宏訳(作品社、2006年)357頁参照。

と言明する役を引き受ける」(RVL6, §227, S.580, 456頁)。ヘーゲルは、この点に、陪審裁判の「もっとも固有の、最も内面的な仕事」(ibid.) として、その特質と長所を見出している。

ヘーゲルは、自白をめぐる矛盾を解決しうるのが、「陪審裁判」であるとみている。すなわち、「この両極端の媒介は、有罪か無罪かの宣告が犯罪者の心魂からでたものとしてあたえられなければならないということが要求されることである。これが陪審裁判である」(§227 Zusatz) と論じている。なるほど、「自白」が要求されることには、「自己意識の権利」が満たされるという一面があるものの、もはや拷問に頼ることができないために自白を得ることができない場合には、正義が危うくされるという「困難」が生じる。他方で、自白を得ることができない場合の対策として、裁判官の主観的な確信にもとづき、「自白の強制」や「拷問の残滓」としての「閉居罰」や「鞭打ちの体罰」[36]などの「不服従罰」や、「嫌疑刑」などの「非正規刑」を科すのであれば、それは人間が自由なものとして扱われない「過酷」な刑罰となる。ヘーゲルは、裁判官による裁判の場合に生じざるをえない、こうした「困難」と「過酷さ」という両極端の矛盾を解決しうるものとして、「陪審裁判」を位置づけている。そして、「有罪か無罪かの宣告が、犯罪者の心魂から[心の底から]でたものとしてあたえられなければならないということが要求される」(ibid.)「陪審裁判」においてはじめて、「自己意識の権利」と「自由心証」もまた媒介され両立しうる、とヘーゲルは考えていた。

2　自由心証主義と法定証拠主義

ヘーゲルは『法の哲学』において、陪審員が担う犯罪者の行為の「法性決定」について、次のように述べていた。「行為者の洞察（Einsicht）や意図（Absicht）といった主観的な契機が本質的であり、……決定において究極的なものは主観的な確信（Überzeugung[心証・信念]）であり、良心である」(§227)。また、証拠の認定についてヘーゲルは、「幾何学の定理を証明するのとは異なった方式を必要とする」(§227 Anm.) のであり、「供述や証言や

---

(36)　福井・「訳注」フォイエルバッハ・邦訳書39頁以下の注 (14) 参照。

事情などからの推論や、総合が働く」(ibid.)と言う。そして、証拠に関するこの推論や総合は、あくまで主観的な確信であり、良心でしかありえないと、ヘーゲルは考えている。すなわち、ヘーゲルは、証拠理論に関して、「自由心証主義」を採用している。

ちなみに、プロイセンを含む当時のドイツの通常の裁判では、「法定証拠主義」が採用され[37]、それに大きな影響を与えていたカロリナ刑事法典(1532年)によれば、「有罪判決には直接証拠たる『無辜ならば述べかつ知ることのできない真実』を含み、『疑う余地なく確実なものとして措信される』自白または『信用すべきよき証人』二人以上による証言を必要としていた」[38]。のみならず、当時の一般的な理解によれば、疑問があっても法定の証拠があれば有罪とされた[39]。広い意味では「法定証拠主義」を採用するファイエルバッハではあるが、彼はこの条件を、有罪判決のための十分条件としてではなく、最低限の条件として捉える「消極的法定証拠理論」を構想していた[40]。一方、直属司法委員会の「鑑定意見」は、「『直接証拠と間接証拠の区別を否定する[あらゆる証拠は状況証拠である]』ことを前提に、法定証拠主義を理論的に否定して自由心証主義を支持する」[41]ものであった。

陪審員の「自由心証」を認める陪審裁判においては、陪審員の事実認定の誤りの可能性は、切実な問題である。この点を補足して、第5回講義においてヘーゲルは、次のように述べている。「犯罪者の自白は……最終的なものではない。というのは、犯罪者はクーゲルヘンの殺人のように誤れる自白をもなし得るからである[42]。熱狂、宗教的な根拠が誤れる自白に駆りたてうる。……そして最終的なものはつねにかように単に主観的な確信である」

---

(37) 当時は、「陪審制を主張する者が自由心証主義を主張し、陪審制に反対する者は法的証拠主義に固執するという二項対立の図式が成立していた」との指摘もある。福井・前掲「解題」フォイエルバッハ・邦訳書222頁参照。
(38) 福井・「訳注」フォイエルバッハ・邦訳書38頁以下、注(13)参照。
(39) 横山・前掲書202頁参照。
(40) 福井厚「フォイエルバッハの刑事司法論(2-2)」『京女法学』第21号(2022年)134頁以下参照。
(41) 福井・「訳注」フォイエルバッハ・邦訳書146頁以下、注(10)参照。
(42) Vgl. Anmerkungen zum Kolleg 1822/23, S.1831f., in: Hegel, *Gesammelte Werke*,

(RVL5, §225, S.688, 414頁)。

　事実認定の誤りに関連して、フォイエルバッハは、陪審員の事実認定の能力に対する懸念を示していた。事実、陪審裁判における民衆の感情や世論の事実認定への影響への懸念は、例えば、「フォンク事件」[43]に代表される当時の事件によっても裏づけられうる。そうした事件を通した懸念やその他の諸事情が、ヘーゲルの諸著作における「陪審裁判」論に対して、具体的にどのような形で反映しているのかについて、明確に跡づけることには困難を伴う[44]。とはいえ、ヘーゲルは第1回講義以来、誤れる「自白」への懸念について、繰り返し論じ[45]、第5回、第6回講義においても、その可能性について言及していた。「自白はそれだけで十分というわけではなく、それとそこにふくまれる事実関係とが一致しなければならず、一致を要求します。自白それ自体が自由意志でなされ、拷問などまったくおこなわれなかったとしても、それだけでは十分とはいえない」(RVL6, §227, S.583, 458頁)。そのうえで、ヘーゲルは、「被告人に答える義務が課せられる」ドイツの旧来の裁判と、「黙秘」が認められ自白が要求されないイングランドの陪審裁判における自白の取り扱い方を、対比しつつ慎重に論じていた[46]。

　ヘーゲルによれば、陪審員による犯罪事実の認定は、主観的確信（心証）と良心でしかありえないが、同時にそれは、できるだけ客観性をそなえたものでもなければならない。そのため、ヘーゲルは、イングランドにおけると同様に、陪審員の「全員一致」が必要だと考えている。すなわち、主観的確信の数は、客観的真理そのものではないが、「確信を客観視し、真理だと納得するには、『みんな』がそう思っているというところにもっていくしかありません」(RVL6, §227, S.582, 457頁)。単なる数の面での「客観性」や裁判

───────
　 Bd. 26,4, Felix Meiner, 2019.
(43) 1816年に起きた「フォンク事件」では、陪審裁判により1822年に死刑判決が出された。フォイエルバッハの同判決への非難も契機となり、この判決は国王によって認証を拒否された。上山・前掲書399頁以下、小川・前掲論文67頁以下参照。
(44) 言うまでもなく、カールスバートの決議（1819年）による検閲の影響という政治的事情も存在している。小川・前掲論文65頁以下参照。
(45) Vgl. RVL1, S.144. 邦訳160頁参照。なお、この点につき、小川前掲論文67頁参照。
(46) Vgl. RVL6, §227, S.583f. 邦訳458頁参照。

官の「自由心証」は、一種の「あやうさ」をはらんでいるのは事実である[47]。しかしながら、他の証拠と突き合わせ合理的に証拠評価をすることにより、かつ、心証形成の過程が「公開」の法廷においてなされることにより、できるだけ陪審員による犯罪事実の認定が、より「客観的」となりうるように、ヘーゲルは陪審裁判における心証形成のあり方を構想している。のみならず、裁判官のみによる当時のドイツの通常の裁判所における「非公開」（秘密主義）で「文書主義」の裁判のあり方と対比した上で、ヘーゲルは、同等の職業身分などの陪審員が参加する「公開」で「口頭主義」の陪審裁判においてはじめて、「自己意識の自由」が守られうること、そしてそれは、証拠評価という面では、陪審員の「自由心証」によるものとならざるをえないと考えていた。

Ⅳ　おわりに

　ヘーゲルが、「陪審裁判」論を展開する際に、その議論の中心に位置づけていたのは、「主体的自由の契機」としての「自己意識の権利」であった。そして、その「自己意識の権利」は、「自由心証主義」と理論的に結びつく。そうした「陪審裁判」における陪審員としての市民の活動を介して、「法」や「自由」が、徐々に実現しつつあることについて、ヘーゲルは理論的な見通しを示していた。このような市民の活動は、自らの「知と意欲」によって支えられたものでなければならない。そのことを、ヘーゲルは、次のような言葉で集約的に表現している。

　すなわち、法と法律や裁判の審理手続に関する知識や、法を追求する可能性が、「［法の専門家］身分の所有物である場合には、自分の活動と自分自身の知と意欲（Wissen und Wollen）に頼って生計をたてている市民社会の成員は、……実体的なものおよび理性的なもの、すなわち法からも遠ざけられている（fremd）ことになり、法の専門家身分の後見を受ける状態に、その身分に対して一種の奴隷状態にさえおかれることになる。市民社会の成員が身

---

(47)　横山・前掲書203頁参照。

体的に、すなわち自分の足でもって法廷にたつ権利をもっているとしても、このことは、彼らが精神的に、すなわち彼ら自身の知を用いて出席してはならないということになれば、何の役にも立たない。このときには彼らが手に入れている権利は、彼らにとって外面的な運命にとどまるのである」(§228 Anm.)。

　ヘーゲルは「陪審裁判」論を、法の専門家である裁判官と、法の素人である市民からなる陪審員との関係から議論を開始していたが、その結論もまた、同様の関係に帰着する。ヘーゲルは、「陪審裁判」や「司法活動」に関する議論を、「国家」のうちにではなく (Vgl. §287)、「市民社会」における「知と意欲」を有する市民の活動として位置づけていた。すなわち、「まさに陶冶教養 (Bildung) としてのこの相関性の圏域［市民社会］そのものが、この法に対して、普遍的に承認され、知られ (Gewußtes)、意欲されたもの (Gewolltes) としてあるという定在 (Dasein) を、そして、このように知られ、意欲されることによって媒介されて、効力 (Gelten［妥当性］) と客観的現実性 (objektive Wirklichkeit) をもつという定在を与えるのである」(§209)。ヘーゲルの「陪審裁判」論における様々な論点の理由と意義の探求は、市民の活動による「自由の現実化（実現）」という観点から、絶えず再考され続けられるべき課題であると言うことができる。

ナッジと自由

毛利康俊

I　はじめに——リバタリアン・パターナリズム、合理性、自由
II　ナッジ問題の広がり
III　行為論の近年の展開から
IV　おわりに——表現主義的行為論から見たナッジ

I　はじめに——リバタリアン・パターナリズム、合理性、自由

　ナッジ（nudge）という政策手法が世界的に注目され、かつ広がっている（cf., Oecd, 2017）。日本でも、関連書籍の出版が激増している。「ナッジ」とは、もともとは「肘でそっと押す」こと意味し、そこには、人々に対する強制の度合いが微弱なさまざまな手法・制度が含まれる。その魅力は、強制しないところ、安価なところにある。後で見るように、ナッジをめぐる議論は現在では領域が広がり重点の移動もみられるが、それが提起する問題を可及的に明確化するために、当初の問題状況をまずは確認しておこう。
　ナッジという政策手法が注目された背景には、認知心理学、行動経済学の隆盛があった。それらが改めて実証的に光を当てたのは、人間は目覚めて意図的に行為しているときでも、たいていの場合熟慮はしていない（熟慮のショートカット）ということである。そこにはかなりの認知バイアスが潜んでいる。これが示唆するのは、本人の決定が、本人の厚生（広義）をそこない、社会の厚生（広義）をそこなうことが相当に多いだろうということであ

る。

　そこで、ナッジの基本発想は、こうなる。熟慮のショートカットを逆手に取れ。すなわち、人びとの環境に上手に設計された物理的・社会的仕掛け（アーキテクチャ）を仕組むことにより、人々が熟慮せずともたいていの場合に結果として合理的な行動をとるように誘導すればよい。しかもアーキテクチャは、オプトアウトを含んだもの（選択アーキテクチャ）でも十分機能することが経験的に確かめられている。ここから、リバタリアン・パターナリズムという幻惑的なほどに魅力的な政治構想が登場した。リバタリアン・パターナリズムは選択アーキテクチャ（オプトアウトを含む、情報提示にとどめるなど）の積極的使用を推奨する。

　リバタリアン・パターナリズムは、水と油のホモゲナイズであるがゆえに魅力的である。リバタリアニズムは、自由をたいへんに尊重する。パターナリズムは、本人のために本人の自由に介入する。だから、両者は端的に対抗関係に立つように見える。しかし、選択アーキテクチャが投入されればどうなるか。リバタリアン・パターナリズムはリバタリアンに対して、仕掛けるだけで強制はしていませんよと言う。パターナリストに対しては、上手くアーキテクチャを仕組めば強制せずとも本人の利益になるように本人が勝手に行動しますよと言う。

　しかし、ホモゲナイズされた水と油は乳白色の柔らかな光を放つが、再分離への傾向性をはらむだろう[1]。原則的なリバタリアン、パターナリストの懸念は究極的に払しょくされるだろうか？　リバタリアン・パターナリズムの構想を聞いた人は、落ち着かない気持ちになるようだ。

　この落ち着かなさの背景には、人間観の変化がある。従来、政策思考の背景にあったのは、伝来的な経済学のホモ・エコノミクス仮説である。ナッジの背景にある行動経済学は、人間観を、エコン（≒ホモ・エコノミクス、合理性の権化）からヒューマン（そこそこの合理性しか持たない存在）へ変えよと勧告する。あなたは自分を人間であると考えていますが、その人間というのはどういう存在でしょう？　改めてこう問われれば、落ち着かない気持ちに

（1）若松（2016年）は、リバタリアン・パターナリズムは二つの（非）合理性概念のキメラであり、説得力を欠くとする。

なって当然である。

　本稿が注目したいのは、この人間観の変化は、自由の観念が我々の人生や社会において持つ位置価に影響を及ぼすだろうということである。自己決定というものが自由観念のコアに置かれる場合、その背景には、本人が熟慮したうえで決定したように行為するのが、たいていの場合、本人のためでもあり、社会のためにもなるという想定があるだろう。ここでは人間の合理性がそうとうに高く見積もられている。ナッジの思想は、この前提が揺らいでいるところに生い立つのであった。

　そもそも、リバタリアンが尊重する「自由」とは何か[2]。パターナリズムが、本人の福利（広義）とトレードオフに立つがゆえに、一定の要件を満たせば介入が許容されるとするところの「自由」とは、そもそも何か[3]。われわれは、「自由」を再考するように促される。

　「自由」について考える切り口は余多あろうが、その一つとして重要に思われるのは、行為論の視点である。問われている人間の自由とは、「自由に行為する」「自由に生きる」ことの「自由」であろう。人間にとっての自由とは、なにより副詞的態様において存在するものと思われる。とすれば、行為するとはいかなることかという地点から考えることなくしては、自由論は宙に浮くのではあるまいか。

（2）　森村（2008年）は、リバタリアンが重視する自由は消極的自由（他者から強制されない自由）であるから、「そうしない（で別のことをする）」可能性が担保されている限り、リバタリアンには、ナッジに原理的に反対する理由はないとする。とはいえ、自由とナッジには緊張関係に立つ場面がありうるという直観が、ナッジに対する相当数の人に見られる懐疑的姿勢の根拠の一班であるとすれば、こうした態度は物分かりが良すぎるように私には思われる。実際、福原（2017年，第4章）は、リバタリアンが尊重すべき「自由」とは「自己所有権に形態的に規定された自由」であるとする立場から、リバタリアン・パターナリズムを退けるべきであるとしている。この自由は、バーリン（1969＝1971年）の言う「消極的自由」の要素ばかりでなく、一部「積極的自由」の要素が含まれている。いずれにせよ、消極的自由／積極的自由の二分法に収まらない「自由」の観念の探求が求められている。

　なお、リバタリアニズムには政府の役割の制約理論としての側面があり、その観点から相当数のナッジの提案をその目的からして失当と退ける理路がありうるが（福原、2020年、参照）、それはまた別の論点である。

（3）　瀬戸山（2020年）は、パターナリズム論から見た場合、政策手段をナッジに限定できるか疑問の余地があるとする。

以下本稿では、ナッジ問題の広がりを幾ばくか確認することを通じて「自由に行為する」ということの実態が問われるべき場を特定し、近年一部で注目されつつある表現主義的行為論の視点からナッジと自由の関係について、若干の考察を試みたい。

II　ナッジ問題の広がり

　ナッジの例としては、確定拠出年金への自動加入（脱退可能）、健康的な栄養素成分を一枚の皿を模したイラストで視覚的に示す、タバコのパッケージに健康を害する旨の説明文を掲載する、などが上げられる。さらに一般的に、任意規定、種々のデフォルト・ルールもナッジとされる。

　ナッジは、当初、選択を禁じることも、経済的インセンティブを大きく変えることもなく、人々の行動を予測可能な形で変える選択アーキテクチャ[4]のあらゆる要素、と定義されていた（Thaler and Sunstein, 2022 = 2022 年）。ここには、残余カテゴリーの臭みがある。「選択を禁じることも、経済的インセンティブを大きく変えることもなく」だけであれば、「首相がテレビで国民にお願いする」ことさえ含みうるだろう。そこで、当初はナッジの概念には、「選択アーキテクチャ」というポジティブな概念要素が組み込まれていた。

　しかし、その後もナッジ論をけん引している C. サンスティーンは、ナッジを「一人ひとりが自分自身で判断してどうするかを選択する自由も残しながら、人々を特定の方向に導く介入」としつつ、刑事罰、民事制裁、税金、補助金はナッジとは言えないとしている（Sunstein and Reish, 2019 = 2020 年, Ch. 1）。これでは、ますます残余カテゴリー的であり、概念上、「テレビでの首相のお願い」もナッジになりそうだが、同調圧力を背景に機能するものを民主政への脅威として警戒するサンスティーン（Sunstein, 2019 = 2023 年）

（4）　もともと「アーキテクチャ」の概念は、レッシング（2008 = 2007 年）によって提示されたが、レッシングがその悪用に警戒的でその回避方法を原理的に考察しようとしているところ、サンスティーンは、具体的なケースにおいて悪影響が考えにくいときにはナッジの採用を進めるというプラグマティックな姿勢が強い。両者の比較について、さしあたり大屋（2017 年）参照。

が、このようなものも「ナッジ」に含めることになるのか、不明である。また、情報提供が選択アーキテクチャの一種とされることもあれば、選択アーキテクチャとは別種のナッジ手法とされることもある。さらに、その後のサンスティーンは、ナッジとリバタリアン・パターナリズムの結びつきをそれほど強調せず、悪いナッジ（＝スラッジ、cf., Sunstein, 2021 = 2023 年）、正当化されないナッジ、そして正当化されるナッジがあることを前提に、また、われわれはすでにナッジに取り囲まれており、法制度そのものがデフォルト（ナッジの一種）であることから、およそナッジ一般を退けることの無意味さを指摘して、ナッジの正当化要件を立て、正当化要件を満たすナッジについては個別的にその投入を推奨するという議論スタイルを取るようになっている（cf., Sunstein, 2016 = 2020 年）。合理性概念との関係でも、D. カーネマンの言うような（cf., Kahneman, 2012 = 2014 年）、意思決定における半ば自動的な反応（システム 1）と熟慮した決定（システム 2）の区別を強調して、システム 1 に働きかけるナッジとシステム 2 に働きかける（情報がある状況での選択を促す）ナッジを区別して、システム 1 とシステム 2 のどちらがより良い結果をもたらすかはケースバイケースであるがゆえに、彼は、両種のナッジの適切なコンステレーションを推奨するようになっている（cf., Sunstein, 2016 = 2020 年）。

　こうして、選択アーキテクチャにはきわめて多様なものがありえ、その設定者も多様であり、また、その投入の目的も多様であることを無視することはできなくなる。リバタリアン・パターナリズムの統治手法としてのみナッジを見ては問題の広がりを見落とすことになるだろう。ナッジという手法の点から見て、アーキテクトはひとり政府のみではなく、民間アーキテクトもいる。実際、行動科学の知見を応用するマーケティング手法はいまやありふれている。その正当性が疑われる場合には、対向アーキテクトとしての政府アーキテクトが要請される場面もあるだろう。統治手法という点から見ても、ナッジの投入目的は、リバタリアン・パターナリズムだけではない。パターナリズムは、本人の厚生の増進のために本人の行動への介入を認めるものだが、ナッジは社会の厚生の増進のためにも用いうる。さらにナッジは、危害防止、市民の政治参加のためにも用いられるだろう（那須、2020 年、参

照)。

　このようにナッジの態様、主体、目的が多様であることから、ナッジに対しては漠然とした、しかし執拗な懸念が表明され、さらにそれに対する回答も、ああ言えばこう言う式の二枚腰になりがちである。熟慮的自律性への侵害という嫌疑に対しては、熟慮という稀少リソースをしかるべきところに投入できるように他のところではナッジしてあげる、と言う（つまり、システム1ナッジとシステム2ナッジの組み合わせ）。あなたが選択したんでしょ？という、任意性偽装・責任転嫁という嫌疑に対しては、良いナッジ／悪いナッジはあるので、個別的に検討する、と応じる。オプトアウトする人が多ければ効果がないのではという嫌疑に対しては、そういう事態こそアーキテクトの学びの機会として積極的に評価しうる、と我が意を得たりと応じる（那須、2020年、参照）。

　こうして見れば、たしかに、ナッジそのものを一括して拒否ないし受け入れることは賢明ではなく、個別的な検討が必要である。とすれば、それがアドホックな検討にならないための視点設定が求められよう。

　サンスティーンは、さまざまなナッジの提案についてどのくらいの人々が賛成するか反対するかを世界的規模で実証的に調査し、その統計的分析をもとに、ナッジの権利章典を提案している。すなわち、1、ナッジは正当な目的を促進しなければならない、2、ナッジは個人の権利を尊重しなければならない、3、ナッジは人々の価値観や利益と一致しなければならない、4、ナッジは人を操作してはならない、5、原則として、ナッジは明確な同意がないまま人から物を取り上げて、それを他人に与えるようなものであってはならない、6、ナッジは隠さず、透明性をもって扱われなくてはならない、の六つである（Sunstein, 2019 = 2020年, ch. 9）。また、サンスティーンは、およそ倫理的政府であるならば尊重しなければならない価値として、①厚生、②自律、③尊厳、④自己統治（民主政）をあげ、ナッジもこれに合致しなければならないとする（Sunstein, 2016 = 2020年）。さらに彼は、「各人が合理的であったら判断するように」基準を提案してもいる（Sunstein, 2016 = 2020年）。

　たしかに、これらの基準は説得的かもしれない。しかし、六つの権利条

項、四つの価値、「各人が合理的であったら判断するように」基準、これらと、それらの構成要素が論理的に独立であるならば、その相互関係が問題とならざるをえず、それが不明確であるならば、その具体的適用も不安定なものになるだろう。これらの関係の明確化のためには、いずれにせよ、人々が「自由な主体として生きたい」と思う、その内実の解明が不可欠であろう。

では言うところの「自由」とは、どのような文脈において捉えられるべきものだろうか。先に見たナッジの主体、態様、目的の多様性に即してみるならば、否応なく浮かび上がってくるのは、さまざまな目的に応じ変転し入り乱れる民間アーキテクチャ、政府アーキテクチャの海の中で右往左往しながらも自分らしく生きようとする人びとの姿である。問題が、こうした人々が「自由」に生きることであることだとすれば、われわれに求められるのは、行為者とその社会的コンテキストへ着目することであろうし、また、単発の行為だけでなく、自己修正も含む行為の連鎖にも着目することであろう。「自由に行為する」ということにおいて一般に意識されがちな、自由な意思決定→それが原因となった行為という局面に着目するだけでは、ことは済みそうもない。こうした問題意識からすると、近年の哲学的行為論の展開には興味深いものがある。

III 行為論の近年の展開から

古代からの実践哲学のなかに行為論はそれとなく実質的に含まれていたが、分析哲学系の行為論の起点とされるのは、G.E.M. アンスコムの『インテンション』で示された、非因果説である (Anscombe, 1957 = 2022 年)。その特徴は、起動因としての意志ではなく、「意図的な行為」と、身体動静の「意味」へ着目し、さらに、行為のさまざまな記述可能性に注意を促したことにある。後論との関係で注意が必要なことだが、アンスコムは必ずしも強調しないにせよ、ある人の行為を他者が記述することも当然ありうる。アンスコムは、「ある主体の為した動作が、社会的なコンテキストを含むさまざまなコンテキストにおいてもつことになる意味に、その身体動作がゆうする行為としてのポイントを見出そうとした」のである (野矢、2010 年、参照)。

こうしたアンスコムの行為論は、行為とその社会的コンテキストへの着目があり、ナッジ論への示唆もありそうである。

しかし、その後の行為論の展開は、ナッジ論との関係では必ずしも満足のいくものではなかった。というのは、例えばR.デイヴィッドソンは、「意図」的行為に着目しつつ、因果説を唱えた。こうして、自然主義、機械論的世界観を前提とした場合に、人間に自由などあるのか、という問題に多くの関心が集中することとなった。つまり、自由意志論が焦点化し、自然法則と自由意志が両立するとする両立論と、両立しないとする非両立論が有力に対立し、さらに非両立論のなかでは、因果法則に拘束されない自由意志を認めるリバタリアンと自由意志否認論が対立している。こうした自由意志論ももちろん、道徳世界の理解に含意をもつ。というより、行為に対する道徳的評価、責任の観念との関係から逆算して、人間の「自由」を考える視点が主流化したのであった。この場合、他行為可能性が自由の概念との関係で焦点化する。こうしてアンスコム以降の行為論の展開のなかで、社会的コンテキストのなかでの行為という視点が後景化することとなり、「自由な行為」を検討する問題関心としては、意義ある人生にとっての「自由」の意味という関心が傍流化することとなった（以上、見通しの良い概論として、高崎、2022年、参照）。

ところが、意外なところから注目すべき行為論が登場してきた。J.マクダウエル、R.ブランダムらの活躍により、1990年代より英米圏でヘーゲル哲学への再評価の動きが出てきており、英米圏（分析哲学）とドイツ語圏の哲学の積極的交流が始まったのだが、そのなかで、分析哲学系の行為論から示唆を受けつつ、ヘーゲルの実践哲学、とりわけ『精神現象学』、『法の哲学』のなかに、継承に値する行為論を読み取る論者が登場してきたのである。そうした論者である、R.ピピン（米）やM.クヴァンテ（独）が、それぞれの国の（分析哲学との交流点に位置する）ヘーゲル研究の中心人物であることを思えば、これは決して偶然的な動きではない。ピピンやクヴァンテは、ヘーゲルの実践哲学のなかに、行為者性（agency）の生成の理論、社会的コンテキストや行為の連鎖のなかで生きる人々へ着目する行為論、意義ある人生にとっての「自由」の意味に着目する自由論を読み取っているのである

(Pippin, 2008 = 2013 年；Quante, 2011 = 2017 年)。なお、クヴァンテは生命倫理に関心を持っているので、熟慮したうえでの自由に注目する傾向があるから、以下、ピピンの所論を念頭に議論を進める。

　ピピンがヘーゲルの実践哲学のなかに読み取った、行為者性、行為、自由についての所論を、ヘーゲルのジャーゴンをできるだけ排して、ナッジ論に関係する限りで、私なりにまとめると次のようになる。

　相互承認によって各人の行為者性（agency）が生成する。人の意図を構成する諸概念と当該社会の社会生活を構成する諸概念には完全な一致はないまでも、通常はある程度の連続性がある。行為は、社会的コンテキストのなかでの行為者の存在やその意図の「表現」としての意味を持つ。行為は、その意図とともに、事前、最中、事後に、自他によりさまざまに記述される（それが後続行為の前提になり、また、説明、評価、批判、弁明の前提にもなる）。こういう行為論を、ピピンに倣って、「表現主義的行為論」と呼ぶことにしよう。

　ピピンは、ヘーゲルの実践哲学のなかから読み取れるこうした行為論を、明示的に、アンスコムの仕事が開いた地平のなかで（cf., Pippin, 2008 = 2013 年, p. 3 = 3 頁）、しかし、欲求、意志と行為との因果関係に集中するのではなく、(cf., Pippin, 2008 = 2013 年, p. 11 = 14-15 頁)、他行為選択可能性にこだわるわけでもない（cf., Pippin, 2008 = 2013 年, p. 38f = 58-59 頁）ところに成り立つものと位置づけている。こうした行為論は、行為のポイントを、意志等の因果的実現に見ないから、両立論の一種と位置づけられるとされる。とはいえ、それはたとえば、意志等が行為を因果的に決定づけることはなくとも外的に妨げられることがなければ「自由」だと言える、というていのものではない。ピピンがヘーゲルの実践哲学のなかに読み取る「自由」とは、私の様々な行為や企てが私自身の行為や企てであり、しかも私自身がそうであると経験することができることである。つまり、それらの行為や企てを私自身の行為者性を反映し表現する出来事として経験できることである（cf., Pippin, 2008 = 2013 年, p. 36 = 56 頁）。この条件はそれほど容易に満たされるものではなく、一定の社会的条件も必要とする。人間は傾向性をもっているが（システム 1 に相当しよう）、自由であるためには、自分自身との反省的で

熟慮的な関係（システム2に相当しよう）にも入れなくてはならない。しかも人々は、それを自分の行為が別様にもなしうる他者の行為に影響を及ぼしあう人々のなかで実現しなければならない（cf., Pippin, 2008 = 2013年, p. 7 = 8頁）。そのためには、自分の行為が、社会的コンテキスト（人々の、争いも含む解釈により、そのつど変動する）のなかに、その人にとって納得できる形で位置づくことが必要である。そうでなければ、人は自己の主観的意図を実現できる場を社会のなかに持つことができなかったり、自己の行為が自己の意図とは違ったように人々から解釈され、社会的に位置づけられてしまったりするようなことが起こりうる。したがって、ピピンによれば、「自由」が成り立つためには、広義の制度の客観的側面とそれに参与する人々の主観的側面が適切に釣り合っていることが必要である（cf., Pippin, 2008 = 2013年, esp., ch. 9 = 9章）。

さて、ナッジ論に示唆を持ちうる行為論とは、行為者とその社会的コンテキストへ着目し、また、単発の行為だけでなく、自己修正も含む行為の連鎖にも着目する行為論であったから、こうした表現主義的行為論がこの要件を満たすことは明らかであろう[5]。

Ⅳ　おわりに──表現主義的行為論から見たナッジ

表現主義的行為論を起点に据えると、ナッジ論について以下のような含意が生じそうである。

（5）　ただし、ピピンの所論について、2点留保しておきたい。まず、行為が表現される場たる社会的コンテキストの全体をば、ピピンは、人倫、精神の全体性、つまりはヘーゲル的な意味での「実体＝主体」とみなすが（cf. Pippin, 2008 = 2013年, esp., ch. 8 = 8章）、表現主義的行為論にとってそれは必須ではない。たとえば、ルーマンにおいて「コミュニケーションが行為に縮減される」とは、行為が社会的コンテキストにおいてしかるべき心理システムを背景にする「人格」を表現するものとして構成されることの云いであるが、社会的コンテキストの総体たる全体社会は、ルーマンにおいては「人倫」のような実体的含みを持たない（毛利、2014年の特に6章を参照）。次に、ピピンは、人間にとっての自由の意義を、人々が相互に道義的に生きうるための条件と見ているようだが、ナッジ論で問題になる「自由」は、人々が生きるに値する生を送るための構成的条件としてのそれであるように思われる（cf., McBridge and Steel, 2018, pp. 253）。

まず、リバタリアン・パターナリズムによる視野誘導の矯正の効果が期待できる。リバタリアン・パターナリズムは、制度設計者の視線を選択アーキテクチャへ誘導しかねない。その結果、法的規制、経済的インセンティブ付与が必要、有効な場面から目をそらす効果を持ちうる（若松、2020年、参照）。それに対して、表現主義的行為論からは、法的禁止・義務付け、経済的インセンティブ、選択アーキテクチャの全体を同じ視点から評価できる。すなわち、法的禁止・義務付けは、自分の行為を「私のもの」として経験しづらくさせるので、可能な限り回避すべきだということになるし、経済的インセンティブ付与という政策手法については、「効率性」のほか次のよう観点での評価も可能になる。すなわち、補助金や税制が人々のとりわけ経済活動をゆがめていないか。

　次に、表現主義的行為論からは、「自由」については、各人が自分の行為を「自分のもの」として経験しづらくなっていないかが問題になるので、その観点から、個々のアーキテクチャというより、システム1をターゲットにするナッジとシステム2をターゲットとするそれのコンステレーションの全体が適切なものになっているかが評価され、不断に改善されねばならない。この意味で、サンスティーンが、ナッジの権利章典6、尊重されるべき価値④で、健全な民主政の作動を要求していることは理解できる。さらに、ナッジ権利章典1〜5、尊重されるべき価値②③は、それが害されるならば、自己の行為を「自分のものとして」経験できなくさせるものの特定化として評価できる。「各人が合理的であったら判断するように」基準も、「行為を自分のものとして経験できる」ということと、内容がかなり重なりそうである。

　さらに、表現主義的行為論からは、民主政の健全な作動は、自由そのものにとって構成的役割をもつということになりそうである。サンスティーンは、透明性を、ナッジが操作（manipulation）に堕さないための条件とみているようで、これも「行為が自分のものとして経験できる」条件の一つとして十分理解可能だが、それにはそれ以上の意味がある。自由の社会的条件は、自分の行為が、社会的コンテキスト（人々の、争いも含む解釈により、そのつど変動する）のなかに、その人にとって（システム1のレベルであろうとシステム2のレベルであろうと）納得できる形で位置づくことだった。これ

は、社会的コンテキストの可及的透明度を要請する[6]。そして、現代的条件のもとでは、社会的コンテキストの透明化のためには、民主政の健全な作動が不可欠なように思われる。

　以上、表現主義的行為論が「ナッジと自由」の問題圏に持ちうる含意の一端を探ってきた。もしわれわれがナッジの存在しうる広大な領域を軽視するならば、今後、各国の財政事情の悪化により経済的インセンティブによる政策が難しくなるほどに、残された手段として、（威嚇つきのことも多い）法的禁止・法的命令採用の誘惑が強くなるだろう。それよりは、ナッジの方が確かにはるかにましではあるし、数を数え公開することができる程度に賢明な政府に恵まれている国ではその採用も増えてくることが予想される。したがって、その政策投入状況を適切に評価するためには、ナッジについて、個別的検討と同時に、原理的検討もしておくべきであろう。たしかに本稿で紹介した表現主義的行為論と「行為をわがものとして経験できること」としての自由観念は、現在形成途上の、比較的マイナーな行為論、自由論である。また、そこからナッジ論への含意を探ってみたことも、サンスティーンが個々に上げているナッジの正当化要件に、わずか一本の横串を通す試みであったにすぎない。しかしながら、それがナッジと自由という問題圏に対して一定の見通しを提供できるとすれば、行為の表現的次元へ着目することと、自分の行為を自分のものとして経験できることとしての自由の意味に留意することは、一つの手掛かりとして幾ばくかの意義をもちうるのではなかろうか。

参照文献

Anscombe, G. E. M., *Intention*, Basil Blackwell, 1957（G. E. M. アンスコム著、柏端達也訳『インテンション：行為と実践知の哲学』岩波書店、2022 年）.
Berlin, Isaiah, "Two Concepts of Liberty", *Four Essays on Liberty*, Oxford U.P, 1969（アイザィア・バーリン「二つの自由概念」アイザィア・バーリン著、小川晃一、小池銈、福田歓一、生松敬三訳『自由論』みすず書房、1971 年）.
Kahneman, Daniel, *Thinking, Fast and Slow*, Penguin, 2012（ダニエル・カーネマ

（6）　とはいえ、完全な透明性は望みがたいし、望むべきでもない。行為者にとって、諸々の社会的コンテキストは外在性をもつからこそ、それが行為の表現される場たりうるのである。

ン著、村井章子訳『ファスト＆スロー（上）（下）』早川書房、2014 年).
Lessing, Lawrence, *Code: And Other Laws of Cyberspace, Version 2.0, 2nd Reviesd Edition*, Basic Books, 2008（初版からの翻訳として、ローレンス・レッシング著、山形浩生訳『Code Version2.0』翔泳社、2007 年).
Organisation For Economic Co-Operation And Development, *Behavioural Insights and Public Policy: Lessons from Around the World*, Oecd Publishing, 2017（経済協力開発機構（OECD）編著、齋藤長行監訳、濱田久美子訳『世界の行動インサイト：公共ナッジが導く政策実践』明石書店、2018 年).
McBridge, Nicholas J. and Sandy Steel, *Great Debates in Jurisprudence, Second Edition*, Palgrave, 2018.
Pippin, Robert B., *Hegel's Practical Philosophy: Rational Agency as Ethical Life*, Cambridge University Press, 2008（ロバート・H・ピピン著、星野勉（監訳）、大橋基、大藪敏宏、小井沼広嗣訳『ヘーゲルの実践哲学：人倫としての理性的行為者性』法政大学出版局、2013 年).
Quante, Michael, *Die Würklichkeit des Geistes: Studien zu Hegel*, Suhrkamp, 2011（ミヒャエル・クヴァンテ著、後藤弘志、桐原隆弘、硲智樹訳『精神の現実性：ヘーゲル研究』リベリタス出版、2017 年).
Sunstein, Cass R., *The Ethics of Influence: Government in the Age of Behavioral Science*, Cambridge University Press, 2016（キャス・サンスティーン著、田総恵子訳『ナッジで、人を動かす：行動経済学の時代に政策はどうあるべきか』NTT 出版、2020 年).
Sunstein, Cass R., *Conformity: The Power of Social Influences*, NYU Press, 2019（キャス・サンスティーン著、永井大輔、髙山裕二訳『同調圧力：デモクラシーの社会心理学』白水社、2023 年).
Sunstein, Cass R., *Sludge: What Stops Us from Getting Things Done and What to Do about It*, MIT Press, 2021（キャス・R・サンスティーン著、土方奈美訳『スラッジ：不合理をもたらすぬかるみ』早川書房、2023 年).
Sunstein, Cass, and Reish Lucia A., *Trusting Nudges*, Routledge, 2019（キャス・サンスティーン、ルチア・ライシュ著、大竹文雄監修・解説、遠藤真美訳『データで見る行動経済学：全世界大規模調査で見えてきた「ナッジ（NUDGES）の真実」』日経 BP、2020 年).
Thaler, Richard H. and Cass R. Sunstein, *Nudge: Improving Decisions About Health, Wealth and Happiness: The Final Edition*, Penguin Books, 2022（リチャード・セイラー、キャス・サンスティーン著、遠藤真美訳『ナッジ　実践　行動

経済学　完全版』日経 BP、2022 年).

大屋雄裕「解説」キャス・サンスティーン著、伊藤尚美訳『選択しないという選択』勁草書房、2017 年．

野矢茂樹「序論」門脇俊介、野矢茂樹編・監修『自由と行為の哲学』春秋社、2010 年．

瀬戸山晃一「自律にはナッジで十分か？：パターナリズム論から見たリバタリアン・パターナリズム」那須耕介、橋本努編著『ナッジ！？：自由でおせっかいなリバタリアン・パターナリズム』勁草書房、2020 年．

高橋将平『そうしないことはありえたか？：自由論入門』青土社、2022 年．

那須耕介、橋本努編著『ナッジ！？：自由でおせっかいなリバタリアン・パターナリズム』勁草書房、2020 年．

那須耕介「ナッジはどうして嫌われる？」那須耕介・橋本努編著『ナッジ？！』2020 年．

福原明雄『リバタリアニズムを問い直す：右派／左派対立の先へ』ナカニシヤ出版、2017 年．

福原明雄「『リバタリアン』とはどういう意味か？：リバタリアニズム論の視角から見たリバタリアン・パターナリズム」那須耕介、橋本努編著『ナッジ！？』2020 年．

毛利康俊『社会の音響学：ルーマン派システム論から法現象を見る』勁草書房、2014 年．

森村進「キャス・サンスティーンとリチャード・セイラーの『リバタリアン・パターナリズム』」一橋法学 7 巻 3 号、2008 年（森村進『リバタリアンはこう考える：法哲学論集』信山社、2013 年に改題の上所収）．

若松良樹『自由放任の乗り越え方』勁草書房、2016 年．

若松良樹「自己決定権は生き残れるか？：たしかにその一口でブタにはならないけれど」那須耕介・橋本努編著『ナッジ！？』2020 年．

ベーシック・インカムの採用についての覚書

福 原 明 雄

I　はじめに
II　ベーシック・インカムの概要
III　ベーシック・インカムを採用すべき正義構想はあるのか
IV　分配的議論から関係的議論へ
V　おわりに

I　はじめに

　酒匂一郎はその幅広い学識の現れである、教科書的著作『法哲学講義』の中で、最小限保障を給付する際の制度的構想について触れている。そこでは、最小限福祉給付、負の所得税、基礎所得（ベーシック・インカム、以下BIとも略記）が挙げられ、解説・検討が加えられている。このような、哲学的・原理的な分配の構想を実現するための手法について「法哲学」の教科書が論じる傾向は、最近のトレンドであるように思われる[1]。この点を扱うものとして、たとえば、瀧川裕英・宇佐美誠・大屋雄裕『法哲学』を挙げることができる。順序・表記は違えど、そこでも同じように最低所得保障、ベーシック・インカム、負の所得税が取り上げられている。
　もちろん、いずれの説明がより教科書として適切であるか、理解しやすい

---

(1)　以前より教科書的書籍が多く出版されるようになったという事情によるものかもしれないが。このほかにも、BIを取り上げるものとして那須・平井編（2020）150頁（伊藤泰執筆部分）。

ものであるかということは、学習者によって分かれるものだろうが、私がここで注目したいのは酒匂の記述に表われる、この論点に対する認識である。まず、上述のような制度的構想の説明を、瀧川・宇佐美・大屋が「平等の制度化」と題するのに対して、酒匂は「最小限保障の制度的構想」と題する[2]。単に行きがかり上の言葉選びであったのかもしれないが、説明された各手法が何を実現するものであるかについての意識が、特に酒匂の題には表れているように見える。というのも、その章・節の題が「自由と平等」であるところ、平等ではなく、最小限保障という語をわざわざ選んでいる（ように見える）からである。

また、いずれの制度を選ぶかの指標として、酒匂は「給付実施の時期、所得調査などの有無、行政事務の多寡、そして道徳的含意など」を挙げることに加えて、このような制度を弱者救済の慈善原理に基づくと捉えるか、社会保険という社会的正義原理の観点から捉えるかによって、負の所得税やBIの水準をどこにおくか、これらのうち複数の手法を組み合わせて（たとえば低水準のBI＋最小限福祉給付）制度設計するか、などを考えることになると論じる。最終的に、「どれを採用するかは様々な要因を考慮した政治的決定によるほかない」のであり、「もっとも、これは正義論の範囲を超える問題である」と述べられて、説明が終わる[3]。

酒匂がここで指標として並列に挙げているように見える4項目のうち、前3者がコストや給付の有効性といったより実践的な判断に関わるように見える一方、道徳的含意は少し違った響きをもつ指標であるように見える。そもそもそれは何の道徳的含意のことなのだろうか。いずれの手法を選択するかによって、何か分配原理上の問題を生じるという意味だろうか。或いは、特定の手法が前3者の実践によって、道徳的な問題を生じ得るという意味だろうか。恐らく、酒匂の意図は後者だろう。というのも、例えばミーンズ・テストに代表されるような所得調査などの有無が煩雑な行政の肥大化や、私生活への介入、受給者を弱者としてスティグマ化することを挙げて最小限福祉給付の難点だと説明することは、手法の選択に伴う道徳的な影響（含意）を

（2）　瀧川・宇佐美・大屋（2014）118頁、酒匂（2019）275頁。
（3）　酒匂（2019）275-7頁。

評価していると考えられるからである[4]。これらの点は、国家が役割を果たすに際して、（広い意味で）私人の生活にどれほど影響を与えて良いのかについて、古典的にリベラリズムが関わってきた問題であり、その道徳的含意を考えることは、手法の選択を含む制度設計上、指標となるべきことであることは確かである。しかし、これらの選択は、このような実践的有効性とその道徳的含意の考慮のみによって為され得ることなのだろうか。そのような意味で「正義論の範囲を超える問題」なのだろうか。

　法哲学における正義論の展開の順序には様々なものがあるが、より原理的な正義構想を示した後に、これに適合するように具体的な制度設計の示唆を与える、というのが一般的な順序であるように思われる。しかし、そこで示唆される制度構想に含まれる手法に「自身の論理」は無いのだろうか。つまり、各手法が実現（対応）できる原理的な正義構想の範囲や、正義構想毎に各手法を採用する望ましさの優劣（相性）はないのだろうか。

　経験的な検証を伴う実践的な有効性の議論やその道徳的含意において、たとえばBIこそが適切なものだと分かれば、制度的構想の議論は終えられるのだろうか。もちろん、これらの問題は軽微なものではない。しかし、給付の水準・対象・範囲の問題が、実施される状況に依存する政治的な決定の問題であるのと同様に、BIを採用すること自体も、政治的な決定の問題に帰されるべきなのだろうか。

　以下では酒匂が制度的構想を論じる上で挙げた手法のうち、近年、様々な正義構想から言及されるBIを取り上げて議論したい。果たしてBIは、左右の幅広い正義構想が採用できるほど使いやすい手法なのだろうか。

II　ベーシック・インカムの概要

　BIは、様々な類似制度を含めて、歴史の中で空想的なものからより現実的なものまで、様々に議論が繰り広げられてきたものであり、昨今では論壇的な政策論議を越えて、政治的なマニフェストとして扱われるに至ってい

---

(4)　酒匂（2019）276頁。この点は瀧川・宇佐美・大屋（2014）118-9頁も同様。

る[5]。そのためBIには、著作や擁護者ごとにその内容や特徴の理解が異なると言えるほど、様々な理解が存在するが、近年の多くの論者は、「ベーシック・インカムとは、ミーンズ・テストや労働要件を課すことなしに、全ての人に個人ベースで無条件に配られる定期的な現金給付である」というベーシック・インカム世界ネットワーク（BIEN）による定義を挙げる[6]。そして、この定義の意味を明確にするために、①定期的②現金給付③個人ベース④普遍的⑤無条件という5つの特徴・利点を取り上げ、順に説明を加えていく。本稿もこの流れを踏襲することにしよう。

①定期的とは、一回限りではなく（毎月のような）規則的な間隔で給付されることを指す。人がある程度のスパンの人生計画を立てて暮らしていく上で、経済面である程度安定した見通しが立つことは、より挑戦的で実りある人生計画の選択肢を与えることになるはずである。

②現金給付とは、受給者側が使い道を決められるような適切な交換手段で給付することを指す。特定の目的に使えるバウチャーや生活必需品の配布ではなく、現金給付にすることで、受給者の選択肢を広げ、各人の人生計画へのパターナリスティックな干渉を避けられる[7]。

③個人ベースとは、世帯ごとではなく個人ごとに支払うことを指す。このことの効用は、たとえばDVを考えれば理解しやすいかもしれない。様々な望ましくない要因から、DVに対する発言（voice）や退出（exit）が難しい、女性を従属させるような社会的経済的構造があることは知られている。BIはこのような女性に不利な構造に対して、個人での経済的自立を常に可能な状態にすることで、退出をより実質的な選択肢とし、これを梃子に発言

（5）　BIの思想史的説明として、山森（2009）第4章、Van Parijs and Vanderborght（2017）Chs. 3-4、類似制度との関係については ibid. Ch.2、Standing（2017）Ch.9 が手に取りやすい。実際にユニバーサル・ベーシック・インカム（UBI）を政策の一環として挙げた政治家でもある者の著作として、Yang（2018）。
（6）　以下の説明は、BIENのホームページによる。https://basicincome.org/about-basic-income/（2024年3月29日最終閲覧）
（7）　BIを反パターナリズムという根拠からも擁護しようとするものとして、Zwolinski（2015）pp. 524-6。これに対して、BIを擁護する反パターナリズムの議論はそれほど強く依拠できるものではなく、現金給付が現物支給より明確に優れているとまでは言えないとするものとして、Cholbi（2020）。

の力を強化することもできる。給付の個人化は、ジェンダーをはじめとする社会に遍在する従属的な人間関係を緩和する効果を期待できる。

④普遍的とは、全ての人に支払うことを指す。ここでの全ての人とは、その国の居住者なら年齢（大人・子供・高齢者）も、収入・資力も問わないという意味である[8]。

⑤無条件とは、ミーンズ・テストや労働、労働への意志を示すことを要件にしないことを指す。給付に所得制限などの条件を設けないことで、調査によって生じるスティグマを避け、また、給付と労働（への意志）を切り離すことで、生計にまつわるしがらみから解放し、望まない過酷な労働に迫られないことを保障しようとしている。後者は③で示したものと同様、従属的な人間関係を緩和するものであるとも理解できる。

このような定義に触れながら BI の特徴を説明するとき、そこに給付水準についての見解が含まれないことがしばしば指摘される。その看板からすれば、（具体的内実に争いがあるにせよ）生活に最低限必要な額を基準として給付するのだと考えたくなるが、それは BI を採用するか否かとは一応独立した論点であると理解されている[9]。というのも、リバタリアンたちが複雑で無駄の多い社会保障政策の再編として BI へのシンプルな一本化を論じる一方で、多くの左派的な BI 擁護者が論じるように、全ての必要な社会保障政策を BI 単独で賄う必要はないと考えられるからである。言い換えれば、全体としての社会保障政策に必要な部分的な役割（目的）を果たす、単独では生活に最低限必要な基準を満たさない「部分的な BI」という考え方も可能なのである。この点、酒匂の「疾病や障害その他の不慮のケースについては別途に考慮が必要である」[10]という指摘は、BI という手法の適切な理解だ

（8） 理念的には、世界中のあらゆる人に対して保障すべきだとも言えるが、多くの場合、一国の政策が想定されている。その上で、誰を給付対象とするかは、福祉国家の範囲画定と同様の問題を含む。また、全ての人に給付されるなら、ライフステージや居住地域などによって給付額が変化することも妨げられないと考える論者もいる（Van Parijs and Vanderborght (2017) 邦訳27-8頁）。この点、酒匂 (2019) 276頁、註105「基礎年金は高齢者にとっての「基礎所得」といえる」は BI の理解によっては適切であり得る。

（9） Van Parijs and Vanderborght (2017) 邦訳29-30頁。また、BI を広める政治運動的動機や経緯が、BIEN の定義に与えた影響については山森 (2018) 78-80頁。

と言える。このような柔軟性は、BI を人口に膾炙させた大きな要因でもあろう[11]。

　ただ、これほどの柔軟性を持つ制度というのは、うがった見方をすれば、単に粗放なのではないかとも見えてしまう。ここで挙げたような BI では満たされない、様々な不慮のケースにある受給者に適切に対応していく制度を単純に上乗せするのだとすれば、BI の美点の一つとされたはずのシンプルさはかなり損なわれるように見え、また、上乗せされる政策の対象者になるか否かは、障害の程度や就労可能性、資力などの調査を要する場合があるように見える。結果的にこのような運用を要する制度を採用する場合、単純に最小限福祉給付を選択せず、BI をこそ選択する意義はどれほどあるのだろうか。

III　ベーシック・インカムを採用すべき正義構想はあるのか

　上述のように BI を理解する場合、どのような正義構想が BI を採用すべきなのだろうか。以下では、仮に BI を採用すると決めた場合に、そこでもたらされる分配的な望ましさについて、特に親和的であるように見える平等と十分性の観点から瞥見したい[12]。

　まず、ある制度が分配的な望ましさを実現するという場合、多く語られるのはそれが平等の実現に寄与するというものである。たとえば、社会の最も不遇な成員の物質的情況を（最善化とまで言わずとも）改善し、格差を縮減するので、BI の採用は望ましいという議論はありそうである。しかし、（制度設計によっては）BI にも格差を減らす一定の効果は、あるのだろうが、それは BI だけが為し得ることではなく、一般に再分配的な制度の採用はそのような効果を持ち得るものである。そして、多くの BI 擁護者が想定する何ら

---

(10)　酒匂（2019）276 頁。
(11)　BI 採用の効果については犯罪発生率から離婚率などまで、様々な興味深いことが論じられてきたが、ここでは触れない。また、どの程度モラル・ハザードが生じそうなのかといった、経験的なデータも利用して論じるべきであろう事柄についても触れない。これらの点に関心があれば、Bregman（2017）などを参照。
(12)　同じような関心から BI を検討する部分を含むものとして、宇佐美（2023）。

かの意味での生活の最低限度の給付水準を想定するならば、その財政規模に比して、多くの平等を求める論者の理想とは程遠い成果しか上げられないように思われる[13]。さらに、BIという制度が先述のような個人の情況の多様性を念頭に置いた「上乗せ」を時に必要とするものなのだと考えるならば、BIの平等への寄与は限られたものだと考えて良いだろう。このような意味で、BIは財の分配的平等を求める者にとって満足できるものではないと思われる。

　また、いわゆる運の平等論とBIも相性が良いようには思われない。運の平等論は一括りにするには余りに多様な見解を含むが、不平等を本人の責に帰すべきかを判断する際に、本人の制御可能性を基準とする所与運と選択運という区別を導入する点で共通していると考えられる。この見解に従えば、二つの運をどこで切り分けるのであれ、選択運に属する事柄は当人の責に帰すべきであって、それによって生じる不平等は必ずしも是正される必要はないと考えることになるだろう。このような見解からは、資力調査や労働への意志などの事情を確認しない、言い換えれば、単に自分の意志で働かない選択をする人と、働くという選択肢を持てない人とを区別しない、BIを採用すべきでないように思われる[14]。

　では、BIがしばしば生活に最低限必要な額を想起させるように、平等ではなく十分性を保障しようとする制度なのだと考えてみよう。十分主義はBIを採用するべきだろうか。十分主義は等しく持たないことではなく、持つものが少なすぎることに関心がある。このような関心は、穏健な右派リバタリアン的見解にも見られるものであり、日本でもしばしばBIへの言及がある[15]。酒匂が論じた通り、BIを「最小限保障の制度的構想」として理解

---

(13) まずBIを導入することが先決で、最終的には（国中の富を全て集めて等しく分けるような）高水準のBIを実現するのだという政治戦略的な考慮はあり得るが、ここでは措く。

(14) Hirose (2015) Ch.2。もっとも、誰が給付に値する／しないという判断が実践のレベルで可能なのか、という反論があり得る。心身の障害の影響で働けないのか、単に「怠け者」なのかといった判断が難しいケースは往々にしてあり、誤った判断は人に不当なレッテルや罰を与えることになる。これを避けるためにBIを採用するという選択は不当でない、と言えるかもしれない。Zwolinski (2015) pp. 524-6、Van Parijs and Vanderborght (2017) 邦訳162頁を参照。

する筋である。

　十分主義にも様々な見解があるが、しばしば持ち出されるのはポーラ・カサルが挙げる二つのテーゼの組み合わせとして理解するものである。これに従えば、十分主義はある閾値を満たすまでの分配を要求するポジティヴ・テーゼと、閾値を超えたところでの追加的な分配的考慮を否定するネガティヴ・テーゼを組み合わせたものである[16]。もちろん、いかに閾値を設定するかは問題になるが、ここでは単純に生活に最低限必要な額を閾値としよう。その場合、この見解では閾値を下回る成員に対しては閾値に至るまでの分配が要求され、閾値を上回るものに対する分配は為されないことになる。この閾値を満たすことはBIの給付と同じことに見えるかもしれないが、事はそれほど単純ではない。

　仮に、財の十分性の閾値が10である社会に、それぞれ15、8、3だけの財を持つA、B、Cの成員が含まれるとする。この時、誰にどれだけの給付がされるべきだろうか。ポジティヴ・テーゼによって、Cが閾値を超えるためには7、Bが閾値を超えるためには2が必要とされ、ネガティヴ・テーゼによって、Aには追加の分配は為されるべきではない。資力調査を要する最小限福祉給付ならば、Cに7、Bに2の給付を行い、Aには給付しないということになる。では、資力調査などの情報を必要とせず、より形式的に運用されるBIはどれだけ給付するべきだろうか。全員に7給付すれば、3名とも十分性の閾値を満たすことができるが、Bには5の過剰な給付が為されていることになる。一方で、2を給付するのであればCは閾値に5足らず、ポジティヴ・テーゼを満たせない。そして、いずれの場合もAにとっては給付された分だけ過剰な給付が為されたことになる。或いは、全ての人が生活に最低限必要な額を受け取るのだとすれば、最悪の状況を折り込んで、全員に10給付することも考え得るが、その場合、ほぼ全ての人がネガティヴ・テーゼと抵触することになる。

　ここから分かることは、BIで全ての人の生活に最低限必要な額を保障しようとする場合、ほとんど常にネガティヴ・テーゼと抵触することになると

---

(15)　宇野・加藤（2024）64-7頁（森村進・広瀬巌・宇野・加藤対談部分）。
(16)　Casal (2007) pp. 297-304.

いうことだ。つまり、十分主義の基準からすれば、BI は配りすぎの状態を生じさせることになるので、BI こそ採用されるべきであるとは言えないように思われる[17]。

以上のようなことから、BI は平等論や十分主義から見れば「帯に短し襷に長し」であり、積極的に BI を採用する理由は見つからない。そう考えると、やはり酒匂が論じた通り、BI の採用如何は「給付実施の時期、所得調査などの有無、行政事務の多寡、そして道徳的含意など」についての政治的決定に属する、実践的道徳的扱いやすさの問題なのだろうか。

IV 分配的議論から関係的議論へ

BI がこれほどちぐはぐなものに見えるのは、BI をある斉一的な分配状態の実現を目指すものだと考えることに由来しているのかもしれない。II で挙げた BI の特徴が何を意図していたかをもう一度確認するならば、①と②は人生における実質的な選択肢を広げること、③と⑤は従属的な人間関係からの退出可能性を保障することである。これらはいずれも自由の実質化の議論と捉えることができるだろう。BI の哲学における記念碑的著作が『すべての人にリアルな自由を (Real Freedom for All)』であることは偶然ではない[18]。もっとも、ここでの自由概念の理解自体に大きな幅があることに加え、自由をどこまで分厚く実質的なものとして理解するかにも幅がある[19]。それらをつぶさに扱うことは筆者の手に余るので、以下では議論を③と⑤に現れる従属的な人間関係の問題に絞ることにしたい[20]。

正義論を財の分配中心の議論から、社会的支配関係の排除の議論に転じさ

---

(17) 閾値以上での分配状況は問題ではないのだから、この配りすぎは問題ではない、というポジティヴ・テーゼだけを用いる議論はあり得るかもしれないが、もちろん、それはもはや十分主義ではないし、それだけ資源が潤沢なら閾値を十分性に設定する意義が薄れるように思われる。
(18) Van Parijs (1995)。邦訳に収録された齊藤拓による訳者解説も参照されたい。
(19) たとえば、Wendt (forthcoming) は自由基底的な BI 正当化論の「自由」を、消極的自由・リアルな自由・共和主義的自由・自律に区別して論じる。
(20) 以下の議論については Tosi (2020) 参照。

せたのは、関係的平等論であった[21]。関心の違いもあって、最終的に要請される詳細な分配的示唆が明らかでない部分もあるが、寧ろ、いかに財の分配だけでは対等な社会関係が実現されないかを示しているようにも思われる。では、BI は関係的平等の推進に資するのだろうか。

　特に BI と関係的平等の関係を考える上で、社会における労働の地位は重要な意味を持つように思われる。BI の存在は労働と収入の必然的な結び付きを断ち、労働からの退出の選択肢を与えることで、労働者の自由を実質化するように働く。仮に巷間で言われる通り、AI が比較的単純な労働をする者の仕事を奪っても、最低限の生活は安泰である。これらは労働者の福利に資するに違いない。ただ、退出の選択肢を与える BI の存在は、社会関係を対等にするものだろうか。（それ自体善し悪しだが）多くの人の自尊心が自身の仕事と結びついているとき、BI は社会に大きく貢献しているように思われている高度な専門職の人と、そうではないように思われている非正規単純労働や完全に BI 依存で生活する人との間に生じる社会的地位の非対等性を解決しないように思われるし、BI がそのような規範意識自体を転換する決定打になるとは思われない[22]。寧ろ、仕事（があること）の威信を増す結果に終わりそうである。悪くすれば、BI が自分にとっていかに重要でないかを示すことが、社会的な地位を誇示するために利用されるに至り、BI は社会的地位の低さの象徴として扱われるようにもなりかねない。このような事態は社会的分断を作り出し、対等者からなる社会の脅威になり得るだろう[23]。

　このように考えるならば、BI が提供する従属関係から退出する選択肢の実質化は、関係に着目するものでありながら、対等な関係を目指すものでは

---

(21) 分配的正義論と関係的平等論の関係を論じるものとして森（2019）。特に第 4 部は具体的な制度構想にアプローチしている。

(22) 労働中心主義を BI と財産所有の民主制の組み合わせで克服しようとする試みとして、福間（2014）第 4 章第 3-5 節。仕事を賃労働からより拡大して「正しい労働」と捉え直すことで、ロールズの再解釈を試みている。

(23) 生活保護とその受給者を揶揄するスラングを想起するなら、これは最小限保障一般の特性であって、BI 特有の落ち度ではないが、BI がこのような関係の対等性の上での悪化を回避させる機能を持つわけではない。尤も、揶揄の性質を変化させることになるかもしれないが。

ないと考えて良いだろう。そうだとすると、ここでのBIの狙いは、対等ではないが従属のように不適切なものでない、何らかの適切な関係を保つために必要な条件（権利や財へのアクセス）を確保するという、より一般的で穏健なものであると理解出来るかもしれない。強調すべきは、従属のような不適切な関係にないことが即ち対等な関係を意味するとは限らないと理解する点だろう。つまり、「対等ではないが、十分適切な関係」は観念し得るということである。たとえば、会社における上司と部下、学校における教師と生徒はある側面において対等とは言えないだろうが、そこに関係の適切／不適切が存在することを認められるはずである。職場における専制や生徒への虐待などが不適切なものである一方、相手を十分尊重する階層的関係（昇進・業務命令・指導）は対等ではないが適切であり得る[24]。ここに、いわば関係的十分主義とでも呼ぶべき見解を見て取ることが可能であるように思われる。もちろん、従来の十分主義と同じく、何が十分適切な関係であるのかが問題になり、そこにはグラデーションがあり得るが、道徳的に対等な地位にあるもの、つまり、互いを人格として適切に扱えているならば、最低限の基準は満たすものと考えることができるかもしれない。

　このように考えるならば、関係的十分主義は従属的な社会関係から退出する自由の実質化という面でのBIを導き出すことができるように思われる。他人と協力するような社会関係から離れたとしても生活に最低限必要な資源を受け取ることができる、つまり、自分を従属させるような関係に対して拒否権を実質的に持つ地位としての自由を、BIは守っているのだと考えることができる。さらに踏み込んで換言すれば、BIは個人の独立（independence）を実現しようというものなのである[25]。

---

[24]　往々にして関係的平等が民主的平等、BIが民主政擁護論と結びつくことからすれば、このような展開が的を外しているという批判はあるだろうが、いずれもどのような政治体制を採用するかとは独立に論じ得るものである。ここで労働における関係に着目することが不当であるとは思えないし、これが職場民主主義の問題に結び付けて考えられなければならないとも思われない。

[25]　Widerquist (2013) Ch.2.

V　おわりに

　本稿では、財の分配ではなく、自由を中心に据える社会的関係の問題として理解する関係的十分主義が、BI をより適切な手法として描き出すことができると論じた。しかし、従属的関係からの自由の実質化は、BI によらねばならない、或いは、最も良く BI が実現するものだ、とまでは論じていない。その意味で、実は本稿の根源にある問いは解決されていない。そして、私はこの従属の問題（ギリギリ生きられる過酷な労働環境か、雇われずに飢えるという究極の選択を避けるにはどうすればよいか）を旧稿で扱っており[26]、紙幅の関係で詳論しないが、そこで私はミーンズ・テストを伴う最小限福祉給付を支持した。つまり、私はこのような状況が BI によってしか解決されないとは考えていないし、道徳的に最も問題の少ない分配の手法だとも考えていない[27]。ここで示されたのは、BI が候補になり得る手法であることだけで、両者の優劣は未だに精査されていないのである。

　このように考えてくると、この問題が単なる政治的決定や正義論を超える問題ではないこと、殊 BI について、かなり限られた射程を持つ手法であることは示せたのだとしても、いずれの手法を選択すべきかについては酒匂が述べる「給付実施の時期、所得調査などの有無、行政事務の多寡、そして道徳的含意など」の判断に依存するという結論は共有することになる。この問題の行方が、それらを適切な分配のために必要な甘受すべきコストと捉えるか、道徳的に問題のある無駄の多いコストだと捉えるかにかかっていることは間違いないが、各手法の実現できることを見定め、正義論のより原理的な部分と照らし合わせる必要があることも忘れてはいけないという、ごく一般的な教訓を確認して、擱筆したい。

参考文献

宇佐美誠（2023）「ベーシック・インカム」駒村圭吾編著『Liberty 2.0』弘文堂

---

[26]　福原（2017）第 5 章第 2 節。
[27]　Wendt（forthcoming）pp. 2-8 も同様の見解を示している。

宇野重規・加藤晋（2024）『政治哲学者は何を考えているのか？』勁草書房
酒匂一郎（2019）『法哲学講義』成文堂
瀧川裕英・宇佐美誠・大屋雄裕（2014）『法哲学』有斐閣
那須耕介・平井亮輔編（2020）『レクチャー法哲学』法律文化社
福原明雄（2017）『リバタリアニズムを問い直す』ナカニシヤ出版
福間聡（2014）『「格差の時代」の労働論』現代書館
森悠一郎（2019）『関係の対等性と平等』弘文堂
山森亮（2009）『ベーシック・インカム入門』光文社新書
山森亮（2018）「ベーシック・インカムの理念と制度」エノ・シュミット・山森亮・堅田香緒里・山口純（2018）『お金のために働く必要がなくなったら、何をしますか？』光文社新書所収

Bregman, Rutger（2016）*Utopia for Realists*, Bloomsbury Publishing（野中香方子訳『隷属なき道』文芸春秋）
Casal, Paula（2007）"Why Sufficiency is not Enough", *Ethics* 117, pp. 296-326
Cholbi, Michael（2020）"The Anti-Paternalist Case for Unconditional Basic Income Provision", in Michael Cholbi and Michael Weber Eds. *The Future of Work, Technology, and Basic Income*, Routledge
Fukuhara, Akio（2019）"Sufficientarian-Libertarianism and Basic Income," *Revue de philosophie économique*（Review of Economic Philosophy）, Vol. 20
Hirose, Iwao（2014）*Egalitarianism*, Routledge（齊藤拓訳『平等主義の哲学』勁草書房）
Standing, Guy（2017）*Basic Income: And How We Can Make It Happen*, Penguin Random House UK（池村千秋訳『ベーシックインカムへの道』プレジデント社）
Tosi, Justin（2020）"Relational Sufficientarianism and Basic Income," in Michael Cholbi and Michael Weber Eds. *The Future of Work, Technology, and Basic Income*, Routledge
Van Parijs, Philippe（1995）*Real Freedom for All: What（if anything）can justify capitalism?*, O.U.P.（後藤玲子・齊藤拓訳『ベーシック・インカムの哲学』勁草書房）

Van Parijs, Philippe and Yannick Vanderborght (2017) *Basic Income: A Radical Proposal for a Free Society and a Sane Economy*, H.U.P (竹中平蔵監訳『ベーシック・インカム』クロスメディア・パブリッシング)

Wendt, Fabian (forthcoming) "The Limits of Liberty-Based Arguments for a Universal Basic Income," https://www.academia.edu/102031294/The_Limits_of_Liberty_Based_Arguments_for_a_Universal_Basic_Income_Social_Theory_and_Practice_forthcoming_

Widerquist, Karl (2013) *Independence, Propertylessness, and Basic Income: A Theory of Freedom as the Power to Say No*, Palgrave Macmillan

Yang, Andrew (2018) *The War on Normal People: The Truth About America's Disappearing Jobs and Why Universal Basic Income Is Our Future*, Hachette Books (早川健治訳『普通の人々の戦い』那須里山舎)

Zwolinski, Matt (2015) "Property Rights, Coercion, and the Welfare State: The Libertarian Case for a Basic Income for All," *The Independent Review* 19 (4): 515-529

Zwolinski, Matt and Miranda Perry Fleischer (2023) *Universal Basic Income: What Everyone Needs to Know*, O.U.P.

「健全な思弁」という法哲学方法論の含意

菅原寧格

I はじめに
II 哲学における「究極性」と「全体性」
III 学としての「世界観」の不可能性
IV 学問における「健全な思弁」
V むすびに代えて

I はじめに

　加藤新平『法哲学概論』（有斐閣、1976）（以下、本文中では加藤『概論』と略す）の第2章「法哲学の学問的性格」は方法論を主題とする。そしてそのはじめには、「法の概念規定そのものは、……法哲学的思考の成果として明らかにされるものである」が、かような法哲学的思考を進めるにあたっては、「予め法についての一定の観念……を予想することなしには、一歩も踏み出し得ない」とある[1]。だが、実際に読み手がそこで予め抱かれている「法についての一定の観念」に踏み込んでいこうとしても、法についての何か定義のようなものが説明されるわけではない。その代わりに、「まず法について

（1）　加藤新平『法哲学概論』（有斐閣、1976）36頁。以下、本書からの引用は『概論』と略記する。もっとも、『概論』306頁以下では「不完結的で暫定的な試案」であることを断ったうえで、次のような法の概念規定がなされている。曰く、「法は全体社会を基盤として存立し、正義実現の要求のもとにたつ所の、強要的、外面的、一般的な社会規範であって、典型的には、その全体社会における組織的強制……を、その効力保障手段としてもつ所のものである」と。

の何らかの明確な名目定義……を定め、それによって初めから確然と考察対象の範囲を限定しながら進むことは、法哲学的思考の場合、適当なやり方ではない」、「その理由は次に述べる哲学観の説明から自ずと了解される」とかわされてしまうからである[2]。

そこで本稿では、この「自ずと了解される」らしい「哲学観の説明」に着目し、①加藤『概論』の方法論である哲学的思考の議論を追跡していくことによって、問題の所在を確認する。酒匂一郎『法哲学講義』（成文堂、2019）（以下、本文中では酒匂『講義』と略す）もいうように、「加藤の説明は現在ではやや古くなっているといえるかもしれないが、それでも哲学的考察方法のある基本的な特徴を捉えている」し[3]、加藤『概論』の方法は「反省的または批判的な思考にとっての一つの要請として、重要な意味をもつ」からである[4]。それとともに、②ディルタイの思想を背景とする加藤『概論』の「世界観」が価値相対主義問題と向き合うに至った過程をたどり[5]、「健全な思弁」という方法論が用いられた様相とその意義を価値相対主義問題との連関から詳らかにする。そしてこれらの作業を通じて、③酒匂『講義』で「重要な意味をもつ」とされた内実であり、加藤『概論』における方法論としての「健全な思弁」がもつ法哲学的含意を明らかにしたい。

II　哲学における「究極性」と「全体性」

学問分野としての法哲学の特徴を、その考察態度が哲学的である点に見出すならば、そしてこの点に個々の実定法学など他の法学分野から法哲学を区別しうる理由を見出すならば、「哲学そのものについて積極的自覚的省察を

（2）『概論』38 頁。ここでの名目定義とは「規約定義（stipulative definition）」の意味で使われている、「つまり、法という言葉の使用法、その意味についての、使用者の提案、指定、とりきめ」であり、「それは原理上任意的（arbitrary）である」（『概論』304 頁）。
（3）　酒匂一郎『法哲学講義』（成文堂、2019）13 頁。以下、本書からの引用は『講義』と略記する。
（4）『講義』15 頁。注 16 も参照。
（5）　価値相対主義問題を主題としたものとして、拙著『価値相対主義問題とは何か』（信山社、2022）を参照。

施しておくことが、法哲学研究上、少なくとも望ましいということはたしかである」[6]。では、加藤『概論』において、この「哲学そのもの」の学問的性格についてはどのように捉えられていたのだろうか。

これについて加藤『概論』は、「これまで多くの人々により論ぜられてきたことがらの私なりの……総括にすぎないかも知れないが、……哲学的思惟を特徴づけるものとして、究極性（屢々無仮定性と言われるもの）、全体性、世界観的ないし人生観的関心の三つをあげ得るのではないか」と説き起こす[7]。そして、三つのうち一つめの「究極性」については、「徹底的な吟味反省を加えること」であり「無仮定性」ともいわれるけれども、「もとより無仮定性といっても前提のゼロということはあり得ず、ただ前提吟味の方向を最大限に推し進めて、我々の判断を、どうしても否定できぬ確実さをもつと思われる原理的な命題や要請にまで遡源してゆくことが無仮定性の意味だ」ということに注意を喚起する[8]。そして、三つのうちの二つめ、「全体性」については、「一言でいうとそれは、人間的経験・体験の全体や存在の全体へ向うという思惟の傾向をさす」もの——ジンメルのいう「哲学の公分母」——であり、「諸々の哲学説の多種多様な目的や理論内容を貫いて存するところの、「全体」へ向うという、哲学者の「形式的な内面的性情」」のことであると述べる[9]。

そして、一つめの「究極性」と二つめの「全体性」の両者は「互いに他を予想し内面的に貫きあっている」ことから、「内面的に結びついているところの究極性と全体性とを基本的特徴とする学問」が哲学であるといい[10]、酒匂『講義』も法哲学上の議論と関連づけながら次のように解説する。

（6）『概論』45頁。なお、「右の問題」とは哲学の学問的性格と任務をめぐる問題を指しており、同じ箇所で「法哲学という一つの特殊哲学に携わる者が、専門哲学者を悩ましている右の問題に深入りすることは冒険である」と述べられている。
（7）『概論』49頁。
（8）『概論』49頁。ここでは、たとえば、プラトンにおける真実の概念知や、デカルトの方法的懐疑、カント認識論における定言命法とその可能根拠などが、そのような「無仮定性」を示すものとしてあげられている。
（9）『概論』51頁。強調は原文による。
（10）『概論』53-54頁。

「究極性というのは、我々がものを考えたり何かをなそうとしたりするときに多くは暗黙の裡に前提しているものごとどこまでも反省的に問い、「どうしても否定できぬ確実さをもつと思われる原理的な命題や要請」にまで遡ろうとする思考の傾向」のことで、「全体性というのは、何らかの部分の認識や理解にとどまらず、認識や理解の範囲を拡大していって、最終的には存在の全体の認識や理解に至ろうとする思考の傾向」のことである[11]。そのうえで、「究極性はたとえば法の効力または妥当の根拠への問いに関わる」のに対し、「全体性」については「個々の法規範の考察から出発して法制度や法体系の考察へと向かい、さらに法と他の社会的実践との関係を考察する」点にその特徴がある[12]。

つまり、「究極性」と「全体性」は、反省を伴う根源的な思考として、また、個にとどまらぬ全体との関係における体系的思考として捉えられている[13]。ただ、このような形で「究極性」と「全体性」を受け止めるならば、ここにはさらなる重要な問題、すなわち、伝統的な法哲学的問題であるところの価値相対主義問題が控えていることは、予感されて然るべきだろう。再び酒匂『講義』の説明をみておこう。

「究極の前提に遡るとか全体の認識または理解に至るとか客観的な価値判断を求めるといったことがはたして可能なのか……。究極の前提と考えた者が暗黙のうちに何らかの前提に依拠しているかもしれないし、人間の認識や理解はどこまでも有限であって無限の無知の領域が残っているとも考えられるし、価値判断は主観的なもので相対的でしかありえないという見解もある……。もし究極の前提に遡ったり全体の認識または理解に至ったり客観的な価値判断を下したりすることが結局は不可能であるとすれば、そのような特徴をもつ哲学的考察方法は無益な営みということになりそうである」[14]。

---

(11) 『講義』13 頁。
(12) 『講義』14 頁。
(13) 『概論』でも、「法哲学は、法の世界を中核的主題とする特殊哲学であり、法及び法現象を、存在の総体——直接的第一次的には勿論歴史的社会的実在の世界或いは文化の世界——の全体的連関の中に引き入れて捉え、できるだけ無仮定的な立場から、法の世界についての認識及び法的実践について反省を加える学である」といわれている（同書148 頁）。
(14) 『講義』14-15 頁。

この酒匂『講義』の言葉は問題の核心を突いている。加藤『概論』は「いわゆる新カント学派の価値相対主義を乗り越えようとする苦心がみられる点に特徴がある」[15]。だが、法哲学が学問的性格として有する特徴ゆえに価値相対主義問題に陥り、その学問的性格を掘り崩すとするならば、これは何ともいえない皮肉であり、皮肉であるかもしれないけれど、だからといって何の意味もないわけではない。それゆえ、酒匂『講義』は事態をこうみる。

> 「当然と思っている前提を反省的に吟味したり、部分的な認識や理解をより広い視点から考察してみたり、可能な限り普遍的な価値判断の可能性を追求するといった作業がまったく無意味になるわけではない。そのかぎりでは、哲学的考察方法のこれらの特徴（加藤『概論』における「究極性」、「全体性」、「世界観的ないし人生観的関心」）は反省的または批判的な思考にとっての一つの要請として、重要な意味をもつ」[16]

　ならば、問題は、これら哲学的考察方法の特徴はいかなる意味で重要なのかということになろう。そこで、節をあらため、「究極性」、「全体性」に続く三つめの議論、すなわち「世界観的ないし人生観的関心」を検討し、この問題を追いかけることにしよう。

Ⅲ　学としての「世界観」の不可能性

　「世界観的関心」について、加藤『概論』はこう述べる。「社会・文化の事象を主題とする一特殊哲学に携わる者の性急な断定——あるいは期待——かも知れないが、私は、哲学は究極においては世界観の構想を志向するもの、むしろ、志向すべきものではないかと思う」と[17]。ここには、法哲学も含めて、およそ哲学というからには世界観の構想を志向すべきであるという立場が鮮明に示されている。さらに加藤『概論』には、「世界観の究極の根は生である」というディルタイの言葉を引きながらこう述べられている。

---

(15) 『講義』8頁。
(16) 『講義』15頁。括弧は菅原による補足。注4も参照。
(17) 『概論』54頁。

「生は他の人々及び諸々の事物と関心的に交渉し、生を圧迫したり昂揚させたりするその作用を感じとり、それに対して一定の態度をとる。その生の過程において、世界と生の諸々の謎に対するある程度の省察がなされ、それに対する観かたが何ほどか固められた時、そこに既に世界観があるといえよう。それは生に直接的な世界観あるいは素朴な世界直観と名づけ得るであろう。我々がある人の感情・思想・行動の体系を漠然と、楽観主義的もしくは悲観主義的ないし虚無的、保守的もしくは進歩的、諦観的もしくは行動主義的、現実主義的もしくは理想主義的等々として特徴づける場合、多かれ少なかれかような形での世界観が考えられている」[18]

ただ、かような「世界観」と哲学の結びつきを自覚する加藤『概論』も、ディルタイが哲学的世界観の学問としての成立可能性に絶望していたことについては、これを正面から受け止めている[19]。ディルタイがいうところの「決定的な点は、哲学的世界観が単に知性の所産ではなく、思惟し感情し意欲する人格全体の所産であること、したがって必然的に、知性の透過を拒む人格的個性の刻印を帯びざるを得ぬというところ」にあったのだと[20]。なるほど、世界観とは思惟することによってのみならず、感情を抱き、意欲することも含めた人格全体の産物として把握されるものなのだ、だから問題視されることになったのだと、このような文脈において加藤『概論』は「世界観」の問題を捉えていたわけである。

そのうえで、「世界観」を概念的に捉えたり、根拠づけたり、普遍妥当性をもつものとして捉える構想をディルタイが形而上学と名づけたことに呼応し、加藤『概論』も「哲学は究極において形而上学を志向する」と宣言する[21]。そして、ディルタイにならい[22]、見方によっては「厳密な学問性を

---

(18) 『概論』62頁。
(19) 『概論』66頁。「ディルタイは哲学史の抑々の初めから普遍妥当的な世界観への傾向が生きつづけ、哲学というものにおいて世界観が「中心的地位」を占めることを認めながら、他方それの論理的基礎づけの可能性については否定的であり」と述べている。
(20) 同上。
(21) 『概論』54頁。なお、同63-64頁においてもこのディルタイの言葉は引用されている。
(22) 「世界観についての精細な哲学史的、理論的研究を行ったディルタイが既に、経験科学の着実な勝利が誰の眼にも明らかになり、そして歴史意識が思想界に滲透していた

哲学から奪い去る知的蒙昧主義」であり、「既に克服された形而上学の夢を追う反知性的郷愁」にすぎないし、「学としての世界観、形而上学への懐疑が払いのけ難い力で生じてくるのは無理からぬこと」だと述べたのだろう[23]。しかし、それにもかかわらず「世界観構想の関心、それへ向っての思惟の緊張の持続が、哲学の正しい姿勢ではないか」と問いつつ[24]、この方向性で考えることを止めはしなかった。

では、この「思惟の緊張の持続」、すなわち「哲学の正しい姿勢」とされる「世界観構想の関心」とそうした「関心」に向かう「思惟の緊張の持続」とは何か。これについては、「世界像 Weltbild」と対照させられた「世界観 Weltanschauung」の説明がヒントになる。「世界像とは、世界を客体として、すなわちこの主体的自己の働きとは関わりなく、諸々の存在がそれら相互の間で種々の関係をとり結んでいるところの客体として眺めた時に成立する世界の姿・形象であり、ここでは主体は世界の外にあってそれを対象として眺めている」のに対し、「世界観は……世界像の如く対象認識の立場に成りたつ世界映像ではなく、対照認識と主体の全人格的関心との相互制約のうちに成りたつ世界解釈……、我々が環境としての世界の中にあって、いわば知情意の全体をあげて、世界とその中における自己の地位とを、こう見ざるを得ないという世界と人生の解釈だ」、「だから世界観は人生観と不可分に結びつき、むしろそれを核として成りたつ」のだと述べている[25]。

それゆえ、「世界観においては、世界は主体を内に含み、それに働きかけ又それによって働きかけられるところのものとして、従ってまた、主体の生に対して、あるいはそれを昂揚させあるいは阻碍し、快苦を与え動かすというような、生きた環境としての意味を以て我々に迫っている」[26]。そして、だからこそ「人生観」と不可分な「世界観を問題とする場合、我々は特に、

　一九世紀末、二〇世紀初め頃の時代思潮の中で、一方では、およそ世界観の不可欠な人生的意義を認めながらも、他方、学としての世界観の成立可能性については絶望を告白している」(『概論』55頁)。
(23) 『概論』54頁。
(24) 『概論』55頁。強調は原文による。
(25) 『概論』61頁。
(26) 同上。

いわゆる生の評価や理想定立という情意的側面に注目せねばならぬ」し、「これらのものこそ世界観が世界の主体的把握であるといわれる際のその主体性が凝集的に現われ出る側面なのであり、世界観をまさに世界観たらしめる所以の本質的な契機である」といわれたわけである[27]。ただ、「人生観」のような主体的な価値観との関わりにおいてしか考えられないのが「世界観」であるならば、当然これを学問的に論じることなどできるのかといった問題——価値相対主義問題！——が前面に迫ってくることになる[28]。

結局、「ある一定の価値観には、それに対する積極的支持ないし消極的抑制等種々の関係において、一定の現実認識が背景となっているだろうし、特に、人間……についての一定の観かた、一定の社会観、歴史観とかが……、その価値観と相互制約的な関係において形づくられていることが必要であろう」から、「それと切り離されて遊離した価値観などはあり得ない」のであって、このことに伴う「学としての世界観の不可能性についてのディルタイ的見解」[29]、すなわち、価値相対主義問題をどう克服するかが、加藤『概論』における大問題であった。「思惟の緊張の持続」とは「世界観」を構想する者に課せられた「哲学の正しい姿勢」であり、しかも「世界観の不可欠の核たる人生観構想への緊張は哲学の最奥の精神」に向かう態度を指し示すものであって[30]、たんなる方法論上の問題を念頭に置いてなされていた議論ではなかったわけである。

---

(27) 『概論』66 頁。
(28) 『概論』67 頁では、「学としての世界観の不可能性についてのディルタイ的見解が提出され得ることはいうまでもない。価値観が深く情意とつながることは何人も否定できないし、そしてさようなものとしての価値諸規定の「主観的相対的な性格」を決して克服できないというのがディルタイの形而上学不可能論の一中心テーゼをなす」と述べられている。また、『概論』537 頁では、これまで価値相対主義者としてディルタイを数えた人を知らないが、その先駆者として位置づけられるといった見解が示されている。
(29) 『概論』66-67 頁。
(30) 『概論』55 頁。別の箇所では、このような「緊張」を「哲学の魂」とも述べている（同 68 頁）。注（31）も参照。

Ⅳ　学問における「健全な思弁」

　加藤『概論』は「学としての世界観の不可能性についてのディルタイ的見解」——価値相対主義問題——を[31]、「学とは何か」という問題として捉え返し[32]、ある問題が学問的に成立する条件についての議論も展開している。

　　「学問といわれるものは、その主張について合理的理由をあげて説明でき、所要の訓練を積んだ人人（ママ）によって理解せられ、そしてその主張の真偽又は正否ないし合理性（reasonableness）について公共的批判的論議にさらされる用意と可能性のあるもの、反駁・修正の可能性に向って開かれているもの」、つまり、「学問」とは「間主観的（intersubjective）な理解可能性、論議・批判可能性」に開かれているものであり、選好や利害関心と関係なく「合理的に思考する何人によっても……普遍的に承認せられ、受け入れられ得る」という意味での「間主観的妥当性」がそこに成立する[33]。

　ここでは、「間主観的妥当性」について「普通、客観性とか客観的妥当性と呼ばれ、……「確実性」とも呼ばれている」ものとみて、「間主観的妥当性」と「客観的（Objektive）妥当性」を並べて捉え、「普遍妥当性」と区別している[34]。このように「間主観的」と「客観的」とを同視する点は気になるところではあるが、加藤『概論』においては、異なる学問領域においては異なる仕方や異なる程度で「間主観的妥当性」が成立すると考えられていることには変わりない[35]。つまり、「簡単にいうと、……一般論としては、

---

(31)　『概論』68頁において、「私は先に、世界観、少なくともその中核たる人生観の構想を目ざしての緊張が哲学の魂であろうと述べた。けれどももし学としての世界観が本来成立不可能なものであるとするなら、それはもともとナンセンスな企てにすぎぬのではなかろうか」と述べられている。
(32)　『概論』71頁において、「問題は結局学問というものをどう考えるかによって左右されるように思う」と述べられている。
(33)　『概論』72-73頁。強調は原文による。
(34)　『概論』73頁。ただし同じ箇所で、「普遍妥当性という言葉は、認識については、一切の経験的意識に対して論理必然的に、したがって無例外的に妥当するという、厳密な意味あいで使われることが多い」との断りもある。
(35)　『概論』73頁に、「間主観的妥当性は、あらゆる種類の学問において一律に、同じ仕方・同じ程度に成立し、また要求されるものだろうか。学問といわれるものが、……

自然科学は高い間主観的妥当性をもつといえる」が、「文化科学」の場合、「概していえば間主観的妥当性は自然科学に比し劣る」ことを承認する[36]。そのうえで、「文化科学においては理解（Verstehen, understanding）の方法が決定的な重要性をもつ」こと、「理解とは単に対象の外に立ちながら、それについて法則的説明を下すことではなく、いわば対象の内側に入りこんで、そこに宿る心的事態とかあるいは或る意味的事態を把握すること」が説かれている[37]。そしてマックス・ウェーバーに依拠する形で、「理解」とは、人間の行為や表現、動機についての価値的趣旨や因果関係的意義が解釈的に把握し再構成することであると、それは「現実の特定個人のある行為の動機の理解というような場合でも、……現実の具体的な心的作用の経過を、そのまま直観的に模写再現するというようなことではなく、……その動機、つまり主観的な意味連関の解釈的把握であり、多かれ少なかれ再構成である」との説明がなされている[38]。

こうした「理解」の仕方が、「理解する個人の価値関心の陰翳によって微妙な影響をうけ、多かれ少なかれ個人差が生じやすい」ことはたしかであるし、観察を旨とする自然科学と比べ、「理解」に基づく「文化科学」はウェーバーのいう意味における「より仮説的な性格」をもつことになる[39]。そのため「多かれ少なかれ個人差が付着し、その限り、厳密な意味での間主観的妥当性を欠く場合の少なくないことを認めなければならぬ」事情もある[40]。だが、個人差が直ちに恣意性を意味するわけではないし、「成る程、時としては、否定し得ない事実の無視、論理の荒っぽい飛躍等々のため、初めから説得性極小のものもあるけれども、学術論議の舞台に上るものは、多

　　間主観的妥当性を追究しなければならぬものであるとしても、学問の種類によって、右の要求の充足度、理想への接近度には段階差があり、また許容されるのではなかろうか」との記述もある。
(36) 『概論』74頁。ここでの「文化科学」とは、社会科学、人文科学、精神科学などと呼ばれる非自然科学などを指している。
(37) 『概論』74-75頁。
(38) 『概論』75頁。
(39) 『概論』75-76頁。
(40) 『概論』78頁。直前の段落では、「理解」に挑む認識主体がカントにおける「意識一般」ではありえないとの指摘もなされている。

くは説得性の高低の差をもつだけにすぎない」というのが加藤『概論』の立場でもあった[41]。

それゆえ、哲学的思考が目指す「世界観」に不確実な部分が残ることは避けられないが、これは引き受けられるべき課題であったにすぎない。「種々の人生問題、社会問題にわたって、価値論理的にそれらを矛盾なく且つ包括的に規範づけ得るような価値原理はいくつかあり、そしてそれらの優劣関係の判定において、きめ手となるような可視的尺度、計器はない」ことを自覚するときに、「哲学は、一つの学問としてやはり間主観的妥当性を目ざしながら、しかもその放棄し得ない世界観の構想という仕事の面で右の志向を果たし得ないというジレンマに当面する」のであって、「いずれか一方を安易に切り捨ててこのジレンマからの逃避をはかることは許されない」と述べるとき[42]、ここでも加藤『概論』はたんなる方法論を超えて価値相対主義問題と向き合っていた。そして、そのために「思惟の緊張の持続」に続けて用意されていた議論が「健全な思弁」であり「合理的に抑制された思弁」であったと考えられる[43]。

では、当の「健全な思弁」とは何の話なのか。加藤『概論』にしたがえば、「思弁を健全化すること」とは、「理性的に思考するできるだけ多くの人々の納得を期し得るようなものとなるために、その飛躍に合理的抑制を加えること」であり、そうした「思弁」が成り立つための「心構え」は三点ある[44]。

① 自分にとって確実な概念を明確に分析し、批判的議論の手がかりとなるよう明瞭に示すこと

---

(41) 『概論』78頁。なお、「自然科学」における「観察的検証」と「文化科学」における「思惟実験的吟味」が同じような意味での「確実性」をもつとはいえないものの、「理解の方法による文化科学は「より仮説的 hypothetisch」な性格をもつ」ので構わない、「そしてそれでよいのだと思う」とも述べられている(同83頁)。
(42) 『概論』97-98頁。強調は原文による。
(43) ここで「健全な思弁と名づけたものは、思弁、つまり感覚経験の到達し得ぬ事がらに関する思惟であるが、経験的知識から全く遊離して行われるものではなく、むしろ後者を前提とし、その集積を土台として働く精神の作用である」とも説明される(『概論』99頁)。
(44) 『概論』98-99頁。

②　既に確立された自然科学の成果と矛盾せず、不偏的で反省的な姿勢を堅持し「文化科学」の観点から擁護できること、また、新たな状況に応じた再調整がなされること
③　一切の哲学は「所詮時代の子」であることを自覚し、今ここで理解し想像しうる可能性を考慮したうえで、最大の説得性を期待できる「世界観」の構想に務めること

つまり、このような「心構え」のうえで思考される哲学に対しては、「学としての世界観の不可能性についてのディルタイ的見解」、すなわち価値相対主義問題を踏まえたうえで、なお「学としての世界観」を可能にする——「間主観的妥当性」をもつ——ことが期待されていたわけである。もとより、先にかかげた「ジレンマ」を解消することはできないかもしれないが、それにもかかわらず学問がとりうる方法として可能な「心構え」を加藤『概論』は示していた。酒匂『講義』によって「重要な意味をもつ」とされたことの内実は、こうした一連の議論を念頭に置いてなされたものだったといえるだろう。

V　むすびに代えて

最後に、加藤『概論』における「健全な思弁」の法哲学的意義を確認し、むすびに代えたい。価値相対主義問題との関連から論じられている箇所に着目し、この問題をまとめてみるならば、次のようにいうことができると思う。

「客観主義の最も典型的なものはいうまでもなく伝統的自然法論である」が[45]、「客観主義の中には更に、いわば歴史的相対主義（或いは歴史相対的な客観主義）と名づけていいような立場を含ませることができる」[46]。だが、

---

[45] 『概論』466頁。引用に続けて、「それは、存在の目的論的な基本構造とか「人間の本性」とかに基づいて普遍妥当的な一定の倫理的価値規準が定まっており、それが理性的思弁……や直覚（又は啓示）により……認知されるとなすもので……実践理性のアプリオリな法則としての定言命法を源として理性法の体系を展開しようとしたカントの試みも同一線上にある（これも広義では勿論自然法論の中に入る）」という。
[46] 『概論』467頁。典型的にはロッシャー（歴史派経済学）やシュモラー（講壇社会主

「以上の何れとも違った思考法で、人間生活にとって普遍的に妥当する（或いはそれを正当に期待し得る）倫理的価値規準を構想するという立場が考えられる」、つまり「客観的妥当性を期待し得る価値規準を構想し得る……それは前に（合理的に）抑制された思弁とか健全な思弁と名づけた思考法である」[47]。そうした思考法においては、「一定の歴史的文化段階に於て客観的に正当とされる或る価値規準を考える以上、その前提として、何らかの普遍妥当的なものを予想せざるを得ない筈だ……つまりその背景ないし底にあって、それをまさに「今・ここ」における正の準則として突出させ顕現させるところの普遍的な理念の生ける力が想定されねばならぬ」[48]。「傍観者的観想者の立場に立つ限り一切は流転する」が、「主体的実践の立場では我々は揺れ動く波の上に身をおくことはできず、できるだけ確固とした普遍妥当性をもつと思われるものを確立しようとしなければならない」のであって、「それは……、今・ここ……における絶対的なるものである」[49]。それゆえ、「客観的妥当性を期し得ると思われる正義の規準をどう構想するか、という問題になる」[50]。

長いまとめであるがゆえ、「抑制された思弁とか健全な思弁」には方法論以上の──たんなる方法論を超えた──重みづけがなされていることが、あらためて理解されることだろう。そして、ここではさらに、次のような見解も示されていたことを言及しておきたい。それは、「「健全な思弁」には明確に定式化し得るような特別の「方法」はない」が、「一つの有効な手続きとして、**否定を通しての思惟**というようなもの……矛盾又は反対を介しての思惟といってもよい」ものが考えられるのではないかという見方である[51]。

─────────────

　義派の思想）が念頭に置かれており、イェーリングやマイヤーもそれに近いとされている。
(47)　『概論』468 頁。括弧と強調は菅原による。
(48)　同上。
(49)　『概論』469 頁。
(50)　『概論』470 頁。
(51)　『概論』100 頁。ちなみに、そこでの例として考えられているのは、「正義の実質内容を考えるに当って、まず疑いもなく不正として感得されることがらに注意を向けるということ」だが、法の概念についても「単に帰納的手続で連続的にきめられるものでもなく、又、ある人々がやるように一定のアプリオリな概念から演繹的に導き出されるものでもなく、最終的には構想力の飛躍的綜合による判断として形成される」ことから、「その際、どうしても「法」として観念することの無理なものを排除するというような

一見すると消極的で魅力を感じない向きもあろうが、これも直前の引用の最後にある「客観的妥当性を期し得ると思われる正義の規準をどう構想するか、という問題」に迫るアプローチの一つであることには変わりない。「幾つか考えられる基本的な価値規準の中で、他と比較して一層強い理由によって理性的に支持されるもの」は何かという問題、「健全な思弁とか抑制された思弁と呼んだものは、もともとはこの問題の考察のために着想されたもの」ならば[52]、積極的な立場で正義を規範的に捉える探究がありうるのと同様に、「**否定を通しての思惟**」をさらに推していくような立場もありうるはずである。酒匂『講義』が述べていた、「当然と思っている前提を反省的に吟味したり、部分的な認識や理解をより広い視点から考察してみたり、可能な限り普遍的な価値判断の可能性を追求するといった作業がまったく無意味になるわけではない」し、「反省的または批判的な思考にとっての一つの要請として、重要な意味をもつ」という言葉もまた[53]、「**否定を通しての思惟**」を通じて考えていくことによって生きた「反省」が可能になる議論として、読むこともできるのではないだろうか。

ともあれ、このような「健全な思弁とか抑制された思弁」を加藤『概論』が構想しえたのは、それが論理的・経験的に、そして科学的に証明することなどできないことを承知のうえで、それにもかかわらず「人間存在の本質ないし人間性についての一定の理解……、人間一人一人のかけがえのない価値、そして人間存在の基本的連帯性……、かような原判断を最深の基礎にしている」からだと考えられる[54]。ここで「幾つか考えられる基本的な価値規準」としてあげられている例は、人間の価値意識や自由・平等の歴史的発展や全体主義がもたらした災危についての教訓だが、この規準とて、「私自身の人生体験、それについての省察の積み重ねから、さまざまな疑惑と迷い

　　手続きが有効だ」と考えられている。「**否定を通しての思惟**」という発想からは、現代正義論における不正義への注目に基づく正義論への消極的アプローチが直観されるけれど、これを検討することは今後の課題としたい。なお、「**否定を通しての思惟**」は原文による。
(52) 『概論』563 頁。強調は菅原による。
(53) 『講義』15 頁。注 16 を参照。
(54) 『概論』470 頁。

を経た後に、次第に……考えが固められてきたのであった」と告白されるように[55]、極めて実存的な事情に依存しているし[56]、「より仮説的な性格」を免れことはできないからである。だが、それにもかかわらず、さながらウェーバーのように踏み止まることを可能にする「方法」として構想されたのが「健全な思弁とか抑制された思弁」であったといえるだろう[57]。したがって、その法哲学的意義は、たとえ「より仮説的な性格」をもった——価値相対主義問題から逃げられない——個々の実存（的関心）に由来する構想であったとしても、そうした構想が「健全な思弁とか抑制された思弁」によってコントロールされうるならば「間主観的妥当性」＝「客観的妥当性」を獲得する——合理的とみなされ支持される——ことは十分にありうるし、そうした視角を確保するために説かれた点にあったわけである[58]。

----

(55) 『概論』565頁。
(56) 『概論』の実存思想に対する評価は「必ずしも平明ではない」とか「困難な問題がある」というにとどまる（233-234頁）。実存思想について本稿と関連するものとして、注5であげた拙著『価値相対主義問題とは何か』第4章を参照。
(57) ウェーバーがいう「心情倫理」と「責任倫理」を統括するような「心構え」が「健全な思弁とか抑制された思弁」として想定されていたのかもしれない。
(58) ここでさらに、「健全な思弁とか抑制された思弁」によって価値相対主義問題との対峙がいかなる形で展開されることになるのかを問うこともできるが、これについては別稿で論じる機会をもちたいと考えている。

〝底ぬけ〟の人間と、〈知〉と〈生〉の有限性
―― 哲学的解釈学にもとづく「法における人間」像の論究に向けた下準備として ――

吉 岡 剛 彦

I　はじめに――本稿の問題意識
II　哲学的解釈学の人間観――ガダマーの所説を中心に
III　歴史的有限性――別様でもありえたのに、この時この国に、このように生きる者として
IV　〝底ぬけ〟の人間と、その連帯――むすびにかえて

I　はじめに――本稿の問題意識

　本稿では、改めて「法における人間」像[1]を再考するため、その準備作業として、哲学的解釈学の人間観に着目する。その際、解釈学の中心概念をなしている、人間存在の「有限性」に焦点を当てる[2]。その上で、有限なる人間が、なんら確固たる根拠も無いまま、〈いま-ここ〉の歴史のうちに投げ込まれて存在している、その〝底ぬけ〟(Abgrund) の在り方を、むしろ積極的な契機へと転じうる方途を少しく探究したい[3]。

---

(1)　周知のように、グスタフ・ラートブルフ「法における人間」（桑田＋常盤訳、『ラートブルフ著作集・第5巻』、東京大学出版会、1962年）を念頭に置いている。
(2)　端的に「解釈学は、有限性の哲学である」と説明され、また、解釈学において「有限性」こそが「原理」「要諦」などと指摘される。参照、ジャン・グレーシュ「普遍性論争」（石原訳、Ph. フォルジェ編『テクストと解釈』、産業図書、1990年）222頁、嵩原英喜「ガダマーと解釈学的循環の〈現在〉」（『人文論究』第59巻2号、2009年）124頁、岡田勇督「H. G. ガダマーの解釈学における〈有限性〉の概念」（『キリスト教学研究室紀要』第5号、2017年）77頁、など。

1960 年、ハンス-ゲオルク・ガダマーの『真理と方法——哲学的解釈学の要綱——』がドイツ語で刊行される。同書も意識しつつ、およそ 10 年後（1971 年）、チャールズ・テイラーが論文「解釈と人間の科学」を発表し、これが英米圏で広く読まれた。テイラーの論文は、その冒頭部で「人間の科学においては〝解釈学的〟要素が不可避である」と指摘していた[4]。この頃（70 年代後半）から解釈学の世界的な流行が始まり、「解釈学的転回」とも呼ばれた[5]。その後、ユルゲン・ハーバーマスやジャック・デリダらとの論争[6]などを経て、ガダマー解釈学に対する注目は、一時期に比べれば下火になった観もある。だが、解釈学に関する／を用いた研究は国内外で継続的に進められており、今なお多くの示唆をもたらす源泉でありつづけている。

以下では、ガダマー解釈学の理説——特にその人間観——を概観する。次いで、解釈学における枢要な概念である「有限性」について、その意味内容の掘り下げを試みる。最後に、それらの検討を踏まえつつ、有限性から導か

（3） 本稿の問題関心を、敢えて卑俗な表現を用いて述べてみるなら、「どんな景品が出てくるか分からない〝ガチャ〟のように〝たまたま生まれて〟この〈私〉である者たちが、そのように偶然的な〈私〉たちである故にこそ、たがいに繋がり合う可能性」である。前者〝ガチャ〟については、戸谷洋志『親ガチャの哲学』（新潮新書、2023 年）を参照。2020 年前後から若年世代を中心に語られるようになった「親ガチャ」の語は、人間の出生を「ガチャ」という電子くじ（もしくは、ガチャガチャというカプセルトイ）に譬えたものであり、どんな親のもとに生まれてくるかを自分では選ぶことができないという意味で、人の出生が偶然に委ねられており、くじやガチャのようなものであることの謂いである（14 頁）。後者〝たまたま生まれて〟は、小川たまか『たまたま生まれてフィメール』（平凡社、2023 年）の書名より。

（4） Charles Taylor, "Interpretation and the Sciences of Man", in: *The Review of Metaphysics*, Vol. 25, No. 1 (Sep., 1971), p. 3. なお「人間の科学」とは、人文・社会科学を指す。解釈学に基づいて、テイラーは「人間は、自己解釈する動物である」とする人間観を呈示している（C. Taylor, "Self-interpreting Animals", in: do., *Philosophical Papers 1: Human Agency and Language,* Cambridge U. P., 1985, p. 65.）。

（5） 参照、丸山高司『ガダマー——地平の融合』（講談社、1997 年）39 頁、野家啓一「『解釈学的転回』とは何か」（『ディルタイ研究』第 10 号、1998 年）2 頁、嵩原、前掲論文「ガダマーと解釈学的循環の〈現在〉」（註 2）107 頁。

（6） ハーバーマスは、解釈において先入見（先行判断）が依拠している伝統・伝承や、その媒体である言語そのものが、何らかのイデオロギーによって汚染・歪曲されている危険性を指摘した。また、デリダは、ガダマーが他者（テクスト）と相互理解へ至ろうとする「善き意志」と呼んだものを、他者との合意・調和をあらかじめ目的論的に想定する〝形而上学的な残滓〟として論難した。

れる人間存在の無底＝深淵（Abgrund）に潜在する意義を取り出してみたい。

Ⅱ　哲学的解釈学の人間観――ガダマーの所説を中心に

　ガダマーの哲学的解釈学（ヘルメノイティク）の要略を、おもに彼の主著『真理と方法』[7]に拠りつつ概括する。彼は「歴史＝伝統に内属的な人間存在」という人間観を徹底してベースに置いている。

1　解釈学的循環

　過去から伝承されたテクストを我々が解釈することは大要、次のような経過をたどる（GWM., S. 270ff.）[8]。まず、解釈者が〈いま‐ここ〉という「現在」の状況において、テクスト全体に関する意味予期（先入見）を、当のテクストへ先行的に投げ込む。この意味予期は、解釈者が生きている「現在」の思考様式や価値認識を形成している「伝統」にもとづいて、解釈者が（当初は無自覚的に）抱くものである。テクストに投入された意味予期（先入見）は、テクストを読み進めるなかで、テクストの各部分（章句）によって解釈者へと打ち返される。テクストに対する意味予期が、テクストの主張と合致しているか否か――そもそも自分がいかなる意味予期（先入見）を抱いていたのか――が、解釈者に少しずつ見えてくるのである。それを受けて解釈者が、みずからの意味予期を自己認識し、必要に応じて訂正変更した意味予期を再投入する。すると、それが再度テクストから送り戻される。さらに解釈

---

(7) Hans-Georg Gadamer, *Wahrheit und Methode-Grundzüge einer philosophischen Hermeneutik-, Gesammelte Werke 1: Hermeneutik I*, Tübingen: J. C. B. Mohr (Paul Siebeck), 1990. 邦訳、ガダマー『真理と方法（Ⅰ・Ⅱ・Ⅲ）』（轡田＋巻田ほか訳、法政大学出版局、1986-2012年）。以下、本書からの引用時は「GWM.」という略号とページを記す（本稿の和訳は、邦訳書や諸研究を参考にしつつ、筆者独自におこなう）。また、キッコー括弧〔　〕内は、筆者による補足を示す。

(8) Vgl. auch H-G. Gadamer, "Vom Zirkel des Verstehens" (1959), in: *Gesammelte Werke 2: Hermeneutik Ⅱ*, Tübingen: J. C. B. Mohr (Paul Siebeck), 1993, S. 59ff. 邦訳、ガダマー「理解の循環について――哲学的解釈学」（竹市訳、ガダマーほか『哲学の変貌――現代ドイツ哲学』岩波書店、2000年）169頁以下を参照。

者が、……というような、テクストの全体と部分との、そして過去と現在との循環的プロセスとして遂行される。これが「解釈学的循環」である。過去（伝承されたテクスト）と現在（解釈する我々）との緊張関係のなかで、一定の了解が（両者間の差異や齟齬の確認もふくめて）達成される事態は「地平融合」と呼ばれる。過去のテクスト（他者）との比較対照を通じて、現在（我々）の見方——パースペクティヴとしての「地平」——が自覚へもたらされ、所要の検証や修正が加えられる。我々は、一方で過去の歴史（伝統）によって常に既に規定されながら、しかしその歴史（伝統）を新たに継受形成していく。このように、人びとが歴史（伝統）へ係累されつつ参与することで織り成されていく歴史のダイナミズムは「影響作用史」（Wirkungsgeschichte）という概念で言い表わされる。

2 伝統と先入見

　近代の合理主義・啓蒙主義——わけても近代の自然科学——は、過去の伝統や権威を否定した。いっさいの前提（先入見）を抜きに、独立した個人が、みずからの理性によって、自身が対峙する世界を客観的に観察・分析することが想定された。近代啓蒙思想では「伝承では無く、理性こそが、あらゆる権威の究極的な源泉である」とされた（GWM., S. 274ff., S. 276ff.）。なるほど、伝統や権威（因習的・抑圧的なそれら）の否定には正しい側面もあった。しかし、それを足がかりとすることによって「真理」の把握に役立つ（かもしれない）伝統や権威、それにもとづく先入見（先行判断：Vorurteil）までを十把ひとからげに否定し去ってしまった[9]。ガダマーによれば、あらゆる先入見を否定すべしという近代の要求は、それ自体が「先入見に対する先入見」にほかならない（GWM., S. 275., S. 277.）。「絶対的理性という理念

（9）　このとき当然に「『よい』先入見と『わるい』先入見とを区別する」ことが課題となるが、「この点で、ガダマーの解釈学は返答に窮する」（グレーシュ、前掲論文「普遍性論争」[註2] 213頁）。この課題についてガダマー自身は「先入見のうちには、理解を可能にする生産的な先入見と、理解を妨害し誤解へ導く先入見とがある。しかし解釈者本人が、あらかじめ前もって両者を区別することはできないのである。／むしろ、この区別は、理解すること自体のうちで生じなければならない」（GWM., S. 301.）と述べるのみである。なお、引用文中の斜線（／）は改行を示す。

は、歴史的な性格をもつ人間にとっては、もとよりまったく不可能なものである。我々にとっての理性とは、現実の歴史的な理性に他ならない。端的にいえば、理性は自分自身の主人では無いのであって、みずからが関わる所与のものに常に依存しているのだ」(GWM., S. 280f.)。

　我々が思考を働かせる（理解・解釈を試みる）ときには、そこで自分が生い育ってきた時代・社会によって一種の〝色眼鏡〟を我知らず掛けさせられており、そのために我々の視界（パースペクティヴ）は、既にして一定の仕方で枠づけられ彩られてしまっている。ガダマーは次のように述べる。「実に、歴史が我々に属しているのでは無く、むしろ逆に、我々のほうが歴史に属しているのである。我々が反省的に自身を理解するよりはるか以前に、我々は、そこに自分が住まっている家族や社会や国家のうちで、自己を自明視する仕方で理解してしまっている」(GWM., S. 281.)。「精神科学においては、伝承に向かい合う研究関心は、むしろその都度の現在と、その現在における諸関心とによって特定の仕方で動機づけられている。こうした問題設定の動機づけによって初めて、およそ研究の主題と対象も構成されるのである」(GWM., S.289.)。

3　地平の融合

　我々は、常に既に現在（いま-ここ）という状況の内に立っている自分を見出すのだが、この状況を解明し尽くすことは、我々にとって決して完遂されざる課題である。これは「解釈学的状況」にも当てはまる。解釈学的状況とは、我々が理解すべき伝承に向かい合っている状況のことである。およそ現在というものは有限的であり、そこには限界が付きまとう。このとき「状況の概念は、見ることの諸可能性を限界づける一つの立地点として定義される。かくして状況の概念には『地平』(Horizont) の概念が本質的に属している」(GWM., S. 307.)。

　その上で肝要なことは、さきに〝色眼鏡〟に喩えた先入見——あるいは我々自身が属している現在の地平——を、テクスト解釈の営みを通じて浮き彫りにすること。すなわち、みずからの先入見（地平）に対して、我々が省察を加えることである。ガダマーによれば、「解釈学的に鍛錬された意識」は「理解を先導している自分自身の先入見を自覚化へもたらす。また、それ

によって伝承されたテクストを、自分と異なる（他者の）見解として、それ自体として際立たせ、妥当させてみようとする。先入見を先入見として際立たせるためには、みずからの先入見の妥当性を一時中止（宙吊り）にすることが要求されるのは明白である」。「敢えて自分自身の先入見を賭ける（危険にさらす）ことによって初めて、先入見は、他者の掲げる真理要求をそもそも経験できるようになる。また、その他者がみずからを賭けることも可能にするのである」(GWM., S. 304.)。

　過去（伝承されたテクスト）の地平と現在（解釈者）の地平とのあいだを媒介・対比する作業を通して明らかになるのは、それぞれ別個独立のものと思い做されていた両地平が、実は〝陸続き〟であった、という事態である。「むしろ、理解とは常に、あたかもそれ自体として存在しているかの如くに思われていた諸々の地平が融合してくる過程なのである」。これがガダマー解釈学を象徴するとも言える「地平融合（Horizontverschmelzung）」の思想である（GWM., S. 307ff., bes. S. 311.）。ここで留意すべきは、ガダマーのいう「地平融合」は、過去から伝承されたテクスト（他者）の解釈を通じて、当該テクスト（他者）と解釈者（自己）の見解が一致・統合することを必ずしも意味しないことだ。むしろ「地平融合」の真義は、解釈者が住まう現在の地平や、それが形成している現在の先入見を、過去のテクスト（他者）の異見との対質・対論によって際立たせ、自省へともたらすこと。それによって、より拡張された広角な視界——「より高次の普遍性」(GWM., S. 310.)——のなかで、現在の我々（その地平や先入見）を反省的に位置づけなおしてみること。すなわち、過去のテクスト（他者）を「鏡」として、自己理解・自己吟味を深化させることのうちに存するのである。

4　歴史性を直視する哲学

　ガダマーは、我々がテクストを解釈することは、我々がテクストとのあいだで〈我-汝〉として対話することでもある、という（GWM., S. 363ff.）。これに関して彼は別著において次のように論じている。「語ることは、我々自身の先入見を単に吹聴したり通用させたりすることだというよりも、むしろ、自分の先入見を賭する（危険にさらす）こと。つまり、みずからの先入

見を、他者からの反論に差し出すのと同じように、自分自身で疑問に付することである。……我々が出合う他者は、その他者が我々に反論しようと口を開くまでも無く、そこに現に居合わせているというただそれだけで、我々自身が偏頗しており狭隘であることを暴露し解明する援けとなるものだ」[10]。

このように自己の先入見を自覚化したうえで、それを自他による検証・疑義・批判の前に晒すことは、すなわち我々（解釈者）が、みずからの歴史性とそれによる有限性について認識・諦観をもつことと一体的である。ガダマーの立場からは、人間の歴史的有限性を没却・無視してしまうことは、人間存在の核心を逸してしまうことに他ならない。彼の哲学的解釈学について、「歴史の中に立つ人間が、みずからの歴史性を徹底的に自覚していこうとする哲学」[11]とも評される所以である。

III 歴史的有限性——別様でもありえたのに、この時この国に、このように生きる者として

ここでは、ガダマー解釈学やその土台にあるハイデガー存在論（それらに関する諸研究）を参照しつつ、くだんの「歴史的有限性」の意味内容を、いま少し敷衍してみたい。

1 人間における〈知〉と〈生〉の有限性

ガダマーは『真理と方法』の第2版に寄せた「はしがき」において、「私の見るところ、ハイデガーによる人間の現存在の時間論的分析は、理解が……現存在そのものの存在様式であることを説得的に論じている。本書における『解釈学』の概念も、この意味で用いられる。解釈学の概念が示すのは、現存在〔人間〕の根本動態であるが、この根本動態は、現存在の有限性（Endlichkeit）および歴史性（Geschichtlichkeit）によって形作られる。それ故に、解釈学の概念は、現存在の世界経験全体を包括することになる」[12]

---

(10) Gadamer, "Text und Interpretation"（1983), in: A.a.O.（N. 8.), S. 335f. 邦訳、ガダマー「テクストと解釈」（轡田訳、前掲訳書『テクストと解釈』[註2]）47頁。
(11) 丸山、前掲書『ガダマー』（註5）118頁以下。

と述べている。

　テクストの解釈（理解）を試みる我々は、現在という状況、すなわち〈いま‐ここ〉の地平（先入見）によって規定され、みずからの視圏（見識）を否応なしに方向づけられ限界づけられている。こうした〈知〉の制限が、人間の歴史的有限性の意味の一つである。これは、我々の解釈が、「歴史に絡めとられている」状態[13]であり、「我々がそれに属している文化や、我々が既にその中にいる歴史的環境によって条件づけられている」状態[14]である[15]。

　しかも、こうした有限性は、我々のテクスト解釈のみに関わるものでは無い[16]。実に人間とは「存在することにおいて、その存在自体が課題である存在者」であり、「存在を理解することが、それ自体、現存在の存在規定である」（ハイデガー『存在と時間』）[17]。その都度に定め置かれた〈いま‐ここ〉という状況において「私は、どのような状況のうちに在り、そこでいかに在るべきか？」を絶えず自問自答しながら生きる人間にとって、自己の存在を不断に理解（解釈）することは〈生〉の営みそのものといえる。人間は「そ

---

(12)　Gadamer, "Vorwort zur 2. Auflage" (1965), in: A.a.O. (N. 8.), S. 440.　併せて参照、加藤哲理『ハンス＝ゲオルク・ガーダマーの政治哲学──解釈学的政治理論の地平』（創文社、2012年）70頁。

(13)　グレーシュ、前掲論文「普遍性論争」（註2）211頁。

(14)　ジョージア・ウォーンキー『ガダマーの世界──解釈学の射程』（佐々木訳、紀伊國屋書店、2000年）13頁。

(15)　より簡明な説明として、梅原猛＋竹市明弘編『解釈学の課題と展開』（晃洋書房、1981年）所収の「シンポジウム」における、次の梅原発言（22頁）を参照。「知というのは相対的であって絶対知というのはありえない。知というものはそのホリゾント〔地平〕によって限定されている。……主観の側からいうと……志向性の働きかけによって知はゆがんでいるということです。しかもそのゆがみは歴史に照応する。個人だけに由来する知のゆがみはあるとしても、もっと大きく、一つの時代そのものがゆがんだものをもっており、知のゆがみは本質的にそこから生ずる」。

(16)　とはいえ、ジョージア・ウォーンキー『正義と解釈』（有賀訳、昭和堂、2002年）のように、「歴史的伝統や慣習、規範の集合をテクスト類似物として捉え」る（6頁）ならば──実際それらは書物の形態をとっていなくとも何らかの言語性をもって伝承されている広義のテクストと言えるから──テクスト解釈に含まれる人間の営為の範囲も大きく拡がる。

(17)　Martin Heidegger, *Sein und Zeit*, Max Niemeyer Verlag, Tübingen, 17. Aufl., 1993 (1. Aufl., 1927), S.12. (強調原文)

の生に自分自身が解釈的にかかわる」[18]のである。ハイデガーの存在論に依拠しながら、ガダマーも「理解とは、人間の生そのものの根源的な存在性格なのである」と述べる（GWM., S. 264., vgl., S. 258ff., S. 270ff.）。この存在理解（あるいは、生きることそのもの）が、生まれること／死ぬことによって時間を区切られつつ、各自がその都度に投げ込まれた状況の只中で——つまり「被投性」において——遂行するよう運命づけられていること。こうした〈生〉の制限が、人間の歴史的有限性のもう一つの意味である。

2　被投性／被解釈性

次いで手がかりとするのは、ハイデガー存在論の重要概念「被投性」（Geworfenheit）である。ガダマーは『真理と方法』で次のように論じている。「……現存在〔人間〕の歴史的有限性には、自己の将来の諸可能性へ向けた企投が付随しているが、これとまさしく同じ程度に根源的かつ本質的に、伝統への帰属性が付随している。この点、ハイデガーが正しく述べているように、彼が被投性と呼ぶものと企投とされるものは、一対を成しているのだ」（GWM., S. 266.）。

この被投性——現在（いま-ここ）に〈私〉が投げ込まれて在ること——にもとづき、現存在（人間）は、歴史的に伝承され、今日流通している平均的な実存／存在了解の可能性に、たいていは無自覚に追従している[19]。この平均的な了解は、ハイデガーによって「被解釈性」（Ausgelegtheit）とも呼ばれている。「まずもって現存在は、こうした日常的な被解釈性のうちへ生い育っていくのであり、その影響を脱することは決してできない」[20]。被解釈性は、そこから我々が、自己と世界に対する先入見を受け取るところの源泉であり、「単に主観的個人の恣意的な想念のごときものではなく、現実の諸事物の存在性格や、人間の行動様式についての制約を含む社会的制約一般として支配する」ものである[21]。

---

(18)　ウォーンキー、前掲書『ガダマーの世界』（註14）75頁。
(19)　参照、中川萌子『脱-底——ハイデガーにおける被投的企投』（昭和堂、2018年）30頁、98頁、109頁。
(20)　Heidegger, A. a. O. (N. 17.), S. 169.
(21)　参照、溝口宏平『超越と解釈——現代解釈学の可能性のために』（晃洋書房、1992

3 偶然性

ハイデガーの「被投性」概念を、ある論者は次のように解する。「われわれは自らの意志決断によって存在し始めたわけではなく、存在したいと欲する前に既に存在してしまっている。決して世界へともたらされないということも十分にありえたにもかかわらず、われわれは偶然にも存在している。ただ自分が今、存在しているという事実だけがわれわれに与えられている。生まれるか否か、あるいはどのような時代にどのような存在者として生まれるかということは、われわれの選択の範囲外に留まっている」と。我々が現にこのように存在しているという事実そのものは、いかにしても我々がそれを創造・操作・変更・支配することの能わぬもの、むしろそれにひたすら曝露させられるほかないものであるかぎりで、「被投性は、……『脱底／深淵（Abgrund）』の暗示である」と論定される[22]。

また別の論者は、和辻哲郎の『風土』（1935年）について、それが、ハイデガー『存在と時間』の「被投性」概念の一展開であったことを指摘しつつ、次のように述べる。「風土という現象は、われわれがこの世界に投げ入れられ、その条件に左右されざるをえない、という出生の偶然に由来する人間の条件・被制約性にほかならない」。「『風土』とは、そこに人がたまたま生まれ落ちるところのものであり、その同じ土地に生まれ、似た環境に育ち、言葉を同じくする人（native）の集まりが、近代という条件下では民族・国民・国家（nation）を形づくる」[23]。

4 存在することの無底＝深淵（Abgrund）

重ねて確認しておけば、「なるほど私は、私の所属する民族や世代を、所与として受け入れることができるのみであり、恣意的に選ぶことは事実上できない。……現代という時代に、地上のこの位置に、私が生を享けて存在していること、そのこと自体は、いくらでも別様でありえたことであり、偶然

年）86頁、99頁。
(22) 中川、前掲書『脱-底』（註19）92頁（傍点原文）、53頁。
(23) 森一郎『死と誕生――ハイデガー・九鬼周造・アーレント』（東京大学出版会、2008年）15頁以下（傍点原文）。

以外の何ものでもない。特定のこの世界に生まれ、他の無数の可能世界には生まれなかったということは、かくも底の抜けた事実なのだ」[24]。

　この「底の抜けた事実」をどう考えるべきか。哲学者・古東哲明は、これを「存在の無底性（無根拠）」として、以下のように平明に解説する。「底とはむろん、究極的なよりどころ（人生や世界の究極理由・起源・意味・目標）のこと。そんな底が存在には原理的に欠けているというのが、存在の無底性である」。「たとえばもしあなたが、しかるべき理由や使命をおびてこの世に生まれたのだとしたら、あなたがこうして存在していることは、当然のこと。……／だが幸か不幸か、そんな必然性が原理的にないというのが、存在の無根拠性である」。ただし古東は、次のように続ける。「『底がないこと』（Ab-grund）……とは、それ自体が〈底である〉ことにひとしい……」。「存在を無底とみぬくことは、存在を底と洞察することにほかならない」。その文意を噛み砕いて「ひらたくいえば、森羅万象が存在することにはいかなる拠り所（根拠・起源・理由・目標）も欠落しているが、けれど拠り所が欠落しているからこそ、森羅万象が在ることそのことは、なにかとほうもなく根底的なこと（拠り所となること）だということである」と[25]。

　加えて「事実には『別様であり得る』という特質をもつ一方で、『別様ではあり得ない』という特質も含まれている。斯くあるのとは別のあり方は不可能であり、斯くあることをただ受け入れることしかできないのが、事実」[26]でもあることに留意すべきだろう。ハイデガー存在論を読解するなかで、ある論者は、「被投性」や「没根拠」（存在の無底性・偶然性）といった「意のままにならないことがらをつねに自己の責任として引き受ける態度こそ、ハイデガーの存在論的な倫理の本質」と述べる。その上で、「《われわれ》は、厳密な意味で互いを完全に知ることはできない。《わたし》と《あなた》は、それぞれにかけがえのない《存在》をもち、まさにその固有の《存在》のゆえにこそ、互いに絶対的な《隔たり》を存在する」。しかしなが

---

(24)　森、前掲書『死と誕生』（註23）91頁（傍点原文）。
(25)　古東哲明『ハイデガー＝存在神秘の哲学』（講談社現代新書、2002年）158頁以下、183頁以下。引用文中の斜線（／）は改行を示す。
(26)　氣多雅子「事実と事実性──ハイデッガーとアーレントを中心に」（『京都大學文學部研究紀要』45号、2006年）6頁。

ら、「この《隔たり》の余地が開かれているからこそ、《われわれ》は《出会う》ことができる。既存の集団、事実的な政治体制、民族、国家などといった枠組みよりも遥か以前に、このような没根拠な《隔たり》が、《われわれ》の根底に横たわっている。ハイデガーが、既存の他者論に抗して、徹底的な解釈学的反省をつうじて《われわれ》のなかに見定めたのは、このようにつねに《隔たり》をとおして結びあう《われわれ》の生の実相だったのである」と[27]。

我々は、なんらの所以(ゆえん)も無く、実にたまたま現在へと投げ込まれ、この時この国に（それがために時として、かの他国の人びとと憎悪・敵対し合うことを余儀なくされたりもしながら）、このような属性をもつ〈私〉として生かされている。また、その事実によって、我々の〈知〉と〈生〉のありかたには、無自覚のうちに、一定の狭さや歪みが刻みつけられてもいる。しかも、これらいっさいが、なんら絶対的・必然的な根拠や理由を有してはいない。こうした人間存在の無底性＝深淵性（Abgrund）、すなわち、何故なし（ohne warum）[28]に〈いま−ここ〉へと偶然的に投げ入れられ存在しているという「底の抜けた事実」を、それでも我が身に引き受けて生きていかざるをえない有り様が、人間の歴史的有限性の最勝義といえよう。

Ⅳ 〝底ぬけ〟の人間と、その連帯——むすびにかえて

稿を閉じるに当たり、そのように自己存在の無底＝深淵を生きる人間たちの、その〝底ぬけ〟の様相を積極的契機として転換・活用する道をいささか探ってみたい。その道が向かう方角には、ガダマーと並び立つ哲学的解釈学の泰斗ポール・リクールが——人間の「悪」の問題を生涯にわたり深耕した末に——呈示した「倫理的目標」がある。すなわち、「正しい制度において、

---

(27) 齋藤元紀『存在の解釈学——ハイデガー『存在と時間』の構造・転回・反復』（法政大学出版局、2012 年）338 頁以下（傍点原文）。

(28) ハイデガーは、講義録『根拠律』において、存在を深淵・脱根底（Abgrund）として思索するなかで、シレジウスの詩句「薔薇は何故なしに（ohne warum）咲く。薔薇は咲くが故に（weil）咲く」を取り上げて考察している。併せて参照、茂牧人『ハイデガーと神学』（知泉書館、2011 年）192 頁。

他人とともに、また他人のために『善い生き方』をめざすこと」[29]こそが、その「目標」である。

1 正しい制度

とはいえ、何か特別なことが付け加わるわけでは無い。「むしろ要請されることは、相対性も絶対性もともに排除する徹底的な有限性の自覚のもとに、自らのおかれた世界の具体的解釈を通して自己自身の所在を究明していこうとする哲学的努力と決断なのであり、また唯一それのみなのである」[30]。これを本稿なりに解するならば、我々がおこなうべきは、一方で、私は私、あなたはあなたと開き直るような、他者の切り離し（相対主義）では無い。他方で、私の主張のみが唯一正しいとする、自説の押し通し（絶対主義）でも無い。徹底的な有限性の自覚は、他時代・他文化のテクストをふくめた他者との邂逅を通じて、みずからの先入見が、その視野において狭かったり偏っていたりする（絶対的・普遍的な真理認識などでは断じてありえない）ところの、まさに文字どおりの「先入見」に過ぎなかったと気づかされる痛切な経験を端緒とする。これは、我々がこの時代・この社会において生い立つ過程で醸成され、いつしか自明視してきた見識（先入見）が、絶対的な正当化根拠（定めてそうであるべき必然的な理由）を持ち合わせていないという偶然性・無根拠の経験でもある。それは、ひいては、自己自身がこの時代・この社会に、このような属性（たとえば、X国人／Y国人である、女／男である、障害がある／ない、肌の色が黒い／黄色い／白い、裕福／貧乏である……等々）をもって生きていること自体の偶然性・無根拠──存在の被投性・無底性──の認識にまで透徹されていく。

絶対的・必然的な根拠の無さという偶然性・無根拠は、しかし、相対主義的な自他の分離・敵対へ行き着くべきではない。ガダマーは、他者との対話・対比を通じて、自他の見識のあいだの異同や相関を見とおしうるような

---

(29) ポール・リクール『他者のような自分自身』（久米訳、法政大学出版局、1996年）223頁（傍点原文）。
(30) 溝口宏平「解釈学的哲学の基礎と課題」（前掲書『解釈学の課題と展開』註15）75頁。

新たな視圏（地平融合）を獲得し、その視圏のうちに自己の先入見を位置づけなおして、必要な修正・変更を加えることを提唱していた。そうした自他間の「より高次の普遍性」（GWM., S. 310.）を達成するために有効なのは、解釈学的フェミニズムの論者ジョージア・ウォーンキーが「政治理論の役割」として提起する方向であろう。すなわち、「異なった解釈の間の議論の公正性を強く要請すること、公正で平等、民主的な討論を歪めるよう作用する具体的な社会的、経済的要素〔権力やイデオロギー〕を暴露すること、そして、社会の制度や構造がそのままでは声を与えることのできないような解釈上の視座を分節化する手助けとなる〔＝この手助けを政治理論が担う〕こと」。要するに「可能な限り多くの異なった自己理解が声を出すことができるような継続的な会話を育成すること」である[31]。このように「可能な限り多くの異なった」他者の声が表出し、流通し、受信される（聴いて受けとめられる）環境を確保しうる仕組みが、リクールのいう「正しい制度」だと考えられる。

2 〝底ぬけ〟の底から、他者とともに／他者のために

以上のように、他者の声との出合いが、自己の——先入見ならびに存在すること自体の——偶然性・無根拠へ想到させる。だが他面で、自己の偶然性・無根拠に対する認識の深まりが、今度は転じて、他者の声との出合いを志向させるという循環（もう一つの解釈学的循環）があるように思われる。社会学者の大澤真幸は、偶然性（彼は「根源的偶有性〔コンティンジェンシー〕」と呼ぶ）について、これを「私がこのような私ではないかもしれないという可能性の抹消不可能性」と定義する。その上で大澤は、「私が、世界を偶有的なものとして見ることができるのは、いやそのようにしか世界を考えることができないのは、他者が存在していることを私が知っているからです。他者にとっては、世界はまったく別様かもしれない。そのように世界を別様に見る他者が存在しているということを、私は、どうしても無視できない」と説明している[32]。

---

(31) ウォーンキー、前掲書『正義と解釈』（註16）236頁、17頁。
(32) 大澤真幸『自由という牢獄——責任・公共性・資本主義』（岩波現代文庫、2018年）122頁、同『社会学史』（講談社現代新書、2019年）627頁。

このように、自己の偶然性（偶有性）を認識することと、「世界を別様に見る他者」を「どうしても無視できない」という他者志向性（他者の声へ耳を澄まそうとする意欲や衝迫）とのあいだには、互いが互いを促進しあう相即関係があると考えられる。

歴史的で有限的で偶然的な仕方で現在（いま‐ここ）へと投げ出されて在り、みずからの存在自体が無底＝深淵（Abgrund）であるところの我々が、その〝底ぬけ〟の故にこそ、自己の見識や属性に対する執着から離脱すること（なぜなら、我々のもつ見識や属性は、いくらでも「別様でありえた」ものであり、従って、なんとしても固執墨守すべきような絶対的・必然的な理由による基礎づけを欠いているのだから）。そして、人間存在の〝底ぬけ〟ぶりをまさに基底として、他者との対話（相互傾聴）、さらには連帯（地平融合、すなわち「より高次の普遍性」の絶えざる相互探究）へ向かうこと。これが本稿の考える「解釈学的人間観」である。

これは、解釈学的プラグマティズムの政治哲学者リチャード・ローティのいう「リベラル・アイロニスト」に近接するように思われる。すなわち、それは「自分の良心や、さらに自分の共同体の……偶然性に対する感覚を持ち合わせる人びと」であり、「自分が信奉しているものが偶然的であることを意識に掛けつつ、それを信奉する人びと」である。しかしながらローティは、同時に次のように注記することを忘れない。「人びとが、自分の信念は偶然的な歴史環境から生じたものに過ぎない、と充分に認識していると想定してみよう。だが、そのような人びとの場合であってもなお、その信念が人びとの行為を指嗾(しそう)することがありうるし、その信念のためには生命さえ捧げるに値すると思いなされることがある」と[33]。おそらくはこれが、おおかたの人間の姿であり、それがために「同じ人間が、たまたま一方は甲国に生

---

(33) Richard Rorty, *Contingency, irony, and solidarity*, Cambridge University Press, 1989, p. 61., p. 189. 邦訳、リチャード・ローティ『偶然性・アイロニー・連帯――リベラル・ユートピアの可能性』（齋藤＋山岡＋大川訳、岩波書店、2000 年）130 頁、396頁。なお、ローティの政治理論が解釈学（hermeneutics）を基軸としていることについては、R. Rorty, *Philosophy and the Mirror of Nature*, Princeton University Press, Princeton, New Jersey, 1979. 邦訳、ローティ『哲学と自然の鏡』（野家監訳、産業図書、1993 年）の特に第 3 部を参照。

まれ、他方は乙国に生まれる。ただそれだけのことで、互いに諍（いさか）い合い、殺し合う。そんなことがいったいなぜ起こるのか」⁽³⁴⁾という切実きわまる問いも惹起されるのである。

　たくまずして、このように生まれつき、このように身についたに過ぎない自己の見識や属性について、それらに対する拘泥（こだわり）をそれでもなお容易には捨て去りがたいのが、我々の実態だろう。そうした現実（リアル）をしかと見据えつつ、にもかかわらず──否むしろそれだからこそ──みずからの利害関心（これ以外に自分の見識・属性はありえないと思いこむ我執（がしゅう））から部分的であれ解き放たれようとする。その上で、他者の声を聴き取ろう（別様の世界解釈の諸可能性を比較吟味しよう）と志す。そうした自我脱却と他者志向の態勢（かまえ）へ向かう、ある種の〝跳躍〟をうながす潜勢力を、自己存在の無底＝深淵のうちに見て取りたい。人間存在が〝底ぬけ〟であるという有限性・偶然性の認識は、自己の見識や属性、さらには存在そのものが、なんらかの別の価値（絶対的・必然的な理由）によってはもはや〝裏づけられない〟ことへの諦念である反面で、今やそうした基礎づけに〝囚われない〟自由でもあり、それが、現在（いま－ここ）に埋め込まれた〈私〉をいくらか軽やかに遊ばせることもあるだろうからである⁽³⁵⁾

---

(34)　森、前掲書『死と誕生』（註23）16頁（傍点・ルビは原文）。
(35)　ガダマーの『真理と方法』において「遊び」（Spiel）は重要な鍵概念である。「遊びの明白な規則性は、まるで遊び自体から生じたような、当てどない往還運動のなかに顕われる。遊びにおいて認められるのは、その運動が、いかなる目標も意図も持ち合わせていないとともに、緊張とも無縁であることだ。遊びは、あたかもそれ自身から生じて進んでいくかのようである。遊びの軽やかさ（die Leichtigkeit des Spiels）は、……主観的には解放として経験される」（GWM., S. 110.）。

（＊）　筆者が大学院に進学後、最初の酒匂一郎先生のゼミ（法理学特講）で講読いただいたのが、本稿で取り上げたガダマーの『真理と方法』であり、初学のドイツ語に悪戦苦闘しながら読んだ。古稀を迎えられた酒匂先生へ衷心より祝意を、そして先生の学恩に改めて深甚なる感謝を申し上げたい。

第2部　正義・平等・道徳

『正義論』の遺産
——主題としての基本構造とグローバルな正義——

小園栄作

I はじめに
II 正義の主題としての基本構造
III おわりに

I はじめに

　1971年のジョン・ロールズの『正義論 (A Theory of Justice)』の刊行は、しばしば、それ以前に死に瀕していた政治哲学の「再生」の瞬間として語られる。『正義論』における彼の理論について、まさに汗牛充棟の如く関連文献が蓄積され、数多の肯定的又は否定的な反応を伴いながらも、それは正義に関する理論の最も重要な参照点の一つとなった。また、『正義論』で展開された彼の理論は、単に主要な正義構想の一つとみなされただけでなく、彼の理論の擁護者はもちろん、その批判者をも含めた、多くの正義に関する理論家の間で、ロールズの理論・概念装置は「支配的な枠組み」となった。このような『正義論』がもたらした影響は、この理論が厳密には射程としていないとされる、グローバルな正義の領域にも及んでいる。本稿の目的は、このような『正義論』を中心とするロールズの理論・概念装置の中でもとりわけ重要な「正義の主題としての基本構造」のアイディアが、グローバルな正義論の思考及び概念枠組みに及ぼした影響について考察することである。ロールズはグローバルな正義論にいかなる「遺産」を残したのか？

II 正義の主題としての基本構造

　ロールズの『正義論』が及ぼした多大な影響のなかで、まず触れておかなければならないものの1つが、彼が正義の主題を社会の「基本構造 (basic structure)」としたことだろう。『正義論』第1章第1節の冒頭における、「正義は、社会的諸制度の第1の徳 (virtue) である」[1]という有名な言葉は、このことを端的に宣言している。ロールズによれば、正義の主題、つまり、私たちが「それは正義に適う」とか、あるいは「それは正義に悖る」などのように判断を下す主要な対象は、社会の基本構造である。基本構造が正義の主題となるのは、それが私たちの基本的権利と義務を分配し、社会的協働から生じる相対的利益の分割を決定する方式であり、その下で生活する人々の人生の初めから、そして、それらの人々の人生の見通しに対して、それが多大な影響を及ぼすからである[2]。

　『正義論』の刊行以降、主要な社会的諸制度を主題とする多くの正義に関する議論が展開された。ロールズが、国際的な政治・経済的諸制度は、『正義論』における（国内的）正義の原理が適用される対象である、基本構造や国内的諸制度とは異なるとみなしていたにもかかわらず、ロールズのこのアイディアは、彼の理論の支持者によって、グローバルな文脈においても、貫徹することが試みられた。例えば、チャールズ・ベイツは、ロールズが『正義論』において展開した才能の道徳的恣意性にパラレルなものとしての国際社会における天然資源の分布の道徳的恣意性を見落としていることを指摘し、国際的な経済的相互依存性の増大に依拠して、格差原理のグローバルな規模での適用を擁護した[3]。また、トーマス・ポッゲは、ロールズの主要なアイディアである、基本構造やマキシミン・ルールなどをより精緻化しなが

---

(1) Rawls, John 1999. *A Theory of Justice* (Revised Edition), Harvard University Press, p. 3.
(2) Rawls, ibid., pp. 6-7.
(3) Beitz, Charles 1999. *Political Theory and International Relations: With a new afterword by the author*, Princeton University Press. =(1989) 進藤榮一（訳）『国際秩序と正義』岩波書店.

ら、ロバート・ノージックやマイケル・サンデルなどによるロールズ理論の批判から当該理論が擁護可能であることを示し、さらに、ロールズの正義の二原理が何を意味し、特定の社会的諸制度をどのように評価し、いかなる改革に導くのかを具体化しようと試みた[4]。このようなロールズの正義構想の具体化のなかで、ポッゲは、ロールズが基本構造への焦点を、国際社会の伝統に従って、国境の内側に留めたのに対して、グローバルな社会的諸制度への焦点と究極的な道徳的関心の単位としての道徳的人格としての個人というアイディアを貫徹し、ロールズが国内で擁護した二原理を、グローバルな制度的枠組みを導く基準として示唆している。

　ロールズの『正義論』を起点とする、グローバルな正義論における「制度主義（institutionalism）」[5]あるいは、より具体的に言えば、「制度的リベラル平等主義（institutional liberal egalitarianism）」のアイディアは、正義の射程を国内に留めるのか、国際的に又はグローバルに[6]拡張するのかというそれぞれの立場にかかわらず、広範に普及したといってよいだろう。しかしながら、これに対して、とりわけ、グローバルな正義論の文脈で、正義の主題としての基本構造というアイディアを批判的にみる立場も存在する。こう

---

(4) Pogge, Thomas 1989. *Realizing Rawls*, Cornell University Press.
(5) ここでの「制度主義」は字面から連想されるような「制度としての国家」の性質、自律性、機能及び行為主体性などの問題に関心を持つわけではなく、強制力の主要な社会的諸制度が人々をどのように取り扱っているのかについて正義概念の観点から関心を持つ立場を指示している。
(6) 「国際的正義（international justice）」と「グローバルな正義（global justice）」という用語において、「正義」にかかる形容詞の違いは、実質的な問題を含まず、互換可能であると考えることができる一方で、こうした名称の違いに実質的な重要性を見出すこともできる。伝統的な国際法における国家主権に基づいて国家のみをアクターとして強調する立場を国際正義論と呼び、グローバリゼーションによる国境を越えたシステムの国家への影響力の観点からアクターとしての国家の主権と国境を相対化することを強調する立場をグローバルな正義論と呼び分けることができる。例えば、Pogge, Thomas 2010. *Politics as Usual: What Lies behind Pro-poor Rhetoric*, Polity Press, pp. 13-4. を参照のこと。あるいは、正義原理の基本的な適用範囲の照準を各国国内の市民にする立場を国際正義論、世界すべての市民を普遍的に包摂する立場をグローバルな正義論と呼びうる。これについては、酒匂一郎（2019）『法哲学講義』成文堂、329頁を参照のこと。いずれにせよ、国境を越えた正義を探求する立場が持つ強調点や主軸を明確化するためにこうした用語を区別していくことは望ましいように思われる。

した批判は、第1に、グローバルな文脈で国内の基本構造と類推可能な基本構造が存在しているのかという存在論的懐疑論又は否定論がある。第2に、正義の主題としての基本構造というアイディアのそもそもの理論的適切性に懐疑的・否定的な立場がある。このような立場は、制度主義的な立場から見た際に、メタ理論的懐疑論又は否定論と呼びうる。

　第1の存在論的懐疑論・否定論の筆頭は、先に述べたように、まさにロールズであった。ロールズは国際的基本構造の存在自体を否定したわけではないが、国内的基本構造と類推可能なものとしてそれが存在するとは考えていなかった。ロールズは、国際的基本構造として「諸人民間関係の基本構造 (basic structure of the relations between peoples)」[7] を想定しているが、そうした基本構造の諸人民への影響は、国内的基本構造が個人のライフチャンスに与える影響と比べて、それほど重要ではないと考えた（ロールズにとっては、各国の成功の最も重要な要因は、各国の「政治文化」であった）[8]。また、トマス・ネーゲルは、財を分配し、恣意的な不平等に対処する、強制力のあるメカニズムとしての地球規模での主権が不在である限り、貧しい人々への正義の義務は存在せず、それは人道的配慮でしかありえないと説いた[9]。

　グローバルな基本構造の存在論的懐疑論・否定論は、ロールズの遺産として基本構造のアイディアを引継ぎ、グローバルな社会的諸制度の正義を論じる論者に、ある種の修正をせまる。グローバルな正義の主題は、国内的な基本構造と類推可能なグローバルな基本構造ではないということである。現時点で、世界憲法、世界政府及び世界司法のような単一の主権的システムに基づく世界統治機構は存在しない（近い将来実現可能ではなく、また、カントやロールズをはじめ多くの論者が認めているように、そうしたシステムの望ましさについても疑わしいだろう）。しかし、問題は、正義が、存在論的懐疑論・否定論の主張するような厳格な（国内的）条件をその存立要件とするのかとい

---

(7) Rawls, John 1999. *The Law of Peoples with "The Public reason Revised"*, Harvard University Press, p. 33 =（2006）中山竜一（訳）『万民の法』岩波書店。
(8) Rawls, ibid., p. 116（170-1頁）。
(9) Nagel, Thomas. 2015. "The Problem of Global Justice", in Global Justice: Critical Perspective, edited by Sebastiano, Maffetone and Singh Rathore, Aakash, Routledge, pp. 58-90.

うことである。国際的にますます重要性を増してきている人権を規範的中核とする国際法体系は、そうした厳格な国内的条件が存在しなくとも正義が存在する余地が存在することを示しているように思われる。グローバルな政治的・経済的相互依存性が増大している国際社会で、国家の主権に基づく行為の正統性の基礎として人権が普遍的に承認されつつあり、そのような人権の実践を通じた正義の実現は、たとえ世界規模の主権システムがなくとも、可能であるだろう。

　次に、主題としての基本構造というアイディアの理論的適切性への懐疑論をみてみよう。この立場を端的に表す問いは、正義論の主題は果たして基本構造なのかというものである。この問いはいくつかの解釈が可能である。第1に、ロールズも認めているように、私たちが正義に関する判断を下す対象は、何も法や社会システムなどから成る基本構造だけではない。「決定、判断及び非難などを含む多くの種類の特定の行為」[10]についても、私たちは、「正義に適う／正義に悖る」などの判断を下す。日常的にそうであるのは言うまでもないが、理論的にも、例えば、快楽と苦痛の差し引きのバランスとしての全体効用が最大になる行為が正しいとする、直接行為功利主義などはこうした行為を主題とする正義論の代表だろう。この種の議論に基づく主題としての基本構造の理論的適切性への懐疑論・否定論は、それらの各々の（レベルの異なる）正義構想の間の理論的整合性の問題に帰着するかもしれない。あるいは、理論的に整合的ではありえないということがわかったとしても、おそらく各々の正義構想の（異なるレベルにおける）相対的な重要性の問題に帰着するだろう。いずれにせよ、「真の正義とは○○であり、正義の主題は一意的に定まる」というある種の本質主義的独断に拘泥しないのであれば、これらの議論は正義の主題としての基本構造の重要性を根本から否定することにはならないように思われる。というのも、ロールズやポッゲが強調するように、主要な社会的諸制度が私たちの人生に及ぼす深甚な影響のゆえに、私たちはそれが正義に適っているか否かに強い関心を有するだろうからである。

---

(10) Rawls, *A Theory of Justice*, p. 6.

第2の解釈は、正義論へのアプローチとしての制度主義は、現実における不正義の緩和や正義の促進に関心を持たないために、不適切であるとする。現代の制度的正義論に対して、このような批判を展開するのは経済学者のアマルティア・センである。制度主義（センの用語では「先験的制度主義（transcendental institutionalism）」あるいは「先験的アプローチ」と呼ばれる）は、ロールズの『正義論』に代表されるように、「完全に公正な社会」の基本構造を嚮導する正義原理の探求に関心を持っており、現実の制度や人々の行動やその他の影響による正義の促進・後退について往々にして無関心であることを批判する。そして、これに対して、「どのようにすれば正義が促進又は不正義が緩和されるか」を問い、現実の制度と人々の行動などに注目する「実現焦点的比較（realization-focused comparison）」（あるいは「比較アプローチ」）がより適切なアプローチであると論じる[11]。

　セン自身も認めているように、比較アプローチを取ることは、先験的アプローチを否定することを意味しない。というのも、後者の完全な正義に関する制度的構想も現実の制度や個人の行動に影響を及ぼし、正義の促進・不正義の緩和に貢献することはありうるからである。それでもセンが前者を取るのは、制度主義にもっぱら傾注するリベラルな正義論への対抗理論としての側面が理由の一つとして挙げられる。確かに、ピカソとダリのどちらの絵画が優れているかを判断する際に、最も優れた絵画がモナ・リザであるという判断を下すことから得られることが何もないのと同じように、どの現実の制度や政策・個人の行動が正義を促進ないし不正義緩和するかを判断する際には、最も正義に適った制度に関する構想は必要でも十分条件でもないかもしれない。しかし、理想的な道徳的原状としての公正な社会の基本構造に関する構想なしに、私たちはいかにして現状から、より正義に適った状態ないし不正義が緩和された状態へと移行することを動機づけられるのか、あるいはそうした決定・判断をある種の強制力をもって実行すべき理由がいかなるも

---

(11)　Sen, Amartya 2010. *The Idea of Justice*, Penguin Books, pp. ix-xi, 5-18, 87-113. ＝（2011）池本幸生（訳）『正義のアイデア』明石書店、4-6、37-53、145-178頁。
(12)　もちろん、センの主要な関心が世界的な貧困や不平等であり、それが不正義であるということが承認されるなら、そうした理由は明白であるということは可能だろう。

のかについて、センの議論からは明らかではないように思われる[12]。

　確かに、とりわけ、グローバルな正義の文脈では、世界的貧困や不平等などの具体的問題に動機づけられており、理想理論としての制度的な正義構想が、それをいかに実現するのかに関心を全く持たないのであれば、当該理論の実践的な規範的妥当性に対して批判が向けられるだろう。私たちの現在の世界が著しく不正義であると考えるならば——筆者はそうだと考えている——、（実現可能性を無視した）純粋に理論的に成立しうる完全な正義の構想は悠長に思われるだろう[13]。しかし、私たちの多種多様な競合する正義構想の主張という規範的対話実践は、単にその現実の正義の促進・不正義の緩和への影響のみならず、そうした行動の動機付けの中核をなしているように思われるのである。

　主題としての基本構造というアイディアの理論的適切性への懐疑論・否定論の最後の解釈は、グローバルな基本構造を正義の主題とすることは「範疇錯誤（category mistake）」だと考える立場である。こうした見解は、ポッゲによるロールズへの批判に対するサミュエル・フリーマンの応答にそのヴァリエーションが見いだされる。ポッゲは、ロールズが国際的正義を展開する際に、グローバルな格差原理の適用を拒否し、各国による天然資源の（道徳的に恣意的なはずの）所有権を初期状態としたことを批判する。これに対して、フリーマンの応答は次のようなものである。すなわち、諸人民による領域への支配権は、ある種の所有権ではなく、所有権システムに関する社会的諸制度が成立するための条件である、と。つまり、フリーマンの応答は次のように解釈できる。このような自国領域の支配権を含む国家システムは、国際的な社会的協働とその主体である人民の成立条件——国際的な正義の情況——であって、これらについて正義／不正義を判断するのはカテゴリー・ミステイクである、と[14]。

---

(13)　もちろん、これはそのような理論の探求の学術的価値を何ら否定しないし、そうした理論は筆者やセンの思わぬ形で現実的な正義に資する可能性は十分にありうるだろう。

(14)　Chin, Arthur 2020. "Thomas Pogge's Conception of Taking the Global Institutional Order as the Object of Justice Assessments", in *The Oxford Handbook of Global Justice*, edited by Brooks Thom, Oxford University Press, pp. 302-17.

アーサー・チンが述べているように、国家の歴史的偶然性を十分に評価することができない点で、説得力に乏しく[15]、また、それが天然資源の分布の道徳的恣意性の正当化として成立するかについても疑わしいように思われる。繰り返しになるが、基本構造が私たちの人生に与える影響は非常に甚大である。それは、単に私たちがそれによって政治的・経済的・社会的に不利益を被るなどの直接的影響だけでなく、それをどう評価するかという考え方やそうした思考の形成枠組み自体に影響を及ぼしうるものだからである。そうした影響力の甚大さを考慮するのであれば、安易に私たちは、グローバルな基本構造の一部を正義の主題から外すべきではないだろう。

Ⅲ　おわりに

ロールズが『正義論』によってグローバルな正義の領域に与えた影響を、グローバルな正義論における正義の主題としての基本構造（グローバルな諸制度）に関する議論を通して、考察した。『正義論』後にロールズが展開した国際正義論である『諸人民の法』も含めて、グローバルな正義論からロールズに対しては批判の嵐があったにもかかわらず、主題としての基本構造というロールズのアイディアは、確かな魅力を持ってグローバルな正義論へのロールズの遺産となっているように思われる。

参考文献

Beitz, Charles 1999. *Political Theory and International Relations: With a new afterword by the author*, Princeton University Press. =（1989）進藤榮一（訳）『国際秩序と正義』岩波書店.

Chin, Arthur. 2020. "Thomas Pogge's Conception of Taking the Global Institutional Order as the Object of Justice Assessments", in *The Oxford Handbook of Global Justice*, edited by Brooks Thom, Oxford University Press, pp. 302-17.

Nagel, Thomas 2015. "The Problem of Justice", in *Global Justice: Critical Perspective*, edited by Sebastiano, Maffetone and Singh Rathore, Aakash Routledge, pp. 58-90.

---

(15)　Chin, ibid., p. 310.

Pogge, Thomas. 1989. *Realizing Rawls*, Cornell University Press.
Pogge, Thomas 2010. *Politics as Usual: What Lies behind Pro-poor Rhetoric*, Polity press, pp. 13-4.
Rawls, John 1999. *A Theory of Justice* (Revised Edition), Harvard University Press.
Rawls, John 1999. *The Law of Peoples with "The Public Reason Revised"*, Harvard University Press, p. 33 =（2006）中山竜一（訳）『万民の法』岩波書店。
Sen, Amartya 2010. *The Idea of Justice*, Penguin Books. =（2011）池本幸生（訳）『正義のアイデア』明石書店。

酒匂一郎（2019）『法哲学講義』成文堂。

ロールズへのレクイエム
―― 正義論の本質的問題 ――

渡辺幹雄

- I 問題の所在
- II 社会を見る目
- III 分配の原理としての格差原理
- IV 原初状態
- V 道徳的問題
- VI 結　語

I　問題の所在

　ロールズをロールズたらしめているのは何か。それはカントであろうか。いや、私はルソーであると確信する。その正義論は、カント（リベラリズム）にルソー（デモクラシー）を接ぎ木したのではなく、むしろルソーの大木をカントで成型したのである。その主旨は、近代社会に付きまとう経済的不平等についての、ルソーの慟哭に対するロールズ流の回答である。従って、ロールズについての毀誉褒貶が、そのルソー的側面を軸に回転するのは当然と言える。しからば、そのルソー的側面とは何か。我々の社会をモデルにとれば、それは「民主的平等」であり「財産所有制デモクラシー」であると言えよう。そして、それを原理的に支えるのが「格差原理」であることは論を待たない[1]。

（1）　言うまでもなく、アタマ数を数えて「一般意志」とするようなデモクラシーは全体主義と紙一重で、公衆衛生を盾に、公然と下から感染症全体主義が湧き上がってくる社

II 社会を見る目

　経済学の誕生と前後して、我々の倫理観に不可逆的な地殻変動が生じたのではないか。アリストテレス以来、社会は我々にとって外生的に与えられるコミュニティ、つまり与件であり「負荷」（サンデル）であった。その統合原理は「共通善」である。善きシェフは安くて旨い食事を量産する人ではなく、顧客一人一人の健康に配慮する人であった。「健康」は共通善であり、人々はつねに他者の実体的幸福に配慮しなければならない。しかしスミス以来、社会は与件ではなく副次的な内生変数となった。それは、「合理的自愛」（シジウィック）を掲げた倫理的エゴイストたちが、己の利益追求のために結成したアソシエーションにすぎない。そこでの与件は倫理的エゴイズムである[2]。エゴイストたちは自給自足に満足せず、「契約」を通じて社会を形成する。

　エゴイストは他者の幸福を顧みない。彼らはひとえに己の幸福を最大化すべく「分業」を営む。分業社会は物質的・経済的にアリストテレスのコミュニティ・モデルを駆逐した。各人は各様に、己自身の仕方で己の幸福を最大化することに成功する（厚生経済学の第1定理）。しかるに、物質的成功は巨大な格差をもたらす。そしてそれが諸々のパワーの不平等をもたらす。競争

会では、このカント的成型（リベラリズム）はことさら重要である。しかるに、亀本洋氏の慧眼が見抜くように、「とはいえ、「ロールズから格差原理をとったら何が残るのか」という反問に対して、ロールズを真剣に読んだことのある研究者であれば、そのとおりだということに大半の人が同意してくれると私は信じる」（亀本 2012, vi）。「もちろん、そのことを一番わかっていたのはロールズ自身である」（同上）。けだし名言と言わねばなるまい。ロールズのルソーに対する「愛」はその『政治哲学史講義』に如実に表れている。他の講義において思想家との間に適度に保たれている距離感が、ルソー講義においては崩壊し、ロールズはさながらルソーの代弁者・代理人と化している（渡辺 2020）。そして、ロールズをハーバーマスからぎりぎり引き離しているのが、カントという言い方もできよう。

（2）　従って、リベラルとコミュニタリアンの論争がつねにねじれの位置にあるのは避けられない。リベラリズムが「家族」の問題を不得手とする（そして社会学者の餌食になる）のも当然で、それはたんに、家族がアソシエーション・モデルでは捉えられない、コミュニティとしての性格を有するからである。子にとって、親は与件である。

均衡がパレート効率解を与えることは事実でも、それは初期条件にやどる不平等を温存、しばしば拡大してしまう[3]。ここにロールズ（ルソー）の着眼がある。

分業社会は他者の実体的幸福に介入しない。パン屋を動かすのは誰かの幸福ではなく合理的自愛である。アソシエーション・モデルを踏襲し、倫理的エゴイズムを容認するロールズも、これに異論はない。しかし、ロールズはアソシエーションを分業ではなく「協働」と捉える。協働社会と分業社会の違いは何か。前者が他者の幸福に干渉することではない。そうではなくて、前者は他者と一定の関係性を維持しようと努める。その関係性とは「公正」である。競争的契約は、その初期条件も含めてすべて他者との公正な関係の上に締結されねばならない。Rational な合理的自愛は、つねに reasonable な関係に担保されなくてはならない。協働社会はコミュニティとは違って他者の幸福に介入しない、そうではなくて、他者との公正な関係を維持しようとするのである。対して、たんなる分業社会は reasonable を約束しない。

III 分配の原理としての格差原理

ロールズは口を極めて言う。格差原理は「再分配」の原理ではない。これはどういうことか。

パレート効率的な解は初期条件に内在する不平等を増幅してしまう。教科書経済学ふうには、デフォルトにおける、各人の土地や資本の所有量ということになる。この de facto としての所有に de jure な権利関係を認めれば、競争均衡の結果に手を加え、格差を是正することは正しく「再分配」と呼ばれよう。自然権的所有権を想像すればよい。そこから演繹されるのは「歴史的権原理論」（ノージック）となる。

格差原理の機序はそれとはまったく異なる。まず、無数にあるパレート効率解の中から格差原理を満たす均衡点を探る。当該均衡点に向かって競争的

---

(3) これについての、標準経済学からの精緻な数値解析として三土 2011, chaps. 9, 12 を参照のこと。教科書経済学（ミクロ＆マクロ、厚生経済学）については、三土 2009、三土 2011、林 2012 から多くの知見とインスピレーションを得たことを記しておく。

市場を走らせるべくデフォルト、つまり各人の初期的な土地や資本の所有量を是正する。かかる初期条件からスタートすれば、競争均衡は格差原理を満足する。要するに、厚生経済学の第2定理の応用である[4]。第2定理は政府による再分配の可能性を示すと解されるが、ロールズは教科書とは違ってデフォルトに権利関係を認めない。従って、格差原理による初期条件の是正は再分配ではなく「分配」、つまり所有権の確定に他ならない。ロールズにとって、経済的権利は格差原理によって与えられる(分配される)のであって、格差原理に先立つなんらかの自然権が存在するのではない[5]。

（4） ロールズの経済学的蒙昧をなじる向きもあるが（亀本2012, iii-v）、少なくともワルラスに遡及する「家政学」(oikos-nomos-logos) の伝統には精通しているものと理解する。ワルラスの一般均衡理論はいわゆる「選択の純粋論理学」(ハイエク)、「黒板経済学」(コース)——私は「知的エクササイズとしての経済学」と呼んでいる——であって、デカルトの指摘を待つまでもなく、論理学であるがゆえに認識の拡張を含まない。ロールズが自由市場経済とリベラルな社会主義を等価なものと見ている（実は後者に好意的な）ことからして、彼がオーソドックスの系統に属することは明白である。社会を一つの家計あるいは企業と見る視点は社会主義を理論的に支えるものであって、社会主義経済計算論争などを通して明らかにされた論点である。ロールズがこの論争を知っていた可能性は十分にあるが、そこから派生したハイエクなど、ネオ・オーストリアンの「経済学」(catallactics)——市場秩序に関する直観的かつ経験的な学問——についてはまったくの無知であると言ってよい。ワルラスの教科書経済学には、ハイエクの説く「市場」は登場しない（亀本2011, 261-79）。現在では、リベラルな社会主義が可能だと考える人はいないだろうが、それはワルラス的世界像の産物である。一般均衡理論は、つねに社会主義の可能性の弁証として利用された。ロールズの格差原理が厚生経済学の第2定理を拠り所にしているとすれば、彼もまた、市場について無知であると言える。原初状態における単独者は、単一の家計が効用を最大化するワルラスの家政学の鏡像なのである。

（5） 参照、渡辺2000, 337-59. よって、ロールズがいわゆる憲法解釈上の二重基準を理論的に正当化していることが理解できる。第一原理によって規制される政治的・精神的自由とは違って、経済的・物質的自由は格差原理、つまり憲法の必須の要件からは外れた原理の規制を受ける。そしてロールズにおいて、前者は後者に絶対的に優位する。これもルソー的解決の一つである。ゆえに、その正義論はむしろ、ヨーロッパにおける社会民主主義、そしてしばしばアメリカで侮蔑的に言われる「リベラル」の理論的支柱となっている。いわゆる「古典的」リベラリズムとは似て非なるものである。

Ⅳ　原初状態

　これもまたルソーへの援護射撃である。アタマ数を数えればよいというルソーの開き直りを受けて、「一般意志」を発見するためのアルゴリズムを与える。そこでは、個の利益が同時に一般の利益であるがゆえに、いわば自動的に一般意志が現れる。それはまた、カントの定言命法のテストを自動的にクリアする仕掛けでもある。個人の行為格率が同時に普遍的な道徳法則へ格上げされる空間だからである[6]。

　経験的はおろか、概念さえも確率の使用が禁止された空間では、利益の最大化を図る倫理的エゴイストは「マキシミン基準」を選択せざるを得ない[7]。かくして、彼の行為格率は「ミニマリストのエゴイズム」と呼ぶことができ、これが一般意志であるとともに普遍的道徳法則（正義）であることになる[8]。

---

(6)　道徳法則を個人の利益と結合させることが、ルソーとは整合的でもカントにおいて許されるのかの問題は、ロールズのカント解釈の問題として当然ありうる。原初状態は道徳的人格がヌーメナルに表象される空間であり、一切の経験的偶然性を剥奪されている。

(7)　このことは、初期のもっとも苛烈なロールズ批判者であるハーサニも承諾している。この場合ハーサニが問題にするのは、マキシミン基準の帰結的不合理性であり、これは昨今の感染症騒ぎにおいて実証されている。感染症死を限界単位減らすために無限の資源が投入された。参照、渡辺 2001, 172-81.

(8)　「ミニマリスト」は私の造語で、ミニマムな境遇にある個体を指す。カントの定言命法をクリアして、ある種のエゴイズムが演繹されることは意外であるかもしれないが、これはむしろロールズの定義に忠実な結果である。ロールズはシジウィック講義の中で功利主義の厚生関数に触れつつ、「即座に明らかなのは、この原理は倫理的エゴイズムのそれではないということだ。各人の幸福が考慮され、一定の重み（すべてゼロより大きい）が与えられている」(Rawls 2007, 396) と述べている。つまり、功利主義的厚生関数はすべての個人に正の厚生加重を与えているということであり、対するロールズ型厚生関数は、ミニマリスト以外の厚生加重はゼロである。いわば究極のエゴイズムと呼びうる（渡辺 2019, 52-62）。

V　道徳的問題

　教科書経済学では、格差の温存・拡大をもたらすのは土地と資本の初期保有量の不平等である。格差原理はこれを是正して所有権を確定するが、実は、土地や資本と並ぶ生産資源である労働がもたらす莫大な格差も看過できない。教科書とは違って、我々の世界には均質な抽象労働なるものは存在しない。労働は質的に無限に多様であり、その生産性は巨大な格差をもたらす。MLBの若きヒーローと私との所得格差は、同じ人類の範疇とは思えない。教科書の説く生産性に応じた分配——能力に応じて受け取る——は、ルソー的ユートピアを破壊するのである。

　さすれば、生産性の巨大な差をもたらすのはなんであるか。ロールズによれば、それは生得的な才能や資質に他ならない。要するに「ギフト」である。当然に格差原理は、de factoな与件としてのギフトを是正しなくてはならない。

　しかし、ただちに問題に直面する。土地が地主から、資本が資本家から剥奪しうるのに対して、労働は、その背後のギフトは、労働者から引き剥がせない。デフォルトにおける是正が不可能なのである[9]。そこでロールズは、日常言語にある種の暴力を加えて、ギフトの「分布」を「共有資産」と断定する[10]。読者には、クルマをシェアすることはできるが、クルマの「分布」をシェアするとはどういうことか自問していただきたい[11]。その主旨はこ

---

(9)　人格のインテグリティはロールズにおけるカント的自然権とも言え、これは第一原理によって絶対的に保護される。ギフトの剥奪は人格の破壊である。

(10)　齋藤2022, 70-3を参照のこと。

(11)　昨今、ロールズに対する後期ウィトゲンシュタインの影響をことさら強調する論調がある（齋藤2022, 29-30）。しかし、ロールズを論難するに際して、日常言語分析が決定的に欠けていることを難じたのは、自他ともに認める日常言語派の巨魁リチャード・ヘアであったことを想起されたい（渡辺2001, 9-32）。私見では、ロールズはむしろ人工言語派（論理実証主義、前期ウィトゲンシュタイン）に近しい。後裔には、ウィトゲンシュタインのロールズに対する影響作用の特定を求めたい。しかし、元来デフォルトにおけるギフトの所有は道徳的に恣意的なのだから、ロールズの論法では、ギフトそれ自体を共同資産と見なすことに不都合はないはずである。あなたの健脚とそれがもたらす金メダルは、一部私の資産である。人々は、人格や身体を共有し合うのである。

うだ。我々の生産活動はギフトの分布を総動員してなされるのだから、その果実もまた共有資産と見なされるべきだ。つまりは、その分配は格差原理に従うべきで、生産性に従うべきではない。

生産の果実が事後的な分配になるのは致し方ない。労働の特殊な性格は、それが土地や資本のようなデフォルトによる是正を許さない。しかし、これもまた再分配ではない。格差原理は分配の原理であることに、つねに注意しなくてはならない。

かくしてルソー的経済社会が実現する。それは完全平等社会のすぐ隣にある。さて、格差原理による分配が生産性による分配に一致しないのは自明である[12]。すると、社会にはその取り分が生産性に満たない人々と、生産性を超える人々とが存在することになる。伝統的な経済学では、前者は搾取される者であり、後者は搾取する者である。前者はタダ働きする者であり、後者はフリーライドする者である。この de facto な事実を、ロールズとて否定することはできまい。そして格差原理の特異性は、この de facto な事実に de jure な権利義務関係を与えることなのである。前者はタダ働きする義務があり、後者はフリーライドする権利を有する[13]。しかるに、タダ働きの義務を課すことは身体所有権の侵害であり（労働は身体から分離できない）、自己所有権テーゼに反するとしたのがノージックであり、その批判を真摯に受け止めていないとしてロールズを指弾したのは、ロールズよりも左、完全平等主義者のコーエンであった。ロールズは、自己所有権の片面である労働所有権（生産性による分配）を否定すれば事足りる、そう判断したのであろう。しかし、それは本来、第一原理で保護されるべき身体所有権をも侵害してしまう。これがノージックの批判の含意であることをコーエンは自覚し

---

(12) ロールズは、協働社会では各人の生産性の正確な特定は不可能であるとして、生産性に基づく分配を否定するが（齋藤 2022, 88-90）、技術的な feasibility の問題をもって本質的な道徳問題を糊塗する論法は望ましくない。格差原理の情報的負荷が最小であることを理由に、他の分配原理をしりぞけるのもこれと通底する。いずれも本質的問題を隠蔽してしまう。

(13) 自然状態ではフェアプレイ（自然的義務）によって排除されるフリーライドが何故正当化されるのか。それは、原初状態を経て普遍的道徳法則へと高められたからである。

て、ついに自己所有権テーゼを全面否定するに至る[14]。

　高を括っていたロールズも、そのマルクス講義では珍しく弱音を吐いている。「マルクスは格差原理、そして類似の原理を拒否するであろう。コーエンの言うように、マルクスは共産主義を、強制を伴わないラディカルな平等主義——社会資源に対する平等なアクセス——と捉えていた。これが意味するのは、何人も、他者の厚生に貢献する形でしか己を利してはならぬ、ということではない。それは強制になるであろう。それは一部の人々（扶助を受ける人々）に、他人の能力をどう使わせるかの権原を与えるに等しいであろう」[15]。御意。「能力に応じて」受け取る人、いな、経済学の伝統的常識を弁えた人にとって、格差原理ほど奇矯な原理はあるまい[16]。

　以上が前門の虎なら、以下は後門の狼である。

　前述のごとく、ロールズの正義は「ミニマリストのエゴイズム」である。社会的厚生の評価に際し、ミニマリスト以外の厚生加重はゼロだからである。現実の社会をモデルとすれば、これは the worst-off 以外の規範的ウエイトがゼロであることを意味する[17]。一つの協働社会を規範的に評価する

---

(14) コーエンは自己所有権テーゼの否定を介して、一部の功利主義者とは別の理路から、等しく「眼球のくじ」を正当化する。身体所有権の否定である（渡辺 2008, 52-5）。
(15) Rawls 2007, 368.
(16) マルクスの「能力に応じて」、そして「生産性の原理」は、左右党派を問わず経済学における「一般的知識」である（渡辺 2008, 49-56）。このことについて、フリードマンはこう述べる。「市場社会において生産物に応ずる支払が果たす本質的機能は、強制によらずに資源が効率的に配分されうるようにすることであるが、それがまた分配上の公正をも生みだすものと考えられるのでないかぎりは許容されそうにない」（フリードマン 1986, 187）。しかし、「資本主義の最も痛烈な内部的批判者でさえも、生産物に応ずる支払を倫理的に公正なものとして暗黙に受けいれてきた」（同上 188）。そして、「最も影響するところの大きい批判はマルクス主義者からなされてきた。マルクスは労働者が搾取されていると主張した。なぜか。それは労働者が生産物の全部を生産しているのに、その一部を得るのみだからである。残余はマルクスのいう「剰余価値」である。この主張に暗に含まれている事実についての叙述がたとえ容認されたとしても、その価値判断は人が資本主義の倫理を受けいれてはじめて出てくる。労働者は彼が生産するものを当然受け取る権利があるとしてはじめて「搾取」されていることになる」（同上）。原初状態にはこの「一般的知識」が膾炙しているはずなのだが、ロールズはにべもなく一蹴してアローの失笑を買っている。
(17) 我々は盛山和夫氏に従って、the worst-off を社会的に比較的固定的な階層と見るが（盛山 2006, 128-30）、社会的選択論者の面目躍如、論理的可能性なるものに従って、政

にあたって、the worst-off 以外の構成メンバーにはウエイトが付与されない。その規範的存在価値はゼロに等しい。これは、我々の「熟慮に基づく道徳判断」と合致するのか。

この問題をのっけから指摘し、ロールズを糾弾したのがハーサニであった。ハーサニは、その元凶が確率概念の排除にあることを看破した。確率概念を排除すればミニマリストのエゴイズム以外の選択肢はなく、これを避けるにはラプラスの原理（等確率仮説）をとるしかないのである。これによって生じる期待効用の最大化は、協働社会の各メンバーに等しい厚生加重を付与する。各人が、等しい規範的価値を持つのである。確率の使用は、rational の問題ではなく reasonable の問題なのだ。ハーサニにとって、格差原理は反道徳的なのである[18]。

以上を、シジウィックを縦糸にまとめてみよう。実践理性の問題について、シジウィックは二つの定理を示した。まず、シジウィックの第一定理「カントの定言命法はエゴイズムを排除できない」。定言命法はあらゆる倫理学説が満たすべき論理的公準であり、それ自体倫理学説ではない[19]。ロールズはシジウィック講義においてこの点を難じているが、あろうことか、第一定理に肯定的解決を与えたのは、ロールズその人であった。ミニマリスト

策ごとに流動的な階層入替えが起こると考えてもいい。その場合も、可能な社会状態から the worst-off を抽出して the worst-offs の議会を作り、その中の the best of the worst-offs に全権を委ねる。いずれにしても the worst-off の階層以外に規範的存在価値はない。社会的選択理論は選択の純粋論理学の一翼であるが、論理主義者らしく、格差原理の公理論的な証明を試みている（加藤 2018）。その戦略はおおむね「ある公準」とパレート原理、推移律を合わせて格差原理を演繹するのであるが、問題含みの「ある公準」に論点を転移させるという為体である。望む結論を引くために「ある公準」を置く。「充足理由律」（ライプニッツ）や「無限公理」「還元公理」（ラッセル＆ホワイトヘッド）と同じである。

(18) 参照、渡辺 2001, 177-9. 実は問題は格差原理に留まらない。ミニマリストのエゴイズムがロールズの正義の基本であるとすれば、それは第一原理（平等な自由）にもその優位性にも及ぶ。この点を剔抉したのがハートであることは言うまでもない。ハートのロールズ批判に関する、管見の限り最も秀逸な解説は仲正 2013, 170-83 に見られる。

(19) それは、「同じ類に属するものは同様に扱え」という質的公準である。これは、道徳判断における論理的・認知的次元（ヘア）と言うこともできよう。これに「合理的自愛」「合理的博愛」を加えた三原理が、哲学的直観によって得られる公準であるが、あとの二つは数理的・量的公準と呼びうる（奥野 1999, 127-30）。

のエゴイズムは、定言命法のテストを見事クリアしたからである。かくして、シジウィックの第一定理は証明された[20]。

　次いで、シジウィックの第二定理「道徳科学は実践理性の二元性を解消できない」[21]。同値命題「道徳科学はエゴイズムを排除できない」。これはハーサニによって否定的に解決された。原初状態の倫理的エゴイストは、確率概念の使用によって「普遍的快楽主義」、すなわち「功利主義」を演繹したからである。倫理的エゴイズムが、等確率仮説によって普遍主義へと昇華したとも言える。第二定理は、ハーサニによって反証されたのである[22]。

Ⅵ　結　語

　道徳科学者であることを己の矜持として、実践理性の二元性の解消が不可能であること、つまりは、功利主義者でありながら、道徳科学は功利主義を唯一正当化することはできないと告白するシジウィック。対して、道徳幾何学を称して、功利主義をしりぞけたと豪語するロールズ。今日的には、ロールズがもう一人の道徳教師であったことは自明であろう[23]。私はその説教に大いに共感する者であるが、同時に実証主義者が残した最低限の気概、どんなときでも科学と説教を隔てようとする努力を放棄すべきではないだろう。科学者シジウィックと、宣教師ロールズの対照はすこぶる印象的である。

　『孔子伝』に曰く、「思想はすべて、そのような社会的階層のイデオロギーとして生まれるのである」[24]。

---

(20)　参照、渡辺 2019, 52-62.
(21)　「合理的自愛」および「合理的博愛」の二元性、つまりは「エゴイズム」と「功利主義」の二元性である。道徳科学は一方を排除できない。
(22)　ロールズが頑なに確率の使用を拒否するのは、それをすれば功利主義以外の選択肢がなくなるからである（渡辺 2019, 52-62）。
(23)　参照、渡辺、同上。
(24)　白川 2007, 139.

参考文献

Rawls 2007: John Rawls, *Lectures on the History of Political Philosophy*, ed. Samuel Freeman (Harvard University Press).

奥野 1999：奥野満里子『シジウィックと現代功利主義』（勁草書房）。

加藤 2018：加藤晋「ロールズと規範経済学」井上彰編『ロールズを読む』（ナカニシヤ出版）。

亀本 2011：亀本洋『法哲学』（成文堂）。

亀本 2012：亀本洋『格差原理』（成文堂）。

齋藤 2022：斎藤純一・田中将人『ジョン・ロールズ』（中公新書）。

白川 2007：白川静『孔子伝』（中公文庫）。

盛山 2006：盛山和夫『リベラリズムとは何か』（勁草書房）。

仲正 2013：仲正昌樹『いまこそロールズに学べ』（春秋社）。

林 2012：林貴志『マクロ経済学』（ミネルヴァ書房）。

フリードマン 1986：M・フリードマン（熊谷尚夫ほか訳）『資本主義と自由』（マグロウヒル）。

三土 2009：三土修平『ワルラシアンのミクロ経済学』（日本評論社）。

三土 2011：三土修平『[続] ワルラシアンのミクロ経済学』（日本評論社）。

渡辺 2000：渡辺幹雄『ロールズ正義論の行方』（春秋社）。

渡辺 2001：渡辺幹雄『ロールズ正義論再説』（春秋社）。

渡辺 2008：渡辺幹雄「ロールズのユートピア」『経済理論』（第 44 巻第 4 号）。

渡辺 2019：渡辺幹雄「ジョン・ロールズ『政治哲学史講義』（2007 年）注解（2）」『山口経済学雑誌』（第 68 巻第 3 号）。

渡辺 2020：渡辺幹雄「ジョン・ロールズ『政治哲学史講義』（2007 年）」『山口経済学雑誌』（第 68 巻第 5 号）。

一般意志と公共的理性
―― ロールズのルソー講義をめぐって ――

神原和宏

I　はじめに
II　ロールズのルソー講義
III　ロールズの一般意志論
IV　公共的理性と一般意志

I　はじめに

　ロールズは『政治哲学史講義』のルソー講義の中で、ルソーの社会契約と一般意志についての解釈を展開している。そのなかで、一般意志を「市民が共通善の構想を共有することで他のすべての市民とともに共有する熟議的理性（deliberative reason）の一形式」（Rawls 2007 p. 224 邦訳 451 頁）であるとして、一般意志の観点が「熟議的理性の一つの考え方」であり、「私が公共的理性（public reason）と呼んだものの一つの考え方を含んでいる」（ibid., p. 231 邦訳 463-464 頁）と述べている。
　本稿の課題は、この一般意志を熟議的理性や公共的理性と結びつけるロールズ解釈をさらに考察し、その妥当性を検討することである。

II　ロールズのルソー講義

　ロールズの『政治哲学史講義』は、その編者であるフリーマンによると、ロールズが「1960 年代の半ばから 1995 年に退職するまで担当した近代政治

哲学という科目のために執筆した講義およびノートから」編集されたものである。その講義のうちで「ロック、ルソー、ミル、そしてマルクスについての講義は最も完成度」が高く、「ロールズは 1994 年まで、これらを電子ファイルにして、時間をかけて手を加え洗練させていった。したがって、これらの講義についてはほとんど編集する必要がなかった」とされている (ibid., p. ix, 邦訳 v -vi 頁)。

　本書の、完成度の高く、遂行を重ねて洗練されたものであるとされるロールズのルソー講義については、(ルソー研究者というよりも)ロールズ研究者から多くの注目を集めている (Bercuson 2014, Brooke 2015, 重田 2013, 田中 2017)。ベルクソンは、ロールズの公正としての正義論に対するルソーの影響を強調しているが、ロールズのルソー解釈自体は、「異説あるいは特異な (heterodox or idiosyncratic)」ものであると評している (Bercuson 2014 p. 63)。ロールズの政治哲学に影響を与えているルソーは、ロールズが独自に解釈した特異なルソーということである。

　こうした評価の根拠にもなり、ロールズのルソー講義を論じている多くの論者が特に注目しているのは、ロールズがルソー講義の第一講義で行っているルソーの利己愛 (amour-propre) 解釈[1]である。ロールズは、『人間不平等起源論』で述べられている自己愛 (amour de soi) と区別された利己愛を、虚栄心あるいは不自然で邪悪な利己愛として狭くとらえる通説的な解釈を排して、互恵性の原理と結びついた広い利己愛の解釈を採用している。

　「私が強調したいのは、利己愛には、邪悪で不自然な目的をもつ不自然な形式のものと並んで、それ本来の目的をもつ自然な形式のものがあるということです。それ本来の自然な形式（人間本性に相応しい形式）の利己愛とは、私たちが他人と対等な立場を自分に確保する欲求です。またそれは、私たち

---

(1)　ルソーの amour-propre の邦訳については、『不平等起源論』では「自尊心」や「利己愛」という訳語が、『エミール』では「自尊心」という訳語が使われることが多い様である。またロールズの『政治哲学史講義』の邦訳では「利己心」という訳語が使われている。以下に述べる amour-propre の新解釈の文脈では、「自尊心」がふさわしいと思われるが、amour de soi の訳語である「自己愛」(こちらはこれがほぼ定訳となっている) との対比を明確にするために「利己愛」という訳語を使うことにする。従って『政治哲学史講義』の訳語は変更している。

の必要や目標が、他のすべての人々の必要や目標と同じ基準で考慮されなければならないと認められるような構成員間の地位を確保するように私たちを導く欲求のことです」(Rawls 2007, p. 198 邦訳 399-400 頁)。

こうした解釈は、ロールズ自身が注で明らかにしているように、デントやノイハウザーのルソー論の影響であるが (Dent 1989, 1992, Neuhouser 1993)[2]、それと同時にロールズが「ルソーの最良の解釈者」と呼ぶカントの利己愛解釈に基づくものである[3]。

こうしたルソーの「カント主義的解釈」による利己愛の理解は、ロールズの正義に適う安定した幸福な政治制度を構築する安定性の議論と結びついて、「ルソーの構想するような社会を可能とする心理学的基礎」(Rawls 2007 p. 207 邦訳 403 頁) を提供するものである。「理性によって導かれ同情によって和らげられる利己愛は、適当な社会的諸条件と教育方法があれば、人間的で道徳的な行為の心理学的基礎を提供する」(ibid., p. 209 邦訳 421 頁) のである。こうした道徳心理学的観点は、ロールズが『正義論』第三部の正義感の議論で展開しているものであり、『政治的リベラリズム』の序論でも強調している重要な視点であり、それゆえに多くのロールズ解釈者の関心を引いているものである。

しかし、本稿では、この利己愛解釈をめぐる道徳心理学的議論 (それ自体興味深いものではあるが) は直接対象とせずに、ロールズがそのルソー講義の第2、第3講義で展開している、一般意志の問題にもっぱら限定して論ずることにしたい。

---

(2) ロールズは参照していないが、その後ノイハウザーは (Neuhouser 2008) において、ルソーの amour-propre 論をさらに展開させている。こうしたデントやノイハウザーの見解は、次に紹介するコーエンもその著作の中で肯定的に紹介していて (Chohen 2010)、英語圏のルソー研究者の間では、徐々に有力説の地位を獲得していると思われる。
(3) ロールズはその根拠として、カントの『単なる理性の限界内の宗教』の一節を引用しているが、これは既にデントが紹介しているものである (Dent 1992 p. 35-36)。

Ⅲ　ロールズの一般意志論

　ロールズはルソー講義の第2講義で、ルソーの社会契約の説明が前提とする4つの仮定を提示している（ibid., p. 217-219 邦訳 437-441 頁）。この部分は、注に示されている様に、ジョシュア・コーエンのルソー論に依拠するものである（Cohen 1986）。
　仮定の第一は、「協働する人々は、自らの根本的利害関心……を増進させることをめざす」というものである。
　第二は、「協働する人々は、他人との社会的な相互依存の諸条件のもとで自ら利益を増進させなければならない。」
　第三は、「誰もが自らの自由のための能力と自由への利害関心を等しくもつ。」
　第四は、「誰もが政治的な正義感覚の能力を等しくもち、それに従って行動することに利害関心をもつ。」
　このうち、最初の仮定に出てくる「根本的利害関心（fundamental interests）」について少し触れることにしたい。ロールズは前述の「自己愛」と「利己愛」を包含する「自己への愛」という上位概念を立てて、そこから根本的利害関心を導出している。「自己愛」からは、安楽の手段への利害関心だけでなく、人間が自然状態で持つ二つの潜在能力（自由意志と完成可能性・自己改善能力）を発展させ行使する利害関心が導かれ、「利己愛」からは「私たちが安定した立場や地位をもち、社会集団の対等な構成員として認められたい」という承認欲求が出てくる（Rawls 2007 p. 217-218 邦訳 437-439 頁）。
　こうした自からの利害関心のために他者と協働しなければならず、そのことについての判断能力や意欲を持ち、行動するという4つの仮定（コーエンはこれを社会的相互依存の条件と呼んでいる）[4]を前提とすれば、ルソーが

（4）　なおコーエンの社会的相互依存の条件は、「(1) 個人はそれぞれ、満足させることを目的とする基本的な欲求と利益を持っている　(2) これらの欲求と利益の充足は、他の人々の行動に依存している。特に、各自が自分の利益（「全体意志」）を増進させることだけを目的に行動する場合、その行動が協調される場合よりも、すべてがうまくいくことはより少なくなる　(3) 行為者は、他者の行動への依存を認識する能力があり、実

『社会契約論』の第1篇第6章で示している社会契約の課題は、「私たちが私たちの自由を犠牲にすることなく自らの根本的利害関心の達成を保証し、私たちの能力の発展と行使の諸条件を保証するために、他人と結びつく方法」を探求するということであり、その問いに答えるためには、「社会的相互依存が事実として存在し、お互いの利益になる社会的協働が必要かつ可能であることを所与とすれば、その結社形態は、両方の形式の自己への愛に駆り立てられた平等な人々にとって、それに同意することが理に適い合理的であると言えるようなものになるはずである」ということになる（ibid., p. 219-220 邦訳442頁）。

このようにして提案される一般的な政治的・社会的結社は、周知の様に「各構成員は自分の持つすべての権利とともに自分を共同体全体に完全に譲渡する」（CS I 6）という唯一の条項に還元されると言われる。

この条項を説明するためにルソーが続けて行っている3つのコメントについて、ロールズは次の様に解釈している。

一つは「私たちは、自分自身のいっさいを全体として社会に与えるから、私たちが自分自身を譲渡する条件はすべての人に同じである」ということ、それゆえ「誰も他人の負担を重くすることに関心を抱かない」というルソーの説明についてである。このコメントに関して、ロールズは続けて、全面譲渡に関する制限について主張している。共同体の法は、社会生活のすべてを包含する規制を含んでいない。「私たちが自ら最善と判断するように特殊な目的を前進させる自由に対して持つ利害関心」が、そうした規制を妨げるのである。「社会契約を明確化する一般的な諸々の法は、個人的自由の固有の領域を保護するために、共通善の増進に必要な政治的自由に対する制限を命

際にそれを認識している（つまり、相互に有益な協調が可能であることを認識している）、そして（4）個人は、互いが合法的に主張できることについて、見解－通常は相反する見解－を持っている」というものである。3番目と4番目の条件がロールズと異なっている。いずれにしても、ルソーの社会契約論の課題は、こうした条件のもとで、人間の二つの特徴（自由に対する平等な能力と関心、利己愛による動機づけ）に照らして道理にかなった社会的協働の規範を明らかにすることである、とする（Cohen 1986 p. 227）。コーエンは、その後の著作（『ルソー：平等者の自由な共同体』）において、この相互依存条件をさらに詳細に論じている（Cohen 2010 p. 25-28）。

じなければな」らない。結論としては「社会契約からなる社会の諸制度は、私たちの道徳的・政治的自由ができるかぎり完全に達成されるよう、私たちの全体としての社会に依存した関係と私たち相互の関係を定めるものでなければならない」ということになる（Rawls 2007 p. 220-221 邦訳 444 頁）。

二つ目は、「この譲渡は留保無しで行われる。そのために結合は完全なものであり、どの構成員もほかに何も要求するものをもたない」というルソーの言葉に関するものである。ロールズは、これは社会契約が適切に結ばれ、完全に尊重されているという条件が前提となるとする。そうなれば「私たち自身と社会契約からなる政治社会との間で、私たちが訴えを起こせるほど上位の権威は存在」しないので、「その適切に結ばれ完全に尊重される契約の諸条項が、最終的な法廷をなす」ということになる（ibid., p. 221 邦訳 442 頁）。

最後のルソーの主張は、「各自はすべての人に自分を与えるから、誰にも自分を与えないことになる。……人は失うすべてのものと等価のものを手にいれる」というものである。それに関しては、ロールズは人格的独立の確立を指摘する。なぜなら「他人が私たちに対してもつのと同じ権利を、私たちは彼らに対して得るからです。これは、私たちが自由への利害関心を含む自らの根本的利害関心に基づいた理由で、権利の交換に同意したことで得たものです。私たちはもはや、他の特定の人格の特殊な恣意的意志に依存することはありません。」

私たちは「全体としての政治社会に依存して」いるけれど、「社会契約からなる社会のなかで、各人は平等な市民であり、何びとの恣意的な意志にも権威にも服従することは」ない。さらに「市民間の諸条件の平等を確立する公共的なコミットメントというものが存在し、それが人格的独立を保障」する（ibid., p. 221-222 邦訳 446 頁）。

以上、利己愛という道徳心理学的理論を基礎に、社会的相互依存の条件と互恵性の論理に基づいて、ロールズはルソーの『社会契約論』第 1 篇第 6 章に関して、社会契約の限界も含めて、独自の解釈を行っている。その解釈の妥当性は、多分に社会的相互依存の条件を前提として受け入れるかにかかっているが、著者自身は、この社会的相互依存の条件が、ルソーの全著作で前提とされているのかについては留保したいが、少なくとも『社会契約論』

(そして『エミール』)の現代的解釈としては十分に妥当性をもつであろう。

さて、ルソーの社会契約についての以上の分析を行ったうえで、ロールズはまだ不明瞭な点があるとする。それを解明するためにロールズは、この社会契約の最後の定義に出てくる「一般意志」の分析へと論を進めていく。

ロールズは、ルソーに関する第2講義の残りの章と、第3講義で一般意志について論じているが、まず前者では一般意志の抽象的・形式的説明を行い、後者ではその内容についての検討している。

前者については、ロールズが最後に箇条書きで要約しているので、それを引用しながら、追加の説明もすることにしたい。

> 「(1) 一般意志とは、社会契約によって形成される共同体、あるいは公的人格（政治体）の一構成員として、各市民が共有し行使する熟議的理性の一形式である。
> (2) 一般意志とは、市民が共通の利益を実現することを可能にする社会的諸条件として理解される共通善を意志するものである。
> (3) 共通善を可能にするのは、共通の利益である。
> (4) 私たちの共通の利益を可能にするのは、私たちが共有する根本的利害関心である。
> (5) 私たちの根本的利害関心を決定するのは、私たちに共通する（ルソーが認識するような）人間本性であり、それに相応しい根本的な利害関心と能力である。あるいはその代わりになるべきものとして、ルソーの規範的な観念としての人格の構想がある」(ibid., p. 227-228 邦訳457頁)。

まず人間本性、あるいは人格の構想に基づいて、人間の根本的利害関心が決定される。そうしたすべての人の根本的利害関心の実現が共通利益となり、そうした共通利益を実現する社会的諸条件が共通善となる。そして、そうした共通善を意志する熟議的理性の一形式が一般意志である。ロールズが、この人間の根本的利害関心を説明するために、自己愛と利己愛の議論にまた戻っているのは注目される。

さて、ロールズはこうした形式的・抽象的な一般意志の説明を行った後で、第3講義で、一般意志の内容についてより踏み込んだ分析を行う。そのうちの最初の検討課題は、一般意志の観点というものであるが、ここで冒頭

に述べた一般意志と公共的理性、熟議的理性の関連性についての議論が出てくる。

まずロールズは、注釈のなかで、「一般意志が最も特徴的に表明される公共的行為は、基本的な国家法ないし根本法の制定である」(ibid., p. 231 邦訳498頁)という指摘をしたうえで、こうした社会の根本法の制定に際しては、「個人がもつあらゆる種類の利益すべての総和を最大限みたす」という功利主義的な集団原理を基礎とすべきではないと強調する。社会の根本法は、各市民に保証された根本的利益によって定められた共通の利害関心だけに基づくものでなければならない(ibid., p. 230 邦訳462頁)。ここでロールズは『社会契約論』第2篇第1章を参照している。

> 「これまで明らかにされた諸原則から出てくる最初の、そしてもっとも重要な結果は、一般意志のみが、共通善という国家設立の目的に従って、国家のもろもろの力を指導できるということである。なぜなら、個々人の特殊な利益の対立が社会の設立を必要にしたとしても、その設立を可能にしたのは、この同じ特殊な利益の一致だからである。これらの異なった利益のなかにある共通のものこそ、社会のきずなを形成する。そこで、かりにすべての利益が一致するようななんらかの点が存在しないとすれば、どんな社会も存立することはできないだろう。社会はもっぱらこの共通の利益にもとづいて統治されなければならない。」(CS Ⅱ 1)

従って、「基本法が本当に基本法である根拠は、それが社会的協働を通じて、また万人が合意するような条件で、根本的利害関心を実現するために必要な社会的諸条件を保証することにある」(ibid., p. 230 邦訳463頁)。

以上の点を「一般意志の観点から表現してみると、私たちが憲法の諸規範や基本法を制定するにあたって集会の構成員として行動しようとするとき、私たちが市民として共有する根本的利害関心にもとづいた理由だけが理由とされるべきだということになります。その観点から見れば、根本的利害関心は、それに相応しい理由に関して、特殊な利益に対する絶対的な優先権をもちます。」(ibid.)

こうした検討によれば、ルソーの一般意志は、①(どの様な憲法の諸規範や基本法が共通善をもっとも促進させるかといった)特定の問いを検討するた

めに考案されて、②特定の種類の理由だけが何らかの重要性をもつことを認める、といった特徴をもつので、熟議的理性の一つの理念である、公共的理性の理念を含んでいると評されるのである。

　ロールズの公共的理性論を確認して、この一般意志の理解を検討する前に、ロールズの一般意志論についてもう少し見ていきたい。ロールズは次に、一般意志と相互性（互恵性）や正義、平等との関係について考察している。それに際して、ロールズが「驚くべき（marvelous）段落」(ibid., p. 232 邦訳466頁）と呼ぶ、『社会契約論』第2篇第4章が引用されている。

「われわれを社会全体に結びつけている約束が拘束力を持つのは、その約束が相互的であるからにほかならない。そこで、この約束は、人がそれを果たそうとして他人のために働けば、それが同時に自分のために働くことになる、といった性質のものである。なぜ、一般意志は常に正しく、しかも、なぜ、すべての人はたえず各人の幸福を願うのであろうか。それは、各人という語を自分のことと考えない者はなく、またすべての人のために投票するにあたって、自分自身のことを考慮しない者はいないからではないか。このことから、次の点が明らかとなる。すなわち、権利の平等およびそれから生ずる正義の観念は、各人がまず自分自身を優先させるということから、したがって人間の本性から出てくるということ。一般意志は、それが本当に一般意志であるためには、その本質においてと同様、その対象においても一般的でなければならないこと。一般意志はすべての人から発し、すべての人に適用されなければならないこと。一般意志が、なんらかの個別的な限定された対象に向かうときは、われわれに無縁のものについて判断しており、われわれを導く真の公平の原理を持っていないわけだから、この場合には一般意志は本来の公正さを失うこと。以上である。」(CS Ⅱ 4)

　この一節は、確かに重要な一節である。ルソーはまず、約束の拘束力の根拠を相互性（互恵性）に求めている。そして自己と他者の交換可能性ということから、一般意志の正しさを根拠づけている。また人間の本性から、全ての人は自己利益を追求するということを承認しているが、一般意志のもつ制限から、そうした自己利益の追求、自己優先にも制限が課せられることになる。一般意志が公正なものとなるのは、内容についてはそれが唯一の対象である共通善を規定するものであり、またすべての当事者を平等に義務づける

ものでなければならない、ということである。

　こうした一般意志の特徴から、一般意志は平等と結びついていることになる。それは私たちの根本的利益が「人格的依存の社会的条件を避けることに利害関心」を持っているからであり、「私たちが特定の他人の恣意的な意志と権威に服従すべきでないとすれば、人格的依存の社会的条件はさけなければなりません。これらの根本的利益の本質がわかっている市民は、共通善を最も増進するものに関して自分の意見に従って投票する際に、望ましい諸条件の平等を保障するような根本法に投票します」(ibid., p. 233 邦訳 467-468 頁)。

　その後で、ロールズは、一般意志と自由の関係、安定性の問題、平等に関する更に踏み込んだ検討などについて論じているが、ロールズの一般意志論の紹介は以上にとどめておくことにする。次に、関連する議論に触れながら、このロールズの一般意志解釈を、特に公共的理性や熟議的理性との関係を中心に検討していくことにしたい。

Ⅳ　公共的理性と一般意志

　まずロールズの公共的理性論について『政治的リベラリズム』の第6講義と「ペーパーバック版への序論」、そしてその後の拡大増補版に追加収録された「公共的理性の理念・再考」にもとづいて簡単に確認しておきたい。
　ロールズは、道理に適った包括的教説が多数存在という特質をもつ民主的社会において、自由で平等な市民が強制的な権力をお互いに対して正統に行使できるのは、いかなる理由と価値、どのような正義の構想によってであるのか、という問いを立てる。それについては、そうした政治権力が正統であるのは、「すべての市民が彼らにとって道理的かつ合理的であるとして受け入れられる諸原理および諸理想に照らして是認すると予期しうる本質的要素を有する憲法に従って、政治権力が行使される場合のみである」(Rawls 2005 p. 217 邦訳263頁) とする。これが「リベラルな正統性の原理」と呼ばれるものである。そして、市民は、そうした憲法の必須事項に直接かかわる立法問題や深い分裂を惹き起こす立法問題について議論する際には、それが

公共的な理由に基づいた主張であることが求められる。

　それはたまたま自らの私的な理由が偶然に一致したり、単なる妥協であったり、既存の価値の承認によって決められるのではなく、公共的理性（理由）に基づくものだけが、正当なものとなるのである。従って、全ての市民は、自分自身の理性に照らして公共的に支持することのできる仕方で、自らの主張を正当化することが要請される。

　この公共的理性の理念には、互恵性の規準が重要な役割を果たしている。互恵性の規準とは、私的な観点ではなく、全ての市民に共通する観点から、それが受容可能かどうか（「他の市民がそれを受け入れることが理にかなっているか」）を判断する、という規準であり、それはまた公共的理性に制約をかける規準でもある。

　「私たちの政治的権力の行使が適切であるのは、私たちが自らの政治的行為に対して提示するであろう理由が……他の市民もその理由を理にかなった仕方で受け入れるであろうと理にかなった仕方で私たちが考える場合に限られる」ということである（Rawls 2005 p. 446-447 邦訳 528 頁）。

　またロールズは、この公共的理性の理念は熟議デモクラシーを構成する本質的要素の一つだとする。

　「市民が熟議をするとき、市民は意見を交換し、公共的な政治的諸問題に関して自らが支持する理由を討論する。自らの政治的見解は他の市民との議論によって訂正されることを市民は想定している。それゆえ、政治的見解はたんに市民の既存の私的な利害や非政治的な利害からの固定化された所産ではない。公共的理性が決定的に重要となるのはこの点においてである。」(ibid., p. 448 邦訳 530 頁)

　ただし、市民はあらゆる社会問題に関して、公共的理性に基づいて、多くの場所で熟議をするのではない。ロールズは、「公共的理性が適用される問題の種類と〔討議〕フォーラムの種類」について注意をうながしている。公共的理性はあらゆる場面で出てくるわけではなく、「憲法の本質的要素や基本的正義のことがらが議論される際の、政党間の討議や公職立候補者間の討議に公共的理性は適用される」(ibid., p. xlviii 邦訳 lii 頁)。「公共的理性の理想とは、市民は憲法の本質的要素や基本的正義のことがらに関しては、各市民

が正義に関する理にかなった政治的構想と誠実にみなしうる構想の枠内において、すなわち自由で平等な他の市民も同様に理にかなった仕方で期待しうるような構想の枠内において、自分たちの公共的な政治的討論を執り行うべきだ、というものである」(ibid.)。

公共的理性が発揮される討議のフォーラムであるが、これについては、①判決における裁判官の討議②政府関係者、とりわけ最高行政官ならびに立法者の討議、③公職の候補者並びにその選挙運動責任者の討議といったものが特徴的なものとしてあげられている。

この様に、ロールズの公共的理性は、互恵性の規準という手段や、その対象、議論の場についての限定がなされているので、ロールズ自身ハーバーマスの「公共圏」との違いを強調している（ibid., p. 382 邦訳 449 頁）。あらゆる社会問題について、市民が、自由な立場から討議を行うという性格のものではない、ということには留意が必要であろう。

以上のロールズの公共的理性論と一般意志の関係について、簡単に見ていきたい。著者自身は、教科書の簡潔な記述であるが、人民集会での討議プロセスを経て、個人の特殊意志が一般化されて一般意志となるという見解を示している（神原 2020 110-112 頁）。こうした視点からみると、一般意志においても、互恵性の規準（これに関しては前述の様に、ロールズが『社会契約論』第2篇第4章の記述を注目している）に基づく熟議デモクラシー的プロセスが重視される点で、一般意志は公共的理性と共通の特徴を持つということができる。

ただ問題となるのは、ロールズが公共的理性に課している制限に関してである。これについては2点だけ簡単に指摘したい。

まず、それが主として、憲法の本質的要素や基本的正義についての議論に限定的に適用されるという点である。これについては、リチャード・タックが『眠れる主権者』の中で、ルソーの主権と統治の区別に基づいて、人民主権論による主権者は、憲法制定権力という限定した役割しか演じていないとして、憲法を制定し、主権者である人民は統治者を選んだ後はその後政府の日々の活動からは撤退すると論じている（Tuck 2015 ch3）。そうしたタックの議論を受けて長谷部恭男はルソーがいう（一般意志の表明としての）法律

(loi) は、通常の法律とは全く異なり「社会生活の基本法にあたるもので、……憲法ということになる」という主張を展開している（長谷部 2021 114 頁、参照 103-104 頁）。こうした主張については、別に検討したいが、著者自身はルソーの人民主権や人民集会、一般意志はより広い範囲を射程にいれていると考えている。ルソーは、loi を憲法に限定せず、もう少し広い意味で使っている（CS Ⅱ 12）。そういう意味では、討議の対象もより広く捉えるべきであろう。

　もう一つは、特殊意志をどう捉えるか、という問題である。特殊意志の一般化という場合には、議論は個人の特殊意志から出発し、それが討議のプロセスで一般意志へと変わっていくということになるが、ローズルの公共的理性はすでに議論の出発点から制限を加えられ、市民は自らの特殊意志を持ち出すことが認められていないようにも思われる。ただし、ローズル自身のルソー論では、この一般意志と特殊意志の関係があまり明確に述べられていないが、一般意志を論ずる際には、「まず最初に、政治社会に組いれられた各個人は特殊な利害関心をもつということから理解しましょう」と述べたうえで、「私たち一人ひとりは、私的なあるいは特殊な意志をもちます」として、「特殊な利益の存在が当然視されていることに注意してください。社会契約からなる社会は、人々が政治社会から離れた利害関係をいっさいもたず、一般意志や共通善とは異なる、あるいはしばしばこれに反する利害関心をいっさいもたない社会ではありません」（Rawls 2007 p. 223-224 邦訳 449-450 頁）と注意しているので、個人のもつ欲求が出発点になっていることは承認している様に思われる[5]。

　なお、特殊意志の一般化については、著者はフランスのルソー研究者、ブルーノ・ベルナルディの研究に負うところが多いが、そのベルナルディは一般意志と公共的理性について、端的に「一般意志は公共的理性であり、公共的理性は一般意志である」と語っている（Bernardi 2014 p. 535）。ただし、その時の公共的理性は、ロールズのそれよりもより広い概念である[6]。

（5）　コーエンも、一般意志の社会では個人の特殊意志が一般意志に全て吸収されるというカッシーラやデュルケーム、ブルームの見解を批判している（Cohen 2010 p. 34-40）。

この様に討議の範囲についての問題はあるが、こうした一般意志と公共的理性や熟議的理性を結び付けるロールズの見解は十分に説得的と言うことができる。ロールズのルソー論は決して「異説、あるいは特異なもの」というわけではなく、先行研究を十分に吸収しながら、ルソーの一般意志論の理解のための重要な視点を提供していると評することができるであろう。

文献一覧

※ルソーの『社会契約論』からの引用に際しては、著作の省略記号として CS を使い、篇と章の番号を本文中に表記した。邦訳は、白水社ルソー全集版によった。ただし訳文は適宜変更している。

Bercuson, Jeffry (2014) *John Rawls and the History of Political Thought: The Rousseauvian and Hegelian Heritage of Justice as Fairness*, Routledge.

Bernardi, Bruno (2014) *La fabrique des conceptions*, Honoré Chanpion.

Brooke, Christopher (2015) 'Rawls on Rousseau and the General Will', James Farr & David Lay Williams (ed.), *The General Will*, Cambridge University Press.

Cohen, Joshua (1986) 'Reflections on Rousseau: Autonomy and Democracy', *Philosophy and Public Affairs*, 15, 3.

Cohen, Joshua (2010) *Rousseau: A Free Community of Equals*, Oxford University Press.

Dent, N.J.H (1989) *Rousseau: An Introduction to His Psychological, Social and Political Theory*, Blackwell.

Dent, N.J.H (1992) *A Rousseau Dictionary*, Blackwell.

Neuhouser, Frederick (1993) 'Freedom, Dependence and the General Will', *The Philosophical Review* 102, 3.

Neuhouser, Frederick (2008) *Rousseau's Theodicy of Self-Love: Evil, Rationality and the Drive for Recognition*, Oxford University Press.

Rawls, John (2005) *Political Liberalism*, expanded ed., Columbia University Press. 邦訳、神島裕子、福間聡訳『政治的リベラリズム　増補版』筑摩書房 2022 年

（6）　ベルナルディが整理しているように、ルソーは「公共的理性」という言葉を『人間不平等起源論』や『新エロイーズ』などの著作の他、『政治経済論』や『ジュネーヴ草稿』などで使っている。その「公共的理性」という言葉が「一般意志」に取って代わったとベルナルディは指摘している（Bernardi 2014 p. 532-537）。

Rawls, John (2007) *Lectures on the History of Political Philosophy*, Ed. Samuel Freeman, Harvard University Press. 邦訳、斎藤純一、佐藤正志他訳『ロールズ政治哲学史講義Ⅰ・Ⅱ』岩波現代文庫、2020 年

Tuck, Richard (2015) *The Sleeping Sovereign*, Cambridge University Press.

神原和宏（2020）「自然法思想から人民主権論へ——ルソーの社会契約論」戒能通弘・神原和宏・鈴木康文『法思想史を読み解く　古典／現代からの接近』法律文化社

重田園江（2013）『社会契約論』ちくま新書

田中将人（2017）『ロールズの政治哲学』風行社

長谷部恭男（2021）『憲法の階梯』有斐閣

ロールズと社会主義

亀 本　洋

I　ロールズは社会主義者か
II　社会主義の定義
III　社会主義に対するロールズの態度
IV　クーポン社会主義
V　一応の結論

I　ロールズは社会主義者か

　現代正義論に対して圧倒的な影響を与えたジョン・ロールズの『正義論』(1971年)[1] は、いわゆる「福祉国家」の擁護論として理解されることが通例であった[2]。ところが、『正義論 改訂版』(1999年)[3] ないし『公正とし

---

(1)　John Rawls, *A Theory of Justice*, Cambridge, Massachusetts: Harvard University Press, 1971; *A Theory of Justice*, revised edition, Cambridge, Massachusetts: Harvard University Press, 1999. 以下では、本書を *TJ* と略記し、両方の版を示すときは、ダッシュの前は初版の、ダッシュの後は rev. と付記して改訂版の該当頁を示すことにする。片方の版だけ示すときは、rev. がない場合は初版の、rev. を付けたときは改訂版の頁をさす。節番号で示すときは前に§を付ける（初版と改訂版で区別なし）。改訂版の邦訳として、川本隆史・福間聡・神島裕子訳『正義論　改訂版』（紀伊國屋書店、2010年）。以下、二番目のダッシュの後に『正義論』として該当頁を示す。訳文は、この邦訳に必ずしも従っていない。

(2)　William A. Edmundson, *John Rawls: Reticent Socialist*, Cambridge: Cambridge University Press, 2017, p. 3 および Richard Krouse and Michael McPherson, "Capitalism, 'Property-Owning Democracy', and the Welfare State," Amy Gutmann (ed.), *Democracy and the Welfare State*, Princeton: Princeton University Press, 1988, p. 79 and n. 1 参照．

ての正義 再説』(2001 年)[4]に至って、ロールズは、「資本主義的福祉国家」(capitalist welfare state) には反対である、正確にいえば、それは彼の提唱する「正義の二原理」と適合する政治経済体制ではない、ということを明確にした[5]。正義の二原理が許容する政治経済体制は、「財産所有民主制」(property-owning democracy)[6]か「リベラルな社会主義体制」(liberal socialist regime)[7]のみであるとされる[8]。

上記両著においてロールズは、正義の二原理に適合する体制としてほとんどもっぱら財産所有民主制を取り上げ、リベラルな社会主義体制については、折に触れて財産所有民主制との違いの要点に言及するだけである[9]。

ロールズ自身は、財産所有民主制とリベラルな社会主義体制のいずれが正義の二原理をよりよく実現するかは各国の歴史的事情、伝統、諸制度、社会的諸力によるので未決のままにしておくと述べている[10]。にもかかわらず、ロールズの理論内部で、正義の二原理を中核とする彼の正義論すなわち「公正としての正義」は、彼が比較的詳しく論じている財産所有民主制よりも、ほとんど論じていないリベラルな社会主義体制その他の社会主義形態とより親和的ではないか、あるいは端的に「ロールズは社会主義者であるべきなのではないか」という見解が近時有力に主張されている[11]。以下、その問題

---

(3) 前掲注 (1) 参照。
(4) John Rawls, *Justice as Fairness: A Restatement* (edited by Erin Kelly), Cambridge, Massachusetts: The Belknap Press of Harvard University Press, 2001, 田中成明・亀本洋・平井亮輔訳『公正としての正義 再説』(岩波書店、2020 年)。以下、原著を *JF*、この邦訳を『再説』と略記して引用する。節番号で引用する場合、*JF* に§を付ける (この場合、邦訳は省略)。
(5) *TJ*, xiv-xv rev./『正義論』xvii-xviii 頁、*JF*, 139/『再説』278 頁。
(6) *TJ*, 274/242rev./『正義論』368 頁。ロールズがその名称を借りた経済学者ジェームズ・ミードの「財産所有民主制」と、ロールズのそれとの比較検討として、亀本洋「財産所有民主制とアガソトピア」法律論叢 94 巻 6 号 (2022 年) 45〜97 頁参照。
(7) *TJ*, 280/248rev./『正義論』376 頁。
(8) 前掲注 (5) および注 (7) で挙げた箇所参照。財産所有民主制もリベラルな社会主義体制も一つではなく、正義の二原理に適合する各体制には複数の形態がありうるとされている。
(9) たとえば、前掲注 (7) で挙げた箇所参照。
(10) *TJ*, xv-xvi rev./『正義論』xviii-xix 頁。*TJ*, 273-274/242rev./『正義論』368 頁、*JF*, §42.2 も参照。

について考えてみたい。

II 社会主義の定義

社会主義をどう定義するかがまず問題となる。ロールズ自身は、当時ないし現在の常識に従い、社会主義の定義的特徴を生産手段の公有ないし社会的所有と捉えているようである[12]。これに対して、資本主義的福祉国家と財産所有民主制は、生産手段の私有を認めている体制とされる。ただし、資本主義的福祉国家が財産所有の非常に大きな不平等を許容するのに対して、財産所有民主制は、富裕層への政治権力の集中を防ぐため、富の広範な分散を要請するから、生産手段の私有の権利をどこまでも認めるものではない[13]。つまり、個人財産の資本価値に比較的低率[14]で毎年かかる富裕税や累進的な贈与税・相続税を正当化することが容易ということである。

ロールズが「社会主義」の前に「リベラルな」という形容詞を付けるのは、直接的には指令経済を伴う「国家社会主義」と区別するためであるが[15]、資本主義的福祉国家および財産所有民主制と同様、（効率性のための規制を伴う）自由市場経済を利用するということを示すためでもある[16]。

---

(11) Edmundson (supra note 2) 参照。一例として David Schweickart, "Should Rawls Be a Socialist? A Comparison of His Ideal Capitalism with Worker-Controlled Socialism," *Social Theory and Practice* 5 (1978), pp. 1-27 and his "Property-Owning Democracy or Economic Democracy?," Martin O'Neill and Thad Williamson (eds.), *Property-Owning Democracy: Rawls and Beyond*, Wiley-Blackwell, 2012, pp. 201-222 も参照

(12) *TJ*, 280/248rev./『正義論』376 頁。同所でロールズ自身は、リベラルな社会主義体制の第二の特徴として、企業が労働者評議会のようなもの、またはそれが指名した代表によって経営されるということも挙げているが、私見によれば不可欠な特徴とは考えられないため、ここでは無視する。リベラルな社会主義体制における生産手段の社会的所有については、*JF*, 138/『再説』276 頁でも触れられている。

(13) *JF*, §42.3 参照。ただし、同所にあるように、生産用資産の私有権と区別されるパーソナルな私有財産への権利は、正義の第一原理（基本的諸自由の平等の原理）によって保障されている。*TJ*, 277/245rev./『正義論』372 頁も参照。

(14) 財産から生じる所得ではなく、財産の評価額自体にかかるので、低率でも富裕層の負担は大きい。亀本・前掲注 (6) 64〜65、75 頁も参照。

(15) *JF*, §41.4 参照。

(16) *TJ*, 273/242rev./『正義論』368 頁、*JF*, §42.1 参照。

ところで、社会主義を定義するのに社会主義者のめざす目標というところから行く方法もある。現代の社会主義的経済学者ジョン・ローマーは、①自己実現および厚生、②政治的影響力、ならびに③社会的地位、への機会の平等を社会主義者は欲していると主張している[17]。そうすると、財産所有がどうなるべきかはこの観点から決められる、あるいは、生産手段が私有か公有かは必ずしも社会主義の定義的特徴ではない、ということにさえなりうる[18]。社会主義者ローマーが主張する①②③への機会の平等の内容説明は省略するが、一見しただけでも、それを社会主義ではなく、（たとえばロールズもそれに属する）平等主義的リベラリズムの正義論の一形態とみなすこともできそうである[19]。それゆえ、公正としての正義が社会主義と、より親和的か否かを検討するにあたっては、社会主義の目標ではなく、さしあたり、その推奨する財産所有の形態に注目したほうがよいと思われる。

III 社会主義に対するロールズの態度

ロールズは、資本主義的福祉国家と財産所有民主制の対比が最も重要だとして、財産所有民主制とリベラルな社会主義体制との対比をほとんど行っていない。したがって、リベラルな社会主義体制の内容も、生産手段の社会的所有という点を除いて、よくわからない。ロールズは、正義の第一原理に含まれる「政治的な自由の公正な価値」（すなわち、政治的自由の値打ちが出身社会階層や貧富の差によりあまりに不平等にならないようにすること）[20]と、第二原理に含まれる「機会の公正な平等」（すなわち、生まれつきの能力が同一

---

(17) John E. Roemer, *A Future for Socialism*, London: Verso, 1994, p. 11, 伊藤誠訳『これからの社会主義』（青木書店、1997年）23頁。翻訳は、この邦訳を大いに参照したが、必ずしも全面的に従ってはいない。

(18) ローマーは Roemer (supra note 17), p. 20, 邦訳33頁において、「公的所有と社会主義とのあいだの結びつきは希薄なものであり、……社会主義者は、だれにとっても機会の平等を最もよく促進してくれる社会をもたらすぐいの所有権を望むべきなのである」と述べている。

(19) Cf. Roemer (supra note 17), p. 26, 邦訳40〜41頁。ローマーは、みずからの社会主義を平等主義の一形態とするが、リベラリズムとは言わない。

(20) *TJ*, 224-225/197rev./『正義論』304頁、*JF*, 149/『再説』296〜297頁参照。

水準で、それを利用しようとする意欲の点でもだいたい等しい人々には、出身社会階層のいかんにかかわらず成功の見込みがだいたい等しくなるようにすること)[21]と[22]を実現する体制として財産所有民主制を提案している。

「財産所有民主制の背景的諸制度は、富と資本の所有を分散させ、そうすることで、社会の小さな部分が経済を支配したり、また間接的に政治生活までも支配してしまうのを防ぐように働く。対照的に、福祉国家的資本主義は、小さな階層が生産手段[23]をほぼ独占するのを許容する」[24]。だが、リベラルな社会主義体制が政治的自由の公正な価値と機会の公正な平等をいかにして実現するのかについての叙述はない。そこでは、(ありそうなことだが)富と所得の不平等度および集中度が財産所有民主制のそれ以下と仮定されているのかもしれないが、そのような叙述も発見できない。

しかし、社会主義の政治経済制度、とくに所得分配制度をあからさまに否認するようなロールズの言葉を見出すことはできる。「現代社会を運営するにあたり避けられない不平等を必要なものとして斟酌しつつ、社会的生産物の平等な分け前に近似するものとして定義された社会配当 (social dividend) としてのミニマムという……構想を〔公正としての正義は〕拒否する」[25]。ロールズが拒否したこの構想を「社会主義的」分配方法の一種とみてよいこ

---

(21) *TJ*, 73/63rev./『正義論』99～100頁、*JF*, 43-44/『再説』85頁参照。

(22) 「政治的諸自由の公正な価値」と「機会の公正な平等」の意味については、亀本洋「民法の正義と『公正としての正義』」法律論叢93巻4・5号(2021年)55～59頁参照。また格差原理――最低所得階層の所得(正確には基本善指数)の最大化を求める――に優先する第一原理および機会の公正な平等の原理と、格差原理の関係に関する私見については、亀本・前掲注(6) 48頁注(8)参照。そこで私は、「ロールズは……『格差原理に優先する諸原理からの諸要求は、分配上重要な効果をもっている』と述べているが、『格差原理に優先する諸原理は、資本となる私有財産の広範な分散を要求する』といったほうが明快であったように思われる。」と述べた。

(23) 資本には貨幣資本も含まれるから、資本と生産手段は同じではないが、貨幣資本も生産手段に転化しうるものとして、以下、両者の厳密な区別にはこだわらないことにしよう。

(24) *JF*, 139/『再説』278頁。翻訳にあたっては、邦訳の「財産私有型民主制」を「財産所有民主制」に、同じく「福祉国家型資本主義」を「福祉国家的資本主義」に改めた。なお、「福祉国家的資本主義」と「資本主義的福祉国家」は同義である。

(25) *JF*, 128/『再説』254頁。〔　〕内は亀本による補い(以下同様)。なお、邦訳の「社会的配当」を「社会配当」に改めた。

とは明らかであろう。このことからは、リベラルな社会主義体制は社会的生産物の平等な分け前としての社会配当という方法を採用しないだろうということがわかるだけで、ロールズが社会主義に敵対的との結論を下すことはできない。だが、生産手段が社会によって所有され、各市民の持分が等しいと考えてよいとすれば、かつ、各市民の労働の負担が同一であるとすれば、社会的生産物の平等分配は、社会主義の素直な考え方の一つであるように思われる。

　ロールズが「財産所有民主制」という名称を借りた経済学者ジョン・ミード[26]は、上記の社会配当と近い考え方を結果的に採用している。しかし、ミードの「財産所有民主制」[27]は、あくまで私有財産制で、理想としては財産を社会の構成員に平等に分配するという構想である。すなわち「市民のだれ一人として、全私有財産の過度に大きい部分も、過度に小さい部分も所有していない世界を想像してみよ。各市民は今や、所得の大きな部分を財産から受け取っている。というのは、勤労から生じる所得の割合が社会全体としては、オートメーションによって大きく減少したと仮定しているからである。資本市場の諸制度が適切に発達することが疑いなく必要であろう。リスクを分散させ、素人に代わって専門家が最終的な投資の選択をするために、保険会社、投資信託、その他類似の仲介業者に、非常に多数の適度な私有財産がプールされる」[28]。これは、オートメーションの進行に伴い、各人の所得のうち、財産から得られる所得（財産所得）の割合が労働から得られる所得（勤労所得）に比べてしだいに増加することを当然視した構想である。そうであるとすれば、ミードの財産所有民主制もロールズのそれと同じく、所得の平等化に寄与するであろう。逆にいうと、私有財産の不平等は所得の不平等に大いに寄与するということである。

(26)　ロールズが参照した著書は、J. E. Meade, *Efficiency, Equality and the Ownership of Property*, London: George Allen and Unwin, 1964. これは後に、J. E. Meade, *Liberty, Equality and Efficiency: Apologia pro Agathotopia Mea*, New York: New York University Press, 1993, pp. 21-81 に再録された（注を一つ付加しただけ）。以下、参照に当たっては、後者の該当箇所を示す。
(27)　亀本・前掲注 (6) 58～59 頁参照。
(28)　Meade (supra note 26), pp. 41-42.

ミードのいう「社会主義国家」とは、すべての財産を国家が所有するというものである。したがって、国有財産の投資から利潤が生じた場合、すべての利潤は国家へ行く。国家は、それらの利潤の全部を平等な社会配当としてすべての市民に支払うことができる。財産所得がすべての市民の間で等分割されている点で、社会主義国家は、あらゆる市民が財産を等量所有する私有財産システムすなわち理想的な財産所有民主制と同じである。しかし、私有財産は、人に安全と独立をもたらす――失業してもしばらく暮らせるとか、国家のいうことを必ずしも聞かなくてよいとか――という理由で、ミードは全面的な社会化は推奨しない[29]。彼がアガソトピアと呼ぶ国家構想の一部として、ミードは、社会の資本資産の50パーセントを国家が所有し、それを適切な投資信託等を通じて適切な企業に投資することから得られる収益を全市民に社会配当として平等分配する仕組みを提案している[30]。もちろん、債務超過に陥っている国においてそれを実現するためには、適切な財政政策によって財政黒字を積み重ねて行かねばならない[31]。

　ロールズのいう「リベラルな社会主義体制」がもし、資本資産の全面的な社会化を前提とするとすれば、財産および財産所得の平等化という点で公正としての正義にかなうとしても、各市民の安全と独立を多少なりとも損なう点で、ロールズの財産所有民主制に劣るものになるのではなかろうか。リベラルな社会主義体制の制度構想の内容が、ロールズの著作からは不明であるから、そのように結論づけることは性急であるにしても。

Ⅳ　クーポン社会主義

　先に触れたローマーも、若干の点でミードと類似する社会主義構想を提示している。彼の言葉で言えば「市場社会主義」の一モデルである。それは次のようなものである。まず、政府がすべての成年市民に同数のクーポンを配

---

(29)　以下、ミードの原著からの参照箇所の提示は省略するが、亀本・前掲注 (6) 71〜72頁参照。
(30)　亀本・前掲注 (6) 93頁参照。
(31)　亀本・前掲注 (6) 75頁参照。

布し、各市民はそれを、クーポン価格で表示された企業株式の購入に用いる。資本主義的株式会社と同様、企業の株主はその企業の利潤の分け前への権利をもつ。実際には、市民は自分のクーポンを投資信託の持分に投資し、投資信託が諸企業の株式を、預かったクーポンで購入することになるであろう。重要な点だが、貨幣で、株式やクーポンを買うことはできない。だが、市民は、諸企業の株式を他の諸企業の株式とクーポン価格で交換することはできる。企業は、その経営と監視に責任をもつ「公的銀行」（複数存在する）から資金を調達する。各市民が保有するクーポンまたはクーポン投資株式証券の束は、死亡時に国庫に返還され、成年に達した新たな世代へのクーポン分配の原資となる[32]。

ローマー自身が指摘しているように、クーポン株式市場では貨幣が使えないから、少数の富裕な階層が株式の大部分を所有してしまうようなことは起こらない[33]。これは、まさにロールズの財産所有民主制がめざす目標である。これに対して、貨幣で取引できる企業株式の平等分配から出発したとしたら、株式の集中は起こりうる。ローマーがクーポンを使う理由である。

ローマーによれば、「クーポン株式市場は、企業経営に、資本主義的株式市場と同様な規律を与えるはずである。企業のクーポン株式価格が低落しているのを銀行がみれば、それは、その企業の実績が不十分であると投資家たちが考えているしるしであり、銀行はたちいってその経営を詳細にモニターしたくなるであろう」[34]。また、「クーポン経済における企業は、日本の系列にみられるように、かなり少数のメインバンクの周囲に組織され……メインバンクは、その企業集団内の諸企業の操業に資金を調達するための借款団をまとめるのに主要な責任を負っており、それに関連してそれらの企業をモニター（監視）する責任を有する」そうである。さらに「クーポン株式市場では〔資本主義的株式市場と異なり〕資本を調達するという……機能は諸銀行によって提供される」[35]。このような日本流系列を導入するクーポン経済

---

(32) Roemer (supra note 17), pp. 49-50, 邦訳 68〜69 頁。
(33) Roemer (supra note 17), p. 50, 邦訳 69 頁。
(34) Roemer (supra note 17), p. 50, 邦訳 69 頁。
(35) 直前の引用を含め、Roemer (supra note 17), p. 76, 邦訳 97〜98 頁。

がどれほどうまくいくのか、私には評価能力がないので、紹介はこれくらいにしておこう。

一つの問題は、各市民が得るクーポン株式からの配当がその市民の所得のどれくらいの割合を占めるのか、ということである。それが、勤労所得に比べて大したことがなければ、所得の平等化にはそれほど寄与しないであろう。

ミードのアガソトピアも株式市場を利用するが、社会の実物資産の半分に対応する株式を所有するのは政府である。そこから得られる配当を社会配当ないしはベーシック・インカム[36]として全市民に平等分配するミードの社会主義的方法のほうが、各市民のリスク負担が軽いように思われる。もし、ベーシック・インカムの金額が、それだけでそれなりの生活ができる水準であれば、ミードの社会主義的方法のほうが優れているように思われる。

V 一応の結論

ロールズの提唱する財産所有民主制よりも、ロールズのリベラルな社会主義体制またはそれ以外の各種の社会主義的政治経済体制のほうが、正義の二原理——とりわけ、経済力ひいては政治力の集中を阻止して、政治的自由の公正な価値および機会の公正な平等——をよりよく実現するのであれば、ロールズは社会主義者であるべきだと言える。だが、ロールズのリベラルな社会主義体制の内容はほとんどわからない。しかし、ミードの提案する社会主義的方法は、ロールズが社会配当の概念を否認しているにもかかわらず、正義の二原理をロールズの財産所有民主制よりもよりよく充足するようにも思われる。断定するためには、ミードの社会主義的方法ないしはそれを含むアガソトピアの構想[37]が格差原理の充足にとっても財産所有民主制よりも優

---

(36) ガイ・スタンディング（池村千秋訳）『ベーシックインカムへの道』（プレジデント社、2018年）26頁にミードの名が見える。ただし、ミードのいう「ベーシック・インカム」は、個人所得の基礎的部分という意味であり、ベーシックインカム論者のいうそれとは微妙な違いがある。亀本・前掲注 (6) 92頁注 (60) 参照。
(37) アガソトピアの中心部分をなす労資パートナーシップ経済の紹介は割愛したので、亀本・前掲注 (6) 76～93頁を参照されたい。

れているかという問題の検討が必要であり、本稿では取り組むことができなかった。今後の課題としたい。また、ここで紹介した以外の現代正義論における社会主義的政治経済体制の諸提案の検討も残された課題である。

構造的不正義に対する複眼的観察

若 松 良 樹

I　はじめに
II　構造的説明と陰謀論
III　構造による制約
IV　社会的選択理論という向こう岸から
V　おわりに

I　はじめに

　2021年に投開票が行われた衆議院議員選挙で当選した465人の議員のうち、女性の占める割合は9.7%であった。被選挙権者に占める女性の割合が50%だとするならば、9.7%という数値は、いかにも低い。だとするならば、この現象はどのように説明できるのだろうか。また、この現象に対して、正義、不正義といった規範的評価を下すことは適切だろうか。もし、不正義であるとするならば、どのような政策がとられるべきなのだろうか。
　これらの問題に対する一つの回答が「構造的不正義（structural injustice）」という観念によって与えられている[1]。この観念に依拠する人たちによれば、日本社会に根深く存在している女性差別的な構造が、先の衆議院議員選挙の結果においても表れているのであり、女性の議員が少ないことは不正義である、というのである。もしこの説明が正しいのであれば、この不正義を

---

(1)　構造的不正義という観念をめぐる近年の議論のサーヴェイとしては、Maeve McKeown, *Structural Injustice*, 16 (7) PHILOSOPHY COMPASS 1 (2021).

是正するためのいくつかの政策が正当化されることになるだろう。

　もちろん、構造的不正義という観念に賛同しない人もたくさんいる。その理由はさまざまだろうが、構造的不正義という観念が、個人の行動には還元できない構造なるものを導入している点で、悪名高い方法論的全体主義を思い起こさせるものであるということもその理由の一端であろう。この人たちにとっては、社会のような全体が個人とは別個の目的や利害関心をもつと主張する方法論的全体主義は警戒すべき対象である。特に、国益などの名の下に個人の利益が安易に犠牲にされてきた記憶が残っている社会においては、この警戒感も十分に理解できるものである。

　方法論的全体主義に警戒する人たちであれば、構造的不正義を是正するための政策、たとえば、女性の衆議院議員を増やすために、一部の男性当選者を、女性落選者と入れ替えるという政策に対しても、批判的であろう。この人たちは、「自身の善のためにある犠牲を忍ぶというような、善を伴う社会的実体などというものは存在しない。存在するのは、個々の人々、彼ら自身の個々の命をもった、各々異なった個々の人々のみである。これらの人々のうちの一人を他の人々の利益のために利用するということは、彼を利用することと、そして他に利益を与えることである。（中略）社会全体の善を論じることは、このことを隠蔽する（意図的に？）」[(2)]というR.ノージックの有名な言葉に賛同し、先の政策は、男性当選者を犠牲にして、女性落選者に利益を与えているにすぎない、と主張するだろう。

　したがって、構造的不正義について語ろうとするならば、方法論的全体主義に対する懸念を払拭する必要があるだろう。構造的不正義を語ると、方法論的個人主義と矛盾し、方法論的全体主義にコミットすることになるのだろうか。もちろん、このような大きなテーマが私の手に余ることは、粗忽な私といえども理解はしている。しかし、さまざまな場面で、収拾がつかなくなってきた私を、遠くから眺めていて、何度もさりげなく助け船を出してくださった酒匂一郎先生であれば、今回の大混乱もうまく治めてくださるだろうと期待して、酒匂先生の古希記念という機会を悪用して、このテーマに取り

---

(2) Robert Nozick, Anarchy, State, and Utopia 32-33 (1974), 嶋津格訳『アナーキー・国家・ユートピア』51-52.

組んでみたい。

　以下では、まず、構造的不正義、あるいは構造的説明一般が抱えている問題点を確認する（2節）。それは、構造なるものが個人の行動に対して、どのように影響を与えるのかが不明確であるという問題である。構造的説明においては、構造と個人の接点として、「構造的制約」の観念が強調される。そこで、構造的制約のもつ特徴を確認する（3節）。具体的には、構造的制約は個人が選択する際に有する選択肢の集合を限定したり拡張するという仕方で働くと想定されている。しかしながら、構造的制約が個人の選択にどのような仕方で働くのかは不明確な部分が残る。そこで、この点を明確にするために、あえて、方法論的個人主義に依拠している社会的選択理論という向こう岸に立ちたい（4節）。というのも、個人の選択肢の集合と選択との間の関係に注目し、一定の議論を蓄積してきたのは社会的選択理論だからである。構造的制約、あるいは構造的不正義を方法論的個人主義かそれ以外かという単眼で見るのではなく、どちらからも見るという意味で複眼的に描き出す可能性を示すことが本稿の目的である。

II　構造的説明と陰謀論

1　構造的説明とはなにか？

　衆議院議員選挙の例に戻ろう。選挙結果における男女の格差をどのように説明することができるだろうか。S.ハスランガーは、以下の三種類の説明を区分している[3]。

生物学的説明：男性と比べて、女性は生まれつき、政治的競争に不向きである。
個人主義的説明：男性と比べて、女性は、政治家としての生活よりも家庭生活を好む人が多い。
構造的説明：男性と比べて、女性は政治的な競争において不利になるような

---

(3) Sally Haslanger, *What is a (Social) Structural Explanation?* 173 PHILOS. STUD. 122 (2016). なお、以下の説明は、衆議院議員の例に合わせて若干改変している。

構造に置かれている。

以上の三種類の説明のうち、どれをとるのかに応じて、当選者数の格差に対する規範的評価は異なってくるだろう。生物学的説明をとるならば、男性は生まれつき政治に向いているのであり、このような格差が生じるのは自然なことである、と評価されることになるだろう。個人主義的説明をとる場合には、政治生活を選択するかしないかは、個人の自由の問題であり、格差は自由な選択の結果として生じたものであり、取り立てて問題とするには当たらない、あるいは問題視して選択の結果に介入することのほうがよっぽど問題である、と評価されることになるだろう。

これに対して、構造的説明は、女性の行動を女性の生物学的特徴や、選好、信念などに言及するのではなく、女性の行動を一定の仕方で制約している社会構造を参照することによって、先の選挙結果を説明しようとする。しかも、この構造は規範的な評価の対象でもある。女性が男性と比べて、強い制約を受けていることは不正義だからである。以上のように、「他の説明では見失われてしまう状況の規範的次元に光を当てることができる」[4]のは構造的説明だけであり、「構造的説明ぬきでは、不正義は不明瞭なものとなっしまう」[5]、というのである。

2 方法論的個人主義からの批判

以上の構造的説明は、「重大な規則性、すなわち、類似した仕方で選択を制約されている人たちは、類似した仕方で行動しがちであるということを説明するための資源を提供する」[6]という利点を有しており、社会科学において、重要な役割を果たしうる反面、構造という個人には還元できないものを呼び出している点で、疑念も向けられている。周知のように、社会科学の哲学においては、方法論的個人主義と方法論的全体主義との間の長い論争がある[7]。この論争において、構造的説明はどのように位置づけられるのだろう

---

(4)　Haslanger, *supra* note 3, at 124.
(5)　Haslanger, *supra* note 3, at 124.
(6)　Haslanger, *supra* note 3, at 124.
(7)　この論争についてのレビューとしては、Geoffrey M. Hodgson, *Meaning of Methodological*

か。まずは、方法論的個人主義をざっくりと定義しておこう。

方法論的個人主義：よい社会科学的説明は、高次の社会的実在、属性、原因に言及することなく、もっぱら諸個人と個人間の相互行為についての事実のみに言及して行われるべきである[8]。

この定義は文字通り、「ざっくり」としたものである[9]。しかし、このざっくりした定義だけからでも、構造的説明に対する、方法論的個人主義の側からの批判が予測できるだろう。この批判をF. ジャクソンとP. ペティットは、次のように表現している。「構造的説明によって召喚されている要因の大半が、個々の人間に対して、どのように影響を与えると考えられているのか、まったくもって不明確である」[10]。

先の衆議院議員選挙の話を例にとると、男女の格差を示す統計的数値はたくさん存在する。この統計に依拠して、女性差別的な社会構造の存在を想定し、それを説明項として、当選者の男女格差を説明することは一見、もっともらしい。しかしながら、方法論的個人主義からすると、そのようなものがどのようにして個々人の行動に影響を与えているのかが示されない限り、よい説明とは言えない。この点を、ジャクソンたちは最も有名な構造的説明に対して、「プロテスタント的倫理のような抽象的な何かが、どのようにしたら資本主義者予備軍の心理的プロファイルを直接的に生み出しうるのか」[11]と当てこすっている。

Individualism, 14 (2) J. OF ECON. METHODOLOGY 211 (2007).
（ 8 ） Christian List and Kai Spiekermann, *Methodological Individualims and Holism in Political Science: A Reconciliation*, 107 (4) AM. POL. SCI. REV. 629 (2013).
（ 9 ） リストたちは、この定義を戦略的、意図的にざっくりしたものにとどめている。というのも、リストたちが示そうとしているのは、方法論的個人主義も全体主義もいくつかの解釈が可能であり、解釈次第では、両者は矛盾する一方で、別の解釈においては、矛盾せず両者を統合することも可能だ、ということだからである。List and Spierkermann, *supra* note 8.
(10) Frank Jackson and Philip Pettit, *Structural Explanation in Social Theory*, in REDUCTION, EXPLANATION, AND REALISM 110 (David Charles and Kathleen Lennon eds., 1992). ただし、ジャクソンたちは、方法論的個人主義だけが唯一説得力のある説明であるという見解に依拠しているわけではない。
(11) Jackson and Pettit, *supra* note 10, at 110.

要するに、社会構造のような抽象的な何かが具体的に人々の行動に与える影響のメカニズムが示されない限り、構造的説明は、闇の政府の存在を言い募る陰謀論とさほど違いがないことになろう。

III 構造による制約

1 構造的説明に必要なこと

以上で確認したような陰謀論と同型ではないかとの批判に対して、構造的説明の擁護者はどのように答えるべきだろうか。陰謀論は構造的説明の最も醜悪な形態であるのかもしれないが、構造的説明そのものは、社会科学にとって重要なものでありうる。というのも、構造的説明は、多様な背景をもつ人々の類似した行動という規則性を説明する潜在能力を有しているという利点を有しているからである。要するに、陰謀論と同型であるというだけの理由で、構造的説明をすべて放棄するのは性急に過ぎるであろう。

構造的説明という企てを捨て去ることなく、ある問題(例えば、先の衆議院議員選挙の結果における男女比)に対して構造的説明を行おうとするならば、構造とされるものがどのようにして人々の行動に影響を与え、統計に表れるような格差をもたらしているのかを可能な限り明瞭に説明することが求められるだろう。逆に言うと、そのような作業を重ねることによってしか、先の衆議院議員選挙の結果についての構造的説明は、陰謀論から差別化できないだろう。

もちろん、私には、構造的説明の明確化のような大きな問題を解決するだけの能力はない。そこで、以下では、それぞれ別個に構造的説明を理論化しようと格闘してきたハスランガーとI.M.ヤングという二人の理論家たちの言葉を参照しながら、構造的不正義のメカニズムの明確化へ向けて、一歩でも前進していきたい。

この目的のために戦略的に重要であるのは、構造が個人の行動に対して与える影響の一つの現われである「構造的制約」という観念である。ハスランガーによれば、(広義の)構造とは、「いくつかの部分からなる複合的な実在であり、構造のある部分による行動は、他の部分との関係で制約されてい

る」[12]。このように、構造は個人の行動に制約を加えるものと理解されており、その性質、働きを明確化することが、構造的説明にとって死活的に重要である。

2　構造的制約の特徴

　ハスランガーは、この構造による個人の行動に対する制約が、因果プロセスとは別物でありうることを強調している[13]。ヤングも同様に、「構造が制約するというのは、構造が自由を除去するということを意味しない」[14]と述べている。つまり、ある女性立候補予定者は、「立候補する」という動機を、構造という謎めいたものによって強制的に除去されているわけではなく、彼女は立候補しようと思えばできるのである。したがって、この予定者の立候補の断念の直接的な原因は、彼女の選択に求められるであろう[15]。

　にもかかわらず、トークンとしての女性立候補予定者の選択だけでは、タイプとしての女性の立候補者数、当選者数が少ないという現象は、依然として説明されたことにはならない。このような男女の格差が起きるのはどうしてであろうか。ヤングによれば、「社会構造上のプロセスは、個人が選択を行うさい、自身の選択肢の種類と幅に違いを生みだす」[16]のであり、女性にとって政治家となるということは、性別分業規範によって、男性とは異なった意味が与えられているからである。

　ハスランガーもまた、「社会的制約は、制限を課し、思考とコミュニケーションを組織化し、選択アーキテクチャーを創出する。要するに、社会的制約は行為することができる可能性の空間を構造化する」[17]として、構造に

---

(12)　Haslanger, *supra* note 3, at 118. ただし、部分同士の関係を、制約だけに限定するのは狭すぎるだろう。というのも、部分同士の関係によってあらたに可能となる選択肢も存在するように思われるからである。以下では、制約という言葉を広い意味で、すなわち、選択肢の縮減と増大という二つの意味で用いることにする。
(13)　Haslanger, *supra* note 3, at 127.
(14)　Iris Marion Young, Responsibility for Justice. 55 (2011), 岡野八代・池田直子訳『正義への責任』96 (2022).
(15)　Haslanger, *supra* note 3, at 123.
(16)　Young, *supra* note 14, at 55, 邦訳 96.
(17)　Haslanger, *supra* note 3, at 127.

よる選択肢の集合の制約に焦点を合わせ、家庭内での男女の関係、利用可能な選択肢が制限されていることなど、背景的構造的制約を参照することが、この現象の説明には不可欠であると主張している[18]。

このような構造による制約は、行為主体自身の選択というよりは、行為主体にとって外在的なものである。ハスランガーは、この点を、「私の行動は私自身のものであり、私の思考、願望、目的によって引き起こされている。しかしながら、私が依拠する資源、私の行動の意味は、私だけのものではなく、私がその一部をなしている構造に依存している」[19]と表現している。このような構造的制約の特徴を、ヤングは「客観的制約」[20]と呼んでいる。

ここで客観的という言葉の意味を明確にするために、構造的説明に対するジャクソンとペティットによる批判を思い起こしてみよう。彼らは、構造がどのような仕方で個人の心理的プロファイルに影響を与えるのかが不明確であることを批判していた。しかし、構造の個人に対する影響は、心理的プロファイルに対するものに限定される必要はない。たとえば、私の選択肢集合から「政治家になる」という選択肢が除去されたとしても、私が端から政治家になろうと思っていなかったとするならば、この選択肢の除去は私の心理的プロファイルには何の影響も与えていないかもしれない。その場合であっても、私の選択肢集合は構造によって、制約されている。構造的不正義が問題としているのは、「社会構造の働きにより提起される社会正義の問題とは、こうした構造によって、個人が手にする選択肢の種類や幅における違いが生まれることは、はたして公正なのかどうか」[21]という問題なのである。

IV 社会的選択理論という向こう岸から

1 一般的観念と具体的な現象

以上で確認した構造的制約はさまざまな場面において見いだすことができ

---

(18) Haslanger, *supra* note 3, at 123.
(19) Haslanger, *supra* note 3, at 128.
(20) YOUNG, *supra* note 14, at, 邦訳 92.
(21) YOUNG, *supra* note 14, at 55, 邦訳 96.

るだろうが、構造的制約という一般的観念と立候補の断念のような具体的な現象との間には依然として距離があることも確かである。

　構造的説明が目指しているものは、多くの女性が立候補せず、しかも立候補したとしてもなかなか当選できないという具体的な現象の説明であるとするならば、構造的制約が具体的にどのように作動して、そのような格差が生じているのかについてさらに明確化することで、この距離を縮める必要があるだろう。さらに、具体的なメカニズムが明らかになると、それに対する対応策も明らかになるだろう。

　それでは、具体的なメカニズムの解明に向けて、さらに一歩進むためにはどうしたらよいだろうか。この点に関しては、さまざまな進み方があるだろうが、本稿では、あえて、社会的選択理論という向こう岸にわたってみたい。というのも、社会的選択理論と構造的説明とは相補的な関係に立ちうるものと思われるからである。構造的説明は個人の選択肢の集合の生成過程に焦点を合わせている反面、そこからの個人の選択のメカニズムについての説明が薄いきらいがある。これに対して、社会的選択理論は方法論的個人主義の伝統に依拠しつつ[22]、所与の選択肢集合からの個人の選択に焦点を合わせているものの、個人の選択肢の集合は、所与のものと扱われ、その生成過程や選択肢の集合の個人間比較の問題は軽視されることが多い。そこで、構造的不正義を構造的説明と社会的選択理論という二つの視点から複眼的に観察することにしたい。

2　選択肢の集合と構造的不正義

　ある女性Aと男性Bがそれぞれ今度の衆議院議員選挙に立候補するか検討している、としよう。両者の選択肢の集合は ｜立候補する、立候補しない｜ として表現できる、としよう。さらに、Aは立候補を断念したのに対して、Bは実際に立候補したとしよう。この場合、Aの選好順序は「立候補

---

[22]　K.アローが社会的厚生関数に課している条件のうち、「市民主権の条件」として分析している条件4は、方法論的個人主義に立脚しているものと理解できる。KENNETH J. ARROW, SOCIAL CHOICE AND INDIVIDUAL VALUES, 29 (2d ed. 1963), 長名寛明訳『社会的選択と個人的評価』46 (1977).

しない＞立候補する」であるのに対して、Bの選好順序は「立候補する＞立候補しない」であり、両者はだれに強制されるでもなく、自分にとって望ましい選択肢を選択したのだと説明することも可能であろう。

　しかしこのような説明においては、構造的不正義は見えなくなってしまっている。それでは、構造的不正義は以上の記述のどこに作用するのだろうか。一つの場所は、選好順序であり、この点を強調してきたのが、「適応的選好」論である[23]。つまり、Aも本当は、「立候補する＞立候補しない」という選好順序を有しているのだが、衆議院において女性議員の数が少ないことを見聞し、自分が衆議院議員になることは無理だと判断し、虚しい希望を封印し、「立候補しない＞立候補する」という選好順序をもつに至ったというのである[24]。

　構造的不正義が働いているかもしれないもう一つの場所は、選択肢の集合である。不正義の働き方としては二つの可能性がある。一つの可能性は、｛立候補する、立候補しない｝以外の選択肢の存在である。Aには政治家になるよりももっと魅力的な選択肢、たとえば「教祖になる」が存在するものの、Bにはそのような選択肢は存在しないとしよう。その場合、AもBもともに、立候補する方が立候補しないよりも望ましいと考えていたとしても、Aは立候補せず、教祖になる道を追求し、Bは立候補することになるだろう。このように、人々の選択は選択肢の種類や幅に影響を受けるのであり、選択がもつこのような性質をA.センは「メニュー依存性」と呼んでいる。ヤングが念頭に置いていたのはこのような選択肢の集合の相違が女性の選択に与える影響であるのかもしれない[25]。

　構造的不正義が選択肢の集合に対して働く第二の可能性は、立候補するという選択肢の意味やコストなどの相違である。これまで、立候補するという

---

(23) JON ELSTER, SOUR GRAPES: STUDIES IN THE SUBVERSION OF RATIONALITY (1983), 玉手慎太郎訳『酸っぱい葡萄　合理性の転覆について』(2018).
(24) ただし、ハスランガーやヤングはこの道を追求しているわけではない。
(25) AMARTYA SEN, RATIONALITY AND FREEDOM, ch. 4 (2002), 若松良樹、須賀晃一、後藤玲子監訳『合理性と自由（上）（下）』第4章 (2014). ただし、メニュー依存性には、本文で取り上げたような最善の選択肢の付加以外にもさまざまなタイプのものがあり、選択肢の集合であるメニューの選択への影響の仕方もそれに応じて多様であり得る。

選択肢のAにとっての意味やコストと立候補するという選択肢のBにとっての意味やコストを同じものとして扱ってきた。しかし、性別分業規範が強固な社会においては、そうであるとは限らない。そのような社会においては、女性がリーダー的な役割を担うことに対して拒否反応が強く、女性の立候補者に対する非難が加えられる可能性が高いかもしれない。このように選択肢の記述にコストや便益などを組み込み豊かにすることにより、立候補を断念する女性が多いこと、そして断念という選択が女性にとって、合理的でさえありうることを示すことができるかもしれない。

V　おわりに

先の衆議院議員選挙における格差など、統計的に有意な差について、十分に説明しようとするならば、どのようなモデルが必要だろうか。前述した生物学的説明や個人主義的説明も一つの候補となるだろう。それらの説明は、生得的な差や個人の選好の差などシンプルな仮説に依拠しているという利点を有しているものの、データとどこまで適合しているのか、心許ない部分もある[26]。

これに対して、構造的説明は、先の二つの説明よりは、データとの適合度が高いようにも見えるものの、モデルの内容が不明確であり、何でも説明できてしまう危険がある。何でも説明できる過適合は、モデルの利点であるというよりは、欠点である。その一つの理由は、モデルの予測力が減じることにあろう[27]。あれもこれも構造の中に放り込んでしまうと、構造というマジック・ワードで何でも説明できた気にはなるものの、予測もできなければ、予測に依拠して政策を構想することも困難になるであろう。

本稿は、構造的不正義の明確化を目指し、構造的説明から、選択肢の集合の生成過程についての理論を、社会的選択理論から、所与の選択肢の集合か

---

(26) もちろん、このあたりの判断は実際にデータをとってみなければ、わからない。したがって、以下の記述は、推測にすぎない。

(27) Jun Otsuka, *Ockham's Proportionality: A Model Selection Criterion for Levels of Explanation*, in RISKS AND REGULATION OF NEW TECHNOLOGIES, (Tsuyoshi Matsuda, Jonathan Wolff, and Takashi Yanagawa eds. 2020) 47-64.

らの個人の選択についての理論を借用するという道筋の可能性を示した。この道筋に沿ってどこまで行けるかは、実際に歩んでみなければわからない。この点については今後の課題としたい。

平等の理論と現実
―― アメリカ黒人人種差別問題を手がかりに ――

細 見 佳 子

I　はじめに
II　アンダーソンによる黒人人種差別問題に関する見解の概要
III　若干の検討
IV　おわりに

I　はじめに

　本稿は、アメリカ合衆国の黒人人種差別という具体的な問題を題材にして、現実の問題から理論を展開する論者――現代アメリカの平等論を牽引するエリザベス・アンダーソン（Elizabeth Anderson）――による理論を紹介し、若干の検討をするものである。
　アメリカの哲学者であるエリザベス・アンダーソンは、「平等論の論点は何か」（"What Is the Point of Equality?"）という論文において、ロナルド・ドゥオーキン（Ronald Dworkin）等の主要な平等主義者による理論的アプローチの特徴を、「運の平等主義」（"luck egalitarianism"）という概念を導入して批判したことで脚光を浴びた[1]。アンダーソンが2023年に刊行した『ハイジャックされた』（Hijacked）の冒頭には、アンダーソンの紹介として、「2019年に『ニューヨーカー』は彼女を、『平等と自由は相互に依存しているという見解を提示するチャンピオンである […] アンダーソンは、アメリ

（1）「平等論の論点は何か」の紹介として、細見 2011；同 2014 参照。

カ人の生活が厄介な状況にあるこの時代に最も相応しい哲学者であるだろう』と評した」（Anderson 2023: i）との記述がある。

Ⅱ　アンダーソンによる黒人人種差別問題に関する見解の概要

1　アンダーソンの著作

　アンダーソンは論文「平等論の論点は何か」の後、2017年に『私的統治』（*Private Government*）で労働者の問題を扱い、近年では2023年に前述の『ハイジャックされた』で、労働者の問題を、新自由主義による労働倫理の変化という視点から展開している。彼女がアメリカの黒人人種差別の問題を正面からとりあげるのは、2010年の『統合の要請』（*The Imperative of Integration*）である。本稿では、この『統合の要請』を、彼女の主張が集約されている序と第1章を中心に、詳しく見てみたい。

2　『統合の要請』

　『統合の要請』の中で、アンダーソンが問題にするのは、社会的不平等・隔離・スティグマであり、理想とするのは、社会的平等・統合・レスペクタビリティ（respectability）の維持である（Anderson 2010: 1-22, 155）。つまるところ、タイトルの『統合の要請』が示すように、隔離が何よりも問題であり、統合が喫緊の課題として要請されると訴えるのだ。アンダーソンは、多様性を賞賛し、多文化主義を掲げるだけでは、人種の不平等を解消できないと言う。「社会集団の隔離は、集団の不平等の主要原因である」(ibid: 2)とアンダーソンは主張する。

(1) 隔離が問題だ！

　アンダーソンは、序文で次のように述べている。1988年にデトロイトへ転居するために家を探した際、明瞭な居住区分に驚いた。南はすべて黒人、北は白人と分かれ、白人の家主が「ここでは黒人とは一線を画している」から心配いらないと言う。結局、彼女は黒人が8割を占める南地区に住むことにして、地域住民と心を許し合う人間関係を形成した。しかし、職場のミシガン大学では状況は異なった。黒人など、白人以外の学生を標的にした人種

差別的な事件がキャンパス内で多発し、警戒態勢がとられていた。「黒人は木にぶら下げて絞首刑にすべきだ」という描写入りの人種差別的なチラシがキャンパスに貼られた。このようなあからさまな人種差別事件が注目は集めたが、主要事案ではなく、影響も限られていた。より蔓延し陰湿で累積的な被害は、人種による不快感、疎外感などの微妙なパターンだった。例えば、白人学生が白人に特有の問題に焦点をあて、黒人が述べたことを無視したり、黒人を無意識に侮辱したりといったことが徐々に広がることが深刻であった。彼女は教育が何か善処しうるように思えた。そして、カリキュラム改革を通して問題に対処する取り組みに参加した。彼女は、文化的多様性の探求と称賛ではなく、人種に基づく不平等の研究に焦点を当てた。多様な人種的アイデンティティを持つ学生が相互に敬意をもって、人種的不平等の歴史、原因、結果について協力して取り組む場を提供したいと考えた。アンダーソンは、本書の前提は、人種、民族、その他のグループの統合が、民主主義社会にとって極めて重要な理想であり、基本的な制度がうまく機能するために必要であるということだ、と述べる（ibid: ix-x）。

そのうえで、「本書は公民権運動の墓から統合の理想を蘇らせることを目的とする」（ibid: 1）と述べる。アンダーソンは、多文化の認識だけでは人種不平等を解消できないと主張する。事実として、黒人が白人より短命であること、13％の黒人男性が重大な犯罪で有罪判決を受けて市民権を奪われていること、1／3の黒人の子どもが貧困状態にあることを、多様性賞賛では埋め合わせできない。そして、次のように説明する。社会的集団の隔離は、集団の不平等の主要原因であり、隔離すると、黒人は公私の資源から、つまり人的・文化的資本から、そして職のコネや政治権力につながる社会的ネットワークから遠ざけられる。隔離は、富を蓄積し、信用を得る能力を低下させる。隔離は不利な立場の人々についてのスティグマ付きのステレオタイプを強化し、差別を引き起こす（ibid: 1-2）。

また、隔離はデモクラシーをも掘り崩す。デモクラシーの理念は、社会を平等な市民のシステムとして現実化する、文化的・政治的制度を追求する。デモクラシーの政治制度は、すべての市民の利益と関心に平等に応じるべきであり、平等に責任を負うべきだ。分離はこの理想とこれらの原則の実現を

妨げる。隔離が社会的不平等と非民主主義的な実践の根本的な原因であるとしたら、統合は平等とデモクラシーを促進するものである。このゆえに、統合は正義の要請である。ところが、人種に基づくアファーマティヴ・アクションは、いくつかの州の住民投票によって禁止されており、その禁止はさらに広がりをみせている。統合政策は後退している。よって、この書『統合の要請』では、なぜこの後退がアフリカ系アメリカ人だけでなく、アメリカ全体にとって大惨事であるのかを説明する。こうした傾向に対して、私たちは統合を政治課題の中心に戻す必要があると訴える（ibid: 2-3）。

黒人ナショナリストたちは、人種隔離は容認して、人種平等の達成を希望するが、それでは達成は無理である。なぜなら、人的資本・文化資本・就職のコネ・政治的バックアップなどの様々な資源に繋がる社会的なネットワークから遠ざけられると、職を得ることも仕事を上手く遂行することもできない。このできないことだけを取り上げて、黒人は能力が低いとみなす。そして、「黒人は無能である」というスティグマを付与した黒人のステレオタイプを強化して、差別を引き起こす。アンダーソンによると、人種隔離は、デモクラシーも公務員の能力も掘り崩すため、アフリカ系アメリカ人にとってのみならず、アメリカ全体にとっての大惨事である（ibid: 2-3）。

(2) 事実が重要だ！現実の問題から始めよう！

アンダーソンは、まず第1章で、「隔離が集団の不平等といかに結びついているかという理論を概観」（ibid: 23）する。議論を展開するにあたり、「私は完璧に公正な社会のための原則や理想を提唱するのではなく、現在の世界における不正義に対処し、より良い方向へ私たちを動かすために必要な原則や理想を提唱しているのである」（ibid: 3）と述べる。アンダーソンによると、私たち人間は、何が最善で何が最も正しいかという規範的な考察をする前に、まずは事実的な問題の存在を認識するものであると言う。政治哲学でありながら、まず現実世界の分析から始める理由を、第一に人間の認知能力に合った原理にするため、第二に問題を引き起こす根本的な原因についての、適切で詳細な実証的調査を行い、真の原因を特定しなければ、問題の解決はできないため、第三に理想理論から出発すると現実世界の不正義を認識できないためと、アンダーソンは説明する（ibid: 3-7）。

(3) ティリーとヤングが種本

　アンダーソンが主に依拠する理論は、社会学者チャールズ・ティリー（Charles Tilly）の平等論である。アンダーソンは次のように言う。「世界中の大規模で永続的で（stable）体系的な社会的不平等は、人種、性別、民族、宗教、カースト、部族、氏族、家系、国籍など、さまざまな種類の集団アイデンティティと結びついている。チャールズ・ティリーはこれらを『永続的な不平等』（"durable inequalities"）と呼んだ。IQ、身長、肌の色などのような様々な個人の特徴ではなく、黒人／白人、男性／女性、国民／外国人、ヒンズー教徒／イスラム教徒などの対の社会的カテゴリーとの結びつきを強調するために、私は、それら不平等を『集団』や『カテゴリー』の不平等（"group" or "categorical" inequality）と呼びたい」(ibid: 7)。その上で、アンダーソンは、特権階層が、高等教育の独占的管理や、階層で分離した住居、異人種間の婚姻に反対する規範などの実践によって、何世代にも渡って優位性を固定できてきたことをみれば、階層的不平等もまたカテゴリー的不平等の根拠となる可能性があると指摘する。これは米国の実情であり、米国の階層移動性は絶対的に低く、平等主義的な政策を採用するカナダやスカンジナビア諸国よりもはるかに低いと言う（ibid）。

　ここで、アンダーソンは、物質的資源・権利・特権・権力・尊敬における不平等と、社会集団やカテゴリーとの関係を問題にする。そして、マックス・ウェーバー（Max Weber）が、カテゴリー的不平等は社会的閉鎖（social closure）から生じると主張したことに言及する。ウェーバーによると、ある集団が土地や技術などの重要な財の支配権を得た場合、部外者に対してその集団を閉じることで、優位性を確保する。この集団外からのアクセスをブロックして隔離する方法を、ティリーは、ウェーバーに基づき、「機会の溜め込み」（"opportunity hoarding"）と呼び、アクセスは許可するが外部集団から生産的貢献の一部を奪うメカニズムを「搾取」と呼ぶとアンダーソンは言う。機会の溜め込みが不平等を永続的にしている例として、アメリカの白人が、黒人・ラテン系アメリカ人・アメリカ先住民に教育をまったく提供しないか、質の劣った教育を提供することで、長期にわたり機会を溜め込んできたことなどが挙げられる。搾取の例として、土地を持たない黒人たちに白人

地主が借金返済と分益小作制度を課して搾取することなどが挙げられる (ibid: 7-8)。

　アンダーソンによると、ティリーは、カテゴリーの不平等が競争と適応という二つのメカニズムで新しい領域に広げられると、集団的不平等が蔓延して組織化されると主張する。まず、団体が他で確立されたカテゴリーの不平等を模倣する。例えば、ある工場の分業で、女性は簡単で低賃金な仕事へ、男性は高水準で高賃金の仕事へ割り当てられる。他の企業も上出来の男女別割り当てモデルを模倣してコストカットを図る。既存のモデルを模倣することで、競争上で優位に立てるなら、差別の意図なしにモデルはネオダーウィン流に普及しうる (ibid: 8)。そして、その不平等なモデルが、新しい別の領域に広がり、支配と従属の習慣が領域を超えて広がり、適応していく (ibid: 9)。

　このカテゴリーの不平等が広がると、集団の生得的な差異についての物語を創作して、不平等を説明して正当化する。例えば、白人は安定した仕事へのアクセスを同胞の白人に制限する傾向があり、黒人を第二次労働市場の臨時、パートタイム、または周辺的な仕事に追いやっている。それが積み重なると、白人は長期安定雇用に就いてきた履歴書を入手することになるが、黒人の履歴書は途切れ途切れの雇用記録となり、それが彼らの労働倫理の低さの表れと解釈され、企業は黒人を正規雇用することをためらうということが正当化される。黒人の集団は、仕事という財にアクセスするための資格を得る経験を剥奪され、その剥奪が継続的な剥奪を正当化することになる。生得的な集団の差異（例えば、白人と黒人集団の労働倫理における差異）というイデオロギーが、集団の不平等（両集団の労働市場における不平等）という結果を、誤って原因と解釈させている (ibid)。

　ティリーの理論は、集団の隔離が、カテゴリー的不平等の根幹であると特定している (ibid)。

　アンダーソンによると、ティリーの理論の特徴は、第一に、カテゴリーの不平等についての一般理論であること、第二に、不平等が生じるのは、集団・個人の特性でなく、集団間の関係・集団の交流方法からであるとの主張、第三に、不平等は無意識に広がり得るし、カテゴリー的不平等は、他の

目標を目指した無意識の活動や行動の副産物として生じるとの主張、第四に、外の集団に対する軽蔑・反感・偏見は、集団の不平等の原因ではなく結果である、つまり、有利な集団が境界保持のために、集団の不平等を正当化し、偏見が結果的に生じるとの主張、である (ibid: 10-11)。

アンダーソンは、このティリーの理論が、カテゴリー的不平等の原因について有力な説明を提供すると言う。彼女が是認するティリー理論の重要な特徴は、①集団の不平等にとって隔離が中心的役割を果たすこと、②集団のタイプは違っても不平等のメカニズムは一般的であること、③集団の差異に対する集団間関係の優先性、④意識的な偏見とは無関係な不平等の広がり、⑤アイデンティティや偏見やイデオロギーに対する不平等の実践の優先性である。しかし、アンダーソンは、ティリーの理論には、集団の不平等と集団の不平等の基本的な形態の根底にあるメカニズムに関する修正と拡張が必要であると次のように言う (ibid: 11)。

テイリー理論は、経済・文化・競争のメカニズムに焦点をあて、他の原因を除外している。第一に、暴力と征服が、歴史的にカテゴリー的不平等の重要なメカニズムであったし、社会的地位の不平等の維持拡大に重要な役割を果たしていることを追加すべきである。第二に、重要な財への支配を獲得した集団が、他の財をも支配するために、重要な財を支配している優位性を「てこ」("leverage") として利用するメカニズムの追加が必要だとアンダーソンは言う。第三に、ティリーは、政治権力・法政策の役割を軽視し過ぎている。第四に、集団の不平等に関する包括的な理論には、不平等を再生産するような集団間の交流を引き起こしている、ステレオタイプ化や偏見といった心理的メカニズムの説明が含まれていなければならない。ティリーは、集団の偏見を単なる不平等の副産物として簡単に片づけている。最後に、集団のメンバーの労働に対する見返りと彼らが生産に加える価値との間のギャップとしての搾取というティリーの定義は、当事者たちの関係に基づく手続的な定義へ修正する必要がある (ibid: 11-12)。

さらに、アンダーソンは、ティリー理論の問題点を指摘し、次のように言う。ティリーの理論は、物質的な不平等に焦点を当てている。出発点として、政治哲学者アイリス・ヤング (Iris Young) の不正な形態の集団間関係

の類型学を採用することで、他のタイプの集団の不平等をカバーして、ティリー理論を発展させることができる。ヤングによると、抑圧には、搾取、疎外（marginalization）、暴力、文化帝国主義、無力（powerlessness）という「5つの側面」("five faces")がある。なお、ヤングの搾取の概念はティリーの概念とおおよそ一致している。疎外は、長期的に失業している集団が生産的な生活に参加する機会から排除される、機会の溜め込みの極端なケースの一端を捉えている。ヤングの他の3つのカテゴリー（暴力、文化帝国主義、無力）については、ティリーの理論では、明確に対応するものはない（ibid: 13）。

集団ベースの暴力とは、社会的集団の一員であることなどを理由に、人々に物理的な力を加えることである。文化帝国主義は、支配的な集団の文化や世界の解釈を従属的な集団に強制したり、支配集団の偏った認識を権威あるものとして喧伝したりすることである。無力とは、ある者が他者とともに生きる制度の意思決定、特に国家の意思決定に参加する有意義な機会を他者が与えないために、自分の状況や周囲の世界に影響を与えることが不可能な状態のことである。無力には、レスペクタビリティの否定も含まれる（ibid: 13-14）。

アンダーソンは、疎外と搾取は、差別的隔離のコインの2つの異なる側面を表しているとする。公的には疎外しながら、私的には従属的な条件で親密な関係をもつ。それは、公共領域では人種差別をしておきながら、例えば、白人女性は子どもの世話を黒人に任せて家事から特権的に逃れる搾取をしているとする（ibid: 15）。

支配的な集団によって、国家権力が溜め込まれると、その有力集団は、国家権力をてことして利用し、隔離を他領域へと拡大する（ibid: 16）。

(4) レスペクタビリティ

無力の説明部分で、アンダーソンは「レスペクタビリティ」について次のように説明する。レスペクタビリティは、身の周りで起こっている状況に発言権があり、他者から傾聴してもらい、丁寧な応答を受けとる資格を他人が認めることによって構成される社会的地位である。アンダーソンによると、投票権のような参加権と同様に、レスペクタビリティを否定されると、無力

へつながる（ibid: 14）。

(5) 集団不平等の不正義に関する関係論的説明

アンダーソンは、不平等の関係論は、集団の不平等の原因を、個人の特性や文化の差異ではなく、集団間の関係（相互作用の過程）に求めると言う。人々の間の不平等な関係、つまり社会階層の様式が、正義の理論での直接的な規範的評価の対象であるため、不平等の関係論は、有用な視点を提供するとも主張する。アンダーソンによると、関係論は生産関係や社会関係を見る（ibid: 16-17）。

アンダーソンは、民主主義社会に特有の規範的特徴は社会的平等であり、民主主義社会の全ての構成員は、平等な関係に立つという正当な要求を持つとする。それは抑圧がないという水準以上の、分配を含む要求となる。分配が不正な社会関係を引き起こさないために、2つの要求が、さらに生じる。第一に、市民は社会において平等な者として参加することを可能にするのに十分なレベルの財を要求する権利があるということである。アンダーソンによると、それには、例えば、一般的な世間の水準のレスペクタブルな外見に従って、恥ずかしくなく公の場に現れることができる十分に良い衣服を購入するのに足りる収入を得る権利が含まれる。これには、公共財の一定の配置への権利も含まれる。車椅子で移動する人は、公共生活に参加する機会を逃さないように、そのニーズに対応する公道、建物、交通機関のインフラを利用する権利がある。対応力のある公務員への公平なアクセスもこの項目に当てはまる（ibid: 18）。第二に、自分の才能を開花させる公平な機会を主張できるともアンダーソンは主張する（ibid: 19）。これらは、従来からアンダーソンが主張していることであり、1999 年の「平等論の論点は何か」論文にも示されている（Anderson1999: 317-8, 320; 細見 2011: 134-5）。最後に、財の分配は不当な社会関係によって引き起こされうる。国家による是正措置も必要となると主張する（Anderson2010: 19-20）。

アンダーソンは第 1 章の終わりに、この本の目的は、民主主義社会における正義の要請および集団間関係の理想としての統合を確立することである、と述べ、次のように言う。集団の不平等は、ある集団が重要な財に関して支配的な地位を獲得し、他集団がこれらの財へアクセスできないように社会的

閉鎖を実践するときに発生する。財に対する一部の集団による支配は、模倣、適応、てこの作用、暴力、政治的支配によって他の財にまで及ぶ。このように、集団の不平等は、社会集団間の関係またはシステマティックな相互作用から生じる。不平等が不正かどうかは、それが不公平な社会関係によって引き起こされたか、引き起こす傾向があるかどうかによって決まる（ibid: 21-22）。

(6) 人種隔離と物質的不平等

黒人は、健康、富、教育、雇用、犯罪被害と関与、政治への参加など、福利厚生の事実上あらゆる客観的尺度において、白人や平均的なアメリカ人よりも劣悪な状態にある。また、黒人は、近所、学校、職場、教会、家庭など、ほとんどの領域で白人から厳しく隔離されている。集団の不平等の関係理論は、この隔離とそのプロセスが、人種的不平等を説明すると主張する。隔離により、黒人は、雇用の機会、小売および商業サービス、公衆衛生の財へのアクセスから隔離されており、それは、経済的、人的、社会的、文化的資本を蓄積する能力を妨げる。この政策は、彼らから、まともな公立学校での教育や適切な法執行など、国が提供する財へのアクセスを奪う一方、より高い税負担と、警察による差別的な慣行にさらしている。ここで提示された証拠は、隔離が、黒人が不利な状態にあることの重要な原因であることを示しているとアンダーソンは考える（ibid: 23-43）。

(7) 隔離・スティグマ・差別

アンダーソンは、人種隔離がいかに人種的偏見を引き起こすのか、そしてその偏見がいかに黒人の不利益を広めるのかを、心理メカニズムによって検討している（ibid: 44-66）。隔離とそれによって黒人が被る不利益の原因について、白人は道徳的に無罪であると主張する論者に対して、アンダーソンは、国家や地方自治体も隔離に関与したことなどの証拠をもとに反論する（ibid: 67-75）。黒人差別は黒人自身に責任があるという保守派の言説に対し、隔離やスティグマが差別につながっていると反論する。有害で不当な隔離を廃止し、黒人にも公正な機会をあたえるべきだと説く（ibid: 75-88）。

(8) 民主主義の理念と隔離

アンダーソンは、民主主義はメンバーシップ組織、統治形態、文化として

理解でき、民主主義の実現には、市民社会と国家における社会集団の包括的な統合が必要であると説く。平等な市民権を求め、民主主義社会に平等な市民として包含されるために黒人が奮闘してきた歴史は、多くの教訓を与えてくれるとする (ibid: 89-111)。

(9) 統合の要請

アンダーソンは、隔離が不正義の根本原因だとし、その解消には統合が必要だと訴える。まずは、国家による差別撤廃によって、地域の公共財へのアクセスが得られる。さらに社会的統合により、雇用や教育での統合が見込まれ、それにより偏見や差別が減退していく。インフォーマルな統合も差別軽減に重要な効果をもたらす。結果として、より熟議的で公共的・民主的な政治が実現する (ibid: 112-134)。

(10) 統合の試練と約束

アンダーソンは、自身が提唱する統合は、黒人にとってもストレスであり、試練になるとする (ibid: 180-183)。しかし、アンダーソンは、隔離は、黒人から社会資本や文化資本を豊かにする機会を奪い、黒人以外の学生からは人種的偏見を克服するために必要な経験を奪い、民主主義としての文化を実現するために必要な共同の視点を私たち全員から奪うのだと言う (ibid: 183)。ここで、アンダーソンはアイリス・ヤング批判を展開して、以下のように述べる。ヤングは、統合の取り組みが間違った問題に焦点を当てることになり、恵まれない集団に変化を強いるため、失敗すると主張する (ibid: 184-185)。ヤングは、資源を分配することで人種の平等が達成できる世界を想像している (ibid: 186)。しかし、黒人の不利益は、単に物質的資源の不足によって引き起こされるのではなく、社会的および文化的資本の欠如によって引き起こされており、それは異人種間の相互作用によってのみ解消することができる。黒人は、人種的に統合され、多数派が白人である組織を管理・主導するために必要なスキルを習得するために、統合された環境での経験を必要とする。これは文化資本の獲得の問題であり、同化の問題ではない。喫緊の課題は、異人種間の交流と認識に関する人々の無意識の習慣であり、このような実践的な学習は、統合された環境でのみ行うことができる (ibid)。

そして、アンダーソンは、自ら隔離した人種の集団ではなく、統合された

「私たち」こそが、より深くより豊かな構築が最も緊急に待たれている人種の正義の重要な主体である、と結論付ける（ibid: 188）。

アンダーソンによると、政治哲学は、私たちの問題の診断から始め、人間の心理の限界を含む経験的な制約に注意を払った治療法を構築する必要がある。私たちは自分が想像しているほど合理的ではなく、自己認識も自制もできない。規範論は、人々には不可能な基準を規定しないように、これらの制限を考慮する必要がある、とアンダーソンは言う（ibid: 190）。

アンダーソンは、多文化主義者の左翼と保守派の両方が非理想的な理論化の要求に応えられなかったことを批判してきたとする。どちらの側も人種的不平等の原因を適切に診断できておらず、人種差別が人種に基づく不正義を広める多くの方法を無視している。したがって、彼らは、統合に向けた積極的な措置を回避しながら、人種に基づく不正義の根本的な原因をそのままに保つ救済策、つまり反差別法のより厳格で人種中立的な執行、人ではなく資源の再分配を処方している。双方とも心理的に実現不可能な政策を提案している、と主張する（ibid）。

このように、アンダーソンは『統合の要請』で、米国の黒人差別問題を解消するには、白人と黒人との統合が必要であると主張する[2]。

III　若干の検討

アンダーソンが問題とするのは、社会的不平等・隔離・スティグマであり、理想とするのは、社会的平等・統合・レスペクタビリティの維持である。つまり、タイトルの『統合の要請』が示すように、隔離が何よりも問題

（2）　20世紀を代表する政治哲学者ハンナ・アーレント（Hannah Arendt）は、亡命先のアメリカで見聞きしたリトルロック事件（リトルロックの高校で、黒人生徒9人の入学に、白人たちが反対し、学校と州、国家が対立した事件）について、論文を執筆している。アーレントも、アンダーソンの主張とは逆の立場をとり、この問題を政治的・社会的・私的の三領域に照らして検討すると、教育の公権力による統合は、親の子どもに対する私的権利や社会的権利を剥奪することになり、問題であると主張する。そして、公教育に政府が介入することは、問題であると述べている（Arendt 1959）。川﨑1998、細見2019及び細見2009も参照。

であると訴えるのだ。アンダーソンは、多様性を賞賛し、多文化主義を掲げるだけでは、人種の不平等を解消できないと言う。アンダーソンの主張は、社会集団の隔離は、集団の不平等の主要原因であるということだ（ibid: 1-22, 155）。しかし、なぜ白人は黒人を差別するのであろうか。

　ダニエル・ピート（Daniel Pete）の『失われた革命』（Lost Revolutions）には次のような記述がある。「ほとんどの南部白人は、人種統合に尻込みをした。レスペクタビリティは、白さを絶対視することに基づいていると、少なくともそう教えられていた。カラー・ラインを取り除くことは、優位性を保証する紋章の価値を損ねることだった。アーカンソー州パイン・ブラフのL・G・ベイカー老夫人は、一九五四年五月、ドワイト・D・アイゼンハワー大統領に、結婚をしたキリスト教徒のレスペクタブルな白人女性たちは、『人種隔離に関する連邦最高裁の判決［訳注：ブラウン判決］を下された侮辱にひどく憤慨している』ことを理解しているかどうかを尋ねた。嫡出の子を持つ白人女性が、今や『婚外子を生んだ黒人女性や、黒人男性、白人との混血児と同じグループとして分類されるのです』と彼女は説明する。ベイカーは、家も借地であり、テレビさえ持っていないことを明かしたうえで、『しかし、私たちはお金でも政治でも買えない名誉や、誇り(プライド)や、礼節を持っています』と言う。ベイカーは、人種隔離が自分のレスペクタビリティを守ってくれているとほのめかした。学校の人種統合は、白人と黒人の生徒を混合するばかりでなく、黒人の土地所有者、専門職、労働者階級の多くが、ベイカーの身分より高くなってしまうことを許容しうるものであった」（Pete 2000: 193; 前田絢子訳 2005: 318-9）［訳文は文脈の都合により変更した］。

　この記述からは、経済的には恵まれているとは言えない白人が、黒人を自分たちよりも社会的に低い身分とみなすことで、何とかプライドを維持して生活していることが伺える。この時代では実際に、黒人の血が一滴でも入っていれば、黒人と扱われ、差別を受けていたことは周知の事実でもある。

　場所が変わり時代も遡るが、アメリカ人の祖先がいた19世紀英国・ヴィクトリアニズムの時代に目をやると、ここでも同様にレスペクタビリティという価値の重要性が指摘される。レスペクタビリティには、収入や地位・資産が必要であるだけでなく、生活規律や徳性や宗教的敬虔さも要求されると

いう。幸福な家庭生活を送り、見苦しくない外見も必要だという[3]。中産階級ではレスペクタビリティの尊重は、自由主義や功利主義に匹敵するイデオロギーであった。労働者階級でもレスペクタビリティ崇拝は見られ、「最低限のレスペクタビリティとは、救貧扶助[4]を受けていないことであっただろう」（村岡・川北 1986：182）とされる。レスペクタブルであることで、労働者は救貧法の適用を受ける屈辱を避けた（同：177-182）。このことも、差別意識とプライドの維持が関連づけられたものとみることができよう。

近年、アンダーソンは人種の問題ではなく、全労働者に目をむけて、平等論を展開している。白人の待遇が向上しなければ、人種の問題は解決しがたく、統合の要請も実行しがたいということも遠因なのかもしれない。

Ⅳ おわりに

これまでの人生に疲れ切り、生活が苦しく、先が見通せず、将来が不安に満ち、非常な困難な状況にあっても、自尊心を保ち、他人に優しく接し、未来を切り開こうと努力を続けることはたいへん難しい。そういう場合、人は得てして、自分より不遇な人々の集団を見つけ、見下し、心の憂さを晴らす傾向にある。

崇高な理想を掲げて、努力が報われなくて失敗続きであっても、更なる努力を重ねるなどというのは愚かなことであり、適当に仕事をして、適度に人と接し、出来るだけ楽に生きることが賢明であるという人が増えたように思える世の中では、差別・偏見・隔離といった重苦しい課題に取り組むことは期待できないのではないかと、憂う者は少数派であろうか。特に、米国で

（3） 前述の通り、アンダーソンもレスペクタビリティを、発言権があり、他者から傾聴してもらい、丁寧な応答を受ける資格を他人が認めることで構成される社会的地位としている（Anderson2010：14）。別の箇所では、市民は、平等な者として社会参加できる財を要求する権利があり、その水準は、例えばレスペクタブルな外見で、恥ずかしくなく公的な場に出ることが可能な衣服を購入する収入を得る権利が含まれると述べる（ibid：18）。この主張は、既に「平等論の論点は何か」論文にも見られる（Anderson1999：317-8, 320）。

（4） 1934年の救貧法改正では、貧困は怠惰などの個人の責任であるとされ、救貧扶助には劣等処遇の原則が採用され、扶助を受ける者にはスティグマが付与された。

は、今年 2024 年秋に米国大統領選挙を控えた現在、政治的にも社会的にも、統合ではなく、分断が深まると見る向きが多い。

『統合の要請』の最終パラグラフで、アンダーソンは、この書籍の執筆中に、米国は初の黒人大統領を選出したことに言及している。彼女は、オバマ大統領は人種的不平等を争点にしないという暗黙の了解に基づいて選出されており、黒人大統領の登場が直ちに人種に基づくカテゴリー的不平等の克服にはつながらないかもしれないと前置きする。それにもかかわらず、この当選はアメリカの民主主義にとって、自ら難題に打ち勝った瞬間を表しているとする。なぜなら、2008 年に投票したアメリカ人は、ほんの 50 年前なら、白人と平等に権限を有する交友関係にふさわしくない者として扱われてきた黒人に信頼を置いて大統領に選出したのであり、つい最近まで考えられなかった行動であると言う。このことは、米国における人種関係にとっての現実的な可能性の地平が上昇傾向にあると考えてもよい根拠を与えてくれていると、アンダーソンは述べる（Anderson 2010: 191）。

2010 年時点での、アンダーソンによるラスト・ワードはこうである。「統合には大きな障害があるにもかかわらず、私たちにはより良い未来を期待できる根拠がある」（ibid）。民主党オバマ大統領の後、共和党トランプを迎え、さらに民主党バイデンが選出され、敗北したトランプが支持者を扇動して議会乱入事件が起こり、民主主義が脅威にさらされていると報道されるなかでも、今秋の大統領選挙でトランプが再選される可能性がある現在である。今なお、より良い未来を期待できる根拠が残っていることを祈るばかりである。

参考文献

Anderson, Elizabeth（1999）"What is the Point of Equality?", *Ethics* 109.
――（2010）*The Imperative of Integration*, Princeton UP.
――（2017）*Private Government: How Employers Rule Our Lives (and Why We Don't Talk about It)*, Princeton UP.
――（2023）*Hijacked: How Neoliberalism Turned the Work Ethic against Workers and How Workers Can Take It Back*, Cambridge UP.
Arendt, Hannah（1959）"Reflections on Little Rock", *Dissent* vol. 6-1

Daniel, Pete (2000) *Lost Revolutions: The south in the 1950's*, University of North Carolina Press. (前田絢子訳 (2005)『失われた革命——1950年代のアメリカ南部』青土社)

川崎修 (1998)『アレント』講談社

細見佳子 (2009)「法は人間の行動を変えることができるか」『総合人間学3』学文社

——(2011)「民主主義的平等論の可能性——E. アンダーソンの『平等論の論点は何か』」『九大法学』第103号

——(2014)「『運の平等主義』をめぐって——ステュワート・ホワイトによる検討」『九大法学』第109号

——(2019)「リトルロック事件をめぐって——社会の意識に法はいかに対峙すべきか」『釧路工業高等専門学校紀要』第52号

村岡健次・川北稔編 (1986)『イギリス近代史』ミネルヴァ書房

怒りは建設的であらねばならないのか
―― M. ヌスバウムの「転化する怒り」をめぐって ――

橋 本 祐 子

I　はじめに
II　ヌスバウムの「転化する怒り（Transition-Anger）」
III　ヌスバウムの議論に対する批判
IV　まとめに代えて――若干の検討

I　はじめに

　人間の営みから、怒りという感情[1]を取り除くことは難しい。そして、度を超した怒りはしばしば破滅的な結果をもたらすことから、怒りは問題含みの感情として捉えられてきた。アリストテレスは『弁論術』の中で怒りを、「軽蔑することは正当な扱いとは言えないのに、自分、または自分に属する何ものかに対しあからさまな軽蔑があったため、これにあからさまな復讐をしようとする、苦痛を伴った欲求」[2]と定義し、『ニコマコス倫理学』においては、憤怒をはじめ様々な苦痛や快楽を、「然るべきときに、然るべきことがらについて、然るべきひとに対して、然るべき目的のために、然るべき仕方においてそれを感ずること」[3]が徳であるとした。キケロは「怒りほど狂気に近いものがいったい他にあるだろうか」[4]と述べ、セネカは「こ

（1）　怒りを表す言葉としては、憤り、憤慨、義憤、憤怒など様々あるが、本稿では「怒り（anger）」を最も包括的な意味として用いることとする。
（2）　アリストテレス著、戸塚七郎訳『弁論術』（岩波書店、1992年）、161頁。
（3）　アリストテレス著、高田三郎訳『ニコマコス倫理学（上）』（岩波書店、1971年）、70-71頁。

の情念のもたらす結果と害悪に目を向けると、人類にとってどんな悪疫も、これほど高くついたためしはない」[5]として、人が怒りに囚われずに生きるにはどうすべきかを論じた。このように、怒りは、その取り扱いにとりわけ注意が必要な、危うい感情として捉えられてきたと言えよう。

「法と感情（Law and Emotion）」研究[6]は、法の中に行き渡る様々な感情に着目するものだが、はたして、怒りは法の淵源となりうるのだろうか[7]。本稿では、このような問題関心から、「法と感情」研究のパイオニアの一人である M. ヌスバウムによる怒りをめぐる議論を手がかりとして、怒りという感情をどのように捉えるべきなのか考えてみたい。

II　ヌスバウムの「転化する怒り（Transition-Anger）」

感情には評価的な判断が含まれるとする認知説の立場[8]をとることで知られるヌスバウムは、その著書『感情と法』（2004 年）[9]において、感情は非合理的であるとして法の世界から排除されるべきとする考え方を批判し、感情と法との間の密接な結びつきに関して議論を展開した。その中で、嫌悪感と羞恥心を、法が依拠すべきではない感情として否定的に評価し、適切な

---

(4)　キケロー著、木村健治・岩谷智訳「トゥスクルム荘対談集」『キケロー選集 12 哲学V』（岩波書店、2002 年）所収、253 頁。

(5)　セネカ著、兼利琢也訳『怒りについて　他二篇』（岩波書店、2008 年）、89 頁。

(6)　「法と感情」研究は、1980 年代から 1990 年代にかけて主にアメリカで台頭してきた法学研究である。詳しくは、拙稿「「法と感情」研究に関する覚え書き」龍谷法学第 53 巻第 3 号（2020 年）を参照。

(7)　筆者はこれまで、復讐・応報感情に関心を持ち、スミスの「公平な観察者（impartial spectator）」を手がかりとして、刑罰制度の源泉には一般化された復讐・応報感情があると主張してきた。拙稿「応報刑と復讐」、『法哲学年報 2015　応報の行方』（有斐閣、2016 年）を参照。筆者が怒りに着目するのは、このような問題関心からである。

(8)　感情の本質をめぐる議論としては「認知説」のほかにも、感情の本質を身体変化の感覚に見出す「感覚説」、評価に関する知覚に見出す「知覚説」などが挙げられる。M. S. Brady, *Emotion* (Routledge, 2019), pp. 16-32.

(9)　Martha C. Nussbaum, *Hiding from Humanity: Disgust, Shame, and the Law* (Princeton University Press, 2004). マーサ・ヌスバウム著、河野哲也監訳『感情と法——現代アメリカ社会の政治的リベラリズム』（慶應義塾大学出版会、2010 年）。以下、本書からの参照や引用箇所は邦訳の頁数を示す。

対象に向けられた怒り、恐怖、悲嘆、同情といった感情を、法の基盤となりうる感情として肯定的に評価していた。

　怒りについては、アリストテレスにならって、「他人の不当な行為によって、何らかの深刻な危害や損害を与えられ、そしてその行為は不注意ではなく進んでなされたのだ、という信念が、怒りには含まれている」[10]とし、危害や損害に対する応答である怒りや憤りは、リベラルな社会において、立法の際に依拠すべき中核的な感情であると主張していた[11]。だが、その後に刊行された『怒りと赦し』(2016年)[12]では、怒りに対するそれまでの評価に変化が見られ、怒りは原則的に問題含みの感情として捉えられている。以下では、『怒りと赦し』において展開された、怒りに関する分析、評価について整理する[13]。

1　怒りの何が問題なのか

　ヌスバウムによれば、「怒りは、私的領域においても公的領域においても、常に規範的に問題含みである」[14]と評価される。というのも、アリストテレスによる怒りの定義にも見られるように、怒りはその概念の一部として、仕返しへの欲求を含むからである。とはいえ、ヌスバウムは怒りを全面的に否定するわけではない。怒りは、不正行為が行われたことを自己や他者に知らせるシグナルとして、そして、不正行為に対処する動機づけの源として、さらに、他者による攻撃への抑止として、道具的な有用性を有しているという[15]。

---

(10)　同上、85頁。
(11)　同上、435-436頁。
(12)　Martha C. Nussbaum, *Anger and Forgiveness: Resentment, Generosity, Justice* (Oxford University Press, 2016).
(13)　ヌスバウムの怒りに関する議論については、太田浩之・横山陸「感情と社会──怒りと社会正義に関する哲学的分析──」総合政策研究第29号（2021年）、池田弘乃「フェミニズム法理論と感情：「法外な感情」を手がかりに」『法哲学年報2021　法と感情』（有斐閣、2022年）、飯盛元章「闇落ちの哲学──怒りのダークサイド試論」文藝2022年夏号（2022年）、河野哲也「怒りは道徳的に正しいか？──ヌスバウムと感情の現代哲学」、小川公代・吉野由利編『感受性とジェンダー──〈共感〉の文化と近現代ヨーロッパ』（水声社、2023年）所収も参照。
(14)　Nussbaum, *supra* (12), p. 5.

ヌスバウムによれば、人が怒った際に採りうる選択肢は三つあるという。一つは、「仕返しの道（road of payback）」である。これは、「不正行為者が科される苦痛は、不正行為によって損なわれた重要なものを何らかのかたちで回復させる（あるいは回復に寄与する）」というものである[16]。しかしながら、合理的に考えるのであれば、仕返しをすることで被害を埋め合わすことができるという考えが誤っていることは明らかである。殺人犯に苦痛を与えても、殺害された人が生き返るわけではないからである。仕返しが被害を埋め合わすと考えるのは、非合理的で呪術的な思考でしかないとする[17]。

　二つ目の選択肢は、「地位の道（road of status）」である。これは、被害者がその被害を、自らの相対的地位を貶められたこととしてのみ捉え、不正行為者に対して苦痛や屈辱を与えて彼らの地位を引き下げることで、自らの相対的地位を上げる（回復する）、というものである[18]。だが、起こったことのすべてを自らの地位に関連づけて捉えようとする傾向は、極めてナルシシズム的であり、相互性と正義が重んじられる社会では不適切であるとヌスバウムは断じる。また、犯罪者に屈辱を与えることで被害者の地位が回復されると多くの人々が考えるようになれば、被害者が苦痛やトラウマを抱えるという現実から社会が目を背けることになるとも批判する[19]。

　以上の「仕返しの道」と「地位の道」に共通するのは、不正行為者が苦痛や屈辱を与えられること——被害の回復としてであれ、貶められた地位の回復としてであれ——はよきことだという考え方である。この考え方は、怒りがその概念の中に仕返しへの欲求を含んでいることに由来しており、これこそが怒りを問題含みの感情にしているという。ヌスバウムによると、合理的な人間であれば、これら二つの選択肢のいずれをも退け、どうすれば個人や社会の福利を増進できるかを問う、将来志向的な思考をするという[20]。そして、合理的な人間が選択する第三の道こそが、「転化（Transition）」であ

---

(15)　*Ibid.*, pp. 6, 37-39.
(16)　*Ibid.*, p. 5.
(17)　*Ibid.*, pp. 24, 29.
(18)　*Ibid.*, pp. 5, 28-29.
(19)　*Ibid.*, p. 28.
(20)　*Ibid.*, pp. 6, 28.

る。

2　転化する怒り（Transition-Anger）

合理的な人間が選択する「転化」とは、怒りから福利に関する将来志向的な思考へ、すなわち、思いやりのある希望への移り変わりを意味している[21]。多くの転化のケースでは、人が怒って何らかの仕返しについて考えた後に、冷却期間を挟んで転化へと進む。だが、怒りの中にすでに転化が見出せるケースが、数は少ないものの存在する。これが、「転化する怒り（Transition-Anger）」であり、ヌスバウムが例外的に肯定する怒りである。それは、仕返しという要素を含まない怒りであり、概念上仕返しの要素を含む、怒りの境界上に位置づけられる。「転化する怒り」は、「なんてひどいことだ！何とかしなければ！（How outrageous! Something must be done about this!）」という言葉で表される。これは、私たちが「義憤（indignation）」と呼ぶ感情と重なるように思われるかもしれない。だが、ヌスバウムによれば、私たちが通常「義憤」と呼ぶものの多くは、何らかのかたちで仕返しの要素を含んでいることから、「義憤」に代えて新たに「転化する怒り」という名称が用いられる[22]。

「転化する怒り」は、不正行為者に仕返しとして苦痛を科すことを望まず、個人や社会の福利を増進させることに焦点を当てるものである。罪を犯した者に刑罰を科すことを認めないわけではないが、プラトンにならって、過去の不正義を理由とする報復のために罰するのではなく、犯罪者の改善や犯罪抑止という将来のために罰すべきだと考える。また、刑罰による犯罪抑止のほかにも、よりよい教育制度の整備、貧困の削減などによる犯罪抑止も推奨している[23]。

「転化する怒り」の実践例としてヌスバウムが挙げるのが、キング牧師、M. ガンジー、N. マンデラであることからもわかるように、このような建設的な怒りがとりわけ重要な意義を持つのは、政治制度のあり方について考え

---

(21) *Ibid.*, p. 31.
(22) *Ibid.*, pp. 35-36.
(23) *Ibid.*, pp. 27-28, 178-184.

る場面であるという。また、誰もが経験することが可能な感情ではなく、「転化する怒り」を抱くには、長きに渡る自己鍛錬が必要とされる[24]。

　以上のヌスバウムの議論を少々乱暴に要約するならば、次のようになるだろう。すなわち、合理的な人間であれば、仕返しという不毛な行為を避け、個人や社会の福利の増進を目指す建設的な態度をとるはずである。このような合理的な人間が抱く建設的な「転化する怒り」のみが、肯定できる怒りである、と。つまり、ヌスバウムによる怒りの評価は、個人や社会の福利についての計算が可能な合理性を備えた人間を前提とする、功利主義的な観点からなされたものなのである[25]。

　「転化する怒り」は、仕返しという、ヌスバウムにとっては非合理的でしかない要素を削ぎ落として洗練させた、将来志向的で建設的な怒りである。だが、怒りは、それがもたらす帰結の良し悪しで評価されるべきなのだろうか。建設的な怒りでなければ、認められないのだろうか。そもそも、仕返しの要素を含まない怒りを、怒りと呼ぶことはできるのだろうか。

　次節では、ヌスバウムによる怒りの評価とは対立する怒りの捉え方について目を向けてみたい。

Ⅲ　ヌスバウムの議論に対する批判

　本節では、ヌスバウムによる怒りの捉え方に異論を唱える、D. シューメイカー（David Shoemaker）[26] と A. スリニーヴァサン（Amia Srinivasan）[27]

---

(24)　*Ibid.*, p. 36.
(25)　第三の道（転化）が厚生主義的であることは、ヌスバウム自身の功利主義批判と矛盾しないのかという点について、ヌスバウムは次のように応答する。ヌスバウムが功利主義を批判したのは、功利主義が、すべての善が通約可能であると考える点、個人の別個性を無視する点、ある種の善は他の善よりも極めて重要であるため特別に保護されるべきという考えを否定する点だが、第三の道（転化）を選択する者は、これらいずれの点も受容する必要はないとする。*Ibid.*, p. 30.
(26)　コーネル大学哲学部教授。主な専門分野は倫理学、道徳心理学、社会哲学、政治哲学。
(27)　オックスフォード大学オール・ソウルズ・カレッジ教授。主な専門分野は政治哲学、認識論、フェミニズムの歴史と理論、メタ哲学。

による怒りの擁護論を取り上げてみたい。

1 D. シューメイカーの議論——非難する怒り

シューメイカーは、怒りを否定的に評価する議論に対して、怒りは道徳的責任において不可欠な要素であると主張し、怒りの擁護論を展開する。ここに言う道徳的責任とは、人々に対してその悪しき行為の責任を負わせること、すなわち、非難を意味している[28]。

シューメイカーは心理学者による様々な研究に依拠しつつ、怒りを「自分や自分のものに対する屈辱的な攻撃を認識し、報復という行動傾向を持つ」感情として捉える[29]。これは、アリストテレスによる怒りの定義とも重なっている。

シューメイカーによると、怒りには、「挫折への反応としての怒り（goal-frustration anger）」と、「非難する怒り（blaming anger）」の二つのタイプがある。前者は、自分が欲するものを手に入れられなかった場合に抱く怒りであり、乳幼児も表出するものである。後者は、侮辱や不正行為に対する反応としての怒りである。シューメイカーが道徳的責任に不可欠の要素として擁護するのは、後者の「非難する怒り」である[30]。

「非難する怒り」の基本的な目的は、不正行為者に対して怒りを伝達することにある。「非難する怒り」の行動傾向としてはしばしば、報復や復讐を欲することが挙げられるが、その理由は、それらが怒りの伝達方法として最も効果的で劇的だと考えられているからである。だが、怒りを伝達する方法は報復や復讐には限られない。どのような伝達方法を採用するかは倫理的な問題であり、怒りそれ自体の評価とは別個に扱われねばならないという点を、シューメイカーは強調する[31]。シューメイカーは、ヌスバウムの示した怒りの三つの選択肢「仕返しの道」、「地位の道」、「転化、転化する怒り」はいずれも、このような怒りの目的を捉えることができていないとして批判

---

(28) D. Shoemaker, "You Oughta Know: Defending Angry Blame", in M. Cherry and O. Flanagan (eds.), *The Moral Psychology of Anger* (Rowman & Littlefield, 2018).
(29) *Ibid.*, p. 72.
(30) *Ibid.*, pp. 72-74.
(31) *Ibid.*, p. 75.

する[32]。

　それでは、「非難する怒り」は、不正行為者に対して怒りを伝達することで何を目指すのだろうか。それは、不正行為者が被害者の視点に立ち、自らが被害者に対して為したことを真に理解し実感するようになることである（シューメイカーはこれを自認と呼ぶ）[33]。つまり、仕返しという怒りの伝達方法をとる場合、それは、不正行為者が自らの為したことを認めるよう要求しているのであって、仕返しを遂げることや、被害を埋め合わせることを必ずしも目指してはいない。「非難する怒り」は、怒りを伝達し不正行為者に自認を促すことによって、道徳的共同体内の道徳的バランスを回復させるという、将来志向的な目的を持つ。「非難する怒り」を解くことができるのは、不正行為者が被害者の視点に立ち自らの行為を認めることによってでしかないのである[34]。

　シューメイカーは、仕返しという「非難する怒り」の伝達方法が破滅的な事態をもたらすことや、私たちを空しくさせることを認める[35]。しかしながら、仕返しは、怒りの伝達方法の一形態にすぎないのであり、仕返しが悪しき帰結をもたらすからといって、「非難する怒り」の目的（非難を伝え、自認を促すこと）が道徳的責任において重要な役割を果たしていることまでも否定してしまうのは誤りであると強調する。

　また、シューメイカーは、「非難する怒り」を擁護する際に、それがもたらす多くの良き帰結についても指摘する。例えば、人は、「非難する怒り」に晒されることなく親密な対人関係を築くことはできないため、「非難する怒り」を排除するならば貧弱な対人関係しか生まれないという。その他にも、正義を求める闘いにおいて力を与える点、欲しいものを手に入れる動機付けとなる点など、「非難する怒り」には多くの利点があるという。たとえ、「非難する怒り」が悪しき帰結をもたらすとしても、それらが「非難する怒り」のもたらす多くの良き帰結よりも重大であるとは言えないと主張するのである[36]。

---

(32) *Ibid.,* p. 80.
(33) *Ibid.,* p. 81.
(34) *Ibid.,* pp. 81-82.

2 A. スリニーヴァサンの議論——怒りの適切さ（aptness）

　ヌスバウムは、個人や社会にとっての福利を増進する建設的な怒りである「転化する怒り」のみを例外的に肯定し、シューメイカーも、「非難する怒り」を擁護する際、それが多くの良き帰結をもたらすことに言及する。これに対して、怒りがもたらす帰結の良し悪しは、怒りの重要性とは無関係であると断じて議論を展開するが、スリニーヴァサンである[37]。

　第Ⅱ節で見たように、ヌスバウムは、怒りがその概念の中に仕返しの要素を含むことから、怒りを否定的に評価する。これに対して、スリニーヴァサンは、このような怒りの捉え方は、古代の人々の間では当てはまったかもしれないが、現在においてもなお通用するかどうかは疑わしいとして、怒りと仕返しを結び付けて論じることはしない[38]。

　スリニーヴァサンが焦点を合わせるのは、構造的な不正義の被害者らの怒りである。人種差別、性差別など、構造的な不正義の被害者らが怒りを表出して抗議することをめぐっては、怒りの表出が抑圧者との対立を悪化させ、不正義の是正という本来の目的の達成を妨げることになるという批判がある。怒りの叫び声を上げ罵倒することからは、有益なことは何も生まれない。それゆえ、たとえ政治的不正義の状況であっても、怒りは避けられるべきだというのである。このように、望ましくない結果をもたらすという理由から怒りを否定する議論——もちろん、ヌスバウムの議論も含まれる——を、スリニーヴァサンは鋭く批判する。

　スリニーヴァサンによれば、重要なことは、怒りが有益なものをもたらすかどうかではなく、その怒りが適切であるかどうかである。たとえ、怒りが非生産的で状況を悪化させる場合であってもなお、その怒りは適切だと言え

---

(35)　シューメイカーはその例として、殺人事件の被害者遺族の多くが、犯人の死刑執行を目にした後も、真に解決されたとは認めないことを挙げる。*Ibid.*, p. 81.
(36)　*Ibid.*, p. 84.
(37)　A. Srinivasan, "The Aptness of Anger", *The Journal of Political Philosophy*, Vol. 26, No. 2 (2018). スリニーヴァサンの議論については、池田、前掲註（13）論文、77-78頁も参照。
(38)　怒りの性質は、歴史的、政治的状況によって変化するものであり、現在私たちの多くは、復讐欲求を伴わない怒りが存在することを知っているのではないかとスリニーヴ

る場合が存在する[39]。構造的な不正義の被害者が抱く怒りは、まさに、非生産的で適切な怒りであり、スリニーヴァサンが擁護する怒りなのである。

スリニーヴァサンによれば、非生産的で適切な怒りにおいては、怒りが有益なものをもたらすかどうかという理由（賢慮の理由）と、怒りが適切であるかどうかという理由（適切さの理由）が対立している。非生産的であることを理由に怒りを否定する議論が成功するためには、なぜ賢慮の理由の方が適切さの理由よりも重視されるのかが、まずは説明されなければならないという[40]。

それでは、適切な怒りとはどのようなものだろうか。スリニーヴァサンによれば、怒りの対象は、道徳的違反に関わるものである。つまり、怒りとは、単に自分の望みが破れたことに対してではなく、事態があるべき姿に反していることに対して抱く感情である[41]。したがって、怒りが道徳的違反に向けられたものであることが、適切な怒りの必要条件となる。だが、これだけでは不十分である。私の怒りが適切なものと言えるためには、怒りの対象が、私が怒る理由を持ちうるものでなければならない。例えば、あなたが実際に私を裏切ったものの私はその事実を知らない場合には、私は怒る理由を持たないと言える[42]。また、私の怒りが、その理由によって適切に動機付けられたものであることや、理由と釣り合ったものであることも求められる[43]。このように、怒りが適切であるかどうかは、怒りがもたらす帰結の良し悪しとは無関係なのである。

スリニーヴァサンにおいては、怒ることは、世界の不正義を情動的に心に

ァサンは指摘する。例えば、私が友人に裏切られたことに怒る場合、友人に対して、私にもたらした苦痛や不正を認めて欲しいとは思うが、それは復讐欲求と同じではないとする。Srinivasan, *supra* (37), pp. 129-30.

(39) *Ibid.*, p. 126.
(40) *Ibid.*, p. 127.
(41) *Ibid.*, p. 128.
(42) *Ibid.*, p. 130.
(43) 前者について、あなたが私に対して嘘をついたこと私は知っている場合に、単にあなたの為すことすべてに怒るという理由で私が怒るなら、私の怒りは理由に適切に動機付けられてはいない。後者について、あなたが私の料理を気に入ったと嘘をついていることを知った私が、生涯に渡って激しく怒り続けるとしたら、これは理由とは不釣り合

銘記したり識別したりするための一つの方法である。そして、適切な怒りは、怒りの対象とされるものが道徳的に無価値であることを公然と示し、その否定的な評価を他の人々も共有するように求める、コミュニケーションの一形態である[44]。スリニーヴァサン自身は非難という言葉を用いてはいないが、このような指摘は、シューメイカーの「非難する怒り」に関する説明とも重なるように思われる。

　先述したように、スリニーヴァサンは、構造的な不正義の被害者の怒りは、非生産的で適切な怒りであると主張する。非生産的で適切な怒りにおいては、怒りが有益なものをもたらすかどうかという理由（賢慮の理由）と、怒りが適切であるかどうかという理由（適切さの理由）が対立するため、構造的な不正義の被害者は、不正義に対して適切に怒ることと、自らが置かれた不正義の状況を改善すること（もしくは、少なくとも悪化させないこと）との間で葛藤するよう強いられることになる。スリニーヴァサンは、被害者らをこのような規範的対立に直面させること自体が不正義であり、これを情動的不正義（affective injustice）と呼び、厳しく批判するのである[45]。

Ⅳ　まとめに代えて——若干の検討

　本稿では、怒りをどのように捉えるべきかについて考える手がかりとして、ヌスバウムによる議論を取り上げ、それに対する反論として、ヌスバウムを論敵としていると思われるシューメイカーとスリニーヴァサンの議論を、それぞれ簡潔に紹介してきた。最後に、ここまでの議論について若干の検討を行うことでまとめに代えたい。

　いな怒りである。さらに、人は、空間的、時間的に近いことがらや、何らかの特別な個人的つながりがあることがらについてしか適切に怒ることができないという考え方は、道徳的に偏狭になる危険性があるとも指摘する。*Ibid.*, pp. 130-131.

(44)　スリニーヴァサンは、適切に怒る能力を美的鑑賞能力と比較する。美しいものを識別することの価値が、あるものが美しいことを知る価値とは異なるのと同様に、適切な怒りを通して世界の不正義を識別することの価値は、世界が不正であることを単に知ることの価値とは区別される。また、適切な怒りは、コミュニケーションの一形態でもあるという点において、美的鑑賞能力とは異なるという。*Ibid.*, p. 132.

(45)　*Ibid.*, pp. 135-136.

まず、シューメイカーの議論についてみてみよう。シューメイカーは、「非難する怒り」の目的は、不正行為者が自らの不正行為を認めるようにすることにあると主張し、ヌスバウムはこうした怒りの目的を捉え切れていないと批判する。たしかにヌスバウムは、怒りについて、不正行為が行われたことを自己や他者に知らせるシグナルであることを評価するものの、そこには道具的有用性しか見出しておらず、道徳的責任（非難）に結びつけては論じていない。ヌスバウムは、シューメイカーとは異なり、非難することが怒りを含むとは考えていないのである[46]。こうしたヌスバウムとシューメイカーの対立は、非難を反応的態度（憤慨）の観点から捉えた P. F. ストローソンの議論[47]をどのように評価するかという問題、つまり、敵対的な感情なしに非難することは可能と考えるかどうかに関わっている。

　次に、スリニーヴァサンの議論に目を向けたい。スリニーヴァサンの議論は、将来志向的で建設的な怒りのみを肯定するヌスバウムのような議論が、適切な怒りを表出するか、あるいは賢慮をもって状況の改善に努めるかという規範的選択を被害者に強いることで情動的不正義をもたらし、結果として構造的な不正義の温存に加担することを剔抉する。これは、卓越した自己鍛錬力を持つ人物によってしか抱くことのできない稀有な怒り（「転化する怒り」）をモデルとして怒りの理想像を描こうとする、ヌスバウムのような議論が含む危うさを指摘するものとして評価できる。

　このように、ヌスバウムの議論とスリニーヴァサンの議論は対立関係にあるが、怒りと仕返しの関係の捉え方については共通点を見出すことができる。ヌスバウムは、怒りがその概念の中に仕返しの要素を含むことを理由に一般的な怒りを退け、仕返しの要素を含まない「転化する怒り」という理想的な怒りのみを肯定する。一方、スリニーヴァサンは、現代においてもなお怒りが仕返しの要素を含むとする捉え方に懐疑の目を向ける。つまり、両者ともに、怒りから仕返しの要素を排除しようとしているように見受けられる。だが、はたして、仕返しを含まない怒りを、怒りと呼ぶことはできるの

---

(46)　Nussbaum, *supra* (12), pp. 258, 260.
(47)　P. F. ストローソン著、法野谷俊哉訳「自由と怒り」、門脇俊介・野矢茂樹編・監修『自由と行為の哲学』（春秋社、2010 年）所収を参照。

だろうか。この点に関しては、A. カラード（Agnes Callard）[48]の次の指摘に耳を傾けたい。「「義憤」や「転化する怒り」という言葉を使って、永続性や復讐心を持たずに悪事に対して正当に抗議する感情を仮定することはできるが、その言葉が指すものは哲学者のフィクションだ。怒りの種類や特色、原因や名前が増えていくことで、怒りの中心にある危機から私たちの注意はそれていく。その危機とは、不正に対する感情的な反応には血の味がつきものだということだ」[49]。カラードは、怒りについて語る限り、仕返し、復讐、暴力といった怒りの暗黒面だけを都合良く切り離すことはできないと、警鐘を鳴らしているのである[50]。法の淵源としての怒りの可能性を追求していく際には、怒りの持つ道徳的側面と暗黒面の両面をともに受け容れる必要がある。

　また、シューメイカーとスリニーヴァサンがともに指摘するのが、怒りの持つコミュニケーション的機能、すなわち非難である。「怒りとは、非難を伝え、不正行為者が自らの行為について被害者の視点から自認することを目的とするコミュニケーションである」と捉えることができるのであれば、それに続く謝罪、赦しといった応答のプロセスをも視野に入れることができるかもしれない。もっとも、非難は怒りを含まないとするヌスバウムのような見解に対していかに反駁するかという問題が残されていることは、言うまでもない。さらに、シューメイカーは、仕返しは怒りの伝達方法の一つにすぎないと主張したが、他の伝達方法の可能性があることを示唆するにとどまっていた。仕返しに代わる怒りのコミュニケーションがありうるのか、あるとすればそれは具体的にどのようなものかを検討する必要がある。

　本稿では、3人の論者の議論を取り上げたが、筆者の能力と紙幅の関係

---

(48)　シカゴ大学哲学部准教授。主な専門分野は古代哲学と倫理学。
(49)　アグネス・カラードほか著、小川仁志監訳・森山文那生訳『怒りの哲学――正しい「怒り」は存在するか』（ニュートンプレス、2021年）、23-24頁。訳文は若干変更させていただいた。
(50)　同上、13-14頁。

＊本研究は、龍谷大学2022年度国内研究員、JSPS科研費23H00743の助成を受けたものである。

上、それぞれの議論について十分に掘り下げて検討することはできなかった。だが、ヌスバウムの議論とそれに批判的な議論を並べて整理することを通して、怒りをめぐる論点の一部でも浮かび上がらせることができれば、本稿の目的は達せられたことになる。本稿で確認された課題について今後検討を重ねつつ、怒りが法の淵源となりうるのかを追究していきたい。

アダム・スミスをめぐる刑罰論の諸相

太田寿明[1]

I　序　論
II　ホッブズ
III　プーフェンドルフ
IV　ハチスン
V　結　論

I　序　論[2]

　フーゴー・グロティウスは、ストア派の「親近性（οἰκείωσις）」概念を継承し、人が「社会への衝動（appetitus societatis）」という「安寧（tranquilla）で自らの知性の在り方に応じて整えられた共同体（communitas）」を形成する本性を有する［JBP prol. 6］という前提のもと、怒り（復讐感情）を人間本性・自然法・正義に反する情念と見、被害者の復讐感情の満足を刑罰の目的から排除した［JBP 2. 20. 5］。代わって彼が導入したのは展望的考慮を促す

---
[1]　本稿は日本イギリス哲学会44回大会（2020年9月20日）、上智大学ローマ法研究会（2021年2月26日）、International Adam Smith Society Tokyo Conference 2024（2024年3月12日）において私が行った報告（cf. https://researchmap.jp/otatoshiaki）をその後の研究に即して修正・発展させたものである。関係者各位——特に本稿について直接にご助言頂いた森村進氏（一橋大学名誉教授）——に衷心の謝意を表す。本稿は科研費（22K13278）の研究成果である。
[2]　紙幅の理由から本稿では参考文献を大幅に限定し、詳細な検討は他日の課題とする。訳出は私訳を原則とするが、先行訳を踏襲したところもある。一部の文献は以下に示す表の通り引用する。

効用（utilitas）概念であり、刑罰目的はそれに従い、加害者の効用を目指す矯正（emendatio）、被害者の効用を目指す被害再発防止[(3)]、万人の効用を目指す見せしめ（exemplum）に限定された［JBP 2. 20. 6-9］。このような「公共平和（*salus publica*）の要請のための目的達成手段（Zweckmaßnahme）」［Rühping/Jerouschek 2011: §. 164/105］として刑罰を把握する点に特色（のひとつ）を持つグロティウスの刑罰論は、「次世代のための場(トポス)を作り」［ebd., §.

文献〔訳書〕	引用法
H. Grotius, *De iure belli ac pacis libri tres*, ed. B. J. A. de K.-V. H. Tromp *et al.*, Scientia Verlag, 1993.〔一又正雄訳『戦争と平和の法』（全3巻）厳松堂書店、1950-1 年〕	［JBP 巻．章．節］
Th. Hobbes, *Leviathan: Revised Student Edition*, ed. R. Tuck, Cambridge UP, 1991.〔水田洋訳『リヴァイアサン』（全4巻）岩波文庫、1992 年〕	［Lev. 頁／訳巻．頁］
Idem, *De cive: The Latin Version*, ed. H. Warrender, Oxford UP, 1983.〔本田裕志訳『市民論』京都大学学術出版会、2008 年〕	［Civ. 頁／訳頁］
S. v. Pufendorf, *De Officio*, hrsg. G. Hartung, Akademie Verlag, 1997.〔前田俊文訳『自然法にもとづく人間と市民の義務』京都大学学術出版会、2016 年〕	［Off. 巻．章．節］
Idem, *De jure naturae et gentium*, 3 Bde, hrsg. F. Böhling, Akademie Verlag, 1998-2014.	［JNG 巻．章．節．頁］
F. Hutcheson, *Philosophiae moralis institutio compendiaria: With a Short Introduction to Moral Philosophy*, ed. L. Turco, Liberty Fund, 2007.〔田中秀夫・津田耕一 訳『道徳哲学序説』京都大学学術出版会、2009 年（英訳版）〕	［PMIC 頁］（羅語版） ［IMP 部．章．節］（英訳版）
Idem, *A System of Moral Philosophy*, Vols. 2, ed. his son F. Hutcheson and W. Leechman, Millar & Longman, 1755.	［SMP 巻．頁］
A. Smith, *The Theory of Moral Sentiments*, ed. D. D. Raphael and A. Mcfie, Oxford UP, 1978.〔水田洋訳『道徳感情論』岩波文庫、2003 年〕	［TMS 部．篇．章．節］
Idem, *Lectures on Jurisprudence*, ed. D. D. Raphael et al, Oxford UP.〔水田洋ほか訳『アダム・スミス法学講義1762～1763』名古屋大学出版会（Aノート）、2012 年；水田洋訳『法学講義』岩波文庫、2005 年（Bノート）〕	［LJA 巻．手稿頁］ ［LJB 手稿頁／訳頁］

（3）　グロティウスはこの刑罰目的を「復讐（τιμωρία）」というが、復讐感情の満足をそこから排除する［太田 2019: 199-201］。

162/104]、初期近代自然法学刑罰論の展開に多大な影響を与えた[4] (以上グロティウスについては主として [太田 2019：Ⅱ章] による)。

しかしその中で特異な姿を現すのがアダム・スミスである (以下は [太田 2019：Ⅲ-Ⅳ章] に基づく)。彼は『道徳感情論』において「怒り (anger)」や「憤慨 (resentment)」、「義憤 (indignation)」が——「偏りのない観察者 (impartial spectators)」の是認を得る限りで——称賛され、公私の安全保障の効用を有するとして一貫して擁護し、正義の起源であるとすら考えた [e.g. TMS 1. 2. 3, 2. 1. 2, 2. 2. 1]。さらに彼は『法学講義』において、「被害者の復讐こそ犯罪に対する刑罰の真の源泉である」とし、「グロティウスその他の著者ら」が「公共的利益 (public good)」すなわち「公共的効用 (public utility)」に基づいて刑罰論を構想したことを批判し、彼らのいう「目的」——抑止と見せしめを含む——が復讐感情の満足により自然に達成されると説いた [LJA 2. 90-3, LJB181-2/223; cf. LJA 2. 169; 太田 2019: 162 (注7)]。本稿の目的は、この初期近代法理論の伝統に極めて挑戦的な意味を持ったといえるスミスの批判が持つ法哲学史的意味の究明である。

「グロティウスその他の著者ら」の刑罰論に対するスミスの批判について、『法学講義』の代表的研究者である田中正司は、スミスが「刑罰の正義の根拠を公益に求める功利主義批判」を狙い、その「最大の批判対象」を、グラズゴウ大学学生時代のスミスの師であり、「自然法を感覚ないし感情レヴェルでとらえ直そうとする18世紀科学の新しい方向の先駆」としての道徳感覚論者であるが、スミスとは異なり公共的効用を刑罰目的としたフランシス・ハチスンに定めたことの所産と見る [田中 1988: 206, 236-7 (数字表記改変)]。田中の解釈は18世紀スコットランド知性史においてハチスンの持った意味と、スミスがハチスンの法学を批判的に摂取した事実に立脚した強い説得力を得るが、18世紀スコットランド知性史の文脈にあまりに注目した結果、「グロティウスとその他の著者ら」となぜスミスがあえて批判対象を広く取ったのかを——その重要性を認めながらも [Ibid., 206]——十分に探

---

(4) イギリスにおける影響例は、以下で取りあげるホッブズの他、ロック [Günther 1891: 114-5] やベンサム [Rühping/Jerouschek 2011: §. 164-5/105] などが挙げられる [cf. 太田 2019: 162 (注8), 198-202]。

究しない。しかしこの探究こそ彼の批判の含意を一層深く理解させうる。旧稿において示した通り、スミスのグロティウスへの姿勢は、グロティウスの効用基底的刑罰論に留まらず、その人間観全体に対する――人間本性としての復讐感情の擁護を通じた――批判を意味していた［太田 2019: esp. Ⅳ章］。そしてグロティウスの近代自然法学刑罰論への強い影響を想定する時、「グロティウスとその他の著者ら」への批判は、スミスの摂取した近代自然法学の共有した道徳通念を批判し、その結果として初期近代自然法論に対する大きな理論的特性を彼の法学に与えたのではないかという解釈を提起しうるのである［cf. 太田 2019: 162］。

　そこで本稿は、スミス刑罰論の視野からグロティウスからスミスに至るまでの近代自然法学の刑罰論――就中『法学講義』にいう「その他の著者ら」――に着目することで、この解釈を具体的に展開する。ただし、「その他の著者ら」が誰を指すのかについては――『法学講義』研究の重要論点だが――紙幅の理由から本稿では詳論できない。以下は、先行研究上、『法学講義』の元の講義を論じていたグラズゴウ大学教授時代のスミスに対する影響が一般的に認められ、かつグロティウスからの影響を受けた刑罰論として注目されるトマス・ホッブズ、ザムエル・フォン・プーフェンドルフ、ハチスンを分析し[5][6]、復讐感情の擁護という人間本性を核心とするスミスの刑罰論――そのアンチテーゼとしてのグロティウス刑罰論――を比較の視座として[7]、彼らの刑罰論とその基礎にある人間像の共通の動向を再構成す

（5）　スミスは、ホッブズ、プーフェンドルフを、グロティウスと並んで自身に先行する「法学の有力な体系」を構想した論者と見る［LJB 1-4/17-22］。スミス法学とハチスンの関係は［田中 1988: 2 部 1, 3, 4 章］を参照。なお B ノートにおいて「法学の有力な体系」の構想者の 1 人とされる［cf. LJB 4, n. 4 by eds., 水田訳 22 訳注 1］ザムエル・フォン・コクツェーイは、損害賠償を「自然で唯一の刑罰目的（finis poenarum naturalis & unicus）」と主張して公共的利益を重視したグロティウスを批判する［Cocceji 1748: 415, n. 8］ゆえに、「法学の有力な体系」という文言を無条件に「グロティウスその他の著者ら」の解釈の根拠とみなすことはできない。

（6）　先述した田中正司の研究の他、［LJA 2. 90, n. 45 by eds., 2. 169, n. 22 by eds.; Salter 1999; Stally 2007］を参照。しかしいずれの研究も、スミスとグロティウスの理論対立の間で、ホッブズ・プーフェンドルフ・ハチスンとの刑罰論をその前提である人間本性論に遡って比較する視点が不足する。なお本稿はスミスとグロティウスの刑罰論を比較した旧稿［太田 2019］の延長にある。

る[8]。

Ⅱ　ホッブズ

　ホッブズは「**怒り**（ANGER）」を「突発的な**勇気**（sudden *Courage*）」――勇気は「抵抗によりその危害を回避することの希望を伴う」嫌悪（aversion）――とし、「他人への大きな危害への怒りのうち、我々が同危害が**不正**[9]（Injury）によりなされたと考える限りでの」ものを「**義憤**（INDIGNATION）」、過度の怒りを「**憤怒**（RAGE）」ないし「**狂怒**（FURY）」という［Lev. 41/1. 104, 132］。復讐感情（revengefulness）は「他人に危害を加えることで、彼自身のなした事柄を非難させようとする**欲望**（*Desire*）」である［Lev. 42/105］。『人間論』で、「復讐欲」は「怒り」と類縁であるが、恒常性を有する点で異なる［Hobbes 2012: 163-4］。

　怒り自体は悪徳ではなく、そうなるのは怒りによる行為が「有害かつ義務に反する限り」に過ぎない［Civ. 80-1/20-1］。しかし怒りや復讐感情は「その激しさと継続性が狂気をもたらす情念」である「**自負心**（*pride*）」という「大きな**虚栄**（great *vaine-Glory*）」と結託することで「習慣的」で「過度な復讐」や「嫉妬を伴う過度な愛」、「嫉妬」を伴う「過度な意見」を「**憤**

（7）　この視座について、刑法理論史上の応報（Wiedervergeltung）概念の展開を網羅的に考察した19世紀ドイツの刑法学者ルードヴィヒ・ギュンターの研究［Günther 1889, 1891, 1895］は――「刑法と刑事政策領域で功労ある**保守的**著作者」［Günther 1891: 210-1, Anm. 560］としてのスミスの独自性に先駆的に注目した点も含め――、高く評価されねばならないが、彼のスミス論は『道徳感情論』の分析に留まって『法学講義』を検討せず、従ってスミスの近代自然法学批判を検討できていない（なお［太田 2019: 162（注8）］のギュンターの引用（［Günther 1904: S. 102ff.］）は正確には［Günther 1891: S. 102ff.］であったので、ここで修正する）。

（8）　ホッブズとプーフェンドルフの怒り・復讐・刑罰の見解については［Günther 1891: 102-103, 112-114, 116-121; Welzel 1958: kap. 6 (bes. 92ff.); Schmidt 1965 §. 146; Cattaneo 1965; Schwarze 2020: ch. 1］に、ハチスンのそれらの見解については［田中 1988: 特に1-3章］に多くを負う。なお、ハチスンの『道徳哲学綱要』英訳版は彼自身の翻訳ではなく［PMIC xxii by ed.］、また原書の羅語版の意訳も少なくないため、本稿は主に羅語版の叙述を引用し、英訳版の対応部分を並記する（ただし、両版の差異には紙幅の事情から立ち入らない）。

（9）　ホッブズの「**不正**（INJURY）」概念については［cf. Lev. 93/1. 219-20］。

怒」に変える［Lev. 54/1. 131-2］。そして戦争原因のひとつである「**誇り** (Glory)」は「軽視 (undervalue)」をもたらす「些事」のために「暴力を用い」させる［Lev. 88/1. 210］が、その過程で「虚栄」も怒りや復讐感情を「理性に反する形で」惹起し、「戦争の導入に向か」わせる［Lev. 106-7/1. 248］(以上につき、[cf. 長尾 2010: 3])。

　ゆえにホッブズは怒りや復讐感情に2種の法的制約を課す。第一に、自然法は「**復讐** (*Revenge*)」すなわち「**害悪に対する害悪の応報** (retribution of Evil for Evil)」において、「**過去の害悪** (*the evill past*) **でなく将来の利益** (*the good to follow*) **の大きさを目を向ける**」よう命ずるが、この「将来の利益」は「犯罪者の矯正 (correction of the offender)」と「他の人々の指導 (direction of others)」すなわち「見せしめ (the Example)」である［Lev. 106/1. 247-8; cf. Civ. 113/101］。復讐自体を目的とすることは、自然法上禁じられる。「将来の利益を顧慮しない復讐は相手を傷つける」ことへの「無目的な誇り (glorying to no end)」すなわち「虚栄 (vain-glory)」であり、戦争を招き、「**残酷** (*Cruelty*)」として「**自然法**に反する」からである［Lev. 106-7/1. 248］。

　第二の制約は国法（市民法）である。権力による威嚇のない自然法は遵守されず、復讐を駆り立てる情念を制御できず、戦争状態を終結させえない［Lev. 117-8/2. 27-9］。そこで人は平和のため契約で国家を形成し、主権者に主権者命令としての「国法 (Civil Law)」制定権［Lev. 183/2. 163-4］と刑罰権を認め、自然法遵守のため「刑罰の恐怖」で被治者を「拘束する」［Lev. 117/2. 27］。そこから刑罰 (punishment) は「**国家的権威** (*publique authority*) **が科し、当権威が法侵犯と判定する作為・不作為をした者を名宛人とし、それにより人々の意志をよりよく従順へ傾向づけるという目的で課せられる害悪**」と定義される［Lev. 214/2. 225］。国家の刑罰において、「将来の利益 (the future good) を考慮せずに科される苦痛」は刑罰から除外されるが、「将来の善」は「**犯罪者** (Delinquent)」と「他の人々」を法に服従させることである（後者の服従は見せしめによる）［Lev. 215/2. 227］。主権者の職務としての「刑罰の目的は復讐 (revenge) でも怒りの発散 (discharge of choler) でもなく、加害者の矯正 (correction... of the offender) ないし見せ

しめによるその他の人々の矯正（[correction] of others by his example）である [Lev 240/2. 276]。端的にいえば、「刑罰の目的は復讐（a revenge）ではなく、恐怖（terrour）でなければならない」[Lev. 215-6/2. 228]。

III　プーフェンドルフ

「**感情**（*affectus*）」は「多大に知性の判断を眩ませる（non parum judicium intellectus obfuscant）」「意志運動」[JNG 1. 4. 7]であり、精神の「穏やかな安寧（tranquillitas placida）」を乱す [Off. 1. 1. 14]。特に「怒り（ira）は最も暴力的で破壊的」であり、「勇気」や「不動心――〔怒りが〕それに役立つと一般には思い込まれるが――にいわば目隠しをして破滅させる」[JNG 2. 4. 12]。他方、怒りの類縁である「復讐欲（libido vindictae）」は「自己防衛や侵犯者への［…］権利請求上の正当かつ中間の程度を超える限りで［…］悪徳とな」り [Ibid]、自己保存（害悪排除）を遂行する限りで必ずしも悪徳とされない。しかし彼は自己保存が成功し、「向けられた害悪が追い払われても、ほとんどの場合［…］復讐への願望（cupiditas vindictae）が残る」[Off. 1. 3. 2]――復讐感情が結局自衛の限度を超え（悪徳とな）る――と考える。

ゆえにプーフェンドルフも、怒り（復讐）に2つの制約を課す。第一は自然法である。「理性の適切な使用で人はその情念を克服」しうる [Off. 1. 1. 14] し、克服すべきである。「社交性の法（leges socialitatis）」たる自然法は、自己に関する「社交性を涵養」すべき――「**基本的自然法**（*fundamentalis lex naturalis*）」――として、「社交性のために必然的かつ普遍的になされる」べきことを命じ、「社交性を動揺させ、壊するもの」を禁ずる [Off. 1. 3. 8-9]。ゆえに「感情は理性により統御され」[JNG 2. 4. 12. tit.]、「怒り」には「全力で抗わねばならない」[JNG 2. 4. 12]。復讐感情も理性の統御対象となり、「**復讐**」は「自然法により非難される」[Off. 1. 6. 13]。復讐は「我々を侵害した者に苦痛を与え［…］我々の精神を満足させること以外の目的も持たない」からである [Ibid.]。

第二は国法である。自然状態が安全でないのは「**人間よりも狂猛な動物は**

おらず［…］社会の平和を動揺させるに適した多くの悪徳に陥りやすい動物はいない」からであり、悪徳には「復讐への熱望」も含まれる［Off. 2. 5. 6］。人は「他者の侵害に対する安全（securitas）を得る目的」［Off. 2. 11. 8］という「共通善（commune bonum）」［Off. 2. 6. 3］ないし共通の利益のため契約で社会状態に入り、市民となり、「生殺与奪権を擁する主権（imperium）に服」し、市民の「大部分」は「刑罰の恐怖（mefus poenae）により馴致される」［Off. 2. 5. 4］。主権者は「人民の福祉」［Off. 2. 11. 3］を達成する義務を負い、そのために「主権者命令（decreta summi imperantis）としての「国法（leges civiles）」［Off. 2. 12. 1］と刑罰を定める［Off. 2. 11. 7］。ゆえに「人間の刑罰は一定の目的（finis aliqua）を持たねばならず」［JNG 8. 3. 8. tit］、すなわち「いかなる**刑罰の効用**（*utilitas poenae*）が生じうるかが考慮されなくてはならない」［Off. 2. 13. 6; cf. JNG 8. 3. 8］。ここでプーフェンドルフは少なくともグロティウスに倣い、刑罰目的に復讐を認めない。「復讐」は「主権の目的に反する」［Off. 2. 11. 8］。「加害者の苦痛と処罰に被害者が満足し、快楽を得る目的で刑罰決して科されるべきではない。［…］この快楽は明らかに非人間的であり、社会性に矛盾するからである」［Off. 2. 13. 6］。そのうえでプーフェンドルフは、グロティウスとホッブズ（『市民論』3章11節［Civ. 113/101]）に倣い、刑罰目的を将来思考的な「目的（finis）」すなわち「効用（utilitas）」に即す［JNG 8. 3. 8］[(10)]。「**人間の刑罰の真の目的**」は「被害と侵害の予防（praecautio laesionum & injuriarum）」である［Off. 2. 13. 7］。その結果、彼において刑罰目的は、「加害者」の効用を志向する矯正、「被害者」を志向する被害の再発防止、「万人」の効用を志向する見せしめによる抑止に分けられる［JNG 8. 3. 9-11; Off. 2. 13. 8-10][(11)]。そしてこの立場は彼の量刑論においても一貫される——「世俗の法廷（forum civile）においては、いかなる場合でも一定の侵害に一定基準の刑罰を、明確な自然

---

(10) プーフェンドルフが刑罰目的論において、［JBP 2. 20. 5］の参照を全体的に指示した点は重要といえる［JNG 8. 3. 7］。［JBP 2. 20. 5］はグロティウスが怒り（復讐感情）を人間本性・自然法に反すると論じた帰結として刑罰目的の必要性を主張した叙述だからである［cf. 太田 2019: 195-7］。

(11) この分類はグロティウス［JBP 2. 20. 6］による［JNG 8. 3. 9; vgl. Günther 1891: S.120］。

本性によって科すよう命ずるような復讐（応報）的正義（justitia vindictiva）は認められない。そうではなく、人間の刑罰の真の尺度は国家の効用（utilitas reip. [reipublicae]）であり、あたかも刑罰目的が最も適切に実現すると考えられる具合に主権者の思慮から刑罰は意図・緩和されるのである」［JNG 8. 3. 24; cf. Haakonssen 2022: 229］。

Ⅳ　ハチスン

　ハチスンは「**怒り**（Ira, *Anger*）」を「古代人（antiqui）」に従い「『不当な仕方で侵害を与えたと思われる者を罰したいという欲望』[12]（"[l] ibido eum puniendi qui videatur laesisse injuria"）」［PMIC 45; cf. IMP 1. 1. 15］、あるいは「悪を遠ざけ」ることを狙い、その達成時「荒ぶった**喜び**」を生む情念［IMP 1. 1. 6; cf. PMIC 30］という。「**義憤**（*indignatio, indignation*）」は「値しない人物が権力や名誉の入手に至る」時、「自由人（homo liber）が持つに値する（digna）」ものとして生ずる［PMIC 93; IMP 1. 4. 3］。

　「怒り（iracundia）」——'*anger* or *resentment*'——は侵害を是正し、「不当な」侵害を是正し、それから人々の安全を保障する効用を持つから、「全てが非難されるべき（damnanda）ではない」［PMIC 93; IMP 1. 6. 3］。「苦痛のない状態精神は恒常的な平静と快さを伴い」、その内で「悪を欠く人は善人に含まれる」［PMIC 55; IMP 1. 2. 4］。ゆえに怒り（復讐感情）の満足も善を持つと解し得る。さらに「不正への自然な義憤」は「正邪感覚（a sense of just and wrong）」として不正を非難し、不正な法の制定を抑制する安全への効用を持つ［SMP 2. 215 cf. 田中 1988: 200］。

　しかし「怒り」は「不快で［…］正当かつ必要と思われるとしても」、「喜びも［…］栄光も内在しない」［PMIC 82; IMP 1. 5. 1］。怒りのもたらす快は「高級でなく、人間が持つに最も値するものでもない」［PMIC 55; IMP

---

(12) ハチスンの定義はストア派の定義と酷似し、（'ut ira sit libido poeniendi eius qui videatur laesisse iniuria' [Arnim 1964: fr. 398]）、彼の付した引用符を見るにそれを踏襲したかもしれない［cf. PMIC　45（n. 18 by ed.）］。ただしこうした定義はアリストテレスも取るところとされる［cf. 太田 2019: 176］。

1.2.4]。「過剰な怒りはその保有者にとつて最も有害でしばしば破滅的であり」、これ以上に「社会に危険な［…］情念はなく」、「過剰な怒り」も「最も有害かつ最悪の悪徳である」［PMIC 93; IMP 1. 6. 3］。事実「怒り、復讐をより強く欲する人々は暴力による自衛の原理を濫用する」［PMIC 208; IMP 2. 16. 2］。「怒りと類縁の」情念には「自己保存」と「共通の効用への配慮が要請する以上［…］甘んじてはならない。それらへの考慮が怒りなく十分可能ならば、怒りに称賛」しえるものはない［PMIC 93-4; IMP 1. 6. 3］。ところで自己保存は徳に則した「幸福な生」を目的とし［PMIC 64; IMP 1. 2. 10］、「社会的徳」は「共通の繁栄」——「共通の利益（the common interest）」——による［PMIC 82; IMP 1. 5. 2］以上、自己保存の低級な快さも高次の快さ＝共通の利益に制御されねばならないといえる。

　ゆえにハチスンも怒りに2つの制約を課す。第一は自然法である。「人類は皆、愛を大切にして、全力で共通の繁栄（prosperitas communis）を考慮する」という「社交的徳の要約」［PMIC 82; IMP 1. 5. 2］はここでも適用される。有徳たらんとする努力は怒りを「抑制」し、「外的行為」——復讐と解し得る——に至らせないことを「可能」とする［PMIC 121; IMP 2. 3. 5］。「正当に行使される実力は全て、我々の権利の保護か、何らかの共通の効用（utilitas communis）を考慮せねばならない。これらの考慮を欠き、憎しみや悪意が結合した実力は**復讐**（*vindicta*）であり」、「自然法により非難される」［PMIC 203; IMP 2. 15. 8］。

　第二は国法である。「悪辣、習慣の堕落、貪欲、野心、奢侈」［PMIC 236; IMP 3. 4. 2］、あるいは端的に「人間の不完全さ」や「人類の腐敗」［SMP 2. 212, 214］のため、政府なしに安全と高度な利益は享受しえないゆえに人は政府を樹立する［PMIC 236-7; IMP 2. 15. 8］。ハチスンは政治学を論ずる中で「あらゆる法は国家の真の効用を見据えねばならない」といい［PMIC 266; IMP 3. 8. 1］、「刑罰（punishment）」も「一般的安全」［SMP 2. 333］を目指す。その結果、「刑罰が見据える固有の目的は、悪人がそれへの恐怖で侵害を抑止されることで、他の人々が安全に生を送ることにある」と把握される［PMIC 273; IMP 3. 8. 9; cf. SMP 2. 331］。ゆえに復讐は刑罰目的から排除される［cf. 田中 1988: 237］。「憎しみや怒り、［…］正直な憤慨によっ

ては、とりわけ刑罰は科せられるべきでなく、むしろ保護されるべき共通の効用への専心と無辜者への配慮による」［PMIC 273; IMP 3. 8. 9］。ただしハチスンの刑罰目的論は加害者と被害者の利益を含めない[13]。加害者の利益は「刑罰と区別される**懲罰**（*castigatio*）」、被害者の利益は「**損害補償**（*reparatio damni*）」により考慮される［PMIC 273; IMP 3. 8. 9］。しかし刑罰は個人（加害者・被害者）でなく社会利益のために科されるから、私人が行使可能な懲罰と損害補償は「公的たるべき」刑罰から峻別される［SMP 2. 331-2］[14]。ゆえに彼は公共的効用（利益）に即して共同体の安全（見せしめ）のみに基づく、グロティウス・ホッブズ・プーフェンドルフよりも限定的――ある意味で徹底的――な刑罰目的論を展開する[15]。

V 結 論

　ホッブズは怒り（復讐感情）が戦争を招く危険な情念（ゆえに自然法に反する）という見解をグロティウスと共有した。プーフェンドルフは自己保存に必要な限りで怒りを認めた一方、悪徳と危険を招く情念と捉えることでグロティウスとホッブズを継承する刑罰論を展開した。ハチスンも自己保存に関する限り怒りを（低次の）善とし、効用すら認めたが、悪徳と危険を招くと見、グロティウスやプーフェンドルフ――後者を通じてホッブズ――を継承したと解釈しうる［cf. PMIC 3; IMP 'To the Student in universities'］。そし

---

(13) 以下の議論は旧稿の解釈［太田 2019: 233（注 128）］を修正するものである。
(14) ハチスンは「**刑罰**（*poena*）・**懲罰**（*castigatio*）・**補償**（*compensatio*）［…］をそれらの異なる目的に即して区別する」［SMP 2. 332, n.* by ed.］。「被害者は［…］補償を強制する権利を持つ。この権利がなければ、悪人は［…］同胞の権利の一切を蹂躙するだろう。実力さえ用いた補償を強制する権利と、そのうえでの害悪（further evils）を刑罰として科す権利を制限しないのは、被害者の利益と公益のためである」［SMP 2. 87］という叙述は、この区別を前提すべきである［cf. IMP 2. 15. 2］。この点において、［田中 1988: 236-7］の同叙述の解釈は、ハチスンにおける補償と刑罰の概念を区別せず論じており、問題がある。
(15) これはハチスンの刑罰目的論とグロティウス・ホッブズ・プーフェンドルフの刑罰目的論が同一ではないことを含意する。ゆえにグロティウスとその他の著者らの刑罰論へのスミスの批判が専らハチスンを念頭に置いたという田中正司の解釈（本稿225-6頁）には問題がある。

て各論者が復讐を自然法と国法で禁じ、統治者は公共の利益に従い刑罰目的を抑止・見せしめに限定すべきと述べたのは、彼らの共有する道徳通念の帰結であった[16]。したがって、序論で述べた通り、スミスが怒り（復讐感情）を観察者の是認を得る限りで称賛されるとし、正義の起源を見、復讐を刑罰目的としたことは、少なくとも本稿で挙げた初期近代自然法論者の人間本性上の通念との対決を意味するのである。

　ところで、憤慨や復讐感情に対するスミスの高い評価は、初期近代法学のみならず、「人々の大多数（the greater part of people）」の意見に対立すると自覚される［TMS 2. 1. 5. 7］中で展開された[17]。にもかかわらず、なぜスミスが憤慨をそこまで擁護したのかはなお未解決の問題であると思われる。それを探究するひとつの鍵は、彼の市民（社会）像の理解であろう。怒りの情念は、正義感情として貢献するとして称賛される一方、狂気と無秩序を招くとして非難される、古典古代以来評価が激烈に対立した情念であり［cf. 太田 2019: 165-79］、その評価は評価者の人間像と市民（社会）像を浮き彫りにする指標（メルクマール）として働きうる。ゆえにスミスが人間本性論として［cf. 水田 1968: 250-1］「復讐［…］もできない者は［…］人間の性格の最も基本的な部分の１つを欠く」として武勇の淵源——を怒りに求め、統治者にその不全への対策を求めた［Smith 1976: 787／下巻 152］こと、そして憤慨こそ正義感情の主要源泉としたことは、如上の論争の伝統を踏まえて彼の市民社会像を再構成する必要を強く示すものといえる。よって怒りに着目したスミスの

---

(16) 以上の論者の見解の相異点は紙幅の関係から本稿では詳細には検討できないが、しかし各論者間の想定されうる相違にもかかわらず、各論者が怒り（復讐）において一定の共通性を持つといえる。

(17) この点については［渡辺 2011: 235-6（注 15）］も参照。ただし、怒りが正義の源泉であるという考え方そのものはスコットランド知識人の中である程度普及していた（ただしヒュームは採用しない）ことも留意されねばならない［cf. Berry 1997: 132-3／259］。スミス倫理学における怒りの概念については［竹本 2020: 149-61］も参照。

(18) ただしスミスの抵抗権論を論じておきたい。次の叙述が示す通り、彼は抵抗権行使の例として名誉革命を挙げつつ、その抵抗権が共和主義的性格を持つことを自覚的に説く。「共和主義の諸原理（the republican principles）は消え去ろうとしていたが、それはジェームズ［2世］の愚かで暴君的な行いが彼ら〔共和主義者〕を再度奮起させた結果、［…］彼〔ジェームズ 2 世〕は追放され［…］た」［LJA v. 70］（この引用文における王の「追放」は明らかに抵抗権行使である）。そして抵抗権がスミスの権利論（正義

法哲学の再構成は重要な課題を形成するが、その検討は他日を期す[18]。

参考文献

Arnim, H. v. [1964] *Stoicorum veterum fragmenta*, v. 3, In Aedibus Teubneri.〔山口義久訳『初期ストア派断片集3』京都大学学術出版会、2002年〕

Berry, Ch. [1997] *Social Theory of the Scottish Enlightenment*, Edinburgh UP.〔坂本達哉・壽里竜訳『スコットランド啓蒙の社会理論』知泉書館、2023年〕

Cattaneo, M. [1965] 'Hobbes's Theory of Punishment' in *Hobbes Studies*, ed. K. C. Brown, B. Blackwell.

Cocceij, S. v. [1748] *Introductio ad... Grotium illustratum*, In Officina Orphanotrophei libraria.

Günther, L. [1889] *Die Idee der Wiedervergeltung in der Geschichte und Philosophie des Strafrechts*, Abt. 1, Th. Bläsing's Universtätsbuchhandlung.

Ders. [1891] *Die Idee der Wiedervergeltung in der Geschichte und Philosophie des Strafrechts*, Abt. 2, Th. Bläsing's Universtätsbuchhandlung.

Ders. [1895] *Die Idee der Wiedervergeltung in der Geschichte und Philosophie des Strafrechts*, Abt. 3, Hälfte 1, Th. Bläsing's Universtätsbuchhandlung.

Haakonssen, K [2022] 'The Civil Order', in *Cambridge Companion to Pufendorf*, ed. K. Haakonssen and I. Hunter, Cambridge UP.

Hobbes, Th. [2012] 本田裕志訳『人間論』京都大学学術出版会

水田洋 [1968]『アダム・スミス研究』未来社

長尾龍一 [2010]「「敵対刑法」論とトマス・ホッブズ」『ノモス』27

Rühping, H. und Jerouschek, G. [2011] *Grundriss der Strafrechtsgeschichte*, 6. A., C. H. Beck.〔川端博・曽根威彦訳『ドイツ刑法史綱要』成文堂、1984年（初版訳）〕

太田寿明 [2019]「アダム・スミスの刑罰論」『一橋法学』18-3

―― [2023]「スミス「自由主義」再考」『思想』1195

Schmidt, E. [1965] *Einführung in die Geschichte der deutschen Strafrechtspflege*, 3.A., Vandenhoeck & Ruprecht.

Salter, J. [1999] 'Sympathy with the Poor", *History of Political Thought*, 20-2.

Schwarze, M. [2020] *Recognizing Resentment*, Cambridge UP.

論）に基づく [e.g. LJB 98-9] 以上より、抵抗権論を通じて彼は「civic humanism〔共和主義〕的自由と自然法学的自由の統合を企てた」[太田 2023:89] と明確に解釈できる。その統合の鍵こそ怒りである [cf. TMS 1. 3. 2. 3; 太田 2023: 88, 92（注15）]。

Smith, A. [1976] *An Inquiry into the Nature and Causes of the Wealth of Nations*, Vols. 2, ed. R.H. Campbell *et al.*, Oxford UP.〔大河内一男監訳『国富論』（全3巻）中公文庫、1978年〕

Stally, R. [2012] 'Adam Smith and the Theory of Punishment,' *Journal of Scottish Philosophy*, 10-1.

竹本洋［2022］『アダム・スミスの倫理』名古屋大学出版会

田中正司［1988］『アダム・スミスの自然法学』御茶の水書房

渡辺恵一［2011］「『道徳感情論』における徳の政治学」佐々木武・田中秀夫編『啓蒙と社会』京都大学学術出版会

Welzel, H. [1958] *Die Naturrechtslehre Samuel Pufendorfs*, De Guyer.

法と道徳には必然的な結びつきがあるか

濱　真一郎

I 法実証主義と「法と道徳分離論」
II 道徳の観念について
III 「法と道徳分離論」をめぐる法実証主義の内部での論争
IV 法と道徳には必然的な結びつきがあるか

I　法実証主義と「法と道徳分離論」

　H. L. A. ハートは、英米の法実証主義の伝統を形成してきた法哲学者たち（ジェレミー・ベンサム、ジョン・オースティン、ハート自身を含む）の業績に見出される、法の性質についての三つのテーゼを提示している。すなわち、法と道徳の概念的分離テーゼ、法の社会的源泉テーゼ、および司法的裁量に関するテーゼである[1]。

　法と道徳の間には多種の重要な結びつき（connections）が存在しており、その結びつきはしばしば、特定の法体系の法と道徳的要素の間の事実上の一致ないし交わりとなる。しかし、法と道徳の概念的分離テーゼによれば、こうした法と道徳の結びつきは、偶然的なものであり、論理的ないし概念的に必然的（necessary）なものではない[2]。

---

(1)　H. L. A. Hart, 'The New Challenge to Legal Positivism (1979)', translated by Andrzej Grabowski, in *Oxford Journal of Legal Studies*, vol. 36, no. 3 (2016), pp. 460-462.
(2)　Ibid, pp. 460-461. なお、法の社会的源泉テーゼは、法の存在は何らかの社会実践を必要とする、というテーゼである。司法的裁量に関するテーゼは、どの法体系において

さて、ハートの言う「法と道徳の概念的分離テーゼ」は、「分離テーゼ」[3]と呼ばれることもある。本稿では、その表現も用いるけれども、主として「法と道徳分離論」[4]という表現を用いる

以上で確認したように、英米の法実証主義者たちは「法と道徳には必然的な結びつき（necessary connection）はない」と主張してきた。ところが、筆者の理解では、近年の英米の法実証主義者の中には、「法と道徳には必然的な結びつきがあるか」という問いにこだわらない論者がいる（例えばジョセフ・ラズ）。本稿は、そうした論者の見解をどのように考えればよいのかについて検討する。

II　道徳の観念について

本節では、道徳（morality）という多義的な観念についてのハートの説明を確認する。彼はまず、法と正義（justice）の関係について論じている。彼によると、正義は道徳の一部を構成している。正義は主として、個人の行為ではなく、諸個人の集合が取り扱われる方に関係している。このことによって、正義は、法やその他の公的・社会的な制度を批判する際に、重要な役割を果たすのである。その意味で、様々な徳性（the virtues）の中で、正義は、最も公的で最も法的な徳性である。ただし、正義の諸原理は、道徳の理念を描き尽くすものではないし、法に対する道徳的批判のすべてが正義の名においてなされるわけでもない[5]。

　　も、法によって統制できない事例が常に存在するであろう、というテーゼである。Ibid., pp. 461-462.
（3）　Torben Spaak and Patricia Mindus, 'Introduction', in Torben Spaak and Patricia Mindus (eds.), *The Cambridge Companion to Legal Positivism* (Cambridge University Press, 2021), p. 7.
（4）　法哲学・法思想史の重要問題の一つである「法とは何か」という問題について、古代ローマの時代から答えを与えてきた自然法論は「法と道徳（正義も含む広義の道徳）融合論」および「自然法と実定法の二元論」を説く。それに対して、近代国家法が整備される19世紀ヨーロッパに登場した法実証主義は「法と道徳分離論」および「実定法一元論」を説く。深田三徳『現代法理論論争――R. ドゥオーキン対法実証主義』（ミネルヴァ書房、2004年）2-3頁。
（5）　H. L. A. Hart, *The Concept of Law*, third edition (Oxford University Press, 2012),

ハートは次に、道徳について論じていく。彼は、広い意味での「道徳」に関心を向けている。というのも、広い意味での道徳は、道徳という言葉の通常の使用法と合致しており、かつ、この広い意味での道徳こそが社会生活および個人の生活でも、重要かつ特筆すべき役割を果たしているからである[6]。

　広い意味での道徳とは、所与の社会の「道徳 (*the* morality)」(所与の社会の道徳であるから定冠詞が付されている) という表現や、特定の社会集団の「受容された」道徳ないし「慣例的 (conventional)」道徳という表現によって、言い表されるところの社会現象のことである。こうした表現で言い表される広い意味での道徳は、特定の社会で広く共有された行動規準のことを指している。この広い意味での道徳は、特定の個人の生活を統御するけれども他者とは広く共有されていないような道徳原理や道徳理念とは区別される。あるいは、その広い意味での道徳は、社会そのものを道徳的に評価する際に用いられる原理や理念とも区別される[7]。

　ハートは以下の区別も示している。19世紀の功利主義者たちによって好まれた用語法では、「実定道徳 (positive morality)」と「批判道徳 (critical morality)」が区別される。実定道徳とは、特定の社会集団によって実際に受容および共有されている道徳のことである。批判道徳とは、実定道徳や現存している社会諸制度を批判する際に用いられる、一般的な道徳的原理のことである[8]。

　以上の様々な説明に照らせば、ハートが念頭に置く道徳とは、特定の社会集団によって実際に受容および共有されている道徳 (実定道徳)[9]のことで

---

　　　pp. 167-168. 矢崎光圀監訳『法の概念』(みすず書房、1976年) 183頁、長谷部恭男訳『法の概念〔第3版〕』(ちくま学芸文庫、2014年) 265頁。
(6)　Ibid., p. 169. 矢崎監訳184頁、長谷部訳267頁。
(7)　Ibid., pp. 169, 183. 矢崎監訳184-185、199頁、長谷部訳267、286頁。以下の文献も参照。守屋正通「法と言語体系・生活様式——ハートの法効力論を機縁にして」日本法哲学会編『法と言語 (法哲学年報1980)』(有斐閣、1981年) 69頁。
(8)　H. L. A. Hart, *Law, Liberty, and Morality* (Oxford University Press, 1963), p. 20.
(9)　なお、「実定道徳」という表現の用法については注意が必要である。ハートによると、J. オースティンは「実定道徳」と「神の法」——「神の法」とは実定道徳や実定法を評価するための究極の規準 (standards) のことである——とを区別したが、オース

あると思われる。

なお、トーベン・スパークとパトリシア・ミンドゥスは、法と道徳分離論（この二人の表現では「分離テーゼ」）について説明する際に、道徳に関するハートとは異なる理解を示している。すなわち、自分たちの言う道徳とは、当該の社会で人々によって実際に受容されている道徳ではなく、「真の道徳（true morality）」のことなのである、と主張している[10]。しかしながら、スパークとミンドゥスは、自分たちがそのように主張する根拠を示していないし、「真の道徳」とは何であるかについての説明もしていない。よって本稿では、法と道徳分離論について考察する際に、「道徳」を、「特定の社会集団によって実際に受容および共有されている道徳」と捉える。

III 「法と道徳分離論」をめぐる法実証主義の内部での論争

1 H. L. A. ハートの法理論

本稿の冒頭で確認したように、法実証主義は「法と道徳分離論」を説く。本節では、ハートの法理論について概観した上で、「法と道徳分離論」をめぐる法実証主義の内部での二つの論争について検討する。

ハートは主著『法の概念』（初版は 1961 年）において、発展した法体系の法に共通する特徴について分析するために、「一次的ルールと二次的ルールの結合」から生まれる構造について考察している。彼によると、発展した法体系には、法とは何かを確定するための社会的ルールが存在する。ハートはこうした社会的ルールを第二次的ルールと呼ぶ。第二次的ルールの中でとく

ティンの言う「実定道徳」は、実定法以外のすべての社会的ルールを含んでいる。すなわち、エチケット、ゲーム、クラブのルールや、国際法のルールや、日常的に道徳として考えられ話されているすべてのものを含んでいる。ハートは、道徳という表現のこのような広い意味での用法（オースティンによる「実定道徳」という表現の用法）は、道徳の形態および社会的機能に関する多くの重要な区別を不明瞭にするとしている。H. L. A. Hart, *The Concept of Law*, third edition, *supra* note 5, note at p. 301. 矢崎監訳 291 頁の注、長谷部訳 519 頁の注（12）。なお、オースティンにおける「神の法」の理論は、彼の功利主義的世界観の表明を意味している。八木鉄男『分析法学の潮流――法の概念を中心として』（ミネルヴァ書房、1962 年）85 頁。

(10) Torben Spaak and Patricia Mindus, 'Introduction', *supra* note 3, pp. 1, 9.

に重要なのは承認のルールである。これは、法的に妥当 (legally valid)[11] する規範とそれ以外を区別するための基準 (criteria) を示すメタ的なルールである[12]。

2 「法と道徳分離論」をめぐる論争 (1)――記述的法実証主義と規範的法実証主義

以上で、ハートの法理論について概観した。以下では、「法と道徳分離論」をめぐる法実証主義の内部での二つの論争について検討する。この二つの論争については、既に日本でもよく知られている[13]が、本稿の以下での叙述との関係で、ここでその二つの論争の概要を確認しておく。

まずは「法と道徳分離論」をめぐる第一の論争について。ハートの法実証主義は、発展した法体系の法に共通する特徴を道徳的に中立的な仕方で記述[14]しようとする意味で、記述的法実証主義と呼ばれる[15]。それに対し

---

(11) ラズによると、自然法論者たちが信奉してきた説は、「妥当なルール」とは正当化されたルールである、というものである。「他方、法実証主義者たちが伝統的に支持してきた説は、次のようなものである。ルールの妥当性、否、少なくともルールの法的な妥当性 (legal validity) とは、正当化を意味するものでなく、当該ルールが実効性のある法体系――つまり、かくあるべきか否かといった判断と無関係に事実上遵守されている法体系――内部の識別基準によって、執行可能なものとして承認されているという事態を意味する」。Joseph Raz, 'Legal Validity', in Joseph Raz, *The Authority of Law: Essays on Law and Morality*, second edition (Oxford University Press, 2009), p. 150. 中山竜一訳「法的妥当性」、ジョセフ・ラズ著、深田三徳編訳『権威としての法――法理学論集』(勁草書房、1994年) 70頁 (引用箇所の 'legal validity' は引用者による挿入)。

(12) H. L. A. Hart, *The Concept of Law*, third edition, *supra* note 5, chs. 5, 6. 矢崎監訳5章、6章、長谷部訳5章、6章。「承認のルール」は rule of recognition の訳語であり、それは「認定のルール」と訳されることもある。

(13) 深田三徳・前掲注 (4)『現代法理論論争』第4章、第5章、井上達夫『法という企て』(東京大学出版会、2003年)「序 法概念論は何のためにあるのか」。

(14) H. L. A. Hart, 'Postscript', in H. L. A. Hart, *The Concept of Law*, third edition, *supra* note 5, pp. 239-240. 長谷部恭男訳「後記」H. L. A. ハート著、長谷部恭男訳・前掲注 (5)『法の概念〔第3版〕』368-369頁、布川玲子・高橋秀治訳「『法の概念』第二版追記 上」みすず438号 (1997年) 60-61頁。

(15) 「記述的実証主義 (descriptive positivism)」という表現は以下で用いられている。Jeremy Waldron, *Law and Disagreement* (Clarendon Press, 1999), p. 166. 本稿の本文では「記述的法実証主義」という表現を用いている。

て、ジェレミー・ウォルドロンやトム・キャンベルは、規範的法実証主義と呼ばれる立場を提唱している[16]。

ハートは「法と道徳分離論」に関して、法と道徳は必然的には結びつかないが偶然的に一致することはある、という記述的な主張をする[17]。すなわちハートは、法についての記述的理論を展開し、「法と道徳分離論」を唱えている。それに対して、ウォルドロンやキャンベルは、法実証主義の「法と道徳分離論」を、法についての記述的テーゼではなく、規範的テーゼとして捉えようとする。ウォルドロンによると、法実証主義は、規範的テーゼとして提示されるべきである。すなわち、法と道徳の分離は、道徳的・社会的・政治的観点から望ましいことであり、是非とも必要なことなのである[18]。

結局のところ、規範的法実証主義を擁護するウォルドロンとキャンベルにとって、承認のルールが示す基準（一次的ルールが満たす必要のある法的妥当性の基準）には、「道徳と分離されていること」という一般的特徴が含まれるべきなのである。

3 「法と道徳分離論」をめぐる論争（2）――ソフトな法実証主義と厳格な法実証主義

次に、「法と道徳分離論」をめぐる第二の論争について確認する。承認のルールが示す基準（一次的ルールを同定するために承認のルールが示す基準）に関しては、その基準が道徳的テストを含むかが問題となる[19]。既に確認したように、法実証主義は「法と道徳分離論」を説く。ハートは、法と道徳が必然的に融合しているという法の捉え方は否定する。ただし、彼は、法と道徳が偶然的に結びつく場合があることを認めている。すなわち彼は、特定の

---

(16) 「規範的実証主義（normative positivism）」という表現は以下で用いられている。Jeremy Waldron, 'Normative (or Ethical) Positivism', in Jules Coleman (ed.), *Hart's Postscript: Essays on the Postscript to the* Concept of Law (Oxford University Press, 2001). 本稿の本文では「規範的法実証主義」という表現を用いている。

(17) H. L. A. Hart, 'New Challenge to Legal Positivism (1979)', *supra* note 1, pp. 460-461.

(18) Jeremy Waldron, 'Normative (or Ethical) Positivism', *supra* note 16, p. 411.

(19) 井上達夫『立憲主義という企て』（東京大学出版会、2019年）18頁。

法体系において、「道徳的原理との合致 (conformity)」が、法的妥当性の基本的な基準の一部として、裁判所によって認められる場合もあると考えている[20]。

とはいえ、そうした場合はあくまでも偶然的である。結局のところ、ハートは、ある法体系が「道徳的原理ないし実質的価値との合致」を法的妥当性の基準として組み入れる (incorporate) 場合もある、という考えを提示しているのである[21]。ハートのこの立場は、ソフトな法実証主義ないし包摂的法実証主義と呼ばれる[22]。

さて、ラズは「法と道徳分離論」に関して、ハートとは異なる理解を示している。ラズによると、人間（裁判官も含めて）は、道徳が法に組み入れられているか否かにかかわらず、道徳の影響を受ける。なぜなら道徳には管轄がないからである[23]。ところが、法は道徳を排除することによって、人間への道徳の影響を変化させることができる[24]。ラズのこの考えは、厳格な法実証主義ないし排除的法実証主義と呼ばれる[25]。

---

(20) H. L. A. Hart, 'New Challenge to Legal Positivism (1979)', *supra* note 1, pp. 463-464.

(21) H. L. A. Hart, 'Postscript', *supra* note 14, p. 250. 長谷部訳・前掲注 (14)「後記」382-383頁、布川玲子・高橋秀治訳・前掲注 (14)『『法の概念』第二版追記 上』68頁。

(22) ハートは自分の法理論を「ソフトな実証主義 (soft positivism)」と呼んでいる。Ibid. 本稿の本文では「ソフトな法実証主義」という表現を用いている。「包摂的法実証主義 (inclusive legal positivism)」という表現は、例えば以下の文献にみられる。W. J. Waluchow, *Inclusive Legal Positivism* (Clarendon Press, 1994).

(23) Joseph Raz, 'Incorporation by Law', in Joseph Raz, *Between Authority and Interpretation: On the Theory of Law and Practical Reason* (Oxford University Press, 2009), pp. 183, 193.

(24) Ibid., pp. 195-196.

(25) 「厳格な実証主義 (hard positivism)」および「排除的実証主義 (exclusive positivism)」という表現は、例えば以下で用いられている。Timothy A. O. Endicott, 'Raz on Gaps——The Surprising Part', in Lukas H. Meyer, Stanley L. Paulson, and Thomas W. Pogge (eds.), *Rights, Culture, and the Law: Themes from the Legal and Political Philosophy of Joseph Raz* (Oxford University Press, 2003), p. 115.「排除的法実証主義 (exclusive legal positivism)」という表現を用いる文献もある。Andrei Marmor, 'Exclusive Legal Positivism', in Andrei Marmor, *Positive Law and Objective Values* (Clarendon Press, 2001). 本稿の本文では「厳格な法実証主義」および「排除的

4 「法と道徳分離論」に関するラズの見解

　以上で、「法と道徳分離論」をめぐる法実証主義の内部での論争について検討した。以下では、法と道徳分離論に関するラズの見解[26]について詳しく見ていく。彼によると、法実証主義をめぐる中心的論争が行われている三つの領域が存在する。三つの領域とは、①法の同定、②法の道徳的価値、および③法の鍵となる用語の意味に、それぞれ関連している領域のことである。これらの三つの領域において、法実証主義は以下の三つのテーゼを擁護している。すなわち、①社会テーゼ、②道徳テーゼ、および③意味論テーゼである。社会テーゼは、何が法であり何が法ではないかは社会的事実の問題である、というテーゼである。道徳テーゼは、法の道徳的価値は、「法の内容」や「法が適用される社会の状況」に左右される偶然的な問題である、というテーゼである。意味論テーゼは、「権利」や「責務」といった用語は法的文脈と道徳的文脈で同じ意味で用いることはできない、というテーゼである[27]。

　ラズは、社会テーゼのみを主張する法実証主義を擁護しており、それは、「規範的用語の意味論的分析」や「法と道徳の関連〔結びつき〕（relation）」についての自然法論者の見解と衝突しないという意味で、穏健な法実証主義であるとされる[28]。

　なお、ラズは、法は正統な権威を持っていると主張（claims）する（実際には持っていないとしても）という法の捉え方を示したり[29]、法と道徳には

　法実証主義」という表現を用いている。
(26) ラズの見解について検討した邦語文献として以下がある。深田三徳「法実証主義における『法と道徳分離論』と『源泉テーゼ』(3)」同志社法学 40 巻 4 号（1988 年）。
(27) Joseph Raz, 'Legal Positivism and the Sources of Law', in Joseph Raz, *The Authority of Law*, second edition, *supra* note 11, pp. 37-38.
(28) Ibid., pp. 38-39. なお、ラズによると、社会テーゼは、弱いテーゼと強いテーゼに区別される。例えば、適用する法が存在しない紛争が、道徳的考慮に基づいて解決されたとしよう。弱い社会テーゼは、その道徳的考慮が、当該国の法の一部になる場合があると考える。それに対して、強い社会テーゼは、その道徳的考慮は法に組み入れられないと考える。ラズは、後者の強い社会テーゼが正しいと考えており、それを「源泉テーゼ (the sources thesis)」と名づけている。Ibid., pp. 45-47.
(29) Joseph Raz, 'Authority, Law, and Morality', in Joseph Raz, *Ethics in the Public Domain: Essays in the Morality of Law and Politics*, revised edition (Clarendon Press,

必然的な結びつきがあると主張したりしている（なぜなら、例えばレイプを容認する法は存在しえないからである）[30]。

結局、ラズによれば、「法と道徳には必然的な結びつき（necessary connection）があるか」という問いは、異なる法理論の基本的姿勢を検証するためのリトマス試験紙ではない、ということになる[31]。ラズはさらに、彼の見解が法実証主義と分類されるかを自分は気にしない、重要なのは「法実証主義」というレッテルにこだわらず、それぞれの論者がどのような議論をしているかを検討することである、と述べている[32]。

以上からすると、ラズの法実証主義は、法と道徳分離論にこだわらないタイプの法実証主義ということになると思われる。もちろん、それはもはや法実証主義とは言えないのではないか、という批判はありうる。いずれにせよ、ラズは、法と道徳分離論にこだわると生産的な議論ができないと考えて、法と道徳に関する以上のような独自の考えを提唱しているように思われる。

Ⅳ　法と道徳には必然的な結びつきがあるか

本稿の冒頭で確認したように、英米の法実証主義者たちは「法と道徳には必然的な結びつきはない」と主張してきた。ところが、筆者の理解では、近年の英米の法実証主義者の中には、「法と道徳には必然的な結びつきがあるか」という問いにこだわらない論者がいる（例えばラズ）。以下では、そうした論者の見解をどのように考えればよいのかについて検討する。

ミンドゥスとスパークによると、法実証主義者たちは多くの点で見解を異

1995), p. 215. 深田三徳訳「権威・法・道徳」、ジョセフ・ラズ著・前掲注（11）『権威としての法』150 頁。

(30) Joseph Raz, 'The Argument from Justice, or How Not to Reply to Legal Positivism', in Joseph Raz, *The Authority of Law*, second edition, *supra* note 11, p. 318; Joseph Raz, 'About Morality and the Nature of Law', in Joseph Raz, *Between Authority and Interpretation, supra* note 23, p. 168.

(31) Joseph Raz, 'About Morality and the Nature of Law', *supra* note 30, p. 168.

(32) Joseph Raz, 'The Argument from Justice, or Haw Not to Reply to Legal Positivism', *supra* note 30, pp. 317, 335.

にしているけれども、そのほとんどが中心的な三つの信条（tenets）を受け容れている。すなわち、社会テーゼ、分離テーゼ、および社会的実効性テーゼである。社会テーゼは、「法とは何か」や「法とは何でないか」という問いは社会的事実の問題である、というテーゼである。分離テーゼは、法と道徳には必然的な結びつきはない、というテーゼである。社会的実効性テーゼは、法の妥当性（ないし存在）は「法が社会的に実効的である」ことを前提とする、というテーゼである[33]。——ここでの「分離テーゼ」は、法と道徳の「分離テーゼ」のことであり、本稿における「法と道徳分離論」と同義である。

　法実証主義者の中には、社会テーゼこそが法実証主義の屋台骨であると考える論者がいる。例えばラズである。しかし、社会テーゼではなく、むしろ分離テーゼに焦点を合わせる論者もいる。例えばハート、マシュー・クレイマー、および法実証主義に批判的なロベルト・アレクシーである（アレクシー自身が分離テーゼを擁護しているというわけではない）。ミンドゥスとスパークによると、分離テーゼは、「法と道徳には必然的な結びつきはない」というテーゼである。ところが、現代の法実証主義者の中には、「法と道徳には必然的な結びつきがある」と主張する論者がいる。例えばラズ、ジョン・ガードナー、およびレスリー・グリーンである[34]。

　さて、ミンドゥスとスパークの以上の議論（ラズは「法と道徳には必然的な結びつきがある」と主張している）には、若干の留保が必要であると思われる。それはなぜか。ラズによると、道徳的考慮に訴えることなく社会的事実のみによって法を同定したり法の存在を確認したりすることが、道徳的な善し悪し（merit）をもたらすか否かは、未決問題である[35]。よって彼は、「法と道徳には必然的な結びつきがあるか否か」についても、未決問題であると考えるように思われる。

　とすると、厳密に言えば、ラズは「法と道徳には必然的な結びつきがある」と主張しているわけではないと思われる。すなわち彼は、「法と道徳に

---

(33) Torben Spaak and Patricia Mindus, 'Introduction', *supra* note 3, p. 7.
(34) Ibid., pp. 8-9, note 19 at p. 8.
(35) Joseph Raz, 'Legal Positivism and the Sources of Law', *supra* note 27, pp. 38-39.

は必然的な結びつきがあるか否か」については未決問題であると考えるがゆえに、「法と道徳には必然的な結びつきがある」と断言することも、「法と道徳には必然的な結びつきはない」と断言することも、していないように思われる。

ここで、ジュリー・ディクソンの議論を参照しておこう。彼女によると、分離テーゼは、「(法と道徳の) 必然的結びつきの不在テーゼ (no necessary connection thesis = NNC thesis)」と同一視されることがあるけれども、今日のすべての法実証主義者が、NNC テーゼを含意する分離テーゼを擁護しているわけではない[36]。——この議論を踏まえて、「法と道徳には必然的な結びつきがあるか」という問いにこだわらないラズの見解を、どのように理解すればよいのかについて若干の検討をしておこう。

ラズは、NNC テーゼを必ずしも擁護するわけではない。それはなぜか。彼によると、社会的事実によって法を同定したり法の存在を確認したりすることが、道徳的な善し悪しをもたらすか否かについては、未決問題である。よって彼は、法と道徳が必然的な結びつきを有するか否かについても、未決問題であると考えるように思われる。以上からすると、ラズは、NNC テーゼを含意する分離テーゼを擁護しないと思われる。

なお、アレクシーの理解によると、ラズは「法と道徳には必然的な結びつきがある」と考えた上で、「法と道徳には必然的な結びつきがある」と想定することと、法実証主義を擁護することとが、両立可能であると信じている (アレクシーに言わせれば、その二つは両立可能ではない)[37]。

---

(36) Julie Dickson, 'Legal Positivism: Contemporary Debates', in Andrei Marmor (ed.), *The Routledge Companion to Philosophy of Law* (Routledge, 2012), p. 51. ジュリー・ディクソンは「必然的結びつきの不在テーゼ (no necessary connection thesis)」という表現を用いている。'no necessary connection' を NNC と略記するのはジョン・ガードナーである。John Gardner, 'Legal Positivism: 5½ Myths', in John Gardner, *Law as a Leap of Faith: Essays on Law in General* (Oxford University Press, 2012), p. 48.
(37) Robert Alexy, 'An Answer to Joseph Raz', in George Pavlakos (ed.), *Law, Rights and Discourse: The Legal Philosophy of Robert Alexy* (Hart Publishing, 2007), p. 45. なお、アレクシーはここで、正確には、「法と道徳は必然的に結びつく」という表現ではなく、「法は道徳的主張 (a moral claim) と必然的ないし本質的に結びつく」という表現を用いている。本稿の本文での議論を明確にするために、表現を変えている。

しかしながら、先述のように筆者の理解では、ラズは、「法と道徳には必然的な結びつきがあるか否か」については未決問題であると考えるがゆえに、「法と道徳には必然的な結びつきがある」と断言することも、「法と道徳には必然的な結びつきはない」と断言することも、していないように思われる。さらに、ラズの認識では、重要なのは、法実証主義を論駁することではなく、「法実証主義」というレッテルにこだわらず、それぞれの論者が「法実証主義」の伝統において、自らの言葉でどのような議論をしているかを検討することなのである[38]。

---

(38) Joseph Raz, 'The Argument from Justice, or Haw Not to Reply to Legal Positivism', *supra* note 30, pp. 317, 335.

H・L・A・ハート、ロン・L・フラー、グスタフ・ラートブルフ
――ナチスと法実証主義をめぐって――

西村清貴

Ⅰ　はじめに
Ⅱ　ハートのラートブルフ理解をめぐって
Ⅲ　フラーのハート批判
Ⅳ　記述的法実証主義の有害性

Ⅰ　はじめに

　20世紀の半ば頃、イギリスの法哲学者H・L・A・ハートとアメリカの法哲学者ロン・L・フラーのあいだで、ナチスの法を、そしてドイツの法哲学者グスタフ・ラートブルフのナチス法理解を素材として、法と道徳の関係をめぐる論争（いわゆるハート＝フラー論争）が行われたことについては、法哲学において広く知られている。ところで、今日の研究水準から見れば、この論争において、ハートの議論にはあきらかに、ナチスの体制やラートブルフに関する、決して小さくない事実誤認、あるいは不十分な理解が存在していたと考えられるが、このことは（特に英米圏を研究対象としている法哲学者の

※　本稿執筆にあたっての技術的諸点をここで述べておく。引用した文献に邦訳が存在する場合、邦訳を参考させていただいたが、西村が一部改めた箇所も存在する。また、文献を引用する際、西村による省略は［……］で示した。引用文内における西村による捕捉は角括弧（［　］）で示した。引用を行う際、西村による強調は下線で示した。なお、本稿は、酒匂一郎「ラートブルフ・テーゼについて」（『法政研究』第78巻第2号、2011年、所収）および同『法哲学講義』（成文堂、2019年）、94頁以下の議論に強く触発されている。

あいだで）広く認識されているとはいえないように思われ、このことが、両者のあいだの論争を精確に理解・評価することを困難とさせているように思われる。本稿は、ハートにおけるこの事実誤認を確認し、法と道徳の関係に関する、すなわち法実証主義に関するハートの議論は、少なくとも部分的には修正・撤回されるか、あるいはその議論の限界が意識される必要があることを示したい。

II　ハートのラートブルフ理解をめぐって

　ハートは、1958年の「実証主義と法・道徳分離論」において、ラートブルフによって行われたナチス法に関する主張を批判している。ハートによればラートブルフの主張は以下のようなものである。ラートブルフは、かつては「実証主義的原理」、すなわち法への抵抗は個人の良心の問題であり、法が邪悪であることを示したとしても、法の妥当性は否定されないという見解を採用していた。しかし、ナチスの専制に触れたラートブルフは、単なる法への隷従――それは、「法律は法律だ」という実証主義的スローガンによって表現される――がナチスの体制によって容易に利用された、すなわち、ある法とあるべき法の分離を説く実証主義がこの惨事の発生に積極的に加担したという理由から、人道主義的道徳は法という概念の一部であると認識しなければならないというような見解へと転向した。このようなラートブルフの議論に対し、ハートは、いくらかの理解を示しつつも、以下のように批判を加える。ハートによれば、ナチス後のラートブルフは、あるルールが妥当性を有する法であるか、という問題に解決を与えることにより、このルールは従われるべきであるか、という問題に対しても解決を与えることができると誤って理解している。（本来、ラートブルフもその立場に立つはずの）自由主義的立場に立つならば、むしろ、法と道徳の厳格な区別が主張されるべきだ、とハートは主張する。さらに、ハートは、ラートブルフのようにきわめて不道徳なものは法たり得ないと主張することは、法に従うべきか、それとも重要な道徳原則を重視するべきか、という道徳的ジレンマを覆い隠すことになる、という[1]。

本稿の理解では、ハートによるこのようなラートブルフ理解は、ほぼ全面的に誤っている。現在のラートブルフ研究の水準では、ハートのような理解は、かつての、誤ったラートブルフ理解の典型例として挙げられることもある[2]のだが、以下では、本稿なりの観点から、ハートのラートブルフ理解の問題点をごく簡単に確認しておこう。

　まず、1932年の『法哲学』[3]を素材として、ナチス期以前におけるラートブルフの議論を確認していこう。ラートブルフは、確かに、正しい法によって実定法が覆されることを認めるべきだと主張しない点において決して自然法論者ではないが、法と道徳の結合を全面的に否定しているわけではない。人間によって生み出された文化を理解するためには、その目的を理解することが不可欠と考えるラートブルフにとって、文化たる法は、「正義」という目的を人間が見いだすことによって単なる権力の発露と区別される。すなわち、法とは「正義に奉仕すべきという意味を持つ現実」[4]である。立法者がまがりなりにも正義の実現を意図している限りで、権力の発露は法となり得るのである。このような意味で、ラートブルフにおいて法と道徳は必然的に結び付いており、法実証主義は退けられねばならない。ここでラートブルフがいう法実証主義とは、法をもっぱら事実として把握しようとすることにより、法とその目的（法理念＝正義）との結び付きを否定する立場であり、ナチス期以前のラートブルフはこのような意味での法実証主義を繰り返し非難していた[5]。大戦後のラートブルフの立場も、このような法実証主義批判

（1）　H. L. A. Hart, Positivism and the Separation of Law and Morals, in: Harvard Law Review, 71. 4, (1958), pp. 615-621.［邦訳：H・L・Aハート、上山友一／松浦好治訳「実証主義と法・道徳分離論」（同、矢崎光圀ほか訳『法学・哲学論集』、みすず書房、1990年、所収）、80-86頁］。

（2）　Martin Borowski, Begriff und Geltung des Rechts bei Gustav Radbruch, in: Martin Borowski/Stanley L. Paulson (Hrsg.), Die Natur des Rechts bei Gustav Radbruch, (2015), S. 229 ff. mit Anm. 1.

（3）　Gustav Radbruch, Rechtsphilosophie, 3. Aufl., (1932), auch in: ders., Gesamtausgabe (= GRGA), Bd. 2, (1993).［邦訳（ただし第5版による）：田中耕太郎訳『ラートブルフ著作集第1巻　法哲学』（東京大学出版会、1961年）］。筆者のより立ち入ったラートブルフ理解については、西村清貴『ラートブルフ・テーゼ』（成文堂、2022年）を併せて参照いただきたい。

（4）　Ebenda, S. 274.［邦訳：172頁］。

を継承するものであることは明らかであるように思われる。1946年の「法律の形を取った法と法律を超える法」においてラートブルフは、「ナチスのように、正義が一度も追求されていない場合、そこでの法律は単なる不正な法ではなく、そもそも法ではない」[6]という。このように、ラートブルフは、法とはなにかという問い、すなわち、法の概念はいかにして獲得され得るのか、という問いに解答するためには、法と正義の結び付きを肯定しなければならないと考えており、法とはなにかを問う法概念論レベルの議論としては、(どの時点を取っても)ラートブルフが法実証主義者ではあり得ないことは明白である。

他方、ラートブルフは、法が存在することと、法の義務付けの問題を明確に区別している。しかし、それは、ハートが理解しているように(ナチス期以前の)ラートブルフが、法と道徳の必然的結合を否定したから、というわけではない。よく知られているように、ラートブルフは、法の目的(理念)は三種類存在する、と指摘していた。すなわち、正義、合目的性、法的安定性である。確かに、我々は、権力に基づくある命令が法であるかを判断するにあたり、(すでに確認したように)その命令が正義を追求しているかどうかを、この命令を法と認識するか否かを判断する際の決定的なメルクマールとする。しかし、法の目的は正義だけではない。確かに、正義を追求していることは法のメルクマールであるが、正義(すなわち平等)の具体的内容に対する理解は、人によって様々であるし、この問題に学問的に決着を与えることはできない。しかし、秩序が成り立つためには、人によって様々である正義の具体的内容を特定しなければならない。すなわち、法的安定性という法理念、換言すれば平和や秩序を実現するために、それが個人にとって納得できないものであっても(個人の考える正義と合致していないとしても)、権力者の命令(法律)に服従せよ、という命題が妥当することとなる。このように

---

(5) 例えば ebenda, S. 230 ff. [邦訳:113頁以下]。
(6) Ders., Gesetzliches Unrecht und übergesetzliches Recht, in: Süddeutsche Juristenzeitung 1, (1946), auch in: GRGA, Bd. 3, (1990), S. 89. [邦訳:上田健二訳「ナチス体制確立期からその死に至るまでのグスタフ・ラートブルフの法哲学上の作品選(1-2・完)」(『同志社法学』第60巻8号、第61巻第1号、2009年、所収)、第61巻第1号24頁]。

して、法に対する服従根拠が獲得されるが、しかし、良心が服従を拒否するような邪悪な法も存在し得る。このような場合には、各個人が、法に服従するか否かを決定しなければならない。このような意味で、法が存在する（と認める）ことと、（完全な）遵法義務が存在することは、ラートブルフにとって別の問題である。しかし、裁判官には、自身の考える正義と法が大きく食い違っていたとしても、法に従い、法的安定性に奉仕する職業上の義務が存在するとラートブルフはいい[7]、さらにラートブルフは、このような法的安定性が十全に展開されるためには、国家は法律に服する法治国家でなければならない、という[8]。

　繰り返すが、この法的安定性をめぐる議論においてラートブルフが問題としているのは、法と道徳や正義が結合しているか否かという法概念論上の問題ではない。この問題は、法概念について論じた際に解決済みである。そうではなく、ここでラートブルフは、正義を志向するか、秩序、平和を志向するかという道徳的ジレンマを問題としているのである。すなわち、ここでラートブルフが行っている議論は、法が追求するべき具体的な目的、法理念に関する議論、あるいは法解釈方法論に関する議論であり、法とはなにかを取り扱う法概念に関する議論ではない。

　混乱を招くのは、ラートブルフが、正義に対して法的安定性を優位させるこのような立場を「（終局にいたるまで考えぬかれた）法実証主義」[9]と呼んでいることである。同じ法実証主義という言葉が使われているが、この意味での法実証主義と、先に見た法と道徳の結合を否定する法実証主義は、そもそも全く異なった、より精確には別範疇の議論である。ラートブルフは、法を事実に還元するという意味での法実証主義に対して生涯を通じて批判的であったが、法的安定性を重視するという意味での法実証主義については、学問的初期の時期を除いて、おおむね肯定的であった。ラートブルフに転向があったかのようにしばしばハートのような論者によって主張されるのは、論者がこの二つの法実証主義を取り違えているからである（もちろん、そのよ

---

(7)　Radbruch (Anm. 3), S. 315 f.［邦訳：224頁］。
(8)　Ebenda, S. 422.［邦訳：372頁］。
(9)　Ebenda.［邦訳：同頁］。

うな誤認を招くような叙述をしたラートブルフにも責任がある)。

ところで、ここで強調したいのは、(ハートも含めた一般的理解とは異なり)正義が優先されるべきか、法的安定性が優先されるべきか、という論点は、ラートブルフのナチス評価においてほとんど関係がない、という点である。ラートブルフは、確かに、第二次世界大戦後、正義の重要性をあらためて訴えたが、しかし、「ナチス体制がもたらす法的安定性を犠牲にしてでも正義を実現させるべきであった」とラートブルフが考えていたわけではない。むしろ、ラートブルフにとっては、ナチスに抗して正義と法的安定性のいずれをも強調することが重要であった。大戦後のラートブルフのテクストにおいては、ナチスが法律や法的安定性を全く尊重しなかったこと、これらへの尊重が再建されねばならないことが幾度も語られている[10]。

このように、本稿の理解では、ハートは、全くといっていいほど、ラートブルフの議論の意義について理解していない。ラートブルフに転向は存在していないし、戦後、法的安定性に対して正義を優先させたという事実もない。法と道徳(ラートブルフの表現に従えば法的安定性と正義)のあいだのジレンマについていえば、このジレンマは、一般論としては、戦後のラートブルフの著作においても見いだされる[11]。ナチスに関してこのジレンマが存在しないのは、ラートブルフにとって、第一に、ナチスの(自称)法が、単に不正な法であるのではなく、正義を意識的に否定するものであり、法とはいえないからであり、第二に、ナチスは、正義のみならず法的安定性も尊重しない体制であった以上、このようなジレンマ自体が、そもそも存在していなかったからである。このようなラートブルフの議論に対する根本的誤解

---

(10) Radbruch, Die erneuerung des Rechts, in: Die Wandlung, (1947), auch in: GRGA, Bd. 3, S. 107 [邦訳:上田健二訳「ナチス体制確立期からその死に至るまでのグスタフ・ラートブルフの法哲学上の作品選(1-2・完)」(『同志社法学』第60巻8号、第61巻第1号、2009年、所収)、第61巻第1号49頁])、ders., Rechtsphilosophie, 3. Aufl. Nachwort-Entwurf zur Neuauflage, (1949), in: GRGA, Bd. 20, (2003), S. 25. [邦訳:グスタフ・ラートブルフ、陶久利彦/足立英彦訳「『法哲学』後書き草稿」(『法の理論21』、2001年、所収)、4頁]。

(11) Radbruch, Vorschule der Rechtsphilosophie, (1948), auch in: GRGA, Bd. 3, S. 154. [邦訳:グスタフ・ラートブルフ、上田健二訳『法哲学入門(1948年)(上・下)』(『同志社法学』第60巻第1号、第60巻第5号、2008年、所収)、第60巻第1号34-35頁]。

は、おそらく、ハートが、ラートブルフも含め20世紀のドイツ法（哲）学についてほとんど知識を有していなかったことに由来するのだろう。とはいえ、それはそれだけの話ともいえる。ハートのラートブルフ理解の水準は高いものであるとは到底いえないが、しかし、それは、ハート固有の問題ではなく、ハートが示すようなラートブルフ理解は、ドイツ法哲学にさほど深い知見を有していない論者のあいだでは今日でもありふれた理解である[12]。だが、ハートが、ラートブルフの問題意識について、そしておそらくは（これから示すように）ナチスという体制についてほとんど理解していなかったであろうことは、「実証主義と法・道徳分離論」から始まるフラーとの論争に暗い影を落とすこととなる。引き続いて、フラーの議論について確認していこう。

Ⅲ　フラーのハート批判

続いて、フラーのナチス法理解およびラートブルフ理解を踏まえつつ、フラーのハート批判について確認していこう。ここで本稿が取り上げたいのは、ナチス理解に関するフラーとラートブルフの親近性である。ここでは、「実証主義と法・道徳分離論」に対する論評が行われた、フラーの「実証主

---

(12) 例えば笹倉秀夫『法思想史講義　下』（東京大学出版会、2007年）、323頁。この点は、おそらく笹倉による法実証主義に関する説明（前掲204頁以下）と関係する。ここで笹倉は、無造作に、法学的実証主義や制定法実証主義のようにいずれかというと法解釈方法論に関連する立場（この立場は法と道徳の概念的分離に関心を持たない）と、法と道徳の概念的分離を主張する立場（この立場のなかにも、社会学的方法を法学へと導入する立場と、いわゆる一般法学的立場が存在する）を「法実証主義」として渾然一体なものとして説明している。笹倉におけるこのような法実証主義に対する不十分な理解が、ラートブルフ法哲学に対する無理解につながっていると思われる。本稿が必ずしも全面的に賛同するわけではない（例えばフランツ・ヴィアッカーやラートブルフに対する理解は明らかに不十分である）が、ドイツにおける法実証主義の概念については、さしあたり Stephan Kirste, The German Tradition of Legal Positivism, in: Torben Spaak/Patricia Mindus (ed.), The Cambridge Companion to Legal Positivism (2021). この論文については、別の機会により詳細に検討したい。ドイツにおける法実証主義の概念に対する十分に包括的な整理はいまだ成し遂げられていない。筆者も前掲（注3）に挙げた文献においてそれらしきものを提示したが、到底、十分なものとはいいがたい（特にカール・ベルグボームに関して）。

義と法への忠実性」[13]を取り上げたい。フラーのハート批判は多岐にわたるが、通例、フラーとハートのあいだの論争は、「法の内在道徳」を主張し、法と道徳の必然的結合を肯定したフラーと、法と道徳の必然的結合を否定したハートのあいだで行われた、法概念論上の、(法)哲学的な論争として、そしていずれかというとハートが勝利した論争として理解されているだろう[14]。確かに、フラーによるハート批判をこのような観点から見ることが、完全に間違っているというわけではないだろう。しかし、実際に、フラーの論文をもう少し丁寧に確認するならば、このような、法と道徳の関係をめぐる法概念論的論争としてこの論争を捉える見方がかなりの程度、不十分なものであることがわかる。フラーは、本論文の比較的冒頭付近で、ハートが法を単なる命令として理解するのではなく、法を忠実性に値するものとして捉えようとしていること(おそらく、ハートが法をルールとして捉えていることを指しているのだろう)を高く評価しつつ[15]も、以下のように述べている。

> 「私がそう信じるように、ハートの議論の枢要徳が法への忠実性という論点を論争に持ち込んだことにあるとするならば、その主たる欠点は、こういってはなんだが、議論の枠組みのこのような拡大が必然的に内包する含意について認識し、受け入れることに失敗している点にある。私には、この欠点は、多かれ少なかれ、この論文全体に行き渡っているように思われるのだが、グスタフ・ラートブルフとナチスの体制に関する彼の議論において最も明確に前面に現れている。<u>ナチスの下で法制度がどのように実際に機能していたのかを少しも調査することなく、法の忠実性という理想を意味のあるものとするような意味において法の名に値するようななにかがいまだ残っていたに違いないとハートは仮定しているのである</u>[……]。ナチス政権下で「法」そのものがなにを意味したのかをより具体的に調査することなしに、[ナチスの法に従うべきか否かという]このような判断を下すことは賢明ではないと私は考える。
> 　ハートがナチスの状況を見積もるにあたり根本的な誤りを犯しており、ラ

---

(13) Lon L. Fuller, Positivism and Fidelity to Law, in: Harvard Law Review, 71, 4, (1958).
(14) 例えば、中山竜一「「ハート=フラー論争」を読み直す」(『法の理論30』、2011年、所収)、142頁は、この論争に対する一般的評価をこのように説明している。
(15) Fuller, *supra* note 13, p. 632.

ートブルフの思想について重大な誤解をしていると私が考える理由は後ほど述べることにする」[16]。

ここで、フラーが取り上げているのは、ハートがナチス体制下における法の実態について無知である、あるいは誤解している、という論点である。すなわち、ここでフラーは、ハートの事実認識を問題としており、このような事実認識の誤りゆえに、ハートはラートブルフの議論の意義も理解できていない、と述べている。

では、ハートの認識の誤りとは、具体的にどのようなものであるのだろうか。フラーは、法の内在道徳がどの程度ナチスに存在していたか、という論点をハートは無視していると述べた[17]後、以下のようにいう。

> 「議論全体を通じて、ハートは、ナチスの法と例えばイギリスの法との唯一の違いはナチスがイギリス人にとって忌まわしい目的を達成するためにみずからの法を利用したことにある、と推測しているように思われる。思うに、この推測は深刻な誤りであり、ハートがこの推測を受け入れたゆえに、彼の議論は、それが取り上げようとする問題に対応できなくなったように私には思われる。
> ナチスはその支配のあいだを通じて、アメリカの立法府ではまったく知られていない、過去の法的不正を治癒する遡及的な法令という手段をふんだんに利用した［……］。
> ナチス政権下では、「秘密法」の噂が繰り返し存在していた。ハートによって批判された論文において、ラートブルフは、強制収容所での徹底的な殺戮が秘密立法によって「合法」になったという報告に言及している［……］。
> しかし、法の道徳性に対するヒトラー政府による最も重要な侮辱は、私が今述べたような奇妙な現れにおいて示されるような手の込んだ subtle 形を取ることはなかったのである。第一に、法という形式が不都合になるならば、このような形式を完全に回避すること、そして、「路上の党を通じて行動する」ことがナチスにとって常に可能であったのである［……］。第二に、ナチスによって支配された裁判所は、自分たちにとって好都合であれば、あるいは法律家的な解釈が「上層部」の不興を買うかもしれないと恐れた場合には、

---

(16) *Ibid.*, pp. 632–633.
(17) *Ibid.*, p. 650.

ナチスみずからによって制定されたものであっても、あらゆる法令をも無視する用意が常にあったのである。
　みずから制定したものさえもナチスが喜んで無視しようとしたことが、ハートによってあのように厳しく批判された論文においてラートブルフがあのような立場を取るようになった重要な要因であった。このような要因を考慮に入れない限り——ハートはこのことを完全に怠っているのだが——戦後のドイツの裁判所の行動［いわゆる密告者事件における刑事罰の遡及的適用］に対するいかなる公正な評価も不可能であると私は信じている」[18]。

このような説明から理解できるように、フラーのいう法の内在道徳や法(へ)の忠実性という概念は、法と道徳の関係に関する法哲学上の、法概念上の概念というよりは、第一義的には、ナチスの体制において欠けていたものであり、そして同時にハートがナチスの法を論じるにあたり、<u>事実の認識として見落としていた</u>要素である。ハートは誤って、ナチスにおいても法の内在道徳や法への忠誠が存在していると仮定しているが、それは明らかな事実誤認だ、というのがフラーの主張の本旨である。このような意味では、フラーがハートに加えた批判は、「ハートが法と道徳の関係について誤って理解していた」というものでは<u>なく</u>（そのような理解が不可能なわけではないだろうが、それは少なくともこの論点に関する限り決して本質的な論点ではなく）、ハートの事実認識の誤りを糾弾することがフラーの目的であり、法の内在道徳（の不在）のような議論は、あくまでもこのような目的のために、（イギリスやアメリカとの比較を通じて）ナチスの政体の実態をより適切に説明するために用いられているものである。

　次に、フラーがラートブルフについてどのように理解しているかについても確認しておこう。通俗的な理解にとどまっていたハートと異なり、フラーはラートブルフの議論について、かなり精確に理解している。ラートブルフのいう法的安定性をフラーは、法の忠実性とか、法の内面道徳とかと換言しているように思われるが、いずれにせよ、これらの概念がナチスに不在であったとラートブルフが問題視していたことを、フラーは精確に認識し、ラートブルフの見解に同意している[19]。他方、確認しておきたいのは、フラー

---

(18)　*Ibid.*, pp. 650-652.

が、ラートブルフの「高次の法 higher law」について同意しない、と述べていることである[20]。ここでいわれている高次の法は、いわゆる「法律を超える法」のことを指しているのだろう。ラートブルフの「法律を超える法」とはなにか、そして、フラーがこの言葉をどのように理解していたのか、という点について整理することは必ずしも容易な課題ではないが、おそらくは、先に見た「意識的に正義の追求を拒絶する命令は法とはいえない」というようなラートブルフの主張がこの言葉によって理解されるべきなのであろう。この点については、フラーが、自然法論的な主張（すでに見たように、ラートブルフの主張は、典型的な自然法論の主張とは区別されるべきではあるのだが）から慎重に距離を取ろうとしていたことの表れだ、と理解することができるだろう。

では、このようなフラーの批判に対して、ハートはどのように応じているのだろうか。

ハートのフラーに対する応答としては、『法の概念』[21]における若干の記述と、フラーの『法の道徳性』[22]に対する書評論文[23]が挙げられる。『法の概念』におけるフラーに対する反論はあっさりしたものであり、法の内在道徳なるものを認めるとしても、それはきわめて邪悪な法内容とも両立し得るとされる[24]。この議論は書評論文においてより詳細に論じられている。書評論文において、ハートは、フラーがいうようにナチス政権がしばしば合法性の原理に反したのは確かに事実だと譲歩しつつも、合法性の原理に従う政府と邪悪な目的が必然的に両立し得ない訳ではない、と『法の概念』と同

---

(19) *Ibid.*, pp. 655-656.
(20) *Ibid.*, p. 656.
(21) H. L. A. Hart, The Concept of Law, (1961). 本稿は第3版 (2012)［邦訳：H.L.A. ハート、長谷部恭男訳『法の概念 第3版』（ちくま学芸文庫、2014年)］を利用している。
(22) Lon L. Fuller, The Morality of Law, (1964).［邦訳：L. L. フラー、稲垣良典訳『法と道徳』（有斐閣、1968年)］。
(23) H. L. A. Hart, The Morality of Law by Lon L. Fuller, in: Harvard Law Review, 78. 6, (1965), p. 1288.［邦訳：H・L・A・ハート、小林和之／松浦好治訳「ロン・L・フラー著『法と道徳』」（同著、矢崎光圀ほか訳『法学・哲学論集』、みすず書房、1990年、所収)、398-399頁］。
(24) Hart, *supra* note 21, pp. 206-207.［邦訳：321-322頁］。

様の結論を述べる[25]。

　このようなハートの乏しい議論からは、ハートがナチスの法についてどのように理解していたかを精確に理解することは困難である。いずれにせよ、ハートは、「ハートの事実認識は根本的に誤っている」というフラーの批判がみずからの法理論にもたらす効果についてほとんど理解していないように見える。例えば、『法の概念』において（直接にはフラーに対する応答という文脈ではないが）ハートは、

> 「［法と道徳の分離によって］これらの思想家［ハート自身を含む法実証主義者］が主として推し進めようとしているのは、道徳的には邪悪だが、しかるべき形式において in proper form 制定され、意味は明確で、体系の妥当性のすべての標識を満足するような法の存在によって提起される理論的・道徳的論点を、明確かつ率直に定式化することである」

と述べた後、「実証主義と法・道徳分離論」における議論と同様に、このような議論をナチスの法に適用しようとしている[26]。このようなハートの叙述は、少なくともナチス体制下における法の実態をめぐる論点につき、フラーの批判を全く無視するもの、むしろ、ハートはナチスとイギリスの法の違いは、前者がイギリス人にとって忌まわしい目的を有していたことのみだと考えている、というフラーの指摘を裏付けるものと評価せざるを得ないだろう。というのは、フラーの議論の趣旨は、ナチスとイギリスの法の相違点は、単に前者が邪悪な目的を有していたという点にあるだけではなく、前者においては法の手続きに対する遵守が根本的に欠けていたという点にあるのだが、ハートはそのような事実を無視し、あたかもナチス体制下においても、「しかるべき形式において制定された法」が存在するかのように考えているというものだと理解できるからである。このようなフラーの批判に対して、合法性と邪悪な目的の両立が可能である、というハートの反論は（仮にその主張が正しかろうが）反論として成立していない。そもそも、ナチスにおいては合法性が存在しなかった、というのがフラーの主張であるからであ

---

(25) Hart, *supra* note 23, p. 1288.［邦訳：398-399 頁］。
(26) Hart, *supra* note 21, pp. 207-209.［邦訳：322-324 頁］。

る。おそらく、好意的に理解するならば、ハートは、ナチス政権が合法性の原理に反した行為を行っていたとしても、それは頻繁に起った事態ではなく、みずからの法実証主義的な理論に根本的な変更を迫るような事態ではない、と考えていたのだろう。

Ⅳ　記述的法実証主義の有害性

　さて、ここまで、フラーが行った「ハートはナチス政権下における法の実態について根本的に誤解している」という批判に対して、ハートが明確な返答を行っていないことを確認してきた。ところで、このフラーの批判は、そもそも、どの程度ハートにとって致命的なものなのであろうか。本稿の理解では、このフラーの批判は、ハートにとってきわめて致命的である。以下では、そのように本稿が考える根拠について確認していこう。

　この論点を取り扱うにあたり、真っ先に検討しなければならないのは、そもそも、「ナチス体制下における法の実態に関するハートの事実認識は根本的に誤っている」というフラーの批判が事実認識として適切なのかどうかという問題である。この点については、比較的容易に解答を出すことができる。というのは、ハートが精力的に活動していた1950年代や60年代はともかく、今日のナチス法研究の水準を踏まえるならば、純粋に事実認識という論点に絞る限り、ハートとフラーのあいだで、フラーに軍配を上げない論者はいないと思われるからである。例えば、ナチス法に関する実証的研究の権威と呼べるであろうベルント・リュータースは以下のように述べる。

　従来、ナチスにおいては制定法実証主義（一般に、法をもっぱら法律に還元する立場を指す）が支配していたと理解されてきたが、それは誤りである。このような議論は、ニュルンベルク法のような一部の法律についてあてはまるにすぎない。ナチズムにおいて法秩序が途方もなくゆがめられたのは、法律の制定によってではない。ナチズムの包括的立法が行われるためには、あまりにも時間が短かった。むしろ、法学と裁判所はしばしば法律から完全に解き放たれて、人種政策目的のために権力保持者の意思を有効な法律に反して現実化した。この「解釈 Umdeutung」は裁判所によって受容された新し

いナチス的法源、すなわち総統の意思、ナチス党綱領、そして人種主義的に規定された新しい「地と土に基づく自然法」に即して行われたのである[27]。

先に見たように、ハートは、みずからの目的を「道徳的には邪悪だが、しかるべき形式において制定され、意味は明確で、体系の妥当性のすべての標識を満足するような法の存在によって提起される理論的・道徳的論点を、明確かつ率直に定式化すること」だと述べていた。しかし、ハートが想定していたような法は、ナチス体制下では、わずかにしか存在しなかった。むしろ、実際にしばしば生じていたのは、一見したところ必ずしもきわめて邪悪とはいえないような既存の法が、法学と裁判所によってゆがんだ結論を導き出すために「解釈」されていたという事態なのである[28]。

このような近年の議論を踏まえるならば、ハートがナチスの体制の実態について無知であった、というフラーの指摘は、おそらく、全面的に受け入れられざるを得ないだろう（率直にいって、先に見た書評論文におけるハートのフラーに対する譲歩も、せいぜいリップサービスにとどまるか、そのようなみずからの説明がどのような意味を有するかハート自身が理解していなかったことを意味するのではないかと本稿は感じている。そもそも、ハートのナチス理解が実際にはどのようなものであったにせよ、ハートの法実証主義が、ナチス法の実態を理解しようとする研究者にとってなんら学問的に生産的意義を持っていないことは今日では明らかであるように思われる）。そして、ハートが、ナチスの実態についてほとんど理解していない、説明できていないという事実は、そもそも法実証主義という立場の意義そのものにも関わるように思われる。ハートが、直接にはロナルド・ドゥオーキンの法理論や自然法論に対抗する文脈において、自身の法理論は、社会現象としての法を説明する法理論だ、記述的法理論（記述的法実証主義）だ、と説明していることはよく知られている[29]。すなわち、ハートは、みずからの法実証主義は事実を明確化する、

---

(27) Bernd Rüthers, Rechtstheorie, 2. Aufl., (2005), S. 328 f.

(28) 例えばナチス体制期には、それ自体としては別段、反ユダヤ的ではない労働法、差し押さえ制限、借家人保護に関する法律上の規定が、ユダヤ人には適用されない、という形で解釈・運用されるようになった（ders., Die Unbegrenzte Auslegung, 9. Aufl., (2022), S. 167)。

(29) Hart, *supra* note 21, pp. 209-210, 239-240.［邦訳：325 頁、368 頁］。

という点において、優位性を有する理論であると考えている。しかし、ハートが主観的に「法実証主義は事実を適切に記述する」と考えていたことと、「法実証主義が<u>実際に</u>事実を適切に記述している」かどうかは、当然ながら全く別の問題である。実際には、少なくとも典型的な法実証主義者とはいえないフラーやラートブルフの議論の方が、ハートのそれよりも、ナチスに関してはるかに精確で有意義な説明を行っていることは、今日ではおそらく疑いがない。また、例えば、ハートは、道徳的に邪悪な法をも法として取り扱う法実証主義（ハートの用語では広い法概念）と、道徳的に邪悪な法を法として取り扱わない自然法論（ハートの用語では狭い法概念）を比較し、前者の方が歴史学等によって支持されるであろうし、さらに前者においては法学が法の濫用の研究も取り扱うことができ、さらに邪悪な法が生み出す道徳的問題をも取り扱うことができる点においてすぐれている、と述べている[30]。たしかに、典型的な自然法論に対しては、法実証主義は理論的優位を有するかもしれない。しかし、ハートの議論とフラーの議論を比較するならば、自然法論に向けられたこのような批判は、いまやハート自身に跳ね返ってこざるを得ないだろう。ハートは、一切、法を尊重しないナチスにおける「法の濫用」について説明できていないし、ハートの議論を支持する歴史学者も現代ではほぼいないだろう。むしろ、まるで「道徳的には邪悪だが［……］体系の妥当性のすべての標識を満足するような法」がナチスにおいて存在しており、そのような法に焦点を合わせることが、ナチスの法を精確に理解するために有意義であるかのように述べるハートの議論は、明らかにナチスの実態に関する認識をゆがめているし、このようなゆがんだ認識によっては、道徳的問題を適切に把握することも困難であろう。先にも少し見たように、ハートは「合法性と邪悪な法は両立し得るから、フラーの批判は間違っている」と述べているが、本稿がそうしてきたように、フラーのハート批判をあくまでも事実認識レベルの議論として捉えるならば、このような反論は、ほとんど意味をなさないだろう。本稿の理解が正しいならば、本来、記述的法実証主義を奉ずるハートがなすべき反論は、「自身の法理論の方がフラーのそれ

---

(30) *Ibid.*, pp. 209-212.［邦訳：324-328頁］。

よりも適切にナチス法の現実を記述できる」というものであるはずである。記述的法実証主義を奉ずるハートにとって法と道徳の分離は、法のより適切な記述のための手段にすぎないはずであり、ハートのナチス理解に問題があるという論点は、法と道徳の関係をめぐる論点よりも、(実際ハートがそうしたように、ナチスの法を法に含めて捉えようとするならば)ハートにとってはるかに真剣に応答すべき論点であるはずである。しかし、このような反論は実際にはなされなかったし、おそらく、実際にハートがなすことも難しかったであろう。むしろ、法を、社会現象として、事実として中立的に記述することは有意義な作業である、というハートの主張を真摯に受け止めようとすればするほど、法実証主義を放棄しなければならないという要請はより高まるはずである。しかし、ハートが、その主観的意図はともかく、法と道徳の関係如何という論点に拘泥することにより、ナチスの体制について、現実をゆがめて認識していたこと、そしてそのゆがんだ認識がその後においても受け継がれてきたことは否定できないのではないだろうか。今日の研究水準においては到底通用しない認識に基づくハートの議論が、現在の法哲学においても好意的に取り上げられている[31]のは、きわめて残念なことである。

今日の目から論争を回顧的に見るならば、ナチスの実態についてもラートブルフについても精確な知識を得ていなかったハートは、明らかにフラーの議論に着いていくことができなかった、という印象が生じる。おそらくその原因は、ハートがナチスの法について十分な知識を有しておらず、ラートブルフやフラーのテクストについて精確に理解できなかったこと、そして法と道徳の分離のような(カント的意味での)認識範疇(カテゴリー)をドグマ化し、ア・プリオリに適用することが法のより精確な理解に役に立つというように考えてしまったことにあるのだろう。現在から見れば、両者の論争は、法と道徳の分離や承認のルールといったドグマから法を観察しようとした観念論者ハートと、現実における「法」の多様性に目を向けようとした現実主義者フラーの対立であったように見える。

ところで、ハートの議論を以下のように擁護することは可能であるかもし

---

(31) John Gardner, Legal Positivism: 5½ Myths, in: American Journal of Jurisprudence 46 (1), (2001), p. 209.

れない。ハートの議論は、あくまでも法の一般的・記述的理論である[32]。ハートがナチスについて明らかに間違った説明をしていたことを認めるとしても、ハートの議論の主眼は、あくまでも「通常の」（ハート風にいえば「核」にあたるような）法秩序を説明することにあるのであり、ナチスのような「例外的な」（ハート風にいえば「周縁的な」）法秩序について説明できていなかったとしても、必ずしもハートの法実証主義が致命的な欠陥を有していることにならない、と。

　このような議論には、一定の説得力があると思われる。確かに、ハートの議論が一部の特異な法現象を説明できていなかったとしても、彼の議論のすべてが否定されるべきではなかろう。筆者自身も、（本稿が取り上げた箇所はともかく）ハートの議論にはかなり多くの啓発的な議論が踏まれていると考える。しかし、このように論じる場合、どのような法秩序が通常で、どのような法秩序が例外なのかを区別する基準の提示と、なぜそのような基準が採用されるべきかに関する説明が求められることとなるだろう。実のところ、フラーのいう法の内在道徳とは、このような基準を提示する理論なのではないかと思われる。法実証主義という理論が可能となるのは、法の内在道徳が満たされたとき、そのときだけであると考えるべきではないだろうか。ハートの議論とフラーの議論は、（本稿が見たように、フラーがハートの議論を法の忠実性を取り上げた議論として評価していたことから理解できるように）必ずしも全面的に排斥し合うわけではない。ハート的な法実証主義が妥当する法秩序と妥当しない法秩序を区別する基準が法の内在道徳だと、本来、フラーはそのように述べたかったのではないだろうか。

---

(32) Hart, *supra* note 21, pp. 239-240.［邦訳：368頁］。

アレクシーを読むマコーミック
―― ポスト実証主義の構想について ――

近藤 圭介

I はじめに
II アレクシーを読むマコーミック
III ポスト実証主義の構想について
IV 若干の考察
V おわりに

I はじめに

　ニール・マコーミックは、自らの研究スタイルを「構築的・協働的 (constructive-collaborative)」と呼んでいた[1]。他者の研究に接したとき、自らの視点からではなくその者の視点に立って議論を理解するように努め、もしそれが自らの見解に対立するにもかかわらず説得的である場合には、自らの立場を変更することを躊躇しないというスタイルである。マコーミックは、その長い研究生活の中で、このスタイルで多くの法哲学者たちの研究に接し、自らの法哲学上の見解を修正・発展させてきた。
　ロバート・アレクシーもまた、マコーミックがこのスタイルで接した法哲

---

(1) Neil MacCormick, "MacCormick on MacCormick" in AJ Menéndez and JE Fossum (eds), *Law and Democracy in Neil MacCormick's Legal and Political Theory* (Springer 2011) 17. 構築的・協働的なスタイルに対比される「批判的・弁証的 (critical-dialectial)」なスタイルを取る法哲学者の典型例として、マコーミックはドゥオーキンを挙げている。なお、マコーミック自身、構築的・協働的な方法に加えて批判的・弁証的な方法も同様必要であることを十分に認識していた点には注意が必要である。

学者の一人だった。じじつ、マコーミックはアレクシーの議論から多くを学び、自らの法理論に取り込んだのだった。この小論の目的は、マコーミックによるアレクシーの読解と受容について概観し、その結果として提起された構想の評価をめぐる論争を踏まえつつ、これらの点について若干の考察を行うことにある[2]。

II アレクシーを読むマコーミック

マコーミックがアレクシーに接したのは、ハートの実証主義的な法哲学の影響から脱しようと英語圏の外の法哲学の研究動向に視線を向けた、その研究中期のことである[3]。同時期に法的推論の研究を行っていたことに親近感を持っていたのであろう、マコーミックは英語圏の法哲学研究者としてはいち早くアレクシーの研究に注目した[4]。ここでは、マコーミックによるアレクシーの読解と受容のあり方を、マコーミックがどのようにアレクシーの議論を当時の法哲学の研究動向のなかに位置づけ、その上で自らの法理論の発展に利用したのかに着目して検討する。

1 中期マコーミックの読解

マコーミックがアレクシーに接して最初に行ったのは、実践理性の再発見という当時の知的文脈を踏まえつつ、その議論を英語圏の読者に紹介し、英語圏の主要な法哲学者たちの議論の布置の中に位置づけるという作業であっ

（2） アレクシーの法理論それ自体は、本稿の主題ではないため直接の検討対象とはされず、マコーミックの読解と受容あるいはポスト実証主義の位置づけを検討する文脈で付随的に言及されるのみである。その検討については、たとえば、酒匂一郎「法と道徳との関連：R・ドライヤーとR・アレクシーの所説を中心に」法政研究59巻3・4号（1993年）141頁を参照のこと。

（3） マコーミックの研究時期の区分をめぐる本人の述懐は、"Sir Neil MacCormick" in Morten E J Nielsen (ed), *Legal Philosophy: 5 Questions* (Automatic Press 2007), 171-82.

（4） 英語圏におけるアレクシーの受容については、Julian Rivers, "The reception of Robert Alexy's work in Anglo-American jurisprudence" (2019) 10 (2) *Jurisprudence* 133.

た[5]。ここでは後者の作業に着目し、マコーミックが、ロナルド・ドゥオーキン、ジョセフ・ラズ、ジョン・フィニスとの比較を通じてアレクシーをどのように位置づけたかを素描する。

マコーミックは、はじめに、ラズの行為理由の議論と相補的なものとしてアレクシーの議論を位置付けている。ラズはその規範の理論において、規範の分類をその機能の観点から行うにあたり実践的理由の種類に着目したが、その議論のうちで最も注目を集めたのは、いわゆる排除的理由、すなわち目下の選択に関連する一定範囲のさもなくば適切である理由の排除を支持する二階の理由である。そして、ラズはこの議論を法の分析に、熟慮段階と執行段階の区別、つまり適切で関連する諸理由に関する推論とその諸理由を踏まえての決定に基づいて推論する段階の区別という仕方で応用する。このような議論は、アレクシーの提示する「特殊事例テーゼ（special case thesis）」、すなわち法的推論とは一般的実践的推論の特殊事例であって、制度化された法体系という制約の中での推論なのだという考え方と軌を一にするのだとマコーミックは論じる[6]。

次いで、マコーミックは、ドゥオーキンの正解テーゼを批判する文脈でアレクシーの議論を取り上げている。ドゥオーキンはその司法理論において、発展した法体系ではあらゆる事案について最終的な決定を完全に正当化するのに十分な素材が常に存在するのであって、それゆえ、難事案も含めて、すべての法的問題には唯一の正解が存在するのだという主張を展開した。この主張を正当化するために提示されうる論拠として最も説得力があると思われるのは、実践的理由をめぐる完璧で十分な理論にその基礎を持つことが予想されるが、アレクシーの理論はそのような基礎を与えないとマコーミックは考える。それは、アレクシーの理論が、確かに「討議的に不可能なもの（discussibely impossible）は合理的に受容不可能なものとして排除するもの

（5） この点に関連するマコーミックの論文として、Neil MacCormick, "Legal reasoning and practical reason" (1982) in PA French, TE Uehling Jr and HK Wettstein (eds), *Midwest Studies in Philosophy* Vol 7 (University of Minnesota Press 1982) 271.; Neil MacCormick, "Contemporary legal philosophy: the rediscovery of practical reason" (1983) *Journal of Law and Society* 1.
（6） MacCormick "Contemporary legal philosophy" (n 5) 5-7.

の、ある個別の事案において討議的に可能なものを一つには限定せず、二つ以上認める余地が残ることを認めるものであるからである[7]。

さらに、マコーミックは、フィニスの「実践的合理性（practical reasonableness）」の議論と対比させる形でアレクシーの議論を明確化している。フィニスによると、実践的合理性は7つある人間にとっての「基本善（basic goods）」、つまり自明だが証明不可能な実践的価値であるところの善のうちの一つであり、それは形式的な要請のかたちもとるが、同時に実質的な要請としても現れ、あらゆる基本善はすべての合理的行為主体に対して等しく尊重されるべきであり、いかなる基本善に直接的に反する行為も許容されないものとされる。このように、実践理性の形式的のみならず実質的な要請も含んでいる点でフィニスはアレクシーとは異なるが、しかし討議的に可能なものに一定の幅を認めうるという点、さらには実践的合理性の要請から法の権威を認めるという点において、アレクシーに類似するものとマコーミックは考えている[8]。

2　後期マコーミックの受容

マコーミックはその後、とりわけアレクシーの展開する法実証主義批判の議論から大きな影響を受けつつ、自らの法理論である制度的法理論の完成を目指した。ここでは、マコーミックが自身の代表作と称している『法の制度』から、法と道徳・正義の関係について論じる2つの章の内容における議論を取り上げ[9]、マコーミックがアレクシーからどのような影響を受けたかを明らかにする。

前提として、マコーミックの制度的法理論では、法と道徳との間には明確な概念的区別が存在するものとされている。道徳は、道徳的な熟慮や決断が自律的な主体による理性的な判断を通じて形成されるという点で「自律的

---

(7)　MacCormick "Contemporary legal philosophy" (n 5) 7-9.; MacCormick "Legal reasoning and practical reason" (n 5) 272-3.

(8)　MacCormick "Contemporary legal philosophy" (n 5) 10.; MacCormick "Legal reasoning and practical reason" (n 5) 279-82.

(9)　Neil MacCormick, *Institutions of Law: An Essay in Legal Theory* (Oxford University Press 2007) chs 14-5.

（autonomous）」であり、それが他の同様に自律的な主体との間の討議的なやりとりを通じて展開されるという点で「討議的（discursive）」であり、そして、道徳の問題について確定的な権威が存在しない点において「論争的（controversial）」である[10]。他方、法は、万人に対して共通のルールを設定しそれを確定的なものとする制度を備える点で「制度的（institutional）」であり、それに基づいて論争の余地のある実践的問題を権威的に解決する点で「権威的（authoritative）」であり、それらを自律的な道徳的主体にも他律的に押し付けるという点で「他律的（heteronomous）」である。マコーミックは、この法と道徳の区別、そして法の制度的・権威的・他律的な性格との関係において、法の実定性の価値を評価する[11]。

とはいえ、法と道徳の間には、その明確な概念的区別にも関わらず、密接な関係性があることも事実であり、そのためこの対比は幾分か和らぐものとマコーミックは考える。たとえば、道徳との対比において語られる法の確定性も、結局のところは相対的なものであるに過ぎない。実際には、法の適用にはその解釈という作業が求められるのであって、その権威的なテキストは解釈的な熟慮の出発点を構成することになる。そして、この法における解釈的な推論は、実践的推論の一つの特殊事例として道徳的推論と多くの要素を共有することになる。そして、この法的推論は、法による正義の実現として一定の正義の構想の導きの下に実施される必要があり、それゆえ「正しさへの主張（claim to correctness）」の要請に服することになるのだ、とマコーミックは述べる[12]。このマコーミックの議論には、正しさへの主張という点

---

(10) Ibid 249–52.
(11) Ibid 252–6. このように法の実定性に価値を見出す点で、マコーミックを規範的法実証主義の支持者だと解する議論も成立する余地がないわけではない。なお、このマコーミックを規範的法実証主義の支持者とする文脈でしばしば引用されるのは、社会の道徳を法が強制することを可能な限り最小限にとどめるべきことを論じた論文である。Neil MacCormick, "A Moralistic Case for A-Moralistic Law?" (1985) 20 (1) *Valparaiso University Law Review* 1.
(12) Ibid 258–61. ただし、マコーミックはアレクシーの法が正しさを主張するという見解には異論を提起している。Neil MacCormick, "Why Law Makes No Claims" in in George Pavlakos (ed), *Law, Rights and Discourse: The Legal Philosophy of Robert Alexy* (Hart Publishing 2007). なお、法の主張をめぐるより深い考察は、酒匂一郎「法の主張について」法政研究81巻4号（2015年）103頁を参照のこと。

において、アレクシーの議論の影響が見られる。

さらに、マコーミックは、あるものを法として承認しうるためにその充足が要求される「道徳的最小限（moral minimum）」が存在することを積極的に認めることで、法と道徳の間の密接な関係性を主張する。そもそも、法は「何らかの正義の構想を必然的に目的として（necessarily geared to some conception of justice）」おり[13]、現実には人権の実定化による不正義への歯止めが設定され[14]、あるいは法制定や法適用の実践において正義への志向が黙示的にではあれ存在している[15]。それゆえ、法は実定性をその特徴とし、そのため不正が直ちに法からその資格を奪うことはなく、この場合はあくまでも「法の堕落（corruption of law）」にとどまるものの[16]、しかし同時に道徳的な限界もまた同時に存在しており、いかなる理にかなった正義の構想も絶対的に侵害するようなものはもはや法と呼ぶことができない[17]。この、法の実定性の価値も認めつつ、極度な不正が法の資格を失わせるという考え方には、アレクシーの「不正義からの議論（argument from injustice）」の影響を見てとることができる。

III ポスト実証主義の構想について

マコーミックは、以上のような内容を持つ自らの法理論上の立場を、反実証主義ではなく「ポスト実証主義（post-positivism）」と呼んだ。それは、自身がケルゼンやハートに由来する法実証主義の伝統の枠内から議論を始め、またその枠内にある程度とどまりつつ、しかしアレクシーを含む自然法論の

---

(13) MacCormick, *Institutions of Law* (n 9) 264.
(14) Ibid 271-4.
(15) Ibid 274-7.
(16) Ibid 271.
(17) Ibid 278. それ以前のマコーミックは、「不正あるいは公共善の毀損と判断するものと私たちが判断する法は、……それが属する類の本質的に欠陥ある具体例と私たちが判断する法であるが、しかし私たちは同時にその法をその類に妥当に属するものと判断することができる」と述べるにとどまり、この部分の主張を支持してはいなかった。Neil MacCormick, "Natural Law and the Separation of Law and Morals" in Robert P George (ed), *Natural Law Theory* (Oxford University Press 1992) 113.

系譜から提起された異論を踏まえて修正し発展させたものだという自認を踏まえてのことである[18]。

　アレクシーの読解と受容とを通じてマコーミックが展開したポスト実証主義という構想は、実際のところ様々な考察を惹起してきた。ここでは、カレン・ペトロスキとトーマス・ブスタマンテの間の論争を取り上げたい[19]。その構想が本当に従来の法実証主義を代替するものになっているのかという論点をめぐって、ペトロスキは否定的に、そしてブスタマンテは肯定的に答えている。

　ペトロスキは、マコーミックのポスト実証主義という構想を、そのような構想を提起する理由という観点から分析し、その不純さを指摘する。ポストという接頭語には法実証主義という伝統からの離脱が示唆されるが、その理由は「概念的なもの (conceptual)」あるいは「打算的なもの (prudential)」のいずれかである。前者では、この理論で設定される問いの狭隘さや取るに足らない結論への不満、あるいはその内部での前提や方法の毀損あるいは不整合が、後者では、その語が持つ軽蔑的な含意からの逃避、その下に生産される研究への疲労感、あるいは自らの見解を独自のものと印象付けようとする欲求などが挙げられる[20]。この点、道徳と対比させるかたちで法を制度的・権威的・他律的な性格を有する自足的な規範的体系と特徴づけているマコーミックの制度的法理論は、法実証主義の前提や方法を引き継ぎ、その問いをめぐる論争に関与し、そして自らの議論をその内部に位置ようと試みる点で、概念的な理由からポストという接頭語を付する必要は全く見当たらない。それゆえ、ペトロスキは、マコーミックが自らの立場をポスト実証主義と呼ぶのは打算的な理由、つまり軽蔑的な含意を逃れ、独自のものと印象付けるためであると結論づける[21]。

---

(18) MacCormick, *Institutions of Law* (n 9) 278-9.
(19) Karen Petroski, "Is Post-Positivism Possible?" (2011) 12 (2) *German Law Review* 663.; Thomas Bustamante, "Comment on Petroski - On MacCormick's Post-Positivism" (2011) 12 (2) *German Law Review* 693. なお、ペトロスキとブスタマンテの論争には、マコーミックのポスト実証主義の可能性に関連して、法をめぐる理論的探究の性格とその説明方法をめぐる論点についての見解の相違にも及んでいる。
(20) Petroski, "Is Post-Positivism Possible?" (n 19) 672-3.

それに対して、ブスタマンテは、マコーミックのポスト実証主義が法実証主義の真の代替になっていることを積極的に主張する。マコーミックの議論は、法と道徳の概念的区別を支持するものの、分離テーゼや社会テーゼなどといった法実証主義の典型的なテーゼの受け入れは拒否している。さらに、その構想が展開する主張として、法が必然的に一定の正義の実現を目的とするという主張と法の存在にとって必然的な道徳的な限界が存在するという主張は区別されうるところ、前者が法実証主義者でも受容可能なものであると認めたとしても、後者をも受け入れるマコーミックを法実証主義の枠内に止まると論じるには不十分である[22]。実際に、ブスタマンテは、マコーミックを法実証主義の枠内に収めようとするのは不適切であることを、その法的推論の理論にとりわけ注目して例証しようと試みる。すなわち、マコーミックは実のところポスト実証主義の構想を明示的に展開する以前から法的決定の正当化の問題を取り上げることで主流の法実証主義の議論に限界を感じていたという事実があり、さらには、法の議論的な特徴、法源の前解釈的な位置づけ、法的議論の理論、「正しさの主張」のテーゼ、そして特別事例テーゼなど一連の議論において実証主義との決定的な決別を見出すことができる。それゆえ、自らの立場をポスト実証主義と呼ぶのは打算的な理由からではなく、やはり概念的な理由からであるとブスタマンテは結論づける[23]。

IV 若干の考察

マコーミックによるアレクシーの読解と受容、その結果として提起されたポスト実証主義の構想をどのように特徴づけるべきか。ペトロスキとブスタマンテが論争するように、マコーミックのポスト実証主義という構想は本当に従来の法実証主義を代替するものになっていると言えるのだろうか。これらの点については、この構想が法実証主義と自然法論の掛け合わせ、より正確には法実証主義の自然法論を通じた修正と発展により展開されているとい

---

(21) Ibid 673-6.
(22) Bustamante, "Comment on Petroski" (n 19) 707-9.
(23) Ibid 709-26.

うマコーミックの主張を真剣に受け止めるならば、やはりその各々の観点から検討を行うのが適切であろう。

1 法実証主義の観点から

法実証主義の観点からこれらの点を考察するには、ラズの議論を参照するのが適切であろう。ラズは、マコーミックと異なりアレクシーの見解、とりわけその法実証主義批判に否定的で、その全面的な論駁を試みており[24]、その議論はマコーミックによるアレクシーの読解と受容、その結果として提起されたポスト実証主義の構想の特徴を法実証主義の観点から浮かび上がらせる良い補助線となるからである。

ラズによるアレクシーに対する批判は、何よりもまずアレクシーによる法実証主義の特徴づけに向けられる。アレクシーは法実証主義の中心に分離テーゼ、すなわち法の定義における道徳的要素の不在を主張し、法と道徳の概念的に必然的な結合の不在を前提するテーゼを見出す。そもそも、ラズは法実証主義か否かという区別に意義を見出していないものの、分離テーゼについては、ラズ自身が正統な権威の主張を中心に据えるように、英語圏で法実証主義の伝統に属する理論家たちが、法の必然的特徴の定式化において道徳的概念に言及するのに加えて、そもそも法と道徳の概念的に必然的な結合を否定することすらしないことを指摘して批判する。ラズの理解では、その伝統に属する諸理論が共通して支持するのは「何が法であるかの確定が、関連する状況で何が法であるべきかに関する道徳その他の評価的な考慮に依存する、ということは必然的でも概念的でもない」というテーゼである[25]。

加えて、ラズは幾つか別の観点からもアレクシーの議論を批判している。

---

(24) Joseph Raz, "The Argument from Justice, or How Not to Reply Legal Positivism" in George Pavlakos (ed), *Law, Rights and Discourse: The Legal Philosophy of Robert Alexy* (Hart Publishing 2007). ラズは「正しさの主張」や「不正義からの議論」の他に、「観察者と参加者の区別」や「原理からの理論」も検討している。なお、同書にはアレクシーによる応答が掲載されているが、その内容は本稿の主題ではないので取り上げない。

(25) Ibid 18-22. 分離テーゼをめぐるより深い考察は、濱真一郎「法と道徳に必然的な結びつきがあるか」本書所収を参照のこと。

まず、アレクシーの「正しさの主張」については、ラズは、そもそもこの種の主張があらゆる意図的行為に当てはまる一般的なテーゼであり、それゆえ法に特別なものでもなければ、法実証主義を退ける何らの実体的な制約を含むものでもないとする[26]。また、その「不正義からの議論」については、ラズは、ラートブルフに依拠しつつ展開される、「あらゆる法体系は必然的に重大な不正義を引き起こす法の適用を裁判所が拒否するように指図する法規範を含んでいる」という見解としてラートブルフ定式を理解しつつ、この定式を中心に展開されうるアレクシーの主張について、それが法実証主義を反駁する十分な根拠を提示するものではないとして退ける[27]。

このラズによるアレクシー批判を踏まえて、マコーミックによるアレクシーの読解と受容はどのように特徴づけられるだろうか。そもそも、その制度的法理論では、法は制度的・権威的・他律的なもの、道徳は自律的・討議的・論争的なものと定式化され、法的なものと道徳的なものとの間には明確な概念的区別が存在するものとされていることから、一見すると、マコーミックはラズが否定する分離テーゼを受け入れているように読める。他方で、法は必然的に一定の正義や共通善の実現を目的とするという仕方で法と道徳の必然的な結合を認め、その上で、ペトロスキが指摘するように、なおも法実証主義の系譜に自らを位置づけるという点で、ラズの議論に同意しそうでもある。とはいえ、法における道徳的な限界の可能性を認め、いかなる理にかなった正義の構想も絶対的に侵害するようなものを法と呼ぶことはできないとする主張は、明らかにアレクシーの不正義からの議論に賛同するものであり、ブスタマンテも示唆するように、英語圏における法実証主義の伝統に属する法理論が共通して受容するものとラズが主張する、法の確定が道徳的その他の評価に必然的に依存するわけではないというテーゼすらも、マコーミックがもはや支持していないことを示している。

したがって、マコーミックは、ラズからすれば、あまりにも無批判にアレクシーの議論を受け入れているように映るだろう。そして、それに基づくポスト実証主義の構想は、法実証主義という知的伝統のなかで支持されうる内

---

(26) Raz, "The Argument from Justice" (n 24) 26-8.
(27) Ibid 28-33.

容を大きく踏み越えてものと評価されるだろう。この点に着目すれば、ペトロスキとブスタマンテの論争については、ブスタマンテの方に軍配が上がりそうである。

2 自然法論の観点から

マコーミックの見解が法実証主義の観点からはその真の代替と見なされうるとして、それは自然法論の観点からはどう見えるだろうか。ここではジョナサン・クロウの議論を参照する[28]。クロウは、法実証主義と自然法論の区別のみならず、アレクシーの議論を含む自然法論の内部における立場の分岐を的確に整理しており、この図式を利用すればマコーミックのポスト実証主義の位置づけがより明確になるからである。

クロウによると、法実証主義と自然法論の対立点は、法の性質をめぐる理論的な説明を構成する候補となりうる二つの命題の間の捉え方の違いに現れる。この二つの命題、すなわち「法は必然的に社会的に認定された行動基準である」と「法は必然的に合理的な行動基準である」について、前者はいずれの立場にも受容されるところ、それのみで法の完全な記述が完成するのであって後者を必要としないと理解するのが法実証主義の立場であるのに対して、自然法論は前者のみならず後者も含まなければ法の完全な記述が完成しないと主張する立場である[29]。

その上で、クロウは自然法論を強い見解と弱い見解に区別する。自然法論の強い見解は先ほどの二つ目の命題を「法の存在条件（existence condition）」をめぐるものと捉え、その基準を満たさない規範に法的な妥当を認めないものとする。他方で、自然法論の弱い見解はその命題を「法の無欠陥条件（non-defectiveness condition）」をめぐるものと捉え、その基準を満たさない規範は法的に欠陥のあるものとみなされる[30]。そのため、自然法論の弱い見解は法実証主義と——包摂的／排除的のいずれの解釈でも——両立可能であるのに対して、自然法論の強い見解は実証主義とは両立し得ない[31]。こ

---

(28) Jonathan Crowe, "Natural Law Theories" (2016) 11 (2) *Philosophy Compass* 91.
(29) Ibid 91, 93.
(30) Ibid 91-2.

のように整理した上でクロウは、自然法論の弱い見解の支持者としてフィニスとマーク・マーフィーを、また自然法論の強い見解の支持者としてマイケル・ムーアを挙げる。さらに、この二つの自然法論を合成した立場をとるものとして、ロン・フラーに加えて、法の事実的側面と理想的側面という観点から極端な不正の場合とそうでない場合を別様に取り扱うアレクシーを位置づけている[32]。

このクロウの図式を用いたとき、マコーミックのポスト実証主義という構想はどのように特徴づけられるだろうか。はじめに、マコーミックの議論は法の制度的・権威的・他律的な性格を認め、法の実定性の価値を評価しているという点において、第一の命題の内容を満たしている。問題となるのは第二の命題との関係であるが、マコーミックの見解はその内容もまた満たしているように思われる。一方で、法は必然的に一定の正義の実現を目的とするものであるところ、単なる不正は法を欠陥あるものとするがその妥当を剥奪することはないとする点で、自然法の弱い見解を支持している。他方で、いかなる理にかなった正義の構想も絶対的に侵害するようなものも法と呼ぶことはできないと論じる点は、自然法の強い見解と呼ぶに相応しい内容である。つまり、マコーミックのポスト実証主義は、アレクシーの影響を受けたことで、最終的にはアレクシーと同じような二つの自然法論を合成した立場に行き着いたと評価することができるのである[33]。

したがって、クロウの図式からすれば、マコーミックのポスト実証主義は自然法論の具体例の一つとして、しかもその強い見解すら支持するような内

---

(31) Ibid 91-2.
(32) Ibid 98-9. なお、アレクシーは自らの立場を自然法論ではなく「非実証主義（non-positivism）」と呼び、その中でも「包摂的（inclusive）」に分類した上で、その他の非実証主義の主張である「超包摂的（super-inclusive）」及び「排除的（exclusive）」と区別している。Robert Alexy, "The Dual Nature of Law" (2010) 23 (2) *Ratio Juris* 167, 176-7.
(33) なお、クロウ自身はマコーミックを弱い自然法論と両立する実証主義の支持者であると位置づけている。Crowe, "Natural Law Theories" (n 28) 93. このマコーミックの位置づけにあたってクロウが参照したのは、脚注17で示された以前のマコーミックの見解であり、その限りでこの位置づけは正しいが、しかし、『法の制度』で提示されるポスト実証主義の議論は検討しておらず、その点で最終的には説得力に欠ける。

容になっているものと捉えることができる。ポスト実証主義は従来の実証主義を真に代替するものとしてその伝統の超克を試みたが、その試みの先に辿り着いたのは自然法論の中でも法実証主義が許容することの困難である様態だった、ということである。

V　おわりに

　マコーミックはアレクシーの真剣な読者だった。真剣過ぎて、その構築的・協働的な研究スタイルゆえに、アレクシーの議論を英語圏に紹介するにとどまらず、その内容を真正面から受け止めて自らの理論的な立場を模索するほどであった。しかも、その模索はハートが打ち立てた法実証主義の影響を真に超克する方向へと歩みを進め、その結果、ポスト実証主義という名の下で、しかしその実態は自然法論の強い見解すら取り込んでしまうような内容を帯びる法理論を展開することとなったのである。
　ところで、マコーミックは、こういう評価を予期していたのだろうか、次のように言い残している。

>　「もし、人間的思考の世界が必然的に二つの相互排他的な立場に分割され、道徳的最小限が法の存在にとって本質的であると認める者は実証主義の外部つまりその敵対者の側に属するとされるならば、この理論はその敵対者の側に属する。この法理学の二項区分的な世界を信じる者は、実証主義の厳格なテストに落第するいかなる理論も「自然法」のカテゴリに分類する。それゆえ、本書を「自然法」の一形式と特徴づけるだろう。実のところ、この区別が重要な真実を明るみに出すことは稀である[34]。」

　自然法論と法実証主義という大雑把な分類が議論の細かいニュアンスを取り逃すという懸念は十分に理解可能である。そして、法実証主義の伝統から出発している経緯、また法の実定性を評価している自負から、自らの理論が自然法論に分類されてしまうことに拒否感があることも分かる。とはいえ、まさに「道徳的最小限が法の存在にとって本質的である」という点に着目

---

(34) MacCormick, *Institutions of Law* (n 9) 278.

し、マコーミックがいかにアレクシーから影響を受けて自らの理論的立場を構想したかを理解しようとする試みの文脈では、この分類はなおも一定の有効性を持つように思われるのである。

第 3 部　秩序・倫理・自然法

純粋法学と現象学
――Fritz Schreier の法現象学とその可能性――

宮田賢人

I 純粋法学と現象学の調和
II 『法の根本概念と根本形式』のモチーフ
III 法志向作用において構成される法
IV 法命題として表現される法規範
V 特殊な関係としての法規範の四要素
VI 可能法・現実法・実定法
VII 要件事実中心主義
VIII シュライアーの法現象学の発展可能性

I 純粋法学と現象学の調和

　近年、国内外で法現象学が注目されつつある。例えば、現象学者のソフィー・ロイドルトは、2010年に、エトムント・フッサール以後の法現象学的企てを網羅的に整理した『法現象学入門』[1]を公刊し、法哲学者のハンス・リンダールは、2013年に、フッサールやマルティン・ハイデガーの現象学を参照しつつ法秩序の変容を考察した『グローバル化の断層』[2]を著した。日本でも、日本現象学・社会科学会が2023年に「法と権利の現象学の現在」というシンポジウムを開催する等、法現象学に触れる機会は徐々に増えつつ

（1） S. Loidolt, *Einführung in die Rechtsphänomenologie.* Mohr Siebeck, 2010.（『法現象学入門』青山治城監訳、法政大学出版局、2024公刊予定）シュライアーも取り上げられている（cf. 153-158）。
（2） H. Lindahl, *Fault Lines of Globalization.* Oxford U.P., 2013.

ある。もっとも、日本の法哲学者にとって法現象学そのものは新奇なものではないだろう。というのも、われわれは、尾高朝雄の研究を知っているからである。

その尾高と同時期に現象学の法理論への応用を試みたのが、ハンス・ケルゼンの弟子の一人で、いわゆるウィーン法学派に属するフリッツ・シュライアーである[3]。ウィーン法学派には、アドルフ・メルクル、アルフレッド・フェアドロスらが属しており、メルクルの段階説のケルゼンへの影響はよく知られているが、学派には、純粋法学を現象学によって擁護しようとした論者たちがいた。それが、フェリックス・カウフマンそしてシュライアーである。

尾高は、シュライアーの企てを次のようにまとめる。

> シュライヤアはケルゼンの純粋法学と現象学との調和を試み、法律本質学をば「可能法律論」(Die Lehre vom möglichen Recht) として基礎づけようと試みている。なぜならば、法律本質学によつて研究さるべき法律の本質法則は、実定法上の規定や保障と何等の係りを持たず、法律の論理的本質に從て純粋にかくあり得ると考えられた所の可能の法則だからである[4]。

ここでは、純粋法学と現象学を調和しようとしたシュライアーが、法の本質法則を解明することで「可能の法律」論を展開したとされている。

本稿の目的は、この企てが試みられたシュライアーの『法の根本概念と根本形式——現象学的に根拠づけられた形式的法・国家論の構想』[5] を紹介

---

(3) 1897 年にウィーンで生まれたシュライアーは、1920 年にウィーン大学で法学博士を取得後、フッサールのもとで研究した。1925 年にケルゼンの指導を受けハビリタチオンを取得。その後、1929 年に弁護士として開業。1938 年に強制収容所に一時収容された後、1941 年にアメリカへ亡命。アメリカでは、専攻を転じ、ヴァージニア州ノーフォークの Brodelin College の教授としてマーケティングを研究した。1981 年にカリフォルニアで没した。法学の著作としては本稿で取り上げる『法の根本概念と根本形式』(1924) の他に『法律および法律行為の解釈 Die Interpretation der Gesetze und Rechtsgeschäfte』(1927) や『債務と不法 Schuld und Unrecht』(1935) を出版している。以上は、https://www.geschichtewiki.wien.gv.at/Fritz_Schreier#tab = Personendaten (2023 年 12 月 30 日最終閲覧) を参照した。

(4) 尾高朝雄「現象学と法律学 (1933)」『法律の社會的構造』勁草書房、1957、291。

(5) F. Schreier, *Grundbegriffe und Grundformen des Rechts: Entwurf einer*

し、その発展可能性を考察することにある。本書で彼は「ケルゼンやその弟子たちが追求した純粋法学を、フッサールの現象学のうちに基礎づけ、そうすることで法的問題を新たな観点から眺めまた可能ならば解決」（Ⅲ）しようとした。本稿は、その紹介を通じて法現象学が進みうる一つの方向性を示すとともに、現象学の法理論への応用が法哲学にもたらしうる示唆を敷衍したい。まず次節で本書のモチーフを確認した後、その要点を五つのテーゼに分割して紹介する（Ⅲ〜Ⅶ）。最後に、本書の発展可能性について考察する（Ⅷ）。

Ⅱ 『法の根本概念と根本形式』のモチーフ

シュライアーは純粋法学と現象学の調和を試みるが、その可能性をいかなる共通性が保証するのか。その答えは、両者ともに、経験的なものから純粋なものを把握しようと試みるという点にある。純粋法学は、法の妥当条件をその実質的内容の正当性に求める自然法論や、法的妥当という当為の問題を法定立の社会的条件という存在の問題と混同する法の社会学的分析を批判し、実質的なもの・経験的なものから純粋に認識可能な法的当為の形式の把握を試みた。

類似のモチーフは、フッサールが1900-01年に公刊した『論理学研究』（以下『論研』）でも看取されうる。『論研』は、論理法則の妥当根拠を心理的な事実法則に求める心理主義が論理法則の理念性（Idealität）の説明に失敗していると批判する[6]。論理法則は、いつでも・どこでも・誰の思考作用をも普遍的に規律し、特定の時空間を超えて妥当するという理念性をもつ。心理主義は、このようなイデア的な論理法則を、経験的事実（つまり特定の時空間に位置づけられた実在 Realität としての心理的事実）から帰納的に獲得しようとするが、帰納的に獲得された法則は、これまで妥当してきた法則が将来に

---

phänomenologisch begründeten formalen Rechts-und Staatslehre, Franz Deuticke, 1924.
以下、同書からの引用はページ数のみを本文に記載する。また〔〕は宮田による補足。
（6） 例えば、心理主義によれば、矛盾律は、ある主体がその思考において特定の事態の肯定と否定の両方を同時に信ずることはできないという心理的事実を一般化したものである。E. フッサール『論理学研究1』立松弘孝訳、みすず書房、1968、第5章。

おいても妥当することの保証はない以上、理念性をもちえない。むしろ、論理法則の妥当性の根拠はその明証の直接的な直観（範疇的直観 kategoriale Anschauung）[7]にある。そのことを論ずるために『論研』は、認識過程の本質構造の解明を試み、それよって志向的意識の分析としての現象学の道が拓かれることとなった。

このように『論研』は、経験的・心理的事実から純粋な論理学を根拠づけようとした著作であった。シュライアーは、この発想を法学に応用し、法の根本形式を現象学的に解明することで、経験的事実や実質的内容から純粋な法学を根拠づけようとしたのである。より具体的に、『法の根本形式と根本概念』は以下の諸テーゼを含む（括弧内は本稿の節番号）。

・法は法志向作用という認知的作用によって構成される対象である（Ⅲ）
・対象としての法規範は法命題という意義を介して表現される（Ⅳ）
・法規範は、要件事実-人格-履行-制裁という四要素を含む特殊な関係である（Ⅴ）
・以上の法の形式が可能な法の範囲を画定し、その可能性の現実化（実質化）の結果が実定法である（Ⅵ）
・非実在的な法は要件事実により具現化され、法の根本概念のいくつかは要件事実との関係で規定される（Ⅶ）

本書は二部構成だが、以上のうち最後のもの以外は第一部「法の根本概念の導出」で論じられ、最後の主張は第二部「法律学的形式論」で提示される。以下では、それぞれの要点を順番にまとめよう。

Ⅲ　法志向作用において構成される法

シュライアーの法現象学の最重要概念は法志向作用（Rechtsakt）である。現象学において Akt は行為ではなく、志向的体験としての作用を意味する[8]。諸作用は、知覚・判断・意志など、本質に即して差異化されるが、ど

---

(7)　範疇的直観については、E. フッサール『論理学研究4』立松弘孝訳、みすず書房、1976、第6研究第6章。
(8)　作用については、E. フッサール『論理学研究3』立松弘孝・松井良和訳、みすず

の作用もそれに相関する対象を目標とし、その対象が志向的体験において意味的に構成される点で共通する。例えば、知覚作用は「何か」を知覚することとして、その知覚対象を目掛けて向かう。このとき、知覚対象は知覚作用から独立にあるのではなく、その作用において（例えば「赤いリンゴ」として）構成される。以上を法理論へと応用してシュライアーは「法志向作用において法は構成され、われわれは志向的に法へと向かう」(12)と論ずる[9]。

重要なのは、作用と対象との相関関係を前提としたとき、対象の本質は、それを構成する作用の本質を分析することで解明されうることである。つまり、法志向作用において法的対象が構成されるのであれば、法志向作用が従うべき本質法則の解明によって法の本質も明らかにされうる。以上の発想のもと、法志向作用の分析がなされる。

法志向作用は法についての知を獲得する（Kenntnisnahme）認知的作用だというのがシュライアーの見解である。これと対立するのは、法志向作用を法定立作用としての立法者の意志や命令と捉え、それと相関的に法を意志・命令されたものとみる立場である（ルドルフ・シュタムラーがその代表者として挙げられる）。シュライアーによれば、立法者の仕事は、認知的に把握された多様な法の可能性を前に、態度を決定して、特定の法を定立するよう意志・命令することである。それゆえ、法の認知は法定立に先行する。そうであれば、法を最初に構成する法志向作用は意志や命令ではなく認知的作用でなければならない（cf. 22）。

では、認知的作用としての法志向作用とはいかなるものか。「法志向作用は知の獲得を表現する作用であり、法命題（Rechtssatz）は、言明および表現された知の獲得という二つの意味で判断である」(27)。ここから読み取れるのは、第一に、法志向作用が知の獲得を表現する作用であること、第二に、それは法命題として表現されることである。次節では、表現としての法

書房、1974、第 5 研究第 2 章。対象の構成については、E. フッサール『イデーン I-I, II』渡辺二郎訳、みすず書房、1979、1984。なお、『法の根本形式と根本概念』では『イデーン』も適宜参照されている。
(9) 以上のように Rechtsakt の Akt は現象学の専門用語なので、それを法律行為と混同してはならない。また、法作用という訳語は立法作用・司法作用と紛らわしいので、本稿では法志向作用と訳出した。

志向作用およびそこで構成される対象としての法と法命題との関係を確認しよう。

Ⅳ 法命題として表現される法規範

シュライアーは、『論研』の表現 (Ausdruck) と意義 (Bedeutung) の議論をふまえ、対象としての法規範 (Rechtsnorm) が法命題という意義で表現されるという見解を提示する。『論研』は、表現という概念を対象と意義との関係で規定した。そこで言及されるのが、異なる意義をもちつつも同じ対象を表現する言葉である[10]。例えば「イェナの勝者」と「ワーテルローの敗者」は異なる意義をもつが、いずれもナポレオンという同一の対象を表現する。ここから分かるのは、表現では、表現される対象とその表現としての意義のレベルが区別されるという点である。

同様の区別を、対象としての法規範とその表現としての法命題との間にも設けるというのがシュライアーの狙いである。「法は法規範からなる。すべての法的なものはそこに還元されねばならない。法規範は法命題において適切に表現される」(41)。「法規範は法志向作用の対象であり、法命題は法規範を枠づける意義である」(42)。つまり、認知的作用としての法志向作用において構成される対象は法規範であり、われわれは法命題を介してそれを表現するのである。法志向作用が認知するのは法命題であり、対象としての法規範は法命題という意義を介して構成される（図1）。

このような区別の意図は、同じく法規範と法命題を区別した純粋法学に現象学的根拠を与えることであると考えられるが (cf. 42)、シュライアーの法命題の理解にもケルゼンの影響は如実に現れている。というのも彼も、法命題を制裁を伴う仮言的当為命題として理解するからである。次節ではその点に立ち入ろう。

---

(10) E. フッサール『論理学研究2』立松弘孝・松井良和・赤松宏訳、みすず書房、1970、56-59。

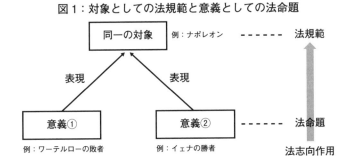

図1：対象としての法規範と意義としての法命題

V　特殊な関係としての法規範の四要素

　シュライアーによれば、どの法命題も次の形式をもつ。「要件事実が存在する場合、人格は履行すべし（〔不履行の場合には〕制裁が伴う）」(70)。法命題がこの形式を必然的に備えるのは、対象としての法規範が前提と帰結の結合的関係だからである。つまり、法規範は、要件事実（Tatbestand）と法的効果（Rechtsfolge）との結合関係であり、それが命題として表現されたとき、前者は仮言的命題の前件に、後者が後件になる（cf. 55）。

　さらに、法的関係は、要件事実・人格（Person）・履行（Leistung）・制裁（Sanktion）の四要素を含む（cf. 69-70）。履行とは、ある要件事実に帰属される当為客体（為されるべき振る舞い）を意味し、人格は履行の義務を負う当為主体である。このようにシュライアーは、法的関係を当為・義務の関係と捉え、ケルゼン同様、権利や許可は当為・義務に還元されうるという立場を取る（cf. 102ff.）。また、ケルゼン同様、法を道徳から区別するために、制裁の要素が法に固有のものとして加えられる。その結果、「不履行は、それ自体がふたたび要件事実となり、制裁がそれに新たな法的効果を結び付ける」(71) というように、法的関係は、制裁を介した二つ以上の規範的関係の連鎖からなる特殊な関係だとされる。

VI 可能法・現実法・実定法

　以上の四要素を含む関係は、法の本質を定める根本形式として、可能な法の範囲を画定するというのがシュライアーの可能法論である。前節で確認した法的関係は、いかなる実質性も含まぬ形式的関係であり、それは、例えば論理法則が正しい思考の領域を予め画定するように、法におけるアプリオリな「公理」(3) として、可能法の領域を予め描き出す。つまり、法命題で表現できない対象は法とはなりえない (cf. 85-6)。
　とはいえそれは「空虚な形式」(86) なので、実質的内容が補充されねばならず、それとの関係で現実法や実定法の概念が規定される。存在することが概念的に不可能な対象(例：四角の丸)が実質的内容に含まれた場合、それは法命題としては表現可能だが、それによって表現される法規範は現実のもの (wirklich) にはなりえない。それゆえ、それは非現実的な法として、現実法から区別される (cf. 89)。さらに、この現実法のなかで実定法の領域が区別される。現実法には多様な可能性が含まれており、立法者はそこから一つの可能性を選択するよう態度決定をする (cf. 90)。その結果として定立されるのが実定法である[11] (図 2)。

VII 要件事実中心主義

　このようにシュライアーは、法の本質形式が可能性として予め描いてある空虚な領域のうちに実質が補充され特定の可能性が選出されることで、特定の時空間において妥当する実定法の領域が成立すると考える。このとき、二つの領域を媒介するのが Tatbestand である。それは、要件事実という法の本質形式の一部である一方で、特定の時空間に位置付けられ自然の因果に服する経験的事実 (Tatsache) でもある。それゆえ Tatbestand は、音素という実在的対象が美という非実在的な (irreal) 対象を担うのと類比的に、法

---

(11) 慣習法の場合は法規範の事実的遵守によって定立される (cf. 179)

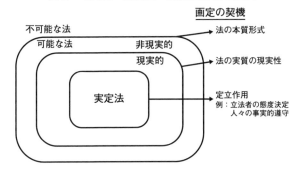

という非実在的対象を担い具現化する (verkörpern)「実在的で時間的な事象」(50) として位置付けられる。この要件事実の概念が詳しく検討されるのが第二部である。

　第二部では、第一部で導入された要件事実・人格・履行・制裁を始めとして、権利・責務・国家などの法の根本概念が分析される。本稿はその議論に立ち入れないが、その基本方針が、ケルゼンと同様、法の根本概念の実体化の回避にあること、また、その際に諸概念が要件事実に還元される傾向にある点を指摘しておこう。例えば、法的権利義務の主体としての人格は、何らかの能力を備えた実体ではなく、法命題において義務・権利の帰属先として標示された諸々の要件事実 (Bezeichnungstatbestände)[12] が「根源的な根本的要件事実」(144)(例：出生) に基づいて人格として構成・統一されたものだと捉えられる。また、国家も「その妥当性（実定性）が、定立に関する、ある一つの共通の根本要件事実〔例：人民の代表による公布〕に依拠するような、すべての法命題の総体」(180、強調は省略) として理解される[13]。こ

---

(12) 標示的要件事実についての説明は明快とは言えないが、例えば「家の屋根が落下し歩行者に損害を与えた場合、その所有者が賠償すべし」という法命題における「その所有者」のことだと思われる (cf. 143)。

(13) なお、ケルゼンの根本規範が根本要件事実として捉え直されたのは、根本規範が仮言的命題として表現できないと考えられたからである (cf. 181)。この点にシュライアーの法思想の特色を看取するものとして、K. ラレンツ『現代ドイツ法哲學』大西芳雄・伊藤滿訳、有斐閣、1942、82。

のように彼の法理論はいわば要件事実中心主義の様相を呈している。

VIII シュライアーの法現象学の発展可能性

　以上が、純粋法学の現象学的根拠づけという企ての大要である。その関心事は、法志向作用の本質分析に依拠した法の本質形式の解明であり、その分析は経験的なものから純粋でなければならない。それゆえそれは、第一に、立法者や裁判官はいかに法を定立するかという、例えばオイゲン・エールリッヒの法社会学的分析と混同されてはならない (cf. 15)。第二に、法志向作用を実在する特定の人間の経験的な意志や命令と同一視することは、誤った心理主義である。こうして、フッサールによる純粋論理学の根拠づけと類比的な仕方で、経験的事実や実質的内容から純粋な可能法の形式の根拠づけが試みられたのである。

　シュライアーの法現象学の結論は、若干の違いはあるものの、純粋法学と大きく変わらず目新しさはないかもしれない。また、純粋法学への批判（例えば、法を強制規範の体系とみることで、法秩序における権限付与規範の独自性を等閑視している）が同じく当てはまるだろう。それでもなお、彼の議論には法哲学的に興味深い点が含まれている。以下では、法における理念性と実在性の関係、法的本質への現象学的アプローチ、法秩序の射映的構造の三つを論じたい。

1 法における理念性と実在性

　法秩序が理念性と実在性という二つの特性を備えた独特な存在論的地位をもつことは多くの論者が認めるところだろう。一方で法は、それが関わる諸事態のすべてを普遍的に規律するものであり、特定の時空間を超越するという意味で理念性をもつ。また法は、当為として、それが遵守されない場合でもその効力 (Geltung) を反事実的に維持する。他方で法は、個別具体的な事案への適用や立法者による定立といった特定の時空間的位置をもつ事実（実在性）との関連なしには存在しえず、また、誰も遵守せず実効的でない (wirklich) 法秩序はその効力を失うように思われる。こうした法における理

念性と実在性の関係をいかに理解するかは、法的妥当における当為と存在の関係という論点と絡み合いつつ、法哲学の一つの重要論点を形成してきた[14]。

シュライアーの可能法論はこの論点に対して一つの道筋を示す。法の本質形式は、法が法である限り必ず従わねばならない理念的でアプリオリな公理だが、それとの合致は法が実定法として存在するための十分条件ではない。その形式が、特定の時空間的位置を有する定立の事実（実在性）によって担われて現実化したとき初めて、可能法は実定法としてわれわれに対して現れる。この見方が法的妥当における存在と当為の関係についていかなる洞察をもたらすかは別途検討の必要があるし、また、理念性と実在性の関係についても一層精緻化の余地はあるものの[15]、彼の可能法論は法秩序の存在論的性格を考察するうえで示唆に富む[16]。

2 法的本質への現象学的アプローチ

シュライアーの議論は法的本質への現象学的アプローチの一つの見本である。ある規範が法という身分を獲得するための必然的条件は何であるかをめぐる論争は法哲学の根本問題の一つだが、この法的本質をめぐる議論において、まず必要なのは――その存在を認めるにせよ認めないにせよ――法的本質を問うための方法の確立だろう。われわれは、法の本質にいかなる方法で接近しうるのか。この点について彼の議論は示唆に富む。それによれば、法とは、われわれが意識作用（法志向作用）において構成する対象である。そうであれば、意識作用の本質を分析することで法の本質も解明されうる。

以上の分析の前提をなすのがフッサール現象学的な本質の理解である。大

---

(14) 竹下賢『法 その存在と効力』ミネルヴァ書房、1985、特に第3章。
(15) 例えば、尾高は、理念的対象の現実性についてより精緻な議論を展開する。T. Otaka, *Grundlegung der Lehre vom sozialen Verband*, Verlag von Julius Springer, 1932.
(16) 実際、法秩序を思考の理念的対象と物質的実在の複合体として捉えるオタ・ヴァインヴェルガーも、シュライアーを高く評価する。O. Weinberger, "Fritz Schreiers Theorie des möglichen Rechts als phänomenologische Fortführung der Reinen Rechtslehre," in ders. & W. Krawietz (Ed.) Reine Rechtslehre im Spiegel ihrer Fortsetzer und Kritiker, Springer, 1988.

雑把に言えば、フッサール現象学において、本質とは、われわれの意識から独立にそれ自体としてあるものではなく、意識作用において直観され（本質直観）[17]、その直観と相関的に構成されるものである。この意識作用と意識の対象の相関性の想定が、前者の本質の分析を通じて後者の本質へ到達するという方法を可能にする[18]。この本質理解——本質は人間たちから独立にそれ自体としてあるとする実在論でもなく、人間たちの規約によって成立した名称に過ぎないとする唯名論でもない——を法理論へ導入したとき、従来の法的本質をめぐる論争がどのように整理され、また、いかなる道が拓かれるのかは興味深い。

3　法秩序の射映的構造

最後に、シュライアーが対象（法規範）と意義（法命題）のレベルを区別したことも示唆に富む。というのも、対象と意義の区別と通底するフッサールの射映（Abschattung）の議論は、法秩序の多面的構造とわれわれの法経験の多様性を適切に捉えるうえで有用と思われるからである。先述のように、表現は、同一の対象が異なる意義を介して多様な仕方で現れるという構造をもつが、フッサールは、同一の知覚対象が諸々の異なる一面を介して多様な仕方で体験に現れるという事態を「射映する」と表現した[19]。例えば、われわれはある一つの建物の全面を一挙に知覚することはできず、それはつねに一面（正面や背面）を介して経験される。同一の建物は知覚主体が位置を変えると、異なった一面を介して多様な現れ方をする。また、知覚主体にその建物の知識がある場合、建物の正面の経験には同時に背面や側面の予期が伴われており、建物は馴染み深いものとして経験されるが、未知の場合、それは見通しの利かないものとして経験される。

---

(17)　本質直観による法的本質の現象学的探究の企てを比較したものとして、S. Loidolt, "Legal Reality and its A Priori Foundations," in A. Salice & H. B. Schmid (Ed.) *The Phenomenological Approach to Social Reality*, Springer, 2016.

(18)　この想定のもと、単なる慣行から慣習法を区別しうる本質的特徴を意識作用（法的確信）の側から論じたものとして、宮田賢人「法的確信（*opinio juris*）の現象学的解明」『現象学と社会科学』第5号、2022。

(19)　E. フッサール、前掲注7、74 以下。

この射映の概念は、法秩序の多面的構造と法経験の多様性を分析するうえで有用でありうる。しばしば指摘されるように、法秩序は裁決規範・行為規範・組織規範の三種の規範体系から構成されるという多面性をもつ[20]。それが含意するのは、法秩序は、誰にとっても同様に経験されるのではなく、多様な役割・立場・関心のもとで異なった現れ方をするということである（単純化すれば、法秩序は、一般市民には行為規範の体系として、裁判官には裁決規範の体系として経験される、等々）[21]。また、法律の知識がある者は法秩序を構成する各種の規範体系の相互連関が認識可能であるのに対して、そうでない者には法秩序は見通しの利かぬ不透明なものとして経験される。このように、法秩序という同一の対象は経験主体の立場や知識状態に応じて多様な仕方で体験に現れ・射映し、表現される。この法秩序の射映的構造の分析に際して、シュライアーによる法における対象と意義の区別は――法規範は制裁を伴う仮言的当為命題としてのみ表現されるという純粋法学的想定は一面的だが――示唆に富むと評価できるのではないか[22]。

謝辞

本研究は JSPS 科研費 23K12352 の助成を受けた。本稿は 2022 年 11 月 5 日に開催されたドイツ法哲学研究会での報告原稿に修正を加えたものである。有益なコメントをくださった青山治城氏、足立英彦氏、酒匂一郎氏、服部寬氏、毛利康俊氏に感謝します。最後になりましたが、酒匂先生から（特に九州法理論研究会で）受けた学恩に心より御礼申し上げます。

追記

2024 年 3 月にフェリックス・カウフマンそしてフリッツ・シュライアーの法理論を正面から考察した足立治朗『現象学的国法学』（信山社）が公刊されたが、すでに脱稿していたため、参照することが叶わなかった。同書の検討は他日を期したい。

---

(20) 田中成明『現代法理学』有斐閣、2011、67-71。
(21) この点は、宮田賢人「「観点」から「態度」へ」『法の理論 42』（成文堂、2024）で詳しく論じた。
(22) 法秩序の射映的構造を論じたものとして、W. Hamrick, *An Existential Phenomenology of Law*, Martinus Nijhoff, 1987, 121, 143.

アメリカ革命期憲法思想における「法廷としての議会」

清 水　　潤

|　Ⅰ　序
|　Ⅱ　法廷としての議会とは何か
|　Ⅲ　アメリカ革命期邦憲法における「法廷としての議会」
|　Ⅳ　結　語――法の支配と権力分立の対抗――

立法府上院議員及び枢密院議員は、邦全体のための治安判事である
"The members of the legislative and privy councils shall be justices of the peace for the whole State"
The Constitution of Delaware, 1776, Article 12.

Ⅰ　序

1　本稿の課題、動機、意義

　本稿は、アメリカの 13 植民地が独立を宣言した 1776 年前後に成立した各邦（colonies, states）の成文憲法典における、議会の位置づけを検討する[1]。

（1）　独立を宣言する以前は植民地（colony）、独立宣言後から合衆国憲法批准までは邦（state）、合衆国憲法批准後は州（state）と訳し分けるのが慣例である。しかし、独立前後の時代の憲法実践を記述する場合、これらの訳し分けはむしろ混乱を生むだけに終わる嫌いがある［有賀 1988: 190］。独立宣言や合衆国憲法批准を境としてそれらの政治社会が突如として別種の社会に変容を遂げたわけではないし、一つの憲法がしばしばそれらの時期を跨いで妥当しているからである。本稿では、独立前後に制定された植民地や邦の憲法を、たとえそれが独立以前に制定されていても、原則として邦憲法と表記する。
　邦憲法のテキストは、原則としてイェール大学ロー・スクール図書館のホームページ

その際、「議会は最高の法廷である」というイングランドの古い法観念を、邦憲法がどの程度まで継承し、あるいは否定しているのかに着目する。

　このような検討を行う動機は次のようなものである。建国期から今日に至るまで、アメリカ合衆国や各州の憲法実践において、議会は万能の立法権を有しては来なかった。合衆国憲法第1編や、合衆国憲法や州憲法の権利章典によって立法権は明示的に制約されている。そのような明示的な限界に留まらず、立法権は黙示的な制約にも服すると考えられてきた。州の裁判所は、州憲法のデュー・プロセス条項の極めて抽象的な文言に依拠して、あるいは何らの憲法上の条文にも依拠せずに、立法を違憲無効としてきた歴史がある〔Edlin 2008: 79; 清水 2023: 204〕。立法権に課されたかかる黙示的限界は、「議会は法廷である」という古い法観念の影響という視座からも理解できるのではないだろうか[2]。議会が法廷であるとすれば、議会は既存の法を宣言し、適用し、場合によっては修正する権力を持ちこそすれ、既存の法を一切無視して完全に新しい法を創造する権力は持たない筈だからである。

　従来、デュー・プロセス論や権利論の観点から論じられてきた、アメリカ合衆国及び州の立法権の限界という問題に対して、統治機構論の観点から検討を加えることで、アメリカ法史のより立体的な理解が可能になる筈である。また、管見の限り、アメリカ革命期の邦憲法の統治構造を本稿と同様の観点から分析した邦語文献は存在しない[3]。イングランドの法思想がどの程度アメリカに継受されているかという重大な問題に対して、本稿は新たな知見を提供しうる。

　に掲載された資料を用いた。YALE LAW SCHOOL LILLIAN GOLDMAN LAW LIBRARY, THE AVALON PROJECT, https://avalon.law.yale.edu/ (last visited on Jan. 6th, 2024). なお、原語を併記した場合の大文字と小文字の区別は原文に従っている。また、単数名詞に付された定冠詞は原則として省略した。複数名詞の場合は定冠詞の有無で意味が変わりうるので残してある。

（2）　本稿とは正反対に、権力分立の徹底という観点から、デュー・プロセス条項による立法権の制約を理解する研究として、〔Chapman and McConnell 2012〕。

（3）　邦憲法の統治機構を分析した邦語の先行研究として、〔酒井 1965; 田中 1968: 86; 有賀 1988: ch.6; Wood 2002: 65/79; 上村 2021: ch.7〕。

2 本稿の検討範囲

　革命期の邦憲法の検討に際して、ブリテンのかつての貴族院と同様に、議会に上訴審としての権限がどの程度付与されていたか、また、裁判所がどの程度議会と対等な機関として理解されていたかという問題に特に着目する。議会が上訴審として裁判所の判決を審査する権限を持つという統治構造の背景には、議会を最高の法廷とみなす法思想が存在すると考えられるからである。また、裁判所が議会と対等の権力機関とみなされていない場合には、最高法廷としての機能を、議会が裁判所に譲与せず、自らになお留保している可能性が示唆されるからである。

　その一方で、議会が持つ公務員の弾劾権限は、議会が持つ法廷としての権限だが[4]、紙幅の制約上検討することができなかった。権力分立原理の一つの表れである兼職禁止条項の詳細や、邦議会の活動記録も未検討である。これらの検討は他日を期したい。

II　法廷としての議会とは何か

1　議会が法廷であるとする先行研究

　英米憲政史に関して多くの指導的研究を残したC.H. マキルウェインは、中近世イングランドの議会の本質は法廷であったとする古典的な研究を1910年に公刊した［McIlwain 1910］[5]。同書によれば、ノルマン征服以降に導入された封建制議会の特徴の一つは、法作成の観念の欠如であった。法は作られるというよりも宣言されるものとして理解された。そして、宣言さ

---

(4)　1777年のニュー・ヨーク邦憲法によれば、「この邦の全ての職員を弾劾する権力は、……下院議員にある。……全ての弾劾の事実審理（trial）に先立って、当該裁判所（the said court）のメンバーは、問題とされた訴追を証拠に従って、忠実かつ公平に審理し決定することを各々が宣誓しなければならない」。The Constitution of New York, 1777, art. 33. イングランド及びアメリカ植民地における、議会の弾劾裁判権について、［Maitland 1908: 215; Clarke 1971: 39-43］。

(5)　同書は、長期議会の頃までは、議会は法廷として認識されていたとしており、「法廷としての議会」の観念は中近世に支配的であったと考えられている［McIlwain 1910: 110］。なお、［McIlwain 1947］の邦訳には、森岡敬一郎による同書の詳細な解説が付されている。

れるべき法とは、時間の経過によって根本法（a law fundamental）と見做されるようになった一連の慣習であった。かかる根本法に反するルールは無効と見做された。封建制議会のもう一つの特徴は、立法・司法・行政の活動の明確な区別の欠如である[6]。最高の「裁判所（"court"）」である議会は、様々な機能を担っており、「立法」とともに「裁判」にも従事した。立法と裁判の明確な区別は最近になって知られるようになったものだが、長きに渡って、立法は比較的重要性が低く、議会は立法府というよりは裁判所として認識する方が適当であった。議会の「法律（"act"）」は、判決に類似したものであった [ibid: vii-viii]。

アメリカ革命史研究のG.ウッドは、このような議会観が植民地時代から革命前後のアメリカにも見出せると主張した。ウッドによれば、「恐らくはイングランドの庶民院以上に、18世紀における［植民地］議会は、一般法律を制定するのみならず個別の判決（private judgements）を下す中世の宮廷（court）の一種として自らを認識していた。裁判所自身が政治的行政的義務に関わっていたために、政治的な事項と司法的な事項の境界線は曖昧にならざるを得なかった。［中略］18世紀中頃までには、立法機能と司法機能の区別が固まりはじめたことを示すいくつかの証拠はある。しかし、議会はなお我々が本質的に司法の責務と呼ぶ権限を行使し続けていた」［Wood 1998: 154］。1776年の時点において、権力分立は表面的な承認を与えられたに過ぎない。当時のアメリカ人は統治部門の真の分割には関心がなかった［ibid: 153-54］。むしろ、彼らが権力分立を語った際の真の狙いは、立法府と司法府を、執行府による操作から隔離することに過ぎなかったのであり、立法と司法が截然と区別されるという観念は希薄であった［ibid: 155-57］。

ウッドは続けて、議会を法廷と見做す法思想によれば、議会制定法は既存のコモン・ローと整合的である必要があったと述べる。「イングランド議会はもともと the High Court of Parliament と呼ばれていたし、マサチューセッツ州議会は General Court と呼ばれていた（今でも呼ばれている）。イングランドの議会制定法やマサチューセッツ湾植民地の議会（the General Court）

（6） executive は執行と、administrative は行政と訳した。

の法律は、実際は国の最高の法廷の判決であった。そのようなものとして、これらの法律はコモン・ローの修正や変更だったのである。そしてコモン・ローの修正や変更であったために、これらの法律はそのほかのコモン・ローの観点から理解可能なものである必要があった」[Wood 1997: 60/73]。

政治思想史研究の土井美徳は、17世紀イングランドの法思想において、議会がコモン・ローを掌握する最高の法廷として観念されていたことを検討している。土井によれば、17世紀イングランドの法思想において、コモン・ローは高次法として理解され、制定法に優位すると考えられていた [土井 2006: 250]。しかし、それは王権の人事的統制に服したコモン・ロー裁判所の裁判官たちが議会よりも上位に立っていたことを意味しない。王座裁判所の判決も、議会の誤審令状により再検証され、覆されうるのであり、議会は「最高法廷」として、コモン・ローの最終的な解釈権を持つとされた [ibid: 265-70]。

これらの研究によれば、議会も裁判所も、ともに既存の法を宣言し、個別の事案を解決する機能を営んでいる。このような法観念は、慣習としてのコモン・ローが、議会や裁判所の行動以前に実在し、統治機関はそれに拘束されるという「法の支配」の古典的理念からすれば、それほど不合理なものではない。議会も裁判所も、それらに先立って存在する慣習法に拘束されるとすれば、立法権と司法権の差は、程度の問題に過ぎない。立法府や司法府は、ともに法を発見し、宣言し、適用し、場合によっては修正することによって、各人の権利義務を確定する作業を営んでいると考えられた。そして、イングランドにおいてもアメリカにおいても、最高の正統性を持つ機関が議会であるとすれば、今日的な用語法において、「議会は最高の法廷である」と観念されていたとしても、何ら不自然なところはない。

2 植民地時代の統治機構

植民地時代のアメリカにおいて、権力分立が実践されていなかったことはよく知られている。総督、上院、下院、裁判所といった制度の別自体は植民地時代に存在した。しかし、植民地時代において、三権が別の権力であるという認識は希薄であった [田中 1968: 15]。例えば、総督の諮問機関として

出発し、後に上院として機能したcouncilは、上訴管轄権を持つ法廷としてのみならず第一審裁判所としても機能していた［ibid: 19］。

　植民地時代の議会特権（parliamentary privilege）を、特に下院に着目して詳細に検討したM.P.クラークによれば、植民地議会の下院は裁判所としての様々な権限を有していた。例えば、民刑事の裁判が下院において裁かれている。ヴァジニアやメリーランドでは、下院において、被告人に対して刑罰が科された。ヴァジニアにおいて、下院の議決は「判決（sentence）」と称され、それはwhole courtの名の下に議決されている［Clarke 1971: 15-16］。メリーランドにおいても、被告人が起訴され一院制議会に出頭し、有罪判決が議会による議決によって下されている。二院制に移行してからは、下院が起訴を担当し、上院が事実審理を担当することが通例となった［ibid: 17-19］。ニュー・イングランド植民地において、下院はしばしばcourtと呼ばれ、立法権のみならず司法権も行使した[7]。議会は「コモンウェルスの第一の政治＝世俗権力（chief civil power）」であり、法を作成するとともに裁判も担当するとマサチューセッツの制定法で述べられている。また、「法、命令、判決（sentence）は、両院の同意によらなければ議決されない」とも宣言された。［ibid: 21-22］。上訴審としての機能を議会、場合によっては下院に持たせることも多くの植民地で行われた［ibid: 31-33］。

　クラークによれば、植民地議会は、証拠を審理し、民刑事の事件を裁き、死刑を含む刑罰を科し、離婚を認め、下級審の判決を破棄するといった権限を行使した［ibid: 58］[8]。「法廷としての議会（the assembly as a court）」という法観念は、植民地時代に広くみられたものであった。

（7）［Harvard Law Review Association 1901］は、マサチューセッツ湾植民地議会の18世紀前半の議事録の中から、議会が司法権を行使したものを抄録している。［田中1968: 22］も参照。

（8）　これらの権限の中には、裁判所の本来的な権限というよりは、司法的側面（judicial aspect）［Clarke 1971: 43］のある議会権限が含まれている。例えば、18世紀以前において、婚姻を解消させる権限を有した裁判所はイングランドに存在しなかったのであり、離婚し再婚を可能とするには、議会の制定法が必要であった。1857年以降は、離婚・婚姻訴訟裁判所によって離婚が可能となった［Maitland 1908: 384; 田中編1991: 268］。

III　アメリカ革命期邦憲法における「法廷としての議会」

1　邦憲法制定の状況

　第2回大陸会議は、1776年7月4日付で独立宣言を採択した。かつての植民地は今や独立国家＝邦（states）となり、ブリテン本国との法的な紐帯を切断する。これに伴って、新たな統治構造を定める必要があった[9]。あるいは、対英抗争の激化に伴って旧来の植民地政府が機能しなくなったという背景の下、独立宣言以前に成文憲法を制定して植民地政府の構造を新たに定めた植民地もあった[10]。植民地時代から自治権を認められていたコネティカットとロード・アイランドは、新たに成文憲法を定めず、それぞれ1662年と1663年の植民地設立の特許状をそのまま基本法として使用した。このように、各邦（植民地）が成文憲法典を制定した時期にはずれがある。また、それぞれの邦（植民地）はそれ自体が一個の政治社会であるから、制定された憲法典の内容にも差異があったのは当然である。

　後の合衆国憲法は、厳格な三権分立の制度を採用したし、1776年制定のヴァジニア邦憲法が、「立法、執行、司法の各部門は、分離され独立しているべきであり、他の部門に属する権力を行使してはならない[11]」と定めたことは有名である。それ故か、革命期の全ての邦憲法が政府を三つの権力に分けたと説明されることもある［久保＝岡山 2022: 24］。しかし、邦憲法の文面に照らせば、当時の邦憲法の多くにおける権力分立の観念は、合衆国憲法のそれとは相当に異なっていたことは明らかである[12]。

（9）　独立宣言後に憲法典を制定した邦は、デラウェア、ペンシルヴェニア、メリーランド、ノース・カロライナ、ジョージア、ニュー・ヨーク、マサチューセッツ（制定時順）。
（10）　独立宣言前に憲法典を制定した植民地は、ニュー・ハンプシャー、サウス・カロライナ、ヴァジニア、ニュー・ジャージー。
（11）　The Constitution of Virginia, 1776, Encyclopedia Virginia, https://encyclopediavirginia.org/entries/the-constitution-of-virginia-1776/ (last visited on Sep. 12, 2023).
（12）　［酒井 1965: 249, 256, 258］は、革命期の邦憲法において権力分立原理が徹底されていなかったことを的確に指摘している。さらに、［有賀 1988: 160］は、革命期の「ほとんどの州憲法の規定には、今日、アメリカの三権分立の観念として理解されているもの

本稿では、議会に上訴審としての権限がどの程度付与されているか、また裁判所が議会や執行府と同格の部門として位置づけられているか、という限定された視角から、各邦の憲法典の分析を試みる。

2　上訴審としての議会
(1) ニュー・ヨーク

革命前後に制定された邦憲法の一部には、現代の通念とは異なり、議会から独立した裁判所以外の機関に最上級審としての権限を付与したものがある。

1777年のニュー・ヨーク邦憲法の裁判制度はその例である。当時のアメリカでは、イングランドとは異なり、コモン・ローとエクイティの両裁判所を統合した邦も多かったが[13]、ニュー・ヨーク邦憲法はそれらの区別を維持していた。ニュー・ヨーク邦の最高裁判所（supreme court）は、当時のイングランドのコモン・ロー裁判所に相当する裁判所である。王座裁判所、人民間訴訟裁判所、財務府裁判所の機能をまとめ、その管轄の広さから最高裁判所の名称を付与された。最高裁判所とは別に、エクイティ裁判所である独任制の大法官府（chancery）が設置された。最高裁判所及び大法官府の判決に対しては、上院議長（president of the senate）、上院議員（the senators）、最高裁判所判事（the judges of the supreme court）、大法官（chancellor）からなる上訴裁判所に上訴が可能であった[14]。これはイングランドの貴族院の

　　が欠けている」とし、また、[卜村 2021: 219] は、「多くの邦憲法において一斉に権力分立論的な思考が採用された」として、権力分立原理を採用したのは「多くの」邦であると留保を付す。
(13)　独立後に、コモン・ローとは別のエクイティ裁判所を設けていたのは、ニュー・ヨーク、ニュー・ジャージー、デラウェア、サウス・カロライナのみであった [田中: 1968: 287]。イングランドにおいて両裁判所が統合するのは1873-75年である [Maitland 1908: 471; 田中 1980: 161; 田中編 1991: 831]。
(14)　[Langbein 1993: 563] は、この上訴裁判所を the Court of Errors と呼んでいる。もっとも、邦憲法原文にはそのような名称はない。邦憲法は、"a court shall be instituted for the trial of impeachments, and the correction of errors, under the regulations which shall be established by the legislature" と定め、同裁判所に特定の名称を与えていない。なお、現在のニュー・ヨーク州の上訴裁判所である the Court of Appeals は1846年に設立されている [清水 2023: 392]。

上訴制度に範を取ったものである [Langbein 1993: 563]。エクイティの判決 (decree in equity) に対して上訴がなされる場合には、上訴裁判所の判決に大法官は発言権を持たない。同様に、最高裁判所の判決 (judgement in the supreme court) に対して上訴がなされる場合には、最高裁判所判事はその判決の破棄または維持に対して発言することができない[15]。

ニュー・ヨーク邦の憲法は、上訴制度のみならず、立法手続においても興味深い制度を備えていた。それが修正参議会 (council of revision) と呼ばれるものである。修正参議会は、知事 (governor)、最高裁判事、大法官からなる機関である。全ての法案は、上院及び下院を通過後、修正参議会による修正と再考に服した。そして、修正参議会がその法案は「憲法の精神に反するか、あるいは公共の善に反する」法案であり不適当と考える場合には、その法案は議会の再審議の対象となった。そして、上院と下院の再審議において三分の二の特別多数が得られた場合にのみ法が成立した[16]。現代風に言えば、修正参議会は、法案に対して拒否権を行使しえたということである。

ニュー・ヨーク邦憲法における、上訴裁判所と修正参議会の制度は、権力分立が未発達であり、立法と司法の別が確立していなかった植民地時代の統治制度の影響が未だ強かったことを示している。上訴裁判所の存在は、上院議員が最高法廷の裁判官として行動することを認めるものであった。

(2) ニュー・ジャージー

1776年7月2日のニュー・ジャージー邦の憲法において、立法府の上院が最上級審としての機能を維持していた。この憲法は、その第1条において、邦（制定時は植民地）政府が、知事 (Governor)・上院 (Legislative Council)・下院 (General Assembly) から構成されると定める[17]。ここにおいて、裁判所はそれらの機関と同格の部門としては理解されていない[18]。上院と下院はともに自由かつ独立した立法府の部門 (branch of the Legislature) を構成し、上院及び下院によって選出される知事は、最高の執

---

(15) The Constitution of New York, 1777, art. 32.
(16) Ibid, art. 3.
(17) The Constitution of New Jersey, 1776, art. 1.
(18) 最高裁判所や人民間訴訟裁判所など多くの種類の裁判所や、書記官、会計官などの設置については別途定められている。Ibid, art. 12.

行権 (the supreme executive power) を持つとともに、上院議長でもある[19]。知事と上院は、全ての法的問題について最終的な決定権を持つ上訴裁判所 (Court of Appeals) を構成する[20]。

このニュー・ジャージー邦憲法は独立宣言以前に制定されたものであり、上訴裁判所は、植民地時代の制度を維持したものである（as heretofore）。しかしながら、本憲法は、知事が立法府によって選挙され任期が一年となっているなど、当時の植民地人の法思想を反映しており、植民地時代の統治機構をそのまま残したものではない[21]。最高の法廷としての上院が、早急に改革すべき制度として認識されていなかったことは確かである。

3　裁判所は議会と対等な部門として認識されていたか

議会が最高の法廷であるとすれば、他の裁判所は、現代風に言えば、一種の下級審として認識されることになろう。革命期の邦憲法の中には、すでに検討したニュー・ジャージー邦憲法もそうであるが、裁判所を議会と対等な機関として取り扱っていないものが散見される。このことから直ちに、それらの憲法が、議会を最高の法廷と見做していたことが帰結するわけではない。しかし、そのような憲法構造は、最高法廷としての議会の観念が存在したことを示唆すると暫定的に考えることは許されよう。

(1) ニュー・ハンプシャー

1776年1月のニュー・ハンプシャー邦憲法は、同邦が未だブリテン本国からの独立を決意していない段階において制定された[22]。戦争の影響で、

---

(19)　Ibid, art. 5-8. なお、上院議員のうち任意の3名以上の議員は、枢密院を構成し、知事の執行権を補佐するとされた。Ibid, art. 8.

(20)　Ibid, art. 9. 原文は、"the Governor and Council ... be the Court of Appeals, in the last resort, in all clauses of law". 知事は大法官（Chancellor）も兼任するため、ここでいう law はコモン・ローのみを指しエクイティの裁判は管轄外である可能性もあるが、詳細は不明。

(21)　植民地時代のニュー・ジャージーの統治機構について、[Harris 1953: 75]。

(22)　1776年憲法は、あくまでも戦争による混乱時に暫定的に制定されたもので、ブリテン本国との関係が修復されればその役割を終えることが予定されていた。1784年に施行され今日まで妥当しているニュー・ハンプシャー州憲法は、「州政府の三つの本質的な権力」として立法、執行、司法を掲げ、それらの権力の相互からの分離と独立を定

総督（Governor）や参議会（Council）議員が植民地を去ってしまい、立法や刑事司法の機能が麻痺し、秩序、生命、財産の維持のために統治の形態を定める必要が生じたことが憲法に記されている(23)。この邦憲法は、主要な統治機関として、下院（a house of Representatives or Assembly）と、下院によって選ばれる 12 人から成る上院（Council）とが立法府（Legislature）を構成し、上院は議長（their President）を任命すると定めるのみである(24)。

その他の統治機関については、下記の役職とその任命権者が記されるに留まる。民兵の大将及び佐官（general and field officers of the militia）は立法府によって任命され、下級士官は各中隊によって選ばれる。陸軍の全士官は立法府によって任命される。文官（civil officers）は立法府によって任命され、在任期間も立法府によって決定される。しかし、例外として、裁判所事務官（clerks of Courts）はそれぞれの裁判所が任命し、会計官（county treasurers）及び捺印証書登録官（recorders of deeds）は民選である。

この邦憲法は、第一次的な政府機関として、上院と下院からなる議会を置いている。そして、議会以外に様々な武官と文官が設置されたが、それら全ての公務員は、一部の例外を除いて議会によって任命された。憲法典のかかる構造からは、議会と対等の機関として執行府や裁判所が存在するという観念が希薄だったことが伺える。三権分立の思想は勿論、議会と対等かつ独立の司法府という観念もここに読み取ることはできない。勿論このことから、議会が最高の法廷としての地位と権限を維持していたと直ちに結論付けるこ

めている。
(23) The Constitution of New Hampshire, 1776.
(24) The President of the Council を執行府の首長と解釈する［田中 1968: 88-90］はミスリーディングである。同職を大統領と訳している［酒井 1965: 258］も同様である。The President of the Council は、あくまでも立法府（legislature）の一部門（branch）である Council を指揮するに過ぎない。Council は二院（two houses）を構成する議院の一つである。President は、下院議長（Speaker of the house of Representatives）と類比的な立場にある。1776 年ニュー・ハンプシャー邦憲法には、「立法部とは別個の行政部についての規定がない」［有賀 1988: 160］との解釈の方がテクストにより忠実である。1776 年のメリーランド邦憲法をはじめとする複数の邦憲法が、執行府の首長としての governor とは別に、上院議長として president を設けていることからも、このような理解は裏付けられる。The Constitution of Maryland, 1776, Form of Government, art. 20; The Constitution of New York, 1777, art. 32.

とはできない。しかし、この憲法において、最高の法廷としての権限が議会に留保されていたと推測したとしても、さほど不自然ではないように思われる。

(2) ペンシルヴェニア

1776年9月制定のペンシルヴェニア邦憲法は、権利章典と統治機構の二部構成であるが、第二部統治機構編の第1条は、「ペンシルヴェニア共和国あるいは邦は、公民の代表からなる議会（an assembly）並びに、参議会長及び参議会（a president and council）によって、以後次の方法と形態に従って統治される[25]」と定める。その上で、最高の立法権（supreme legislative power）が一院制の議会（a house of representatives）に、最高の執行権（supreme executive power）が参議会長及び参議会に付与されている。公務員の種別として、judicial, executive, military は区別されており[26]、その意味で三権の区別は存在する。しかし、judicial power という概念は本憲法には登場しない。このように、主要な統治機関として立法府と執行府のみを掲げた本憲法の規定ぶりからは、本憲法は統治権力を立法府と執行府の二つに配分していると理解する方が素直ではないだろうか。司法官（judicial officer）は、執行官（executive officer）や軍人（military officer）と並列的に列挙されていることに表れているように、他の公務員と並び立つ一公務員として認識されているのである。

勿論、このペンシルヴェニア邦憲法において、議会が最高法廷として活動していたかどうかは、実際の議事録を検討しなければ確かなことは言えないのであり、さらなる調査が必要である。しかし、イングランドの法思想の伝統や植民地時代の法実務を考慮すれば、議会が最高法廷としての権限を自らに留保していた可能性はあると思われる。

4 法廷としての枢密院

革命期の邦憲法の中には、執行府たる枢密院に、法廷としての権限を与え

---

[25] The Constitution of Pennsylvania, 1776, Plan of Government for the Commonwealth or State of Pennsylvania, sec. 1.
[26] The Constitution of Pennsylvania, 1776, Plan of Government, sec. 22, 40.

たものが存在する。これらの憲法は、イングランドの憲法に倣って、「法廷としての枢密院」をアメリカにおいて再現しようとしたものである[27]。それは必ずしも「法廷としての議会」という理念に基づくものではないが、国王の宮廷 (King's court = curia regis) が三権を区別することなく行使していた古いイングランドの法観念に依拠した試みと評価できる[28]。

(1) デラウェア

1776年9月のデラウェア邦憲法は、執行府の首長に上訴審としての権限を付与している。本憲法によれば、立法府 (Legislature) たる議会 (General Assembly) は上院 (council) と下院 (House of Assembly) からなる。知事 (president) は枢密院 (privy council) の助言を受け執行権を行使する。知事と議会は合同の投票で最高裁判所 (supreme court) 判事、海事裁判所判事、人民間訴訟裁判所判事、孤児裁判所判事を任命する[29]。

コモン・ロー及びエクイティの問題についての、最高裁判所からの上訴は、上訴裁判所 (court of appeals) の管轄となる。上訴裁判所は、長官である知事、上院と下院が半数ずつ選任した6名の裁判官の計7名からなる。上訴裁判所は旧体制下において枢密院の国王 (the King in council) が持つ権限を保持すると定められた[30]。

本憲法は、知事に上訴を審理する権限を与えている点で、議会に上訴審としての権限を付与した諸憲法とは異なる。しかし、最高裁判所が議会や知事と同格の部門として認識されていなかったことを反映した制度として、そして枢密院が上訴裁判権を行使していた植民地時代の制度の名残として、本憲法の上訴裁判所を評価することができるだろう。

(2) サウス・カロライナ

デラウェア邦憲法と似た構造を持つ憲法として、1776年3月のサウス・カロライナ邦憲法が挙げられる。本憲法は、主要な統治機構として、下院

---

(27) 植民地時代において、枢密院司法委員会は、ブリテン国王の海外領土に対する最高の上訴裁判所として機能した [Maitland 1908: 462-63]。
(28) 国王の宮廷について、[McIlwain 1910: 29, 109; 田中 1980: 54, 71; 田中編 1991: 223]。
(29) The Constitution of Delaware, 1776, art. 2-7, 12.
(30) Ibid, art. 17. なお、知事以外の裁判官は終身制であった [Holland 2011: 9]。

(general assembly)、上院 (legislative council)、知事 (president) を設置している[31]。立法権 (legislative authority) は、知事・上院・下院に共同して属する (be vested in) と定められている[32]。下院及び上院の議決を得た法案は、その後に知事の同意を得てはじめて法となる[33]。また、副知事と枢密院 (privy council) は、エクイティ裁判所である大法官府 (court of chancery) の権限を行使する[34]。枢密院は、副知事並びに上院及び下院がそれぞれ選任した3名の計7名からなる知事の補佐機関である。上院議員あるいは下院議員が枢密院議員に任命された場合でも、上院あるいは下院の議席を失わない[35]。

サウス・カロライナ邦は、独立後の1778年に改めて憲法を制定している。そこでは、立法権が上院と下院からなる議会に属すると改められた[36]。しかし、副知事と枢密院が大法官府の権限を行使するとされた点は、維持された[37]。枢密院は副知事と8名の議員からなると改められたが、上院議員と下院議員が枢密院議員を兼任できる点に変更はない[38]。

サウス・カロライナ邦のこれら2つの憲法は、議会に上訴審としての権限を付与したものでは必ずしもないが、三権の未分離を体現した憲法として興味深い。立法権を、知事、上院、下院が共同で行使することや、枢密院が裁判権を行使することは、イングランドの憲法構造を継承したものに他ならな

---

(31) The Constitution of South Carolina, 1776, art. 1-3. 正確には知事の名称は「知事兼最高司令官 (a president and commander-in-chief)」である。
(32) このような法制度は、イングランドの立法観念をそのまま踏襲したものである。「議会制定法の本質は、国王、貴族院、庶民院の協力であるように思われる」[Maitland 1908: 381]。
(33) The Constitution of South Carolina, 1776, art. 7. このような法観念も、イングランドのそれを継承したものである。「今日まで形式上は議会制定法は国王の行為とされている。国王の権能を拒否権であると論じることはほとんど全く正しくない。法案は、国王が単に介入しないだけでは法にならない。すなわち国王が明示に同意しない限りは、法案は法にならない」[Maitland 1908: 423]。
(34) The Constitution of South Carolina, 1776, art. 16.
(35) Ibid, art. 5.
(36) The Constitution of South Carolina, 1778, art. 2.
(37) Ibid, art. 24.
(38) Ibid, art. 9.

い[39]。立法・執行・司法の権力が王権に由来し未分離だった時代のイングランドの法思想を、サウス・カロライナの邦憲法は再現しているのである。なお、大法官府として裁判権を行使する枢密院の議員を、どの程度の上院及び下院議員が兼任していたかは管見の限り定かではないが、仮に議会議員と枢密院議員が兼任されていた場合には、議会議員が裁判権（及び執行権）をも行使していたことになるだろう。

デラウェアは別として、以上で検討した、ニュー・ハンプシャー、ペンシルヴェニア、サウス・カロライナの各邦憲法において、最上級審の権限がいかなる機関に割り当てられていたのかは不明瞭である。それらの邦において、議会が上訴審として活動していたかを知るためには、憲法典の文面を離れ、各邦の裁判実務の実態をより詳細に調査しなければならない。本稿では、議会が上訴審として機能していた可能性を示唆するに留め、今後の課題としたい。

5　厳格な三権分立を採用した邦憲法

合衆国憲法に類似した、厳格な権力分立原理を定めた革命期の邦憲法も存在した。1780年のマサチューセッツ邦憲法は、「立法府は、執行権及び司法権、あるいはそのいずれかを行使してはならない」と規定した。執行府及び司法府についても同様に他の部門の権力を行使することを禁止している[40]。また、同憲法は、統治部門について、第1章から3章までをそれぞれ立法権、執行権、司法権に割り当てている。

1776年11月のメリーランド邦憲法は、「政府が持つ立法、執行、司法の権力は、永久に相互に分離され区別されなければならない」と定め、議会や知事とは別個の上訴裁判所を設置することを求めている[41]。前述したヴァ

---

(39)　前掲注27、32、33参照。
(40)　The Constitution of Massachusetts, 1780, Part the First, art. 30. https://www.nhinet.org/ccs/docs/ma-1780.htm（last visited on Oct. 19, 2023）。もっとも、婚姻、離婚、離婚扶養料の裁判及び遺言検認の裁判への上訴は、全て知事と参議会の管轄とされている。Ibid, Part the Second, chapter 3, art. 5.
(41)　The Constitution of Maryland, 1776, A Declaration of Rights, art. 6; Form of Government, art. 56.

ジニア邦憲法も同様である[42]。1776年12月のノース・カロライナ邦憲法も、立法、執行、司法の三権を厳格に分離している[43]。1777年のジョージア邦憲法も、厳格な三権分立を定め、最上級審を議会とは別個に規定している[44]。そして、これら以外の邦も、後に憲法を新たに制定したり改正して、合衆国憲法型の三権分立原理を採用してゆくことになる。

6 小 括

以上で検討したように、独立13邦のうち、合衆国憲法に類似した三権分立原理を定めた憲法を当初から制定した邦は5邦である。ニュー・ヨーク、ニュー・ジャージーの2邦は、上院議員に上訴審裁判官としての権限を付与した。この2邦以外で、厳格な三権分立が定められていなかった邦はニュー・ハンプシャー、ペンシルヴェニア、デラウェア、サウス・カロライナの4邦である。コネティカットとロード・アイランドは独立前後に憲法を制定しなかった。

かかる状況からは、独立前後の各邦憲法制定の時代には、権力分立について何ら統一的な理解は存在しなかったことが見て取れる。司法府が立法府や執行府と対等かつ独立の第三の統治部門であるとの理解は、決して共通のものだったわけではなく、極めて論争的な理念であった。

Ⅳ 結 語――法の支配と権力分立の対抗――

アメリカ革命期の多くの邦憲法において、厳格な権力分立原理は採用されていなかったことを検討した。議会や枢密院に法廷としての権限を付与するイングランドの法制度は影響力を維持し続けていた。また、司法府が立法府や執行府と対等かつ独立の統治部門であるとの理念は広く採用されたものではなかった。アメリカ革命期において、議会を法廷と見做す法思想は、たとえ支配的な地位を占めなかったとしても、決して消滅したわけではなかっ

---

(42) The Constitution of Virginia, *supra* note 11, Bill of Rights, sec.5.
(43) The Constitution of North Carolina, 1776, art. 4.
(44) The Constitution of Georgia, 1777, art. 1, 40.

た。

　最後に、やや理論的な視座から本稿の議論の示唆を探ってみたい。議会や裁判所に先立って法が存在し、統治機関はかかる法に拘束されるとする「法の支配」の観念からは、立法権と司法権の差異は大きなものではない。それらはいずれも法（しばしば、古来の慣習法たるコモン・ロー）を宣言し修正する権力であって、そこに本質的相違はない。かかる「法の支配」の描像からは、議会と裁判所はあたかも今日でいう上級審と下級審のごとき関係に立つことになる。何が法であるかを確定する最終的な権威は、権力の種類の違いによってではなく、権力の正統性の上下の違いによって差配されるのである。このような法世界の下にある議会を、我々は便宜上「法廷としての議会」と呼ぶことができよう。

　一方で、議会が法を創造する万能の権力を持つとすれば、立法権と司法権の違いはもはや程度の差に留まるものではない。万能の法創造権を誇示する立法権と、創造された法をあくまでも個別事案に適用する司法権は、もはや完全に別種の権力である。名誉革命以降のイングランドで発達した「議会主権」の観念は、それを唱えた当人らの意図がそうであったかは別としても、このような法世界の一端を垣間見せるものでもある。

　ブラックストーンは、議会主権を唱えながらも［Blackstone 1979: vol. 1, 156］、立法をコモン・ローと整合的なものとするよう、将来の立法者に向けてコモン・ローの講義を行っていた［Lieberman 1989: 56, 62］。このように、「議会主権」と「法の支配」の双方の理念が必ずしも純化されず混在したまま、18世紀以降のブリテンの法思想は発展することとなった。それに対し、革命以後のアメリカにおいては、「議会主権」はそもそも理論としても継受されず、「法の支配」の理念のみがブリテンから相続されることとなった。そのようなアメリカにおいて、立法権と司法権が理念的に未分離なままに留まっているとしても、何らの不思議もない。建国期以来今日まで続いている違憲審査制度や、裁判所による柔軟な法創造は、このような文脈でも理解できるだろう。あるいは、法律家出身の連邦議会議員が多いことや[45]、

---

(45)　第117議会における連邦議会議員の経歴として、法曹出身者は下院において435名中173名、上院において100名中57名を占める［石垣 2023: 113］。

今なお合衆国議会・州議会は特定の個人や団体のみを適用対象とする個別法律（private law）を制定できることも［石垣 2023: 34-35, 45］、中近世的な法の支配の理念の名残と言えるかもしれない[46]。

このように、その出自においては、「法の支配」と「権力分立」は対抗的な関係にある。今日のアメリカにおいてさえ、権力分立が完全には貫徹されず、立法と司法の別が徹底されていないことのうちに、我々は、権力分立原理よりも遥かに古い、法の支配の伝統の強い刻印を見て取ることもできよう。

引用文献一覧（／の後の数字は邦訳書の頁数を示す）

Adams, Willi Paul (translated by Rita and Robert Kimber) [2001] *The First American Constitutions*, expanded ed., Rowman & Littlefield Publishers.

Blackstone, William [1979] *Commentaries on the Laws of England*, The University of Chicago Press.

Chapman, Nathan S and McConnell, Michael W. [2012] Due Process as Separation of Powers, 121 *Yale L. J.* 1672.

Clarke, Mary Patterson [1971] *Parliamentary Privilege in the American Colonies*, Da Capo Press.

Edlin, Douglas E. [2008] *Judges and Unjust Laws*, The University of Michigan Press.

Harris, Marshall Dees [1953] *Origin of the Land Tenure System in the United States*, Iowa State College Press.

Harvard Law Review Association [1901] Judicial Action by the Provincial Legislature of Massachusetts, 15 *Harv. L. Rev.* 208.

Holland, Randy J. [2011] *The Delaware State Constitution*, Oxford U.P.

Langbein, John H. [1993] Chancellor Kent and the History of Legal Literature, 93 *Colum. L. Rev.* 547.

Lieberman, David [1989] *The Province of Legislation Determined*, Cambridge U.P.

Maitland, F. W. [1908] *The Constitutional History of England*, New College, Oxford. F. W. メイトランド（小山貞夫訳）[1981]『イングランド憲法史』創文社。

McIlwain, Charles Howard [1910] *The High Court of Parliament and Its Supremacy*,

---

(46) アメリカの private law については、［田中 1980: 39-40, 498-99］参照。

Yale University Press.

McIlwain, Charles Howard [1947] *Constitutionalism: Ancient and Modern*, revised edition, Great Seal Books. C. H. McIlwain（森岡敬一郎訳）[1966]『立憲主義その成立過程』慶応通信株式会社。

Wood, Gordon S. [1997] Comment, in Antonin Scalia, *A Matter of Interpretation*, Princeton University Press. アントニン・スカリア（高畑英一郎訳）[2023]『法解釈の問題』勁草書房。

Wood, Gordon S. [1998] *The Creation of the American Republic, 1776-1787, with a New Preface by the Author*, The University of North Carolina Press.

Wood, Gordon S. [2002] *The American Revolution: A History*, The Modern Library. ゴードン・S・ウッド（中野勝郎訳）[2016]『アメリカ独立革命』岩波書店。

有賀貞 [1988]『アメリカ革命』東京大学出版会。

石垣友明 [2023]『アメリカ連邦議会』有斐閣。

上村剛 [2021]『権力分立論の誕生』岩波書店。

久保文明＝岡山裕 [2022]『アメリカ政治史講義』東京大学出版会。

酒井吉栄 [1965]『アメリカ憲法成立史研究（1巻）』評論社。

清水潤 [2023]『アメリカ憲法のコモン・ロー的基層』日本評論社。

田中英夫 [1968]『アメリカ法の歴史 上』東京大学出版会。

田中英夫 [1980]『英米法総論』上下巻、東京大学出版会。

田中英夫編著 [1991]『英米法辞典』東京大学出版会。

土井美徳 [2006]『イギリス立憲政治の源流』木鐸社。

誰が論争を仕掛けたのか
——天皇機関説論争の端緒をめぐる一考察——

森 元　拓

Ⅰ　はじめに
Ⅱ　先行事例
Ⅲ　美濃部と上杉の発言
Ⅳ　結　論

Ⅰ　はじめに

　若き美濃部達吉は、様々な法学者に論戦を挑んだ。私は、先の論文で、これを美濃部の「挑戦」と規定し、彼の法理論の反法実証主義的性格とともに描き出した[1]。私は、明治末年の天皇機関説論争もそんな美濃部の「挑戦」の一つであったと考えている。しかし、この点については異論も存在している。そこで、本稿では、「誰が天皇機関説論争を仕掛けたのか」について考察する。「誰が」といっても、可能性としては論争の当事者である美濃部か上杉慎吉しかありえない。したがって、本稿では、美濃部が上杉を攻撃することによって機関説論争が始まった（これを「美濃部攻撃説」とする）のか、それとも上杉が美濃部を攻撃することによって機関説論争が始まった（これを「上杉攻撃説」とする）のか、という点について考察することとなる。

（1）　森元拓「大日本帝国憲法体制における反法実証主義——若き美濃部達吉の「挑戦」と二つの論争——」『法の理論』41号、2023年。

II　先行事例

1　樋口陽一と杉原泰雄

　私は、先に述べたとおり、天皇機関説論争は、美濃部が上杉に対して「挑戦」したものと考えている。美濃部攻撃説である。しかし、これと異なる見解を示すものも少なくない。たとえば、樋口陽一は、次のように述べる。

> 「……1912（明治45＝大正元）年、美濃部が『憲法講話』を出版すると、上杉は「国体に関する異説」と批判しました。美濃部も再反論するうち、学界や出版界を巻き込んだ大論争（天皇機関説論争）に発展しました。」[(2)]

　学問的厳密性を要しない一般人向けの講演会での発言ではあるが、樋口は上杉攻撃説を支持している。また、杉原泰雄は、機関説論争の発端について次のように述べる。

> 「「この論争は、美濃部達吉の『憲法講話』……に対する上杉慎吉の批判から、はじまったとされる」といわれている。」[(3)]

　杉原も樋口と同様、上杉攻撃説を採用する。とはいえ、杉原は、樋口と比べ歯切れが悪い。それは、第一に、杉原は「といわれてる」と伝聞型の婉曲表現を用いていること、第二に、杉原は第三者の文章──宮沢俊義の『天皇機関説事件』の文章──を引用することによって事実を語っているからである。その上で、杉原は、当該引用部分について、次のような注釈を付記している。「しかし、宮沢『天皇機関説事件　下』の末尾の「天皇機関説事件年表」によると、上杉による『憲法講話』批判は一九一二年六月のことで、美濃部による上杉著『国民教育帝国憲法講義』についての批判は同年五月のこととされている。」[(4)] 杉原の疑問は当然である。上杉による美濃部批判は6

---

(2)　樋口陽一「日本近代のあゆみと〈立憲政治〉──その中で大学がしたこと、できなかったこと──」『NU7』6号、2016年、12頁。
(3)　杉原泰雄「日本憲法学と「統治権の権利主体としての国家」論」『聖学院大学総合研究所紀要』48号、2017年、17頁。
(4)　同上論文、41頁注3。

月で、美濃部による上杉批判は5月である。上杉攻撃説を採るならば、時系列上の整合性がとれなくなる。

2　宮沢俊義の『天皇機関説事件』

　杉原の記述から判るように、上杉攻撃説の根拠となっているのは、おそらくは宮沢の『天皇機関説事件』[5]である。本書は、1935年の天皇機関説事件を検証するものである。本書の主題は機関説事件であって機関説論争ではないが、機関説論争を機関説事件の前史として理解し、冒頭の1章が機関説論争に充てられている。宮沢は、次のように述べる。

> 「この論争［機関説論争］は、美濃部達吉の「憲法講話」……に対する上杉慎吉の批判から、はじまったとされる。／美濃部達吉は、一九一一年の夏、文部省の主催にかかる中等教員夏期講習会において、一〇回の憲法に関する講演を行なった。そして、その速記を基礎とし、それに多くの補正を加えたものを翌年「憲法講話」と題して出版した。／これに対して、上杉慎吉が「国体に関する異説」を雑誌「太陽」……に書いて、はげしく攻撃した。ここから、論争がはじまった。」[6]（傍点は森元。以下、同じ。）

　宮沢は、上杉攻撃説である。機関説論争を「『憲法講話』に対する批判」と狭い意味で理解するならば、これはこれで間違いではないかもしれない。しかし、それは公平を欠く見解である。機関説論争を「美濃部と上杉との間の憲法論争」と解するならば、杉原が指摘したように、上杉が「国体に関する異説」を書く前に、美濃部は、上杉の『国民教育帝国憲法講義』に対する書評論文において同書を酷評し、上杉を激しく挑発している[7]。この美濃部の書評に応答するかたちで上杉が「国体に関する異説」を執筆し、機関説論争が始まったと考えるべきである。このような理解が正しければ、機関説論争を仕掛けたのは、上杉ではなく美濃部ということになる。

（5）　宮沢俊義『天皇機関説事件——資料は語る——（上）（下）』（有斐閣、1970年）。以下、『天皇機関説事件』と記す。
（6）　『天皇機関説事件』10頁。
（7）　美濃部達吉「国民教育帝国憲法講義を評す」（『国家学会雑誌』26巻5号、1912年）。星島二郎編『最近憲法論』（太陽堂、1924年）所収。以下、本書に所収された論文については、本書を参照する。

3 長尾龍一と松尾尊兊

　公法学者以外ではどうだろうか。注目すべきは、長尾龍一と松尾尊兊の記述である。まずは長尾の記述を確認する。

> 「『講義』〔『国民教育帝国憲法講義』〕は上杉「回心(えしん)」後はじめての憲法概説書であり、『憲法講話』もまた法制史・行政法の講座担当者であった美濃部の最初の憲法概説書であった。たまたま同じ夏に教員相手の講義の筆記が出版されたところから、両者は相互の距離を知って一驚を喫し、相互批判という仕方で論争が始まることになる。火蓋はまず一九一二年五月刊『国家学会雑誌』上の美濃部の論文「国民教育帝国憲法講義を評す」によって切られ、同六月刊『太陽』誌上の上杉「国体ニ関スル異説」によって本格化した。」[8]

　長尾は美濃部攻撃説である。これには私も同意する。ただし、疑問なのは、「たまたま……出版されたことから、両者は相互の距離を知って一驚を喫し」という理解である。機関説論争以前、美濃部と上杉とが没交渉で、あたかも両者の著書が刊行されて初めて互いの距離を知ったような書きぶりである。しかし、これは無理がある。上杉と美濃部は大学の同僚であり、相互に相手の論文等に目は通していただだろう。更に、上杉からすると、自らの師と仰ぐ穂積八束を事あるごとに論難していた美濃部との思想的「距離」を上杉が認識していなかった訳はあるまい。美濃部とて、当然、八束と上杉との強固な師弟関係は承知していたはずである。したがって、機関説論争以前から上杉も美濃部も互いの「距離」をある程度は把握していたと考えるのが妥当であろう。また、後に述べるように、美濃部の『憲法講話』に対する上杉の書評がある。その記述に即すると、論争以前から少なくとも上杉は、美濃部の学説の内容を理解していたと考えるべきである。

　この点、松尾尊兊は、もう少し慎重である。松尾は、上杉攻撃説である。

> 「美濃部学説は必然的に専制の忌むところとなった。すでに一九〇五（明治三八）年当時、彼の説は国体に反するという非難が起こっていた（美濃部達吉「再ビ法律ノ裁可ニ就テ」）。枢密院で問題になったというのもこのことであろう……。しかし当時は彼の議論が専門誌においてのみ展開されていたという

（8）　長尾龍一『日本憲法思想史』（講談社、1996年）79頁。

事情もあって、彼に対する非難も政治問題にまでは発展しなかった。ところが今や美濃部が一般国民を対象とする『講話』[『憲法講話』]において、公然と「変装的専制的政治」論を槍玉にあげたのであるから、専制主義者は、もはや黙視できなかったのである。／美濃部攻撃の火蓋を切ったのは法科大学の同僚上杉慎吉……である。」[9]

　松尾は、機関説論争を構造的に理解する。すなわち、松尾は、機関説論争——天皇機関説派と天皇主権説派との衝突——の前提として、専制主義＝天皇主権説陣営が存在し、美濃部の『憲法講話』が越えてはならない一線を越えたがために、専制主義陣営が上杉をけしかけて確信犯的に機関説論争を惹起せしめたものである、と理解しているようにも読める。当時の政治的状況をふまえた構造的かつ中期的観点からの分析には評価すべき部分があるものの、これも難がある。それは、仮にこのように考えるならば、機関説論争勃発直前に書かれた上杉による美濃部『憲法講話』に対する書評こそが論争の発端となる絶好の契機となるべきではないか。しかし、上杉の書評にはその気配はない（後述）。

　このように考えると、実際の機関説論争をめぐる状況は、長尾と松尾の中間であったのではないか。すなわち、松尾の述べるとおり、政府首脳と八束が、美濃部の言動を苦々しく思っていたのは事実である[10]。それがいわゆる裁可論争を契機としたことも松尾の指摘の通りであろう。したがって、機関説論争は完全に偶発的なものではなく、ある程度は構造的要因をはらんでいたのも事実であろう。しかし、だからといって、専制主義＝天皇主権説陣営が意図的に論争を仕掛けたものとまではいえないのではないか。美濃部と

（9）　松尾尊兊『大正デモクラシーの群像』（岩波書店、1990年）165頁以下。
（10）　美濃部の留学から帰国後の法理研究会における「警察権の限界について」という報告が当時問題視されたという。田中二郎は「……比較法制史の研究ということで行かれたのに、帰ってこられると比較法制史ではなくてそういう問題を取り上げられたことから、もうすでにいろんな意味で目をうけられていたということがあるんでしょうね。」と述べる（交芳会『美濃部達吉先生を偲ぶ』（1973年）10頁、以下、本書を『偲ぶ』と記す。）。また、これは機関説論争の勃発後の話であるが、『憲法講話』で天皇機関説批判が表面化し、美濃部を懲戒委員会にかける直前にまでいったが、岡野敬次郎が当時の浜尾総長のところに直談判に行ってなんとかやめさせた、という逸話も紹介されている（『偲ぶ』12頁）。

上杉は、互いに他者との理論的「距離」は論争以前から承知しつつも、長尾の指摘のとおり美濃部・上杉による同種の著書（国民一般向けの教科書）が同時期に偶発的に発表され、美濃部による挑発・挑戦を誘引せしめたと考えるのが妥当であろう[11]。

Ⅲ　美濃部と上杉の発言

1　美濃部の述懐――「退官雑筆」

機関説論争の端緒をめぐる混乱は、美濃部自身の述懐に原因がある。美濃部は、退官直前の1934年に「雑筆」という小文を書いた[12]。ここで、美濃部は、機関説論争を振り返り次のように述べる。「此の書物〔『憲法講話』〕が図らずも、同僚の上杉教授から、激しい攻撃を受くることとなつた。……私は、今に至つても、上杉君が如何にして此の如き攻撃を為すに至つたかを理解し得ない。」そして、美濃部は、機関説を擁護しつつ、かつては上杉も機関説論者だったことを述べた上で、「是に至つて遂に私が国体を否定する乱臣賊子であるかの如き攻撃を加へられたのであるから、私は呆然として言ふ所を知らなかつた。」[13] その上で、美濃部は、機関説論争について、次のように述べる。

「学問上の論争ならば、私の敢て辞しない所で、……学問上の論争ではなく、

---

(11)　その他、中瀬寿一は美濃部攻撃説（『近代における天皇観』（三一書房、1963年）164頁以下）、宮本盛太郎は「上杉・美濃部論争の引き金となったのは、上杉の著『国民教育帝国憲法講義』……に対する美濃部の新刊紹介の一文である、というのが通説である」と美濃部攻撃説を採るが、「通説」の根拠を示していない（「初期上杉慎吉と市村光恵における国家と天皇（1）」『社会科学論集』19号、1980年、112頁）。中村雄二郎は上杉が著書で美濃部流の憲法学説を攻撃したのに対し、美濃部が反駁したことで論争が始まったとする（『近代日本における制度と思想』（未来社、1999年）99頁）。藤原彰ほか『天皇の昭和史』（新日本出版社、2007年）は上杉攻撃説を採る。今野元は八束・上杉と美濃部とが徐々に緊張を高めていき、最終的には美濃部が上杉の書を酷評したことに端を発して「批判的書評の応酬」へ発展したことを叙述する（『上杉慎吉』（ミネルヴァ書房、2023年）96頁以下）。なお、近年は、機関説論争を扱いつつも誰が論争を仕掛けたか明記しない論考が散見される。

(12)　美濃部達吉「退官雑筆」『改造』1934年5月号。

(13)　「退官雑筆」156頁。

「国体」といふ大刀を提げて、大段上から、国体を否認する乱臣賊子であると、真向梨割に切り下げられたのであるから、私としては迷惑此の上も無いことであつた。而もそれは文部省の嘱託に依る中等教員講習会の講演であるといふので、累を文部省に及ぼす虞が有つたし、一方には或る有力な向からは、文部省に内申が有り、私を免官させようとする運動が盛であるといふやうな情報をも受けたので、己むを得ず、私は新聞紙や雑誌で、一応の弁明を加へたのであつた。其の時の双方の論争は、当時尚学生として在学中であつた星島二郎氏が、之を編纂して一冊に纏め、公にして居ると思ふが、今から考へても、まことに不愉快な論戦で、出来るならば絶版に付せられたいものと思ふ。」[14]

この述懐に基づけば、美濃部は、機関説論争に対して終始消極的で、自ら望んで論争を提起したのではないという。上杉が強引に論争をけしかけ、美濃部としては「降りかかる火の粉」をやむを得ず避けざるを得なかった、だからこそ機関説論争は、美濃部にとって「まことに不愉快な論戦」であった、と読める。このような美濃部の述懐に基づき、宮沢は、上杉攻撃説に沿った形で『天皇機関説論争』を執筆したのではないか。そして、宮沢の著書を起点として、戦後、公法学界を中心として上杉攻撃説が流布したものと思われる。

また、河村又介が美濃部から「直接聞いたところ」によると、「穂積八束さんが憲法の本を書かれたがそれがあまりにひどいので、［美濃部は］これを批評して全巻誤謬に充ちている、全巻五百頁の中謬りなきは一頁だもなし、とまで酷評された。そこで穂積さんが憤慨して上杉さんに美濃部さんの攻撃をさせた。」[15] ここで、美濃部は、八束が上杉をけしかけ、上杉が美濃部を攻撃したと語っている。これは交芳会で美濃部が述べたことだという。交芳会というのは、天皇機関説事件以降に不遇をかこっていた美濃部を中心に主として美濃部にきわめて近い公法学者が集まった親睦会で、戦時中に数回会合をしていたという[16]。つまりは、美濃部の弟子達が不遇の師匠を慰労する会で、気のおけない身内の会合での発言である。虚言を弄する必要は

---
(14) 「退官雑筆」156頁以下。
(15) 『偲ぶ』9頁。
(16) 『偲ぶ』1頁。

全くない場面であり、この頃には、美濃部自身、この発言のとおりの顛末であったと考えていたのかもしれない。

2　上杉による美濃部『憲法講話』書評

あまり知られていないが、機関説論争が勃発する直前、上杉は、美濃部『憲法講話』の書評を書いている[17]。仮に上杉が『憲法講話』の記述を理由として美濃部を攻撃する意図を有しているのであれば、この書評にもその徴候は現われているはずである。この1頁強の短い書評は冗長で、まずは、穂積八束と一木喜徳郎が日本の憲法学の基礎を構築したことを称賛する。その上で美濃部の紹介に続く。

> 「［美濃部］博士は元来法制史家である。東京大学に於て比較法制史の講座を担任せられた。公法の問題に就て論文を公にせられたのは其の専門外の事であつたのであるが、最近十年間最も公法学の論壇を賑はした者は博士を推さなければならぬのであつて、却て公法専門家は博士の活躍を見て慚色あり大に奮発したのである。」[18]

公法が美濃部の専門外であることを強調するあたり、東大憲法学講座の正統な嫡子である自負と余裕のあらわれか。ともあれ、「……［美濃部］博士は最近十年間の公法学界に於ける大立て者であ」り、「……学者は博士が公法の系統を大成せんとするの志を壮とし刮目して居る」と美濃部を持ち上げる。肝心の『憲法講話』については、次のように述べる。

> 「［本書は］……明治憲法学史に於ける博士の地位を代表するものとも見得るので、後世に残るべきリテラツールの一つであらうと思ふ。学説の異同は別として、博士が書中縷々其の尊皇心の毫も他人に譲ることなきを特に明言せられて居るのは、教育に対する講話であるとの考に出てて居るものかと思はれて、其の用意の周到なるに敬服するのである。博士がこの書を公刊せられたるは、『帝国憲法の教旨を闡明し健全なる立憲思想を普及せんとする』の目的に出でたるものであると云ふを聞きて、予の如き憲法のみを専攻して居る者は実に慚愧の念に堪えぬのである。」[19]

---

(17)　上杉慎吉「美濃部博士著憲法講話」『新日本』2巻6号、1912年。
(18)　「美濃部博士著憲法講話」162頁。

「学問の異同は別として」と述べ、自らの学説との異同についての言明を避けた上で、尊皇心が秀でていることを褒めているのは上杉らしいところか。そして、本書の目的が「健全なる立憲思想を普及」するためであることを好意的に取り上げている。美濃部が同書の序文で「健全なる立憲思想」の普及のために「一部の人の間に流布する変装的専制政治の主張を排することは、余の最も勉めたる所なりき」[20]と述べたとき、上杉は、まさか自らの憲法学説が「変装的専制政治の主張」と同視されているとは思いもよらなかったようである[21]。

このように、論争が始まる直前であり、美濃部の『憲法講話』という論争の焦点である著書の書評においてすら、上杉が美濃部に対する敵愾心を示すことはなかった。この書評が掲載された『新日本』第2巻6号の発売日の日付は1912年6月1日である。（実際には多少の前後があったかもしれないが、）この書評と同日付で発表されたのが上杉による「国体に関する異説」[22]で、上杉は、この論文で『憲法講話』と天皇機関説を激しく批判した。すなわち、『憲法講話』を無難に評価する書評と、「国体に関する異説」と酷評する論文の二つが同一の日付で発表されたことになる。これは異常事態である。何らかの「きっかけ」があったはずである。

3 『憲法講話』序文と美濃部による書評

「きっかけ」は、美濃部の『憲法講話』の序文であり、美濃部による上杉の『国民教育帝国憲法講義』の書評である。

(1) 『憲法講話』序文

『憲法講話』序文は、次のように述べる。「専門の学者にして憲法の事を論ずる者の間にすらも、なお言を国体に藉りてひたすらに専制的の思想を鼓吹

---

(19) 「美濃部博士著憲法講話」162頁以下。
(20) 美濃部達吉『憲法講話』（有斐閣書房、1912年）序3頁。
(21) この「変装的専制政治の主張」は、一義的には八束を指していたと思われる。
(22) この論文は、同一内容で『国家学会雑誌』26巻6号と『太陽』18巻8号の2つの媒体に掲載された。それぞれタイトルが異なり、前者は「国体ニ関スル『憲法講話』ノ所説」、後者は「国体に関する異説」である。以下は「国体に関する異説」とする。また、本論文からの引用は、『最近憲法論』による。

し、国民の権利を抑えてその絶対の服従を要求し、立憲政治の仮想の下にその実は専制政治を行わんとするの主張を聞くこと稀ならず。」ここでいう「専制的の思想」が八束や上杉の憲法学説を指しているのはいうまでもない。その上で、先も引用した「憲法の根本的精神を明らかにし、一部の人の間に流布する変装的専制政治の主張を排することは、余の最も勉めたる所なりき」[23]と続く。

　上杉は、この美濃部の文を読んでも、(上杉自身の言葉を信じれば)「変装的専制政治の主張」が自らの学説を指すとは思わなかったと述べている。上杉が美濃部を論難する「国体に関する異説」には、この点についての赤裸々な告白(?)が述べられている。上杉は、先の美濃部の『憲法講話』の序文を引用した上で、「然れども尚ほ未だ深く覚ること能はず、君が極力排斥したる所は別に存するものあらんと思惟せり」[24]と、美濃部が排除の対象とするのが自分であることを、上杉は信じられなかったらしい。上杉は、次のように述べる。

　「[上杉の]此の国体論を排撃するが為め、[美濃部]博士が一書を著はされんは予が夢想だも及ばざりし所なれば也。人の或は博士の指す所は主として予の所説の如き国体論に在ることを告ぐる者ありしと雖も、尚信ぜず、試に之を博士に質し、博士の自ら其の然るを明言せらるゝを聞くに及んで愕然として自失せり、市三虎を出だし曹参人を殺す、国家学会雑誌五月号[26巻5号]を閲するに、君の予が小著国民教育帝国憲法講義の批評を載するあり、君は予が小著を以て国民教育の為めに甚だしく不適当にして、世に推奨することを得ざるものたりと為し、予が所説の排斥すべき点を指摘せられたり。」[25]

上杉は、美濃部が自分を攻撃していることを『憲法講話』の序文を読んでも信じず、他人から言われても信じず、ついには美濃部本人に問いただし、自分のことだと明言されてはじめて「愕然として自失」したという。芝居がかっている上に、ナイーヴ過ぎるために字面どおりに受け取ることはできない

---
(23) 『憲法講話』序2頁以下。
(24) 「国体に関する異説」14頁。
(25) 「国体に関する異説」14頁以下。

が、とにもかくにも上杉の言葉を信じるのであれば、美濃部が『憲法講話』の序文で上杉（と八束）を攻撃したことは、上杉にとって晴天の霹靂だったということになる。先にみた上杉の『憲法講話』の書評の内容と執筆時期を鑑みると、上杉の言葉も大げさな表現ではあるが全くの虚言であるとも思えない。

(2)「国民教育帝国憲法講義を評す」

　先の引用において上杉は、『憲法講話』の序文の衝撃に続いて、美濃部が上杉の著書『国民教育帝国憲法講義』を「国民教育の為めに甚だしく不適当にして、世に推奨することを得ざるもの」と評したことに触れる。美濃部の「国民教育帝国憲法講義を評す」がこれである。上杉が「国体に関する異説」を執筆した動機が『憲法講話』の序文と美濃部の書評論文であることは疑いようがない。

　この書評論文において、美濃部は「……著者の意見は多くの点に於て評者の意見とは正反対で、評者の見地よりしては、国民教育の為に此の書を推奨することの出来ぬのを遺憾とする」[26]と述べたうえで、上杉が憲法の解釈に関して「反対説に対しては最も厳格な態度を以て之を排斥して居る」と述べたことを取り上げ、反対説を理解しようとせず、「罵倒し去り、之に悪名を附するのは、学者の態度として甚だ如何はしいこと」とし、「不幸にして著者の態度の稍之に近いものがあるのは、著者の為に甚だ遺憾とする」とする[27]。美濃部は、上杉の学問に対する態度を「如何はしいこと」と断罪している。そのうえで、憲法論に入る。そこでは、国家法人説と天皇機関説を擁護し、逆に八束や上杉が奉じる天皇主権説と「君主即国家」を批判する。さらに、国体と政体の区別についても、「夙に穂積博士の熱心に主張せられ居る所であるが、評者は之を以て理由の無い説と信じて居る。」そのうえで、自説を展開する。すなわち、「……Staatsform は即ち Verfassungsform, Regierungsform と同一の観念で、君主国、民主国の区別は国の政治組織の区別即ち政体の区別に外ならぬ、立憲国専制国の区別も亦同じく政治組織の区別で、即ち政体の再別であると信じて居る。」そして、特段根拠を示すこ

---

(26)　美濃部達吉「国民教育帝国憲法講義を評す」（『最近憲法論』所収）2頁。
(27)　「国民教育帝国憲法講義を評す」3頁。

となく、「是が又今日の一般の通説である」と断定する[28]。なお、美濃部の言明と異なり、美濃部の国体・政体論が当時の一般の通説であるか否かについては慎重に検討する必要があるが、本論からはずれるので、ここでは検討しない。

　この後、美濃部と上杉との間においてさらなる応酬があり、その間、学界全体を巻き込んだこと、さらに、学界にとどまらず世間の耳目を集めることとなったのは周知のとおりである。

Ⅳ　結　論

　改めて書籍・雑誌の奥付の日付をもとに事実関係を整理すると、1911年12月8日に上杉『国民教育帝国憲法講義』、1912年3月1日に美濃部『憲法講話』がそれぞれ刊行された。そして、①5月1日に上杉を厳しく論難した美濃部による書評論文「国民教育帝国憲法講義」(『国家学会雑誌』26巻5号所収)が世に出た。遅れて②6月1日に上杉による書評「美濃部博士著『憲法講話』」(『新日本』2巻6号)、③同日に上杉の論文「国体に関する異説」が発表されている。したがって、②と③は同日の発表であるが、②は上杉が①を閲読する前に書かれたものであり、③は上杉が①を閲読後に、美濃部に反論するために執筆したものであることは明白である。したがって、機関説論争は、美濃部が上杉を批判・挑発する書評論文を執筆したことに端を発し、それに上杉が応じたことによってはじめられた、と考えるのが順当であろう。

　先に述べたとおり、昭和に入って書かれた美濃部の「退官雑筆」は、上杉攻撃説に基づいて書かれている。交芳会による『美濃部達吉先生を偲ぶ』における記述に基づくと、美濃部自身が本当に上杉攻撃説を信じていた可能性もないではない。その場合は、本人の記憶違いと考えるしかない。

　解せないのは宮沢である。なぜ宮沢が上杉攻撃説を採用したのか。宮沢は、美濃部の書評論文について、次のように述べる。

---

(28)　「国民教育帝国憲法講義を評す」5頁。

「論争の前哨戦はすでにここに見られるといってもいい。上杉が美濃部攻撃の火ぶたを切ったのは、かれの本に対する美濃部の右の批判に報いるためだともいわれたほどである。」[29]

この書きぶりは、宮沢も本稿で述べた事情を理解していたことを示す。逆に言えば、宮沢が「上杉が美濃部を攻撃した」と述べる意味は、単に上杉が美濃部の『憲法講話』を攻撃した、という極めて狭い意味で用いているのではないか。しかし、この見解は、正確さと公平さを欠く。したがって、本稿の主題であるところの「誰が論争を仕掛けたのか」という問いに対する解答として宮沢の発言を引用することは、誤解を招き、不適切ということになる（実際、宮沢の『天皇機関説事件』を読んだ多くの者は誤解した）。では、宮沢は、なぜこのような不適切な記述をしたのか。推測ではあるが、宮沢には師匠である美濃部――しかも、宮沢は戦前の美濃部に対する言論弾圧を目の当たりにしている――の言を否定することができなかったのではないか。要は師匠に対する忖度である。しかし、仮にそうであるならば、心情としては理解できるものの、宮沢の言動を評価することはできない。美濃部の言葉を借用すれば「学者の態度として甚だ如何はしいこと」と言わざるをえない[30]。

---

(29) 『天皇機関説事件』12頁。
(30) 『偲ぶ』9頁において、鵜飼信成が「……［機関説］論争としては上杉先生のほうが先に先生の学説を批判したというふうなこともあったのでしょうか。」という質問をしたのに対し、宮沢は、「上杉先生が……。」とのみ述べ、さらに鵜飼に促されても、「「憲法講話」よりも先に……。」としか述べることができず、これを受けて鵜飼が「ええ、美濃部、上杉論争は、どちらが先に批判をはじめたかということです。」と本稿の主題と全く同じ問いを発した。これに宮沢は答えられなかった。それを河村が引き取って、先述の河村が美濃部から直接聞いたというエピソードを披露する。この言動からしても、宮沢は、本稿で扱った程度の事実関係は当然に承知していた上で『天皇機関説事件』を執筆したものと考えざるをえない。

中央銀行・貨幣・仮想通貨と多層的憲法秩序
―― 経済的自由権に関するドイツ「私法社会」論からの示唆 ――

塩 見 佳 也

I	はじめに
II	財産権と貨幣に関する憲法論
III	日本銀行の金融政策と憲法上の「行政権」の概念
IV	秩序 Ordo としての経済憲法 Wirtschaftsverfassung
V	おわりに

I　はじめに

　越境する投資機関や経路依存的なネットワーク効果を通じた事実上の独占による収穫逓増を享受するプラットフォーム提供者[1]が、国民国家の意思決定や法規制を凌駕するグローバル化・多元化は憲法概念に動揺を齎す。憲法学者赤坂幸一は「実質的意味の憲法」を、公共政策の決定の仕組ととらえ、ある公共体の機関の構成主体（組織）、機関に付与する権限、当該機関による権限行使手続に関する基本的なルールの総体と位置づける[2]。国民国家を単位とした憲法秩序のみならず、国際関係、EU、自治体など「多層的憲法秩序」の統治システムの基本ルールを考察するとき、「各々の『憲法』秩序がどのような特質を有するのか、あるいは、国民国家の憲法秩序に対し

（1）　制度経済学の観点をふまえ、経路依存的な正のフィードバック効果をいかした Microsoft の競争観と反トラスト法の競争観の相克と裁判所による消費者利益の捉えにくさをめぐる、稗貫俊文「ハイテク産業の収穫逓増と反トラスト政策」田村善之編『情報・秩序・ネットワーク』（北海道大学図書刊行会、1999）378 頁以下を参照。
（2）　赤坂幸一「秩序形成プロセスと憲法」『統治機構の基層』（日本評論社、2023）3 頁

てどのような影響を及ぼしうるのか」という課題に加え、これらの基本的ルールが、特定の事項領域ごとの専門的・独立的性質を持つため「財政・金融憲法、経済憲法、緊急事態憲法など、その認識枠組の設定の仕方は、認識対象との関係で様々」な形態をとり[3]、そして、これらの公共政策の決定が多くの場合、一定のルールの設定を手段とするので、「各国の議会における法律や、行政部による命令の制定、個別の法の適用・発動は、広い意味での法秩序の形成」およびその形成プロセスこそ、まさに「実質的意味の憲法」の内容をなすが、それを形式的意味での憲法（憲法典）で「詳細に規定しつくすことは想定しがたく、また実際的でもない」ばかりか[4]、越境する経済主体によるトランスナショナルな秩序形成は、「交渉当事者の妥協・合意による法形成と、紛争が生じた場合の専門的・非公開的な手法による解法（具体的法形成）を特質としており、一部の私的アクターとの交渉・合意で秩序を形成する現代型「協定国家」（国家が命令・強制システムによって秩序を形成するのではなく、私的アクターの参加・交渉プロセスを通じて秩序形成を行うような国家）と共通する問題を提起している。」[5]

他方で、中央銀行や通貨・暗号資産については、憲法理論上、行政権、財産権や事業者の参入規制に関する営業の自由に関連し議論の蓄積がある。多層的憲法秩序が展開するなか、本稿は、憲法制定権力の発動に先立ち市場の基礎構造となる民法などの私法秩序や貨幣（そして中央銀行）はどのような憲法上の位置づけをもつのか、憲法学及び行政法学を包摂する公法学の観点から、「経済的自由権」と法規制の機能を考察する。

II 財産権と貨幣に関する憲法論

1 公私協働システムにおける国家と社会の二元論の変容

国家と社会の二元的対立にもとづき、国家制定法律により社会を制御するという法治国思想の現代的変容について行政法学者岸本大樹はつぎのように

---

(3) 赤坂・前掲4頁
(4) 赤坂・前掲5-6頁
(5) 赤坂・前掲15頁

指摘している。「国家と社会の二元的対立思考モデルを基盤に構築されてきた古典的行政法学は、国家を『社会管理機能を担う中核的な主体』と位置づけた上で、当該社会管理機能を担う国家の活動を、組織法・作用法の両面にわたって法的に統制することを主眼としてきた。そこでは、所謂「三段階構造モデル（法律→行政行為→強制執行）」が社会管理作用の典型的発現形態と理解され、国家は、社会管理機能をほぼ独占し、これを単独で行う責任主体と位置づけられた。（中略）現代の国家は、公共的な事務事業の全てを、従来通り、その単独責任のもと自ら遂行することに限界があることを認めざるを得なくなっている。加えて、解決すべき社会問題の複雑化、解決に際して必要となる知見や技術の高度化が、それに拍車をかける。現代国家はもはや、社会との協働なくして、適時かつ適切に社会管理機能を営むことが困難となりつつある。」また、公物管理行政における PPP／PFI など「公的任務の民間委託を内容とした契約（ドイツ法的にいえば、協働契約）が、行政主体と民間事業者との間で締結」されるが、行政主体と私人が、「公的任務の遂行に関して、協力又は協働する関係の中で締結される」点で「伝統的な行政契約の類型とは質的に異なる新たな（あるいは現代的な）行政契約と評価」される[6]。そして、ISO や金融規制などにおける民間規格や国際基準の立法への取り込みであれ、契約による立法であれ、いずれも、「『民主的正当性を持った主体・組織による規範の定立』という法治国原理の前提に対して、修正を迫」り、「国際機関又は国際的な民間組織がグローバルな政策基準の大枠を決定し、それが国内において不確定法概念の解釈や行政基準の変更を通じて取り込まれることによって、国家の立法機関に『政策基準の内容を決定する余地』が実質的に残されておらず、当該基準が国家の立法者を介在せずに国内で実現されていく諸々の現象」が生じる[7]。

　このような現代的公私協働の法構造のもとで、貨幣については法定通貨を国家が主権の本質的属性として当然に独占するという想定もまた、動揺することになる。以下この点を巡る租税法学者中谷実と憲法学者片桐直人の研究を手がかりに考察をすすめる。

（6）　岸本大樹『行政契約の機能と限界』（有斐閣、2018）391 頁、321-322 頁
（7）　岸本・前掲 392-395 頁

2 「憲法上の借用概念論」と「法制度保障」

憲法学者片桐直人は、通貨価値の維持を憲法上の財産権保障の前提問題と理論構成した場合、「ある種の前憲法的な規範を承認することになろうが、このような上位規範を採用するには、相当の議論をしなければなるまい」[8]と指摘している。この問題について、租税法学者中谷実は、憲法と、憲法制定権力発動以前から歴史的に存在している民法などの法制度と規制行政法の本質的相違について原理的考察をしている。「憲法上の借用概念論とは、憲法が、自ら作り出したものではない一定の法概念・法制度を前提として制定されているという事実を正面から認める考え方」であり、「法概念・法制度の中には、憲法が条文に取り入れて修正を加えているものもあるし、明文の憲法の定めにおいてはふれられていないものも存在」し、「金銭に関しては、私法上明文の定義はないものの、29条1項により基本的には慣習法や判例法も含めた私法に委ねられていると考えることができる」[9]。中里は、私法に育まれた財産権の立法者による恣意的侵害を制御するシュミットの「法制度保障論」を参照しつつ、所有権・共有、契約、不当利得、不法行為などの市場取引を構成する法制度は「憲法以前に存在するものを憲法が受け入れたもの」であるとし、ローマ法を中世以降継受した大陸法において、一方でローマ法に原型をもつ法制度が普通法あるいは法曹法による「法発見」をともない展開していった一方[10]、課税要件などを定めるラント法など制定法律は文理解釈・限定解釈を基本とし、法源の競合が生じた場合の特別法・一般法関係などの優先劣後関係を整序するサヴィニーらの法理論が展開されていった[11]。金銭は、一方で、流通する集団における合意やソフトローによって創出されたオプションであり[12]、法的確信にささえられ、たとえば我が国では、判例上金銭については悪意占有にも権利が推定されるので即時

---

(8) 片桐直人「憲法と通貨・中央銀行法制に関する一考察(二)・完」『法学論叢』158巻3号130頁

(9) 中里実『財政と金融の法的構造』(有斐閣、2022:電子書籍固定レイアウト版 Ver. 1.0) 140頁、152頁

(10) 中里・前掲102頁、116頁

(11) 中里・前掲114頁

(12) 中里・前掲129頁、254-255頁

取得（民法192条）が否定され、不当利得返還の債権関係のみが発生する。このように「物権的関係が、抽象的価値にかかる債権的関係に変質されているのは、必ずしも明文の定めによってではないことが重要」であり、金銭の本質は、法以前あるいは国家以前の存在として理解することも不可能ではなく「そのような金銭の本質を前提としなければ、租税や財政の概念を構築することは不可能」[13]である。

　これらの観点からは、文理解釈が重視される租税法規や処分要件を巡る行政法令の解釈と ius comune を基礎として法曹法による法創造が許容された私法との本質的相違が説明される[14]。ところで公示地価全用途の全国平均対前年度変動率は73年の30％以上の高騰をへて翌年国土計画法改正による規制強化により4.9％下落した後は1990年バブル崩壊によるピークアウトまで住宅地商業地双方異様な単調増加傾向が続くなか、不動産取引の素人が大挙して市場に流入する法状況下、1970年代以降最高裁は、民法94条2項類推解釈を通じ、物権変動の対抗要件で公示方法にすぎない不動産登記（民法177条）にドイツ民法891条1項のごとき公信力規定の欠缺を補充して善意の（事案により無過失まで保護要件が加重されたにせよ）第三者保護法理を形成し取引の動的安全性を促進した。これらは、立法者意思の確定や拡張解釈を超えた表見法理など「法の趣旨」を媒介とする類推（法類推 Rechtsanalogie を含む）による法形成を、財産権の内容形成とみる説明として、法制史や法解釈方法論の観点からも興味深いが、本稿にこの問題に立ち入る余地がないので、憲法が「借用」した私法秩序の憲法構造の位置づけに考察を転じる。

3　経済的自由権（憲法22条・29条）と通貨の憲法上位置づけ

　(1)　中谷は、憲法上の通貨発行を、主権を裏付けとする国家公権の問題としてではなく法制度保障の問題すなわち、経済的自由権の問題として位置づけている。片桐は、支払手段としての通貨は法によって創出されることを説くクナップの通貨国定学説の「思考枠組を正確にトレース」しつつ、国家の公権の行使が及ぶ部分（鋳造高権）と作用しない部分（鋳貨鋳造権）の二重

---

(13)　中里・131頁
(14)　片桐・前掲112頁

構成を構築するラーバントの理論を分析した上で、鋳貨制度をの規律を法定支払手段の決定とする[15]。さらに、貨幣を民間機関の競争により供給される制度を提唱し、ハイエクの通貨発行自由化論は、クナップ-ラーバントの「枠組を拡張した思考方法を採」り、「国家が、債権債務関係に関与することの一環について、何らかの貨幣を認定」する点において「クナップのいう貨幣制度制定権を承認した」理論構成と類似し、「貨幣制度制定権を承認した上で、なお、発行する貨幣を『国家が独占』することを廃止する」趣旨とする[16]。

これらの研究成果のもとでは、貨幣は、国家と社会の結節点にかかわる論点であることが分かる。このことをさらに端的に指摘する憲法学者君塚正臣は、通貨の強制通用力も法定することを憲法は政府の権限として承認しており、通貨発行を日銀法が禁じているのは、営業の自由（憲法22条1項）に対する合憲的制約と構成する[17]。そこらすれば、貨幣をめぐる法秩序は広汎な合理的立法裁量による制度設計に委ねられることになる。憲法の財政立憲主義（憲法83条）は、金融政策と通貨高権をめぐる問題についてはなんら規定をもたず、他国の中央銀行の発券する銀行券を流通させたり、日本各地域に地域独占的な発券銀行の設立を憲法が禁じている根拠もない[18]。

(2) 更に現代、通貨（M1〜M3）の構成要素である現金通貨に関しては、いわゆる金融の銀行の「アンバンドリング」化により多様化が加速している。❶受信・予信業務の媒介、❷決済機能、❸資産運用アドバイス業は銀行法による参入規制（講学上の特許）に服していたが、資金決済法により、❶についてはクラウドファウンディングやソーシャルレンディング、❷については暗号資産（分散台帳上の仮想通貨）、❸ビッグデータをもとに機械学習モデルを活用したロボットアドバイサーなどのサービスに機能分化（アンバンドリング）しており、行政法学者原田大樹が指摘するように、「国内銀行の公共性を『パッケージ』として語ることが難しくな」り、銀行法並びに資金

---

(15) 片桐・前掲 112-114 頁
(16) 片桐・前掲 115 頁
(17) 君塚正臣「日本銀行の憲法学」横浜国際経済法第 18 巻（2010）62 頁
(18) 君塚・同所

決済法の改正により、法定通貨と仮想通貨の取引所の登録制が規定され、そこでの規制は「一定の制御主体による『監督』には限定されず、業界団体による自主規制やマーケットメカニズムを通じた秩序形成もその選択肢に含まれ」「媒介者をターゲットに規制システムを構築してきた国内行政法は、その構造を大きく変えざるを得なくなる。さらには規制者である行政側も、同様にブロックチェーンによって代替される可能性（RegTech）が指摘される。このようなアンバンドリングの下では、グローバルな規制を国家に係留できたとしても、それが断片的・部分的なものにとどまる可能性が高く、また規制の必要性や手段そのものをグローバルレベルでもゼロベースで見直す必要が出てくる」[19]。仮想通貨については、現在、ビットコインやイーサリアムのようなもののほかに、100種類を超える銘柄が存在しているが[20]、これらのデジタル情報は有体物（民法85条）ではないため所有権（民法206条）の対象にはならず、顧客と、資金決済法上の参入規制に服し財務局の登録審査をへた暗号資産交換業者（法63条の2）との約款にもとづく債権上の契約関係にあり、その善管注意義務の内容は、システムリスク管理の基準などとして「暗号資産ガイドライン」（行政規則）に規定されることになる。

　資金決済法令上の規制により憲法22条の合憲的規制に属する決済インフラに関する参入規制は、一種の行政行為としての特許とみることができ、その地位は、特許を受けた者のみ有する特権（設権行為）とすれば、規制内容は「専門技術的判断を要し、且つ、政策的考慮を容れ得る余地」をもつ[21]。そのため利用者保護は、上記私法上の契約に対する行政規制として事業者の営業の自由や財産権規制の問題となる。この問題についてはⅢで考察するが、つぎに貨幣と行政権との関係は憲法上どのように構成されるのか瞥見す

---

(19) 原田大樹「銀行監督のグローバル化と国内行政法の変容」原田・藤谷武史・浅野有紀・横溝大編『政策実現過程のグローバル化』（弘文堂、2019）62-63頁、64-65頁
(20) https://coinchoice.net/cap_rate/
(21) この点、比例原則の後退という意味で「明白性の原則」をとく今村成和『現代の行政と行政法理論』（有斐閣、1972）所収「公企業及び公企業の特許」83-84頁は法律行為論ベースの行政行為論が機能的に相対化してゆく時期と経済自由権におけるいわゆる「二又の基準」（戸松秀典）による目的二分論の最高裁法理が一時創造された時代の論考であるが、規制目的二分論が判例理論として崩壊した現時点でも、経済秩序と憲法を考察する手がかりとなるだろうが、考察の機会を改めたい。

る。

Ⅲ　日本銀行の金融政策と憲法上の「行政権」の概念

　行政権（憲法65条）をめぐる「控除説」は、「控除前の国家任務の総和」[22]が規定されない以上、立法権・司法権などその輪郭を確定することができる国家作用が確定したとしても、行政権の内実を規定できない難点を持つ。金融政策を行政権の行使とみることに疑問を唱える会社法学者江頭憲治郎の指摘をふまえつつ片桐は、貨幣の「強制通用力賦与こそが通貨発行権の内実であり、それ以外の行為（銀行券の具体的な発行量の決定、価値の維持など）は国家の任務ではない」とする[23]。確かに日銀法は、発券機能、日銀当座預金の供給オペレーションを通じたマネタリーベースの増加による通貨量の調整、準備率の操作などの金融政策を実施する権限を定めているが、憲法上明文規定をおくドイツやアメリカなどとは異なり憲法上の規律はない。控除説の観点から「行政」と性質決定[24]されていたが、通貨発行権が国家にある（通貨主権）としても通貨価値の維持にかかわる通貨・金融政策は「まさに執政作用の一部としても位置づけられ」、執政作用の日銀法による委譲とみる見解が有力である[25]。行政組織法の観点からも、日銀は特殊法人基本法に列挙された認可法人にすぎず行政主体性も自明ではない[26]。すると日銀と政府とは国の内部関係ではなく、私人の権利利益の保護を図るために法律の合理性によって行政の緊密な協力関係を保持しつつその役割を自律的にはたす余地が承認されるとの見解が公法学では有力である[27]。さ

---

(22)　片桐・前掲124頁
(23)　片桐・前掲125-126頁、129頁
(24)　日銀を行政権の部門として位置づける戦中戦後での制度化のプロセス及び伝統的な公法学説の概観については、君塚・前掲52-57頁が詳細にトレースしている。
(25)　佐藤幸治『日本国憲法論（第2版）』（成文堂、2020）591頁。財政条項（憲法83条）・財産権条項（憲法29条）の趣旨から通貨安定への国家の義務をわくづける憲法的枠組を探求する、片桐直人「通貨価値の安定と憲法」大石眞・土井真一・毛利透編『初宿正典先生還暦記念論文集　各国憲法の際と接点』（成文堂、2010）191頁
(26)　塩野宏『行政法Ⅲ（第5版）』（有斐閣、2021）117頁
(27)　佐藤・前掲591-592頁

らに、日銀の実証研究が『日経新聞』で連日報じられている中央銀行デジタル通貨（CBDC）には、広い金融政策裁量が観念され、財産権保障など憲法的制御を期待するのは憲法への過剰期待となろう。

　では「法律執行説」的行政理解はどうか。確かに、財政（憲法83条）のことばの射程について、貨幣発行や交換価値の文言が憲法典から削除されたことを重視し「財政」概念から通貨の問題が除外されたとする小嶋和司に対して[28]、むしろ83条「財政」に吸収され、その権限が法律に基づくとみるのが通説である[29]。憲法第7章の財政の基本的・原則的規定は政府の財政処理権限を国民代表の関与・統制の徹底を図る財政立憲主義・財政国会中心主義の原則による（憲法83条）。この原則は、租税の賦課徴収など強制にかかわる「財政権力作用」に対する租税法律主義（憲法84条）、財源を管理し会計を経理する財産管理作用に対する国費の支出（財政法2条）、ならびに、国債などの公債および短期公債（一時借入金・財務省証券など）発行を含む国庫債務負担行為（憲法85条）への国会の統制を要請し、起債に関する具体的議決方法も、財政法4条、7条、15条および予算総則による限度額に関する国会の承認（22条）にゆだねられ、国会の財政権を確保する憲法85条の趣旨から、公債発行の授権は予算と一体になされかつ、金額が特定され、あるいは、特定されうる形で行われることが求められる[30]。

　確かに、日銀は、金融政策の最終決定権（政策決定会合の投票権）をもち総裁はじめ政策委員の任命権・予算権・議決延期請求権など、金融政策目標・手段の両面での独立性が確保され、政府からの監督・監視が弱められるかわりに国民からの監督・監視（ガバナンス）が強化された[31]。しかし、金融政策への法律の直接介入は市場の自律性を損ない、「無数の人びとが長期

---

(28) 小嶋和司『憲法概説』（良書刊行会、1987）506頁
(29) 佐藤・前掲591頁、並びに片桐・前掲132頁及び片桐直人「公債発行と憲法85条」毛利透・須賀博志・中山茂樹・片桐編著『初宿正典先生古希記念論文集　比較憲法学の現状と展望』（成文堂、2018）456頁は、財政当局の政策裁量を前提としつつも財政運営のルール設定において国会の財政権を実効的に確保する要請を憲法85条によみとり、財政運営における国会・内閣その他国政上のアクターとの憲法適合的な関係を整序する議論のトポスを憲法83条に読み取る。
(30) 片桐・前掲「公債発行と憲法85条」450頁
(31) 木内登英『金融政策の全論点』（東洋経済新報社、2018）15頁

間にわたって形成してきた実際的な情報から、進化論的に自然に出現してきた制度」としての一般的・抽象的（普通法的な）実定法[32]を、その時々の議会の多数決の所産に過ぎない議会制定法律による特権と制度的強制システムに変容させ、既に我が国にその徴候が随所に臨在しているように「人びとはルールから逸脱することは社会生活を脅かす規範への違反ではなく、人間の賞賛すべき創造性の発露であると誤解」させることになるのではないか[33]。

以上のように、憲法上法定通貨及び中央銀行の位置づけを単に国家主権のもとに説明することはできない。すると憲法は、金融市場に対してどのようなかかわりをもつのかにつき、次節にて考察する。

IV 秩序 Ordo としての経済憲法 Wirtschaftsverfassung

1 規制目的二分論の経済秩序

憲法学者石川健治は、「憲法秩序」の観念について、カール・シュミット系統の「決断としての憲法」観に併せて、「客観的法秩序と主観法の枠組」のもと「客観的な法秩序（Rechtsordnung）」については、「抽象的規範としての客観『法』と、具体的な『秩序』との結合、と捉えることもできるが（ここから後期シュミットの『具体的秩序思考』への道が通じている）、通常、そこにおいては、『客観法秩序と主観法』という解釈図式を通して、経済関係の基本権が議論される」と指摘し[34]、小売市場判決期70年代最高裁判決の規制目的二分論を、「判例が『経済秩序』を選択し、憲法的選択として強制」する例をみて[35]、22条1項は特定の〈競争秩序〉の保障とみる[36]。ところ

---

(32) 制定法律実証主義と類推解釈なども含めた広い法形成の蓄積としての実定法の相違については、古典的には、加藤新平『法哲学概論』（有斐閣、1976）254-261頁
(33) ヘスース・ウェルタ・デ・ソト『通貨・銀行信用・経済循環』蔵研也訳（春秋社、2015）406頁
(34) 石川健治「憲法・経済・秩序」『企業と法創造』9（3）（早稲田大学、2013）39頁
(35) 石川・前掲48-49頁
(36) 石川健治「ドグマーティクと反ドグマーティクとの間」石川・山本龍彦・泉徳治編『憲法訴訟の十字路　実務と学知のあいだ』（弘文堂、2019）319頁

が、このような経済秩序への決断はすでに説明力を失い、最高裁自身、「わざわざ消極と積極という文言を除外し」「誤解を許さない明確なメッセージとして発信」した(高橋和之)、インサイダー取引規制に関する金融商品取引法(旧証券取引法)164条1項の規制を合憲とした最高裁判例で、役員及び発行株式のうち10%以上を保有する株主がインサイダー取引により得た短期売買益に対し会社が提供請求権を行使する規制(当時証券取引法164条)を、市場の公平性・公正性と一般投資家の証券市場に対する信頼と利益を損なう事態を未然に防止するための公共の福祉に適合する制限を定め憲法29条に反するものではないとした(最大判平成14年2月13日民集56巻2号331頁)。石川によればこの判旨も「市場の公平性という、まさにオルドーの選択をし、それを社会に強制している」[37]とする。

2 経済的自由規制への競争法的視座と「私法社会 Privatrechtsgesellschaft」論

オルドー・リベラリズムの泰斗、フライブルグ学派の経済法学者フランツ・ベームにおいて、競争の前提となる私法制度は、単に前国家的・レセフェール的なものではなく、「法的仕組み Rechtseinrichtung としての競争並びに法秩序を実装する Veranstaltung うえで、公共的-法的性質 oeffentlich-rechtliche Charakte をもつ。このような私法社会 Privatrechtsgesellschaft を支える基本的制度の提供は、国家の基本的課題であり、とくに独占や市場のゆがみを是正するための競争秩序の提供は経済自由権を確保する与件となる(それゆえ、経済的自由権は単なる消極的自由権につきるものではない)」[38]。

ドイツ連邦憲法裁判所(所謂「グリコール決定」BVerGE 105 252)は、有害毒物混入ワインが国内販売されているとの確認をうけ連邦政府が危険性に関するリストを公表行為に対し、市場における活動の自由の範囲は競争に関する法的規律に規律され、その枠内で市場競争の機能条件に従って競争に参加

---

(37) 石川・前掲「憲法・経済・秩序」48頁
(38) Karl Riesenhuber, Privatrechtsgesellschaft: Leistungsfaehigkeit und Wirkkraft im deutschen und Europeaischen Recht, in: Riesenuber (Hrsg.) Pivatrechtsgesellschaft, Tubingen 2007, S.6.

することが基本法12条1項の保護範囲に含まれるとした上で、市場参加者に対して重要な要素となる情報が提供されることもこの条件に含まれるため、リストの公表は情報の正確性、実体適合性をみたす限り、介入的性格をもたず職業の自由の保障領域への制限にはならないとする。正確で事実に基づいた情報を市場に広めることは、たとえそれが企業など市場参加者の不利益になるとしても、基本権侵害にならず、不確実性がある場合、事実が状況に照らして適切に説明されていること、公表が消費者の利益にかなうこと、不確実性に対して注意喚起されていることを条件に、市場に情報を提供することができる。基本法12条は、企業が望むように、あるいは自社や自社製品についてだけ描写される権利を企業に与えるものではないが、ただし国家の情報活動がその目標設定と効果の点で行政処分などに代用されるときには基本権侵害を構成することになる（BVerfGE 105, 252／273)[39]。

このような「市場競争の機能条件」あるいは、制度としての市場秩序を保障する基本権の客観的機能は不確実性・多様性・予測不可能性が極大化する局面において、比例原則による審査とあいまって[40]、「情報秩序の構造的枠条件 strukturelle Rahmenbegingungen」を提供し、私法上の法制度などを通じた市場秩序によって構成される「『私法社会 Privatrechtgesellschaft』の認知的な固有の合理性 die epistemologische Eigenrationalitaet に焦点があてられる」[41]。ところで拙稿にて「機能性表示食品」について指摘したよ

---

(39) Hans Jarass, Bodo Pieroth, Grundgesetz Kommentar, Artikel 12 Beruffreiheit, 12.Aufl., 2012, Muenchen, Rn.19.

(40) その分析についてはルーマンの社会システム論学統の行政法学者ラデーアによる、基本権の客観法的側面を「関係的合理性」として市場秩序のネットワーク効果を基本権の集合的次元 die kollekive Dimension の機能として捉え、消極的自由権が単なる防御権に止まらず不確実な情報の中で新しい情報の産出をもたらす機能をとく、Karl-Heinz-Ladeur, Die transsubjektive Dimension der Grundrechte, in: Thomas Vesting, Stefan Korioth, Ino Augsberg (Hrsg.), Grundrechte als Phaenomene kollektiver Ordnung, Tuebingen 2014, S23-26, S29-36 及び Benjemin Rustenberg, Subjektives Abwehrrecht und objective Ordnung, in ders., S. 90-93 を参照

(41) この点について、ラデーアの弟子で、カール・シュミットについても論考を公にしている、行政法学者の Ino Augsberg, Informationsverwaltungsrecht, Zur kognitiven Dimension der rechtlichen Steuerung von Verwaltungsentscheidungen, Muenchen 2014, S. 235, S. 226-229.

うに[42]、情報提供義務など、情報の対称性を確保する社会全体の認識基盤の提供に責任を負う情報供給行政（Informationsvorsorge）の法規制は、不確実性に関する政府提供データベースによる情報の非対称性解消機能が過剰期待され、過剰な信頼が仮託された結果ラベルの一人歩きが始まることにより新たなリスクが生じる。とくに、アウグスベルグは、同所で、社会的知識の非対称性を平準化する国家による包括的な知識の分配を通じた「情報秩序」機能につき、国家主導の情報分配への慣習化された適応により、個人の学習能力ひいては当初意図された複雑な社会への対応能力が長期的には失われてしまうという「啓蒙の弁証法 Dialektik der Aufklaerung」の危険性に注意喚起をしている点も、看過してはならない。インサイダー短期売買提供合憲判例も、このような情報秩序機能として説明できる。インサイダー取引が横行している市場ではインサイダー取引の利害関係者以外の、機関投資家やその他の投資家の金融商品市場に対する信頼が失われ金融商品市場がその機能を発揮できなくなることが懸念され、「一般投資家の不公正感を除去するためにインサイダー取引を禁止することが必要になると考えられるのである。インサイダー取引を禁止しないと市場の流動性が失われることも、一般投資家が市場に参加しなくなることの意味を経済的に説明したものといえる。このようにインサイダー取引規制の趣旨は、一般投資家の参加する市場を成立させるために必要な政策的なものと捉えるべき」[43]とされる。かかる「政策」につき、消極目的／積極目的の硬直したカテゴリーにプロクルテスの寝台のようにあてはめるのは適切ではなく、情報秩序の構造的枠条件としての経済規制の意義をみそこなうことになる。

V　おわりに

　グローバル化・多元的憲法秩序の展開状況のもとで、公法学による通貨や

---

(42)　拙稿「『営業の自由』に対する行政規制における情報の機能」林田幸広・土屋明広・小佐井良太・宇都義和編『作動する法／社会』（ナカニシヤ出版、2021）161-165頁参照。
(43)　黒沼悦郎『金融商品取引法（第2版）』（有斐閣、2020）429頁

中央銀行に関する研究蓄積は、憲法制定権力の発動に先立ち市場の基礎構造となる民法などの私法秩序や貨幣の憲法上の位置づけや、「経済的自由権」と法規制の機能の観点をめぐって考察された。本稿は、これらの研究成果をふまえ、中央銀行デジタル通貨 CBDC の実装に向けた実証実験がすすみ法定通貨の価値尺度機能・交換機能・価値貯蔵機能の技術的変化や仮想通貨の多極的な展開可能性がひろがる現在、私法上の法制度や法規制が、事業者の参入規制や財産権などの経済的自由権にかかわる憲法論的意義を考察した。とくに、情報の非対称性を解消し市場秩序形成機能の意義が重要となるため、経済的自由権の情報秩序機能をめぐるドイツ法の研究蓄積は、新しい金融取引秩序が生成する現況において、更なるアクチュアリティーを発揮する局面が増えてくるとおもわれるが、その紹介と検討は、今後の課題としたい。

【付記】　本稿脱稿後、「私法社会」論に関し、1975 年『国家学会雑誌』88 巻 7・8 号より 90 巻 9・10 号（1977）まで連載された「ドイツ『経済制度』理論史（1）〜（7・完）」以来、第一人者である経済法学者舟田正之『経済法総論』（有斐閣、2023）に接した。とくに、同書第 3 章・第 6 章は必読文献であり、浩瀚な同書をふまえた考察も、今後の課題としたい。

現代リスク社会を観察する
―― 社会構築主義的リスク理論のおさらい ――

江口厚仁

I　はじめに
II　リスク／ゲファーの区別
III　ゲファーのリスク化
IV　リスクの社会化
V　リスクの再ゲファー化
VI　リスクの再個人化
VII　おわりに

I　はじめに

　1980年代後半以降、ウーリッヒ・ベックが提唱したリスク社会論への注目が引き金となり、地球温暖化・大規模自然災害・感染症パンデミック・原発事故・テロリズム・貧困問題といったグローバル・レベルの問題から、都市生活環境・体感治安の悪化・食品安全などの日常生活上の問題まで、本邦でも様々な分野でリスク社会を論じる研究が活況を呈した。それは必然的に学際研究を促し、理工学・生命科学・社会学・心理学・法学・政治学・公共経済学など、多様な専門領域にまたがる議論フォーラムが形成され、リスク学の射程と深度を確実に拡張させてきた。ところが肝心の「リスク概念」については、専門領域／論者ごとに議論の前提が異なっていたこともあり、うまく議論がかみ合わない事態を招いてきたように思われる。たとえば、古典的な「主流派リスク学」は、リスクを「確率論的に計量化」する手法を基礎に据えて、人々のリスク認識・不安にみられる「認知バイアス」を是正し、

より冷静なリスク評価と効率的対策に寄与することをリスク・コミュニケーションの主要課題と位置づけてきた。だが他方では、こうした問題設定それ自体の社会的機能や限界を問い直す研究も進んでおり、議論はいまだ錯綜状態にある。

　筆者は長らく、ニクラス・ルーマンのリスク理論を手がかりに、これまで個別領域ごとに蓄積されてきたリスク学の知見をふまえ、リスク予測・評価・予防・責任配分・コスト分散・被害者救済・再発防止等のリスク・マネジメントの全過程を包括する「リスクの社会構築主義的一般理論」への関心を抱いてきた。リスクとは、ある事象の「客観的危険度」には還元不能な、社会的コミュニケーションを通じて構築される多元的な「意味複合体」であり、それゆえリスクを一元的・客観的に評価し、それにもとづく意思決定や合意形成を異論なく行うことも原理的に困難な事態に陥る。だが、それでも異なる学問領域相互の「リスク観察図式」を比較・媒介しうる新たな概念装置を、いまいちど原理的地点まで遡って構想することが必要ではないかと考えている。人びとの錯綜するリスク認知を比較・評価・伝達・媒介する理論体系を持たぬまま、個別問題ごとに対処療法的になされるリスク対策が、容易に機能不全に陥ることは、この間の自然災害やコロナ対策においてますます明らかになってきた。この問題に対処するには、社会構築主義的なリスク概念をふまえた、多様な当事者間のリスク・コミュニケーションを促進する制度設計・対話技法の開発も必要となるだろう。ルーマンの社会システム理論は、こうした課題に応えうる一般性と汎用性を備えた社会理論としてきわめて有望である。

　本稿では、こうした問題関心のもと、議論の大前提となる「リスク概念」をめぐる多様な観察フレイムを整理するため、ルーマンの社会構築主義的リスク理論が切り開いた新たなリスク観察図式を敷衍することで、現代社会が抱える様々なリスク現象を統一的フレイムを用いて観察・記述する可能性を示したい。あわせて現実にリスク対策として実施されている諸実践が抱える問題点についても適宜言及していくことにしよう。

Ⅱ　リスク／ゲファーの区別

　日常感覚に照らせば、リスクとは危険な事態が発生する可能性を指し、リスクの対概念は「安全」と考えるのが一般的である。たとえば、カッターナイフは安全だが、ジャックナイフはリスクだ、と。あるいは、ある化学物質の曝露基準をもとに、一定の閾値未満なら安全だが、それを越えるとリスクが生じる、と。どういう基準で両者を区別できるのかが恣意的で曖昧という難点はあるが、こうしたリスク観察図式は、それ自体としては間違いではなく、使い勝手もよい。こうした発想の延長線上に、それぞれの事象のリスクの大きさを客観的に計量化し、異質なリスクを相互に比較可能にすることで、効率性を加味したリスク対策の優先順位を確定しようとする理論が登場する。リスクとは対象の危険度を科学的に数値化したものであり、それは「予想される損害規模×事象の発生確率の積」によって算定される、というわけである。また、こうした客観的データを前提に、人びとの認知バイアスに由来する「不合理な不安」を啓蒙する有効なリスク・コミュニケーションの技法が論じられることにもなった。さすがに現時点で、この古典的リスク学のフレイムをそのまま採用している研究者はまずいないと思われるが、それでも多くの専門家が立脚するリスク概念の根底には、この「事象自体のはらむ危険度」という考え方が根強く存在しているように思われる。この観察フレイムが、有効なリスク対策を考える上で、極めて実用的であることもその理由のひとつであろう。

　社会システム理論の分析ツールのひとつに、観察対象を事象次元／時間次元／社会次元の三つの位相に区別して分析する手法がある。このフレイムに照らせば、これまでのリスク学はリスクの「事象次元」に圧倒的な比重を置いた分析を行ってきたと捉えることができる。対象となる事象の危なさを特定することが目的なのだから、それは当然だと思われるかもしれないが、リスク現象は事象／時間／社会次元の複合体として現出してくる以上、この不均等な重心の置き方には問題がある。ベックが説くように、現代型リスクが複合的・再帰的になるにつれて、未来の不確実性がリスク問題を考える上で

決定的な重みをもつようになり、損害規模と発生確率を確実に計測することも、保険によって分散することも困難な状況が生じている。また、科学的客観性を根拠として合理的に許容されるべきリスクの受容を一方的に社会に求めることも、悪しき「欠如モデル」として批判に晒されることになった。事象次元での分析精度を上げることだけでは、適切なリスク対策にはならないことが次第に明らかになってきたのである。

　こうした行き詰まりに対処すべく、時間次元での反応としては、通常のリスク計算の枠内に収まる確からしさを備えた危険をリスク、その範疇を越える予測困難だが甚大かつ不可逆な損害の畏れがある危険を不確実性として両者を区別し、後者については「予防原則」のような通常のリスク対策とは異なる基準と規制手段を用いて未来のリスクを防止する、という強い対策が講じられている。また、社会的次元においては、リスク評価と受容をめぐる専門家と市民たちの双方向的な討議空間を構築することで、ステイクホルダー相互の合意形成を目指す「新たなリスク・コミュニケーション」に向けた提言・実践が試みられてきた。こうした理論動向はリスク概念の豊穣化に寄与してきたが、本来は事象次元で一義的に確定されうるはずのリスクが、諸般の不可避な理由から時間／社会次元での評価の違いを生み出すという事態に対応すべく、暫定的・漸進的なリスク対策を可能にするスキームとして考案されてきた側面を持つことには注意を要する。というのも、社会構築主義的な観点からすれば、そもそも「ひとつのリスク」が多様に観察されることが問題なのではなく、多様な観察点ごとに多様に構築されるリスク認知が、共通のテーマや事象に関する「ひとまとまりのリスク問題」として社会的に焦点化されるプロセスこそが問題なのであり、その際に不確実な未来の出来事（特に損害）を社会的に如何に配分しておくかが、リスク対策の核心的問題になるからである。事象次元での分析の深化と同程度に、こうした時間／社会次元での観察も不可欠であり、ルーマンのリスク論はこうした分析を深めるにあたり非常に有効な道具立てを提供してくれるのである。

　その最大の特徴は、これまでの事象次元にウェイトを置いたリスク／安全の区別とは異なる、リスク（Risiko）／ゲファー（Gefahr：「危険」と訳すのが通例だが、リスクの対概念として特殊な意味づけをされた用語のため、本稿では

そのままゲファーと表記する）という区別を導入した点にある。リスクとは未来の不確実な損害（利得の場合もある）が現在のシステム（行為者／組織など）の選択・決定に帰属される場合を、ゲファーとはそれがシステムの外部環境に帰属される場合を指す。たとえば、大雨による崖崩れという災害を例にとれば、その損害がどこにも帰責先を求めることのできない「天災（不運）」として構成されればゲファーとなり、住宅建設にあたって十分な注意をはらわなかった被災者本人や、必要とされる安全管理を怠った宅地開発業者や行政に帰責される場合には、いわゆる「人災（過失）」としてリスクとなる。崩落した斜面がどの程度の危険度を持っていたかというリスク評価は、それがリスクとして構成されて初めて意味を持つのであり、それがもっぱら神仏の作用として構成されていた時代には、リスクとしては意識されなかったのである（祟りや神罰を避ける生活態度の推奨という意味ではリスクと呼べなくもないが…）。このようにリスク／ゲファーの区別は、時代や社会的コンテクストに応じて、多様な配分形式をとることになる。同一の事象が、当事者・利害関係者・第三者によって、それぞれ別様に観察されることも少なくない。これは未来の不確実性がはらむコストを、現在の（未来から見れば過去の）決定に帰属させ、社会次元に回収するための仕掛けと言っても良い。時間次元の不確実性が、社会次元の責任配分へと転換され、社会的に許容可能なものへと馴致されるのである。この観察図式により、事象次元でのリスク分析が無意味になることはありえないが、現代社会の様々なリスク現象を、これまでとは異なる統一的視点から観察する可能性が開かれる。以下、ルーマン自身の分析を越えて、さらに敷衍して考えてみよう。

III　ゲファーのリスク化

　近代社会は、それまでは管理不能だったゲファーを管理可能性をもつリスクへと次々に転換させてきた。天災の人災化、不運の不法化の流れである。安全とはゼロリスクのことではなく、リスクとして管理可能となった損害がそう頻繁には発生せず、万一それが発生した場合にも決定責任者による対策と救済が約束されているという信頼がさしあたり維持されている状態を指

す。航空機は滅多に墜落しないが、絶対に墜落しないわけではないにもかかわらず「安全な乗り物」である。対してゲファーは、想定することは可能だが具体的対応をすぐには思いつかない「漠たる不安」の震源地になる。南海トラフ地震や富士山噴火の予知情報をリスク化するのが難しい（「正常性バイアス」が自然な反応となる）のはそのためだろう。私たちの社会はゲファーをリスク化することで安全／安心を手にしてきたのであり、リスクと安全は表裏一体の関係にある。リスク社会とは、必ずしも以前と比べて危険のレベルが増大した社会ではなく（原発や温暖化といった近代文明が再帰的に生み出す新たなタイプの危険が出現しているのは事実だが、戦争・飢饉・天災・病気等による死亡リスクは相対的に低減しているだろう）、リスク化された損害の帰責先が軒並み社会の内部へと回帰してくるような社会を意味する。近代社会はリスク社会化することで、自身の内部に危険への制御可能性を抱え込み、とりあえず安全になったのである。

　ゲファーのリスク化により、事前に／場合によっては事後的に、行政・事業者・使用者等の決定責任者の注意義務・管理責任が嵩上げされてきた。古典落語『天災』に登場する心学の先生が「天災」と割り切ることを勧める仮想事例（屋根瓦の落下、使用人の小僧さんに着物の裾に水をかけられた、野中の夕立など）についても、現代社会にあっては、家主の家屋管理責任・行政の建築安全基準にもとづく点検の不備・使用者責任、ひいては予報を外した気象庁の責任、事前に天気予報の確認を怠って雨具を準備しなかった自己責任といった形でリスク化され、損害の補償・賠償や再発防止に向けた取り組みが強く要求される傾向にあると言えるだろう。

　こうした過失責任の拡張は被害者救済を大きく前進させてきたが、他方では本来果たすべき安全管理責任を怠った「不作為の違法」への感度を高め、少しでも事故のリスクがありそうな「危険物」を事前に撤去したり、「危険ゾーン」への立ち入りを一律禁止したりする対応を一般化させる結果を生んだ。かくして児童公園からはジャングルジムが消え、川遊びのできない河川が増えていく。ひいては、監視カメラの不設置や不審者通報制度の未整備が、安全管理責任の懈怠として責任追及されかねない状況すら生まれている。これらはリスク社会＝安全／安心社会の意図せざる副作用であろう。

Ⅳ　リスクの社会化

　あらゆる損害が社会システム内部に回帰してくる趨勢は、リスクの分散と損害コストの予約によって補完されることになる。不測の事故の発生は「大数の法則」に照らせばもはや常態であり（ノーマル・アクシデント）、だからこそ個人も組織も保険によってリスクに備えることが一般化し、いまや保険加入を怠っていたこと自体がリスクとみなされるようになる。かくしてリスクは社会全体でシェアされるべきものとなったのである。

　同時に、公害・原発事故・航空機事故・製造物責任など、私たちの生活に密接に関わる大規模リスクの分野においては、事業者・行政の危険責任（無過失責任）の範囲が拡張されていく。法と経済学派が説く「最安価危険回避者負担の原則」に則り、大規模事業者に安全配慮への優先的動機づけと損害救済コスト負担の予約（保険加入の動機づけ）が割り当てられる。社会化されたリスクは保険により分散され、最終的には保険の保険として国家がその最終引受人として登場する。リスク社会化は保険社会化を促し、安全／安心社会の基盤を支えるのである。

　こうした趨勢は、損害の確実な補償・救済という点では大きな意義を有するが、他方では保険の逆機能とされる保険加入者のモラルハザード（注意レベルの低下）に加え、救済対象者である市民たちがクライアント化していくリスクを抱え込むことにもなる。たとえば消費者保護・マルチ商法・振り込め詐欺などの分野で語られているように、言わば構造的に「無知・無防備なる者」への手厚い保護が、人びとの無知・無防備を温存させかねないというパラドクスである。あるいは、免責のための技術として、あらゆる業務を規格化・標準化・マニュアル化する動きが強まり、マニュアル通りにやってさえいれば責任を回避することができるという構えが、たとえば介護サービス等の分野では、マニュアル以上の個別的ケアを躊躇させるという逆説的な事態を生み出すことにもなっている。

　決定責任者を特定し、その故意・過失および因果関係が認められる場合には賠償責任や刑罰を課すという不法行為法・近代刑法のフレイムではうまく

対処しきれないリスクが、広く社会システムへと回収される現代社会にあっては、リスクを社会内部で適切に配分・シェアするための枠組みが求められるのは必然だろう。しかしそれが私的自治の主体たる市民たちの足下を掘り崩しているのだとすれば、手放しでこれを是認するわけにもゆくまい。

V　リスクの再ゲファー化

　リスクの社会化が進行する一方で、とりわけ先端科学技術の領域では、リスクの再ゲファー化とも呼ぶべき事態が進行している。ルーマン自身も強調しているように、リスク管理者（決定責任者＝潜在的加害者）と一般市民（被影響者＝潜在的被害者）の間で、リスク認知に対する「階層化」が発生するのである。バイオ・原発・ITといった先端科学技術を扱う分野が典型だが、それ以外の通常の開発事業や、いわゆる「迷惑施設」設置等の場面でも、一般市民は自身が決定に一切関与しない事業によって一方的に負の影響を被る存在となり、それはもっぱらゲファーとして認知されることになる。それが純然たる天災であればやむなく受忍もしようが、自分たちの与り知らぬところに決定責任者が存在する以上、それは「奴らのリスク」であり、全責任は決定責任者が負うべきものとみなされる。同一の現象がThem or Usの区別に基づき、リスク／ゲファーとして別様に構成されるのである。おのずから両者の対話は困難になり、これを一律に「現代社会がシェアすべきリスク」と捉える言説に被影響者たちは強い抵抗感を覚えるだろう。逆に当事者ではない市民たちにとっては、NIMBY（フリーライダー）でいることが最適解ということにもなるだろう。「絶対安全神話」を掲げた原子力産業に対して、平時は無関心を決め込みながら、いったん事故が発生するや激烈な批難が巻き起こったのは、こうしたリスク認知の階層化が、リスク管理を決定責任者に「丸投げ」することで安心したいという、それ自体がリスキーな選択を常態化させていたことと深く関係しているだろう。

　ベックが説くように、このThem or Usの境界線が溶けてしまった（いまや被害は万人に等しく降りかかる）ことが現代型リスクの特徴だということも事実だが、ゲファーとして構成された危険に万人が備えるというのは、きわ

めてハードルの高い営為であることもまた動かし難い現実であろう。

　さらに困ったことには、先端科学技術の領域で想定される複合型リスク（たとえば遺伝子組み換えやAIの社会実装）、あるいはベックの言う再帰的リスク（地球温暖化など）については、専門家の間ですらその影響を正確に予測することが困難という意味で、いわばゲファーとして捉えるしかない状況が出現していることである。これらは未来の不確実性を社会システムの内部に配当・馴致するというリスク概念の射程が、それ自体として危うくなってきている徴候なのかもしれない。

　目下のところリスク認知の階層化に対する最善の対応策が、決定責任者による事前の徹底的な情報公開と説明責任の履行、そして市民に対する決定へのコミットメント体制の確保にあると言われるのは、これらが草の根民主主義の理想とされていることもあるが、それをつうじて決定責任を社会的に再配分／再分散することができれば、決定責任者自身の負担軽減効果を期待できるかもしれないからである。そうした意味では、決定責任者がこれまで忌避する傾向にあったこれらの対応が、これからのリスク・マネジメントの中核として位置づけられてもおかしくはない。それは合意形成のための機会費用を高め、結局は合意に至らないリスクを伴うだろう。だが単なるガス抜きとしてではなく、実質的な意味で決定過程に参与したという経験は、純然たるゲファーとして理不尽な損害を被ることに比べれば、被影響者たち自身にとってすら「納得」を醸成する契機となるかもしれない。

Ⅵ　リスクの再個人化

　リスクを保険等の手法を用いて社会的にシェア／分散する動きが加速する一方で、市民たち個々人の次元では、自己決定ー自己責任の言説が影響力を強めている。ミシェル・フーコーの説く「規律権力」が社会の隅々にまで浸透したかのように、自己規律をつうじてノーマルで能動的な人生を送ることが強く推奨され、そこから脱落するのは本人の「自業自得」であって、そういう人は社会から排除されても仕方がない、という風潮が無視できないほどの広がりを見せている。自己開発に向けてチャレンジを続けることがノーマ

ルであることの証であり、少しでも立ち止まったら負け組という「脅迫の言説」により、まるで社会全体が自己目的化したダイエットに取り憑かれたかのような息苦しさが生み出されているように見える。

　ここではリスク認知の階層化は、「まっとうな市民／社会の余計者」という区別に沿って構築される。清潔・健康・勤勉で能動的に頑張るワタシがノーマルな市民のあるべき姿とみなされ、そこから脱落したアブノーマルな人たちは社会の余計者、いわば「潜在的リスク要因」として事前にマークされても仕方がない、それが潜在的被害者である自分たちノーマルな市民の利益になるのであれば、なおさらである、と。これは自業自得を原理とする強烈な「自己責任社会」であり、人生のすべてが自己決定に由来するリスクとして構成されてしまう「孤人化社会」でもある。もちろん、こうした趨勢とは逆に、困り事を抱えた人びとの支援・ケアに向けて奮闘するボランティアやNPO等の活動も活性化しており、こうした「ダイエット症候群」が、社会のすべてを覆い尽くしているわけではないことも見忘れてはならないのだが、それは本人に責のないゲファー対策に重心を置いた援助活動である場合が多く、どこまでを支援の対象とするかはリスク／ゲファーの線引きのあり方に大きく依存してもいるだろう。

　治安政策の領域でも、犯罪被害をゲファーとしてのみ認知するノーマルな市民たちの「体感リスク」の高まりを受けて、潜在的リスク要因としてマークされた人びとに対する予防法学的な監視や取り締まりが強化されてきた。ひいては、万人が潜在的には犯罪リスクの担い手たり得るという「犯罪機会論」にもとづき、犯罪を招きやすい環境を物理的に改善して、あらかじめ人びとから犯罪機会を奪う（同時に犯罪予備軍としてマークされた人びとを排除する）というアーキテクチャーを駆使した管理技法が広がりを見せている。こうした対応が、強制されたという感覚を伴わない以上、個人の自由に対する制約にはならないと言えるかどうかは、私見によれば非常に疑わしいように思われる。

　思うに、個人の人生は、その都度の現在の決定によって、不確実な未来が書き替えられていくという点ではリスクに満ちている。だが、それは同時に、個人としてはどうしようもない偶然や予期せぬ出来事によって翻弄され

るゲファーに満ちた航路でもある。本稿がここまで依拠してきたリスク／ゲファーの区別は、行為者本人の主観的認知とは別に、他者や社会がそれをどう観察するかに依拠するものであるから、この主観的両義性を直接の観察対象とするものではない。だが、万人が自身の経験を通じて、世界の全てはリスクとゲファーの縺れ合いから生じるという知識を持っていると想定することは、そこまで不合理ではあるまい。だとすれば、社会的な責任帰属という問題関心に沿って事象をリスク／ゲファーのいずれかに二択的に割り振る思考法も、それ自体の限界（盲点）を持つことを忘れてはなるまい。特に個人のその都度の決定が焦点となる問題領域においては、この点に対する感度を保持しておくことが決定的に重要である。

Ⅶ　おわりに

　以上、リスク／ゲファーの区別という、語感としては少々意外性のある対概念を用いた補助線を引くことで、現代社会のリスク現象を複眼的に記述してきた。その目的は、これまで異質なリスク現象と捉えられがちだった様々な問題領域を、統一的な観点から領域横断的に観察・整理することで、それらが相互に関連性を持つ一連の事象として記述されうることを実証してみることにあった。これはリスクの計量的一般化とは別の方法で、多種多様なリスクを相互に比較対照化する試みであり、その汎用性をある程度は示せたのではないかと考えている。

　最後に今後の展望めいたことを記すなら、これまでのリスク対策の主軸は、決定責任者を特定して損害賠償・処罰・謝罪を求めること（リスクの帰属問題）と、救済を社会的に確実にすべく保険や公的補償といった安全ネットを手厚くすること（コスト分散）に置かれてきた。だがたとえば、損害発生の原因究明と再発防止体制の確立という問題関心からすれば、決定責任者の特定に比重を置くリスク帰属のコミュニケーションは、しばしば真実究明にとっての障害となってきた。真実を率直に語ることが、自身の責任問題へと直結するからである。原因究明委員会は責任追及の場ではない、というテーゼを実質的に機能させうる制度設計が必要とされる所以である。

また、保険等による損害コストの分散は、問題をもっぱらゲファーと捉える人びとからすれば、リスク管理は全面的に決定責任者の仕事であり、万一の損害は保険や補償に任せておけば楽ちんだし、それ以外に手立てはないという割り切りを生むかもしれない。だが、現代社会の複合リスクにおいては、自覚的／非自覚的、直接的／間接的のいずれであれ、自分が現に／集合的に荷担しているリスク含みの選択がもたらす未来の結果を、なるだけ正確なデータにもとづき真剣に想像するところから議論を出発させる他はない。リスク管理は決定責任者に丸投げし、希望的観測や根拠なき安心の上で思考停止に陥ること自体が最大のリスクとなることを銘記しておきたい。

　以上を踏まえると、過去の決定責任を現在の時点で追及し、現実化した損害に結着をつけるという過去志向の問題処理と並んで、現在の決定を最大限オープンなものにすることで、未来の損害発生の可能性を低減させ、それでも万一損害が発生した場合には、そのコストを社会的にシェアリングするという未来志向の問題処理が、今後いっそう強く求められるようになるのではないだろうか。また、そうならなければ、リスク／ゲファーの分極化がますます進行し、社会の際限なき分断化と、予期せぬ危険が突如として個人を直撃する不安に満ちた社会が到来するかもしれない。現在、私たちはそういう歴史の岐路に立っているのではないか、これが本稿のとりあえずの結論である。

参考文献

Niklas Luhmann, 1991, Soziologie des Risikos, Walter de Gruyter. 小松丈晃訳『リスクの社会学』新泉社、2014 年.

Niklas Luhmann, 1992, Beobachtungen der Moderne, Westdeutscher Verlag. 馬場靖雄訳『近代の観察』、法政大学出版局、2003 年.

Niklas Luhmann, 2018, Die Kontrolle von Intransparenz, Suhrkamp.

Ulrich Beck, 1986, Risikogesellschaft, Suhrkamp. 東廉・伊藤美登里訳『危険社会』法政大学出版会、1998 年.

Klaus Peter Japp, 1996, Soziologische Risikotheorie. Funktionale Differenzierung, Politisierung und Reflexion, Juventa Verlag.

Cass R. Sunstein, 2007, Worst-Case Scenarios. 田沢恭子訳『最悪のシナリオ　巨大

リスクにどこまで備えるのか』みすず書房、2012 年．
日本法社会学会編『リスクと法』法社会学六九号、有斐閣、2008 年．
日本法哲学会編『リスク社会と法』法哲学年報、有斐閣、2009 年．
日本科学者会議・日本環境学会編『環境・安全社会に向けて　予防原則・リスク論に関する研究』本の泉社、2013 年．
橘木俊詔・長谷部恭男・今田高俊・益永茂樹編『リスク学入門（全 5 巻）』岩波書店、2007 年．
小松丈晃『リスク論のルーマン』勁草書房、2003 年．
毛利康俊『社会の音響学』勁草書房、2014 年．
正村俊之『ガバナンスとリスクの社会理論　機能分化論の視座から』勁草書房、2017 年．
瀬尾佳美『リスク管理と民主主義』明石書店、2022 年．
児玉聡『予防の倫理学』ミネルヴァ書房、2023 年．
鈴木宗徳編『個人化するリスクと社会』勁草書房、2015 年．
平川秀幸・奈良由美子『リスクコミュニケーションの現在』放送大学教育振興会、2018 年．
名嶋義直編『リスクコミュニケーション　排除の言説から共生の対話へ』明石書店、2021 年．
山口富子・福島真人編『予測がつくる社会　「科学の言葉」の使われ方』東京大学出版会、2019 年．
江口厚仁「暴力・リスク・公共圏──国家の暴力／社会の暴力と折り合うための技法──」 阪口正二郎編『自由への問い 3　公共性──自由が／自由を可能にする秩序』 岩波書店、2010 年．
中山竜一「リスク社会における法と自己決定」 田中成明編『現代法の展望──自己決定の諸相』 有斐閣、2004 年．

付記：2009 年 11 月 14 日・15 日、関西大学に於いて「リスク社会と法」を統一テーマとする日本法哲学会学術大会が開催された。大会二日目午後の統一テーマ・シンポジウムの司会を、この度、めでたく古稀を迎えられた酒匂一郎先生と、本書編集委員の中山竜一先生（同大会企画委員長）が務められたことに因み、リスク社会論をテーマとする小論を謹んで献呈させていただく次第である。なお、本小論は、科研費・基盤研究（C）・課題番号 22K01114 の研究成果の一部である。

障害胎児を引き受ける親の責任

陶 久 利 彦

| Ⅰ　問いかけ
| Ⅱ　責任一般
| Ⅲ　ハンス・ヨナスの責任論
| Ⅳ　ヨナスの議論からの示唆
| Ⅴ　まとめ

Ⅰ　問いかけ

　我々は、様々な場面で「責任」を語る[1]。契約の当事者として。組織内の一定の地位にある人について。免許の裏面として。更には動物や自然に対しても。状況や対象は異なっており、根拠や内容は多様である。責任を認めた上で、続いて、ヨリ具体的な作為・不作為義務が論じられる[2]。

　では、性交渉を持った女性が妊娠後に出生前診断を受けたところ、胎児に障害のある可能性が極めて高いことが判明したという状況を想定してみよう。この状況で今日、法的にも社会通念上も強調されているのは、当事者の自己決定権である。だが、そうであるとしても、当事者自身がどう決定すればいいのかという問題は残る。その時に、両当事者の「責任」という視点か

（1）　瀧川裕英『責任の意味と制度』（勁草書房、2003年）が責任概念の検討に詳しい。
（2）　本稿では、諸々の「義務」を具体的行為の強制と解し、「責任」を義務の根拠たる規範的基盤として用いることにする。両者は往々にして互換可能だが、ここでは一応区別して用いる。

ら問題に接近できないだろうか。これが本稿での問いかけである[3]。

以下では、Ⅱで責任の根拠について概観し、Ⅲで親の責任を問うハンス・ヨナスの議論を簡単に確認する。その上で、Ⅳで彼の議論からの示唆として障害胎児の扱いを検討し、Ⅴでまとめをしよう。

Ⅱ 責任一般

1 責任の発生根拠

そもそも、責任はどのような場面で語られるのか。まずは、「責任」に対応する代表的ヨーロッパ語（responsibility、responsabilité そして Verantwortung）に含まれる「応答」が注目に値する。応答はその相手方の存在及び一定の関係を前提にする。そのうえで、関係を維持しようとするならば、相手方に対し何らかの応答をす「べき」であるとの責務を承認する。重要なのは、自然や世代をも含めた関係のあり方である。

そこで、責任の発生根拠である関係[4]を大きく5つに分けてみよう。(1) 合意による場合、(2) 某かの悪しき状態が、人の自発的作為や不作為の結果として捉えられる場合、(3) 存在論による裏付けによる場合、(4) 人為的組織内の職務による場合、そして (5) 法的・社会的に承認された身分や地位に基づく場合、である。(1) と (2) は人の自発的意思を責任の根拠とする。これに対し、(3)〜(5) は法、社会、人為的組織、更には存在の秩序を前提にし、その中で一定の地位を占める限り誰に対しても責任を問う。これらを

---

(3) この問題に関する近刊書として、石川義正『存在論的中絶』（月曜社、2023年）がある。

(4) 関係の形式という点から見ると、次のような分類も可能だろう。いずれも1対1の人的関係を念頭に置く。(ア) 両者が対等に向かい合う関係、(イ) 両者は向かい合うが、一方が他方に優越する関係、(ウ) 対等な両者が同じ方向を向く関係、(エ) 優越する側と劣位にある人とが同じ方向を向きながら、前者が後者を支えていく関係、などである。今日、責任を語るときによく論究されるレヴィナスは、(ア) を基本に置きながら、ことばを発する他者の「顔」にこそ当人へと応答する責任の根拠を求める（E. レヴィナス／熊野純彦訳『全体性と無限』（上）（下）（岩波書店、2005年、2006年）特に（下）第三部参照）。これに対し、本文仮説状況下で胎児への親の責任を語るときの関係は専ら (イ) であり、妊婦には (エ) も加わる。抑々、胎児の顔はまだ見えない。

全体と言えるならば、各人は全体を構成する一部分として全体の生存とその維持に努める責任を負う。(3) を除く関係に至るか否かは、当人の意思に委ねられている。それに対し (3) では、当人の意思いかんに関わりなく、その意味では人が人である限りで否応なく、大抵は片面的な責任が語られることになる。

そこで以下では、順に責任の根拠とその特徴を素描し、上記仮説的状況への示唆を得ることにしよう。責任主体を一個人に限定し、且つ冒頭の仮説的状況への応用を念頭において、(1)、(2) 及び (3) についてだけ触れる[5]。

(1) 合意による場合

約束を典型例とする。約束が結ばれると、双方は約束を履行する責任を負う。その根拠は当事者双方の合意に求められる。商品交換だけではなく、身分変動を伴う約束の場合も同様である。合意即ち約束がなぜ双方の責任を根拠づけ、双方を拘束するのかについては、多くの議論がある。三つだけ上げてみよう。

一つは、人の意思表明を当該人格の拡張と捉え、その影響の及ぶ範囲内のことについては自らの支配を維持すべきだ、という考えである。合意による責任は、自らの意思によって世界に変動がもたらされたことを、自ら確認し引き受けることを意味する。このように解された応答の責任は、通常の理解とは違って、負担なのではなくむしろ支配権行使であり自己の力の存在証明である[6]。

二つは、約束の相手方が一方の意思表明を信頼する限りで未来への不安を解消していることに注目する。従って、約束を破ることは、自らがその作成に助力した梯子を恣意的に外すことによって、将来の不安解消と信頼という相手の期待を裏切ってしまうことを意味する。約束を信用して相手が既に一定の行動を起こしていた場合は、猶更である。約束による責任を放棄するこ

---

(5) 後述のように、親という地位に関連した責任を (5) の中に含ませることも可能である。しかし、親の責任は (3) でも論じられるから、(5) を本文での検討対象外とする。
(6) ここでの「力」を自己立法をなしうる力と解する見解も、このタイプに含めよう。約束は、互いの自己立法の所産として捉えることができる。そうであるならば、約束の履行は当事者双方が自己立法をなしうる自律的主体であることの証明になる。

とは、単に他者への加害なのではない。自らが相手の信頼を作出したのだから、害は二重になり更に大きい。

　最後に、約束に基づく責任を誰もが負わないならば、そもそも約束という行為が実際的意味を何ら持たなくなるということに注目する。約束が成り立ちうるためのいわば超越論的条件として、約束遵守の責任が約束という行為自体に含まれているのである。

　では、約束という考えを上記仮説状況に適用するとどうなるか。障害胎児とはまだ意思疎通ができないから、障害胎児との合意形成は不可能である[7]。従って、ここでの合意は成人男女間でのそれと解するほかない。両当事者間で明示又は黙示に交わされる合意はその都度の性交渉に限定されるか、又は生活を共にし家族形成を想定するほどの包括性を持つ場合のいずれかである。そこに、障害胎児への責任を根拠づける要素はあるだろうか。

　おそらく殆どの当事者は、性交渉時に障害胎児が宿ることを想定していない。通常の妊娠にあっては、当事者双方の、少なくとも暗黙の合意に訴えて責任を論じることは可能だろう。しかし、胎児に障害があるとの情報は当事者間での合意による信頼を超えており、むしろ不安を掻き立てる。当事者双方が、引き受けるだけの力に確信を持てないのである。障害胎児を引き受ける責任は特約を必要とするだろうが、大抵の場合、特約は事前に結ばれない。

(2)　一方が他方への加害行為をした場合

　不法行為にあっては、当事者双方の合意に基づかない、加害・被害の新しい関係が生じる。加害者の故意又は過失こそが、その結果の事後処理を担う地位を根拠づける。なぜなら、約束遵守責任の最初の理由づけと同様、加害者としての力を行使した者は、結果を支配下に置くことによって自らの力を証明すべきだからである。加えて、負の社会的分配という観点からも、加害者の責任を語ることができる。

（7）　胎児が成長した姿を予想し、その将来の主体との間で合意を想像することは可能かもしれない。その時、成長した子が親に対して「こんなに苦痛に満ちた生を早く終わらせてくれ」と懇願ないし詰問し、親がそれに同意することもありうる。逆もまた可能である。

尤も、当人発の変動が結果に対してどこまでその影響を及ぼしているのかは、因果関係の問題として残る。特に、①行為後に更に複合的な要因が絡んでいる場合、②未成年者であるとか、当人の行為時の精神状態に重大な疑義がある場合、③被害者にその後の処理に関する意思決定の余地が残されているとき等では、加害者の責任の有無や範囲が大きな争いになりうる。

　ともあれ、性交渉が一方による他方への強要である場合、加害者たる男性は被害者である妊婦に対し被害を補填する責任を負う。経済的・心理的・社会的等、妊娠から帰結する一切のことについて自らが引き受け、労力や経済力を支出する。妊婦が中絶を望んでも法的・道徳的に問題がないならば、物心両面での支援を男性が担うのは当然である。逆に、妊婦がそれでも妊娠の継続と出産を希望するように心変わりをしたならば、相手方たる男性はその意向を受け入れやがて生まれる子の養育責任を負う、と言うべきだろう。それはちょうど、不慮の事故によって寝たきりになった被害者に対し、その死に至るまで加害者が損害を賠償する責任を負うのと同様である。

　だが上記の論は、妊婦が性交渉の加害者となる場合は実際上ほぼ想定し難いという前提の下、加害者たる男性が、被害者の意向に全面的に従う責任があると述べているだけである。彼女が障害胎児を引き受ける「責任」の有無については、加害・被害という枠組みとは別の視点を必要とする。次の（3）はその一つになりうる。

（3）　存在論

　自然についてであれ、人間存在についてであれ、存在自体に一定の価値を認め、それに対応する片面的責任を論じることも可能である。この種の議論として、ハンス・ヨナスの責任論の中核にある「親の責任」に関する部分を、章を改めて検討したい。

Ⅲ　ハンス・ヨナスの責任論

1　ヨナスの責任論の基本前提

　本章は、様々な諸前提から展開される彼の倫理学を丁寧に追うのではなく、冒頭の問題設定に即する限りで彼の議論に注目する。本稿の関心からす

ると、彼が自身の構想する責任倫理の原型を乳呑児への親の責任に見出していることが注目される。

　出発点には、形而上学を再興しようとする彼の根本的志向がある。彼は当時流布していた２つのドグマを批判する[8]。一つは、形而上学上の真理は存在しないとするドグマである。これに対して彼は、命あること自体が善であるとの、極めて単純な形而上学的真理を指摘する。それが、善の実現つまり子の出生と生存の保障を人に求めるのである。もう一つは、存在から当為を導出しえないというドグマである。これに対して彼は、乳呑児がSeinsollenという特徴を持つことを指摘する[9]。乳呑児という存在が、それだけで周囲の人特に親に対して特定の責任を生じさせる。「乳呑児が息をしているだけで、その乳呑児の世話をするべしとの当為が周囲の人に対して向けられる、と異論の余地なく主張できる。目を向けてみよ。そうすれば分かる。」[10]「単にそこに居る存在者の存在が他者に対して内在的で明瞭な当為を含んでいる。」[11] 彼はその主張を裏付けるのに、同情、憐憫、更には愛情といった感情に頼らない[12]。あくまで、存在論を基礎に置いた当為を論じ、そこに原初的責任の型を指摘する。

　更に彼は、子に対する親の責任を政治家のそれと類比的関係に置き、相違点を認めつつも共通点を次のように言う[13]。そこに人がいるということを踏まえ、人の存在の幸福促進を目指すようにして、親の子に対する「根源的

（8）　Hans Jonas, *Das Prinzip der Verantwortung-Versuch einer Ethik für die technologische Zivilisation-*, Frankfurt/Main, 1984. S.92ff.

（9）　ここでのSeinに経験的・具体的な「事物の本性」という意味をも含ませうるならば、その法哲学的含意について、大橋智之輔「Natur der Sacheについて――『法化』論に関連させて――」『法哲学年報1998年』166-188頁は有益な示唆を与える。

（10）　a. a. O. S.235. ヨナスは乳呑児の心身の象徴的一部をではなく、全体を「見る」対象と考えているようである。

（11）　Ebd.

（12）　行論全体としては、感情の重要性をヨナスが否定しているわけではない。むしろ、逆である。

（13）　a. a. O. S. 185ff. 「私の」子という私的領域を強調する立場からすると、公共体を統治する政治家と親には根本的な相違がある。それにも拘らずヨナスが政治家の責任を親のそれと類比的に捉えるのは、自然や次世代への責任主体として誰よりも政治家を念頭に置くからであろう。

——責任」は次の特徴を持つ、と。即ち、①全体性 Totalität、②根本性 Konstituität、③未来 Zukunft である[14]。抽象的概念にまとめられてはいるが、親の子への責任とは、その子の生存全体を将来にわたって根底から途切れることなく保全し、その善き生を支援することである、と了解してよいだろう。

2 若干のコメント

以上、極めて簡単に彼の議論をまとめた。二点だけコメントを付そう。

(1) 背景にある大きな存在論の当否について、私にはまだ論じる用意がない。ただ、そこに「ある」ないし「いる」ものが同時に一定の当為を含んでいるという事態を、私も認める。ただ、なぜそう言えるのかという問いを無視できない。ヨナスは、この認識論的問いへの答えを直接的明証性に求めている[15]。私は、おそらくはそう述べるほかないと了解しつつ、乳呑児との具体的な身体的触れ合いの体験を振り返ることで若干の補足的説明を加えたい。即ち、そこに乳呑児がいることに気づき、乳呑児の多様なありようとそれへの自らの応答を通じてその向こうに、世話を要求する乳呑児の「存在」を覚知するような体験である。「目を向けてみよ」という命法は、そうすれば乳呑児との関りの中で幼い彼（女）への責任を誰もが意識し実践へと促される、ということである[16]。

乳呑児はその身体に他者から見られることを要求する力を内包し、それに応答して見る親に、子の世話へと行動を促す当為を気づかせる。この関係の始まりと深化の過程で乳呑児の「存在」が浮かび上がり、親の責任の根拠とされる。それ故、上記関係形成の発生と進展は親子双方にとっての身体を媒介とする価値体験と言ってもよい。乳呑児は世話をされ安心感に包まれる心

---

(14) a. a. O. S. 184.
(15) a. a. O. S. 234.
(16) 戸谷洋志「『乳飲み子』を『看る目』——ハンス・ヨナスの責任倫理学における認識論について——」『倫理学論究』、vol. 1, no.2（2014 年）, pp. 57-70 は、ヨナスの言う「看る目」を問題とする。戸谷洋志による一連のヨナス関連論文の中で、同「「未来の複数性への責任―ハンス・ヨナスにおける「出生」概念の受容―」『公共研究』14 巻（2018 年）、226-245 頁も参照。

地いい体験をし、親は子の命名と世話を通じて、最も脆弱で頼りない「この」存在の代替不可能性と要保護性を認識する。親は自身もかつて子と同様の状態にあったことを想像し、来し方を振り返りつつ未来へと続く自らの脆弱性をも再認識する。実際、育児から逃れられないと感じる初心者の親は、悩み、戸惑い、過ちを繰り返す。しかし、その弱さを親子共に抱く体験こそが、幼子との歴史的連続性を意識させその子の未来に対する引き受けの責任を親に生み出す。

第三者が乳呑児に接するときにも、同様の体験が渦巻く。ただ、乳呑児の名前を知らない第三者には、「おーおー」といった一層原初的なうめきのような言語表出のみがあり、笑いと歓迎を示す身体全体の動きがそれに伴う。乳呑児への第三者の責任は「この」子という特定性を必ずしも持たず、乳呑児一般に向かう。

ところで、責任の原型を論じるヨナスの議論にあって、乳呑児の障害は全く言及されていない。確かに、親にとって子の障害は予想外の出来事である。多大な労力を育児に奪われるが故に、障害児の親は、自身の自由な活動が大幅に制約されるという意味で後天的障害者になることだろう。しかし、障害児が乳呑児一般について語られるよりも更に脆弱だと言えるならば、親は子との体験の蓄積を通じて自らの脆弱性を一層深く認識し、子と共に受け入れ、応答のやり取りを重ねていくしかない。ヨナスに従うならば、障害を取り除けない「存在」がそのような責任を親に課す、ということになるだろう。

(2) 親子の特殊性は、責任だけではなく子の世話に関して他者からの容喙を排除する「権利」観念も生む。なぜなら、子は親にとって自己の延長でもあり、拡大された自己の領域内に属する存在だからである。命名によってそのことは厳然と確認され、自身の時間と労力を削り乳呑児の日々の世話に従事することを通じて、親の生活や存在の一部に子が浸潤するという事態が生じる。逆もしかりである。確かに、ヨナスが指摘するように、誰もが乳呑児を見るだけで世話をする責任を感じることだろう。だが、責任の軽重があるばかりではない。親以外の任意の人が「この」子の世話をする権利を持つわけではないのである。同時に、「この」子との関係の深化を通じて親が抱

く肯定的感情面も無視できない。責任を力の保持の裏面として捉える立場からすると、親が自己の領域を守る論理と倫理の可能性も否定できない。

Ⅳ　ヨナスの議論からの示唆

　乳呑児について語られたヨナスの——極めて単純に圧縮した——議論は、本稿の仮説的状況にどのように応用できるのだろうか。

1　胎児の身体性
　ヨナスの議論を胎児の「存在」へと展開させていくには、いうところの「存在」を胎児も持つのか、という問いが避けられない[17]。意識なき有機体にまで存在や目的を語るヨナスからすると、胎児の「存在」を語ることに何の問題もないのかもしれない。ただ、私は彼の議論に補足して、乳呑児との身体を介した関係性の深化という体験の場と、そこで覚知される「存在」と当為の同時認識の可能性を指摘した。ところが、そのような身体性の強調は、かえって胎児の地位を危うくする。というのも、胎児はまだこの世にその姿を現していないからである。胎内にいて肺呼吸もしていないから、息をしているとも言えない。

　そこで、乳呑児との触れ合いの具体的体験を補助する視点として、胎外胎児という観念を取り上げてみよう。ヒトは脳が肥大化したがために、出生後すぐに自身で生きていくだけの成長を胎内で終えることができない。出生後も子宮に似た保護環境を整備されて初めて生きていける。この事態を踏まえ、子宮に似た保護環境にいる乳呑児について言えることを胎児にまで遡らせるならば、ヨナスの言う責任を胎児についても語ることができそうである。

　しかし、この提案には難点がある。胎外胎児という観念にあっては、そもそも乳呑児が母親の胎外にいるということがその要素になっているからである。胎児は他の誰に対しても自らの身体を露呈していない。「目を向けて」

---

(17)　これを、胎児の道徳的人格性を問う議論とは切り離しておく。

みても、通常見えるのは膨れ上がる妊婦の腹だけである。

そこで更に、この難点への二つの反論を考えよう。一つは、今日、機器の力を借りて胎児の存在を確認することは十分に可能だということである。間接的ではあるが、機器が映し出してくれる胎内の生き物の様子に、確かに人は「目を向け」ることができるようになっている。それはちょうど、裸眼では見えない微生物や天体が機器の手を借りて見えるようになり、その存在を確認できるのと同様である。実際、胎児の外形上の異常がエコー診断で判明するとき、それは単なる情報に留まらない。

二つは、機器による助力以外に、胎児の「存在」を感じ取る別の機会もあるということである。なるほど、ヨナスの議論では「存在」は専ら視覚によって捉えられるかのようだった。だが、モノや人の存在は、必ずしも視覚による把握だけに限定されてはいない。最も確実なのはむしろ触覚による。そして、人にはいわば内的触覚[18]とでも称すべき感覚が備わっており、胎児の存在はその内的触覚によって十分明確に捉えられうる。

概ね、妊婦はまず「生理が止まる」ことを契機にして妊娠を疑う。引き続き、妊娠が医学的にも確認され、「つわり」を覚えると、体内に宿る異物の存在をヨリ強烈に把握する。やがて、二人分の食欲が芽生え、胎動を感じるようにもなる。その過程の折々に襲う違和感は、誰もが胃や腸の具合の悪さを腹部に感じるのと似ている。腹部に巣くう異物から拡散していくある種の固さが不快感を増幅し、やがて全身を覆う。医学的検査を待たずとも、妊婦は当該不快感から発しやがて全身に広がる感覚を、今度は逆方向へとつぶさに辿ることによって、根本的原因である胎児の存在を探り出す。この身体内感覚は内的触覚と呼ばれてよい。

妊婦が内的触覚を使って捉える胎児は、妊婦に様々なことを要求する。乳呑児が周囲の人に露わになった身体運動を通じて世話を求めるのに似て、胎児もまた妊婦の身体内へと働きかける生理的次元での変動を示す。それは妊婦に明瞭に感じ取られ、新鮮な驚きや戸惑いと同時に喜びをもたらし、それ

---

(18) 専ら感情面との関連を問題とする上に、内受容感覚（interoception）という用語を用いているが、例えば、寺澤悠理・梅田聡「内受容感覚と感情をつなぐ心理・神経メカニズム」*Japanese Psychological Review*, 2014 Vol. 57, No. 1, 49-66 参照。

に応答する責任観念を生じさせる。妊婦は、新たな生命が自分の力に全面的に依存し且つ自分と切り離しえないことを確実に知るのである。

　乳呑児について語られた身体的交流は、妊婦の内的触覚を通して妊婦と胎児の間で実際に行われている。それによって捉えられる存在は単に「胎内にいる」現存在にとどまらず、世話を求める当為性を持った「存在」そのものと言えるだろう。但し、乳呑児の身体がそれを見る誰に対しても開かれているのに対し、内的触覚による存在の確認は妊婦に限定されている。それは妊婦に特権と優越感をもたらす一方で、相手の男性を含め、彼女以外のすべての人について同じ事情を語れないという裏面も持つ。

2　胎児の障害はまだ見えない

　冒頭の仮説的状況の下で、胎児の障害は乳呑児の身体を見るのと同じ意味で見ることができるわけではない。機器の手を借りて障害が判明する場合を除けば、情報だけが伝えられるにすぎない。その正確な程度は不明であり、大部分は霧に包まれている。その時、妊婦は胎児への責任をどう負うのだろうか。

　まず考えられるのは、障害があろうとなかろうと、自らの胎内にいる子の「存在」への応答が最優先されるということである。内的触覚を通じて胎児からの呼びかけを感じ取る唯一の人である妊婦は、関係の代替不可能性という点からしても胎児に応答する重い責務を自覚する。そのとき、障害という属性がどれほどの重要性を持つのか疑問とされよう。

　但し、確実な身体性をまだ露わにしていない胎児の場合には、情報によってもたらせる漠たる不安の方が大きな影響を及ぼし、責任を軽減ないし免除する可能性がないではない。あるいは、胎児以外の人への配慮を理由に胎児への責任を軽視するかもしれない。この点は、更なる検討を要する。

3　障害胎児を私の子どもとして引き受ける、男性の態度

　妊婦とは違い、男性には胎児の存在を知る内的触覚が欠けている。それ故、胎児の「存在」もまだ間接的にしか感じ取れない。男性は機器を通じて子の映像を見るか、又はパートナーの腹に触れることができるだけである。

とすれば、その胎児を私の子として引き受ける責任を語ることはどのようにして可能なのだろうか。

まずは、女性との心身の交流を媒介として胎児の存在を認めることから始めるほかない。その上で、①当該女性との約束、②胎児が自らの（加害）行為によって命を宿したという事実、③当該女性の性交渉の相手であるという地位、といった理由づけがありうる。①と②については先述した。③については、父となりつつある人に対して「父」という地位に基づく責任を準用できるかどうかは、胎児の属性との相関関係から更に検討される余地を残す。いずれも、相手たる女性への関係を媒介として障害胎児への責任の有無や程度が語られる。

そうではなく、かつて自身が体験した乳呑児の「存在」認識を現在の妊娠状況へと類比させる想像力を駆使することによって、端的に胎児の「存在」と当為性を語りうるかもしれない。そのときには、障害の有無は大きな意味を持たないだろう。その一方で、身体性の基盤を持たない男性の想像力が障害情報に勝てない可能性は妊婦よりも大きい、との想定も十分に可能である。

V　まとめ

本稿は、障害胎児の存在が判明した後の親の判断について、責任という視点から何らかの示唆を得ることができるかどうかを検討した。この状況で親の責任を語る最も有力な説としてヨナスの存在論を参考にした。ただ、彼の議論を私なりに理解し直した見解を貫こうとするならば、障害胎児の扱いに尚いくつかの課題を残す。私は、妊婦にあっては内的触覚を、その相手にあっては最終的に妊婦との関係への依存性を指摘した。それでも、障害胎児の情報にどう対応するかは健常胎児への応答の枠を超えており、確たる結論を示すまでには至らなかった。他方で、本稿での仮想例には別の接近法がいくつか提案されている。特に、胎児を含めた関係者の「権利」から問題解決を図ろうとする試みは多い。本稿は、あくまで責任という視点から若干の検討を加えたものである。

不正によって損なわれるもの
――『クリトン』篇のソクラテス――

村上　学

　I　プラトン『クリトン』篇とソクラテスの合理
　II　正によって益され、不正によって損なわれるもの
　III　「思慮ある者」の行為の理由
　IV　正しい行為を選択することの困難

I　プラトン『クリトン』篇とソクラテスの合理

　プラトンはソクラテスの生をどのように引き受けたのか。本稿はプラトンの初期の作品『クリトン』篇で描かれるソクラテスの生のあり方の特徴を通して、プラトン自身の哲学の方向性を見定めたい。

　さて、裁判結果が自分にとって、あるいは自分の親しい人間にとって不当で不利益がある場合、その重さにかかわらずそれに抗したくなるのはむしろ自然なことのように見える。それはアテナイの「多くの人たち」にとっても同様であっただろう[1]。しかし、プラトンが描くソクラテスはそうした多くの人たちの考えの正当性について吟味の必要性を迫る。30日もの期間刑の執行が保留されたのは、まるで試されていたかのようでもある。当のソクラ

---

(1)　いわゆる「ソクラテス裁判」は手続き上、そして量刑についてもアテナイの法律に則っていたようである。だが、審判の内容（「有罪」）が不当である点は、ソクラテスの口からも指摘される（54B-C）。登場人物クリトンはこうした状況の中「多くの人の思わく」を代弁して「脱獄」を薦める人物として描かれている。いわゆる「ソクラテス裁判」の法手続き上の正当性やその後の影響などは Brickhouse&Smith（1989）とそれ以後の研究、及び納富（2021）参照。

テスは違法となる脱獄を選ばなかった[2]。

「行動はいかにあるべきかということについて ('Η ΠΕΡΙ ΠΡΑΚΤΕΟΥ)[3]」という副題が『クリトン』篇のテーマを表すと積極的に評価するのは田中美知太郎である。田中（美）は、『クリトン』篇 48D-E のテキストを根拠として「原則の下において首尾一貫性を持つ」ことを求めるソクラテスをプラトンは描いたとする[4]。その原則は「論理による自他の説得を条件として行動する」ことと「よく生きる」ということ（48B）だと指摘する。田中（美）は、「ただ議論のための議論における首尾一貫性を追求するものではない」と注意しつつも、『弁明』などと比較して『クリトン』篇のソクラテスには「徹頭徹尾合理的な言行を期待できるものと考えられ、その意味でのわかりやすさ、明快さを持つ」とする[5]。

これに対して、松永雄二は「ソクラテスは決して合理主義者ではない」と注意している[6]。

> ソクラテスとは、それの現存がほとんど一つの謎とうつるまでに、極度に単純な無垢な存在であった。彼はすべてを、すなわちわれわれの生のすべてを、吟味する。しかし彼は決して合理主義者なのではない。彼はただ、世界がそして自らの生がすでに解釈されてあることを許さなかったのだ[7]。

松永が斥ける「合理」とは、世界や自らの生を一つの対象として「解釈されてある（＝思いなす）」ことである。ソクラテスはそうした解釈、すなわち一定の世界観や人生観を作り上げることはしなかった（同上引用箇所）。自他の生を吟味し続けるソクラテスの姿は、なるほど常に真実を求めて、そして

（2） 通常は判決後刑の執行は間を置かず実施されたようである。なお、この30日間の間、実際には牢獄以外で過ごすこともできたにもかかわらずソクラテスは「規則通りに」牢獄にとどまった。Burnet (1924) p. 252。
（3） Thrasyllus の付加（Adam (1888) p. 21）。訳は田中美知太郎による。直訳だと「為すべきことについて」。
（4） 田中（1975）pp. 400-401。
（5） 同上 p. 400。cf.) 46B。
（6） 松永は田中美知太郎の全集の編集にかかわり『クリトン』篇の翻訳と解説を収録した第20巻（田中（1989））の解題も書いている。
（7） 松永雄二「ソクラテスの現存」（初出『現代思想』第10巻5号、1982。再録松永（1993）。引用は『知と不知』p. 3。

不知の自覚のもとで、固定された「結論」としての一般法則をうけいれなかったであろう。

　だが、プラトンの作品に出てくるソクラテスには、他方でいくつか「確信」に近い信念があるように見える。少なくとも、吟味され議論された結論が田中（美）の否定する「議論の首尾一貫性」に基づくのではないとすれば、一体どのように説得され、「真実に近づいた」とするのか。言い方を変えれば、それをいかに知りうるのだろうか。一つには対話におけるお互いの「同意」がその鍵だと見なされようが、「議論の首尾一貫性」との違いを説明する必要がある。

　本稿では『クリトン』篇において、いったい何に目を向けて吟味・議論を行なっているのか、改めて問う。それはソクラテスという人物をプラトン自身がどのように受け取ったか、という問題である。その際の一つの前提は、プラトンにとって終生、それが人間並であったとしても、神託によってソクラテスが「知者である」とされたこと、すなわち「思慮（「知慮」とも訳される）ある者（φρόνιμος）」であった点である[8]。

II　正によって益され、不正によって損なわれるもの

1　最大の善きこと

　『クリトン』篇の議論は、「法を破って脱獄する」という特定・個別の行為を巡ってなされる[9]。その議論は、クリトンの口から「今からでもぼくに従って（ἐμοὶ πιθοῦ）[10]、生きのびてくれたまえ」（44B6）と語られて以来、その後はソクラテスによって議論をお互いに「従う・説得される／説得する

---

(8)　『パイドン』結び（118）及び『国家』第7巻（514A-521B）の「洞窟の比喩」参照。洞窟の比喩で「下に降りた（者）」がソクラテスを念頭に置かれていた点は Adam（1902／63）pp. 94-5 等参照。

(9)　『ソクラテスの弁明』（以下『弁明』）を除く初期「対話篇」にあってこの『クリトン』だけが「アポリア（行き詰まり）」で終わらない。だが、それを「○○とは何か」と問う他の対話篇の論題の抽象度と関連づけるかどうかについては慎重な検討が必要だと思われる。

(10)　Burnet（1900）, Duke（1995）らに従い πείθου ではなく πιθοῦ で読む。

(πείθειν/πείθεσθαι)」ことを目指して行うと繰り返し確認される (46B, 48D-E, 54D. cf. 49E, 51B)。「説得」であるから、単に「真理を求める」だけでなく、加えて説得の対象となっている人がすでに持っている信念を修正することが含まれる。

クリトンがあげる「脱獄」説得のさまざまな理由（友情 (44B-C, 44E-45A)、「自分自身の保全」(45C)、家族の安否 (45D)[11]）は「多くの人たち (οἱ πολλοί)」が何をよしとするか、その思わくに収斂していく (45E-46A)[12]。この箇所の「多くの人たちの思わく」批判は思慮ある者としてのソクラテスのありようを彫琢する。

> クリトン：・・(略)・・。もし人が彼らの間でいったん中傷を受けてしまったなら、ほとんど最大とも言える害悪をいろいろと作り出すことができるのだ。
> ソクラテス：実際、クリトンよ、**大衆が最大の害悪をつくることができればねえ！　それなら、彼らは最大の善きものもいろいろとつくることができるだろうし、そうであれば、結構なことだろうよ。しかし実際には、どちらもできないのだ。つまり、彼らは人を思慮ある者にも、思慮なき者にもすることができないのであって**、ただ気まぐれに行き当たりばったりのことをするだけなのだ。(44D)[13]

この箇所の「最大の善きこと」が「思慮あるものにする」ことであるとは、われわれだけでなく当時の人たちにとっても不可思議な指摘であったろう。しかし、それはソクラテスの「吟味の生」の内実である。

クリトンが語って見せた「多くの人たち」は、「欲望」とか「恥ずかしさ」などに基づいて、「友情」とか「自己保全」などを「理由」に行為（「脱獄」）を考える。他方、思慮あるものはその（今はまだ十分に明らかになっていない

---

[11]　『弁明』30A-B 参照。

[12]　こうした「大衆批判」から、『クリトン』の主題をソクラテス裁判への（再度の）弁明または反論、そして結果的に当時のアテナイの民主政への批判として読む解釈もある。cf.)『国家』492B-E および「大衆は哲学者足り得ない」(494A)。クリトンの人物像については『パイドン』117D 参照。歴史上実際に牢獄に尋ねた人物が別人（アイスキネス）だった可能性についてはディオゲネス・ラエルティオス『ギリシア哲学者列伝』第2巻、7章、60 参照。

[13]　朴訳 (2017) による。以下の引用部についても同様。

が)「思慮」に基づいて「理由」を選択する。すなわち、「推理の結果最善だと自分に明らかになるような言論（ロゴス）でなければ、自分の中の他のいかなるものにも従わない」(46B)。

「法に従う」行為について、『クリトン』では「正しさ」こそが思慮に基づいて選択される「理由」に当たる。では、なぜ思慮ある人は「正しさ」を第一とするのか。あるいはその「正しさ」は、どのような仕方で「思慮ある者である」とか「思慮ある者にする」という点にかかわるのか。この問題の全てが解かれるわけではないが、その概要を示すことが『クリトン』篇の中心課題である。

2 「よく生きる」生を根拠づけるもの：「魂（プシュケー）」という語の不使用について

『クリトン』篇では慎重に「思慮ある人」と「正しさ」とが結びつけられている (46E-47E)。

(i) 思わくには尊重しなければならないものもあるが、そうでないものもある。(46E-47A)
(ii) ある人たちの思わくは尊重されるが、他の者たちのそれは尊重するに及ばないものがある。(47A)
(iii) 尊重されるのは有益な思わくであって、ためにならない思わくはそうではない。(47A)
(iv) 思慮ある人の思わくは有益である（χρησταὶ ... αἱ τῶν φρονίμων）が、思慮のない人のは、ためにならない。(47A)
(v) 思慮ある人の思わくを尊重し、多数の何もわからない連中の思わくをありがたがると害悪がある。(47B-C)

従うべき「理由」と「多くの人たち」の切り離しが「有益さ」と「思慮」の結びつきの中で行われる (iv)。「切り離し」と並行して重要なのは、この段階で、およそ「思わく」が成立すること＝「問題になっていること」について、「知・思慮」（φρόνησις）がかかわる点である。上記まとめ (iv) と (v) の間で、次のように言われる。

(S) とりわけ、今僕たちが考えをめぐらしている正しいことや不正なこと、醜いことや美しいこと、善いことや悪いことについてはそうではないか。つまり僕たちは多数者の思わくにしたがい、それを恐れなければならないのだろうか、それとも、もし誰か精通している人がいるとすれば、そのただひとりの人の思わくに従うべきなのだろうか、(中略) もしその人にしたがわないようならわれわれはかのものを破壊し、損なうことになるだろう、この場合、かのものとは、正しいことにより善くなり、不正なことによって滅びるものであったのだが。(47CD)

「多くの人たち」を有益さから切り離しつつ「(あることに) 精通している人 ἐπαΐων」を踏み台にしている。こうして「思慮」(cf. (iv) 47A) の成立を確認した上で、ソクラテスは「有益さ」をそれを受け取る人における評価、すなわち「生きがい βιωτὸν」へと接続する。

(vi) 健康について、専門家の思わくに従わないと身体を壊してしまって、生きがいはない。(47D-E)
(vii) **不正が損ない、正がそれのためになるところのものが、もし破壊されてしまったととするならば、我々ははたして生きがいのある生き方をすることができるだろうか」**(47E)

行為の選択において正・不正がもたらす「有益さ／害」を、より広く「生きがい (生きるに値する生)」の問題として捉える (vii) の同意が決定的に重要である。

この (vii) の「不正が損ない、正がそれのためになるところのもの」があることをクリトンと同様に諾う (47D) としても、そこでの「正しい」とか「不正」はどのようなことを指すだろうか。その点を、続く『クリトン』篇の議論に沿って確認しておこう。すなわち、健康についての例が示唆するように、ある行為・振る舞いをする時に「従うべき言論」に従う、そして行為するということである。

ἀλλ' ὅτι ὁ ἐπαΐων περὶ τῶν δικαίων καὶ ἀδίκων, **ὁ εἷς καὶ αὐτὴ ἡ ἀλήθεια.** (48A)[14]

---

(14) テキスト引用は Burnet (1900) のまま。Duke et al. (1995) は καὶ の前のコンマを入れる (ὁ εἷς, καὶ αὐτὴ ἡ ἀλήθεια.)。「真理のそのもの (がなんと言うか)」を付加として訳すのは、朴、田中美知太郎。田中享英訳では「知っているただ一人の人がどう言う

「ただ一人でも、正不正についてよく知っている、その人がなんと言うか、また真理そのものがなんと言うか、(そのことこそ気にかけるべきなのだ。)」
　＊（　）は引用者

　従う（説得される）べき言論として、「知っている（精通している）人 ὁ ἐπαΐων（の言論）」と「真理そのもの（が語ること）」との強い結びつきが確認される。そしてそれらのいずれか、あるいは両者に従うことが「正しい」ことなのである。
　ここまで議論が進んだところで、かの有名な二つのテーゼが登場する。

　　（A）もっとも大切にしなければならないのは、ただ生きるということではなくて、よく生きるということなのだ。(48B)
　　（B）ところで、その〈よく〉というのは、〈美しく〉とか、〈正しく〉とかいうのと、同じである。(ibid.)

　「多くの人たち」と異なり（48A-B etc.）、（A）（B）についてクリトンが（そして我々が）同意する時、（B）における、特に「よく」と「正しく」を繋ぐのは何だろうか。「よく」の方は「生」に「有益である」「生きがい」とか「よく生きる」といった評価がある（A）という点である。では、「正しさ」を『クリトン』ではどこで「生」と、そしてその「生」を介して「よさ」と関連づけたか。それは、先の引用（S）及び（vii）の箇所で示されていた。
　（S）＆（vii）「不正が損ない、正がそれのためになるところのもの」が「魂」のことであることについては、目につく範囲では異論がない。Burnet (1924) は、この箇所でプラトンが「魂」の語を使わないのは、魂が善悪の座 seat であるというソクラテスの考えが「紀元前5世紀の斬新なアイデア (a novel idea)」であることを我々に示すためだとしている[15]。そしてこの

か、**すなわち**真理そのものが何と言うか、なのだ。」と知っている人と真理とが重ね合わされている。ここでは、一旦は自分の意見を「吟味にかける」。そして一番良いと思われる「ロゴスに従う・説得される」(46B ff. etc. cf. 54D) という方針に照らし、かつ知っている人が不在である可能性を排除しない点で、真理のある種の外在性を補足（付加）する発言だと解する。
(15)　p. 273. cf. 田中（1957）pp. 158-9。

考えは「紀元前4世紀ではお馴染みのそれであった」とも付け加える。つまり、ソクラテスの死刑が行われた399年B.C.当時の対話場面のアクチャリティを保つためにプラトンはあえて直接「魂」とは書かなかった、というわけだ。

だが、『クリトン』よりも場面設定が早く、それも1ヶ月ほどの差しかない『弁明』の、かの有名な箇所ですでに「魂」への直接言及がある。

　　　「名声と名誉については気にかけながら、思慮と真実について、また魂について、どのようにすればそれが最も優れたものになるかを気にかけることもなければ、思案することもないとは」と。(29E)

　　　「というのも、私があちらこちらをめぐり歩きながらしていることはといえば、次のこと、つまりみなさんのうちの年少の者にも年長の者にも、魂について、それができるだけ優れたものとなるように配慮するよりも前に身体やお金のことを気にかけるべきでもなければ、あるいはまた魂に配慮するのと同様の熱心さで、身体やお金のことを気にするかけるべきでもない、と説くこと以外の何ものでもないからです」(30A-B)

引用箇所は同時に身体への言及もある点で文脈も類似している。『クリトン』のみ、わざわざ時代のアクチャリティを求めるのは不自然であろう。直に名前を挙げない理由として他には読者に想像させ印象付ける、という劇作上の理由をあげることができる。だがその解釈も、『弁明』で身体よりも「より貴重なもの（τιμιώτερον）」(48E)として「魂」を名指していることを考えると強い埋由には見えない。

ここで我々は先に「最大の善きこと」として語られていた事柄、「人を思慮ある者にする」(44D)を思いだしたい。『クリトン』篇で終始フォーカスされているのは「思慮ある者」の生であり、(A)「よく生きる」を実現するのはまさに生きがいある生を送れる「思慮ある者」なのだ。そうであるなら、「不正が損ない、正がそれのためになるところのもの」とは、「魂」であるとしても、ここではさらにより的が絞られて「思慮」ないしは、魂の中でも「思慮を備えた魂」ということになるだろう。ただ、この時の思慮と魂の関係は、上記『弁明』引用箇所でも並列に扱われていたとはいえ、『クリト

ン』の中では語られず課題として残ることになる[16]。むしろ、まだ十分に明らかではないからこそ「より貴重なもの」がここでは「それ」として表現される。すなわち世話の対象である魂において、思慮を備える場合と備えない場合とでは何か決定的に違う、ということが示唆されるのである。『弁明』（前引用箇所）と対をなすように『クリトン』では思慮が損なわれる、あるいは「それ」が思慮を備え損ねるとき、「よく生きる」こともできない、という言論の説得が読者に試みられている。

　この「不正をすることによって損なわれる何か」が在ることを認めるかどうか、その「同意」が、大袈裟に言えば『クリトン』篇の他の議論の全てを支えている。「よく生きる」ことが「ただ生きる」ことよりも優れているのも、そうした何かが在るからである[17]。

　かくして、『クリトン』篇の結論部の議論は、次の二つの命題（C1）（C2）から導かれる「不正」に関する方針（C3）に基づいて、「法を破ること（＝脱獄）」が「不正」であるならばそれは「行わない」と結論する議論となっている（49A）。

(C1) それは、正しいこと（正義）によってよくなり、不正によって損なわれる。
(C2) それが損なわれたとすると、「生きがい」がない（＝「よく生きる」ことにならない）。
(C3) よって、不正は決してしてはならない。

Ⅲ　「思慮ある者」の行為の理由

1　不正をしない

　我々にとって最も大事な何かが「不正によって損なわれる」ことを認めるならば、「不正を決してしない」（C3）が最大の関心事となる（cf. 46B）[18]。

---

(16) この箇所と『国家』篇との強い連関を主張するのは朴（2010）（pp. 132-3）である。本稿注（25）も参照。
(17) 『ゴルギアス』522C-D など参照。魂の「健全さ」を保つ条件に「不正をしない」ことが挙げられる。
(18) 「脱獄する」「国外に逃亡する」といった具体的行為をソクラテスは「最初から」す

さて、注意すべきは、思慮ある者が何を「不正である」と判定するか、その根拠は何か固定された一般原則からの推理ではない点である。そうではなくて『クリトン』篇の当該箇所では、関連するソクラテスの個別・具体的な信念、言動それぞれに照らし合わせてその行為が整合的であるか、矛盾はないか、という観点で「正しさ」がはかられている。

2　個別の状況：国法と国家共同体による説得

紙幅の都合で架空の対話（48B 以降）の一部に絞って「不正」判定の議論をながめておこう。

たとえば「国外に逃亡すること」が不正なのは、ソクラテスがこれまでの 70 年の人生において（cf. 52E）許されていたにもかかわらずほとんどアテナイの外に出ていない（51D, 52B, 52E-53A）事実や、裁判で国外追放よりも死刑を選んだ判断や[19]（52C）、国法と国家共同体に基づいて市民生活をすることに言葉によってではなく行動による同意（52D）などが、法を破る行為（この場合は「脱獄」）と一致しない・矛盾するから（51E-52A）である。

以上をまとめて、ソクラテスの「過去」が法に従う同意を意味するにもかかわらず、脱獄し国外へ逃亡することは、「生みの親」に従わない、「育ての親」に従わない（「親」とされているのはいずれも国家共同体と国法）、そして国家共同体や国法が適切でない場合に両者を「説得もしていない」[20]とい

べきでない（＝不正である）と考えていた（たとえば 46B-C）。だがそれでも、繰り返し確認した吟味と説得の方法は堅持している点は注意されてよい（48Dff.）。また、この箇所以後クリトンはソクラテスを「調べる」ことができなくなり（50A）一種の一人問答となる。これは、ソクラテスの「思慮ある者にする」活動が思慮ある者にしかできないとの見立てがプラトンにあったということであろう。そうであるからこそ、「エレンコス」「ディアレクティケー（対話術）」「分割法」など、ソクラテスが不在であっても「最大の善きこと」をどのように実現していくか、その方法論はプラトンにとっても課題であった。一人問答については『ゴルギアス』篇（505E ff.）参照。この箇所で、「よさ」を備えた魂として「規律のよって整え」られた「秩序ある魂」が登場し、それにより無思慮（ἡ ἄφρων）でない思慮ある人（ここでは σώφρονος）は正しいことをなす、と描写される（506D-507B）が、本論で以下示す通り『クリトン』と同一線上の考察となっている。

(19)　『弁明』37C-D。
(20)　この箇所が、「不当な裁判」と認識しているにもかかわらずその判決には従う根拠

う三重の不正を犯している」と国法は主張する（ibid.）。

　この箇所のソクラテスはそれによって今、在ることを根拠に①「国法」とか「国家共同体」の権威を強く認めている[21]。権威を承認するその下でこそ「法に従う」ことが「正しい行為」の候補となっている。候補にとどまるのは、国法が「絶対」ではないからである。なんらかの不調、内部での衝突や不合理が生じている場合は「本来の正義 τὸ δίκαιον πέφυκε」によって「説得すべき」(51C, cf. 51B, 52A) だと言われる。

　そしてこの箇所でより顕著なのは、先に述べたように②「不正」がそれまでのソクラテス自身の選択や、吟味されてきた同意との「矛盾」によって評価されている点である。

　この②の側面は決して小さくない。国法（・国家共同体）とソクラテスの対話が自問自答でもある点を思いだそう。①権威の元に語られる事項もソクラテス自身が「同意」している事柄なのである。その諸々の「同意」に反することが②「不正」だと判定されている。

3 「不正をなすことによって損なわれる」

　本稿では「（不正は）不正を行う者にとって、あらゆる点で、まさに害悪であり、醜い」(49B) というソクラテスの主張をできるだけ文字通りに受け取る[22]。最大の善・害悪は「思慮のある・なし」にかかわり、そして不正を行うことによって最も大事にすべき「それ」は損なわれるのであった。

　では、「（「それ」・思慮が）損なわれる」とはどのような事態なのだろうか。

　『クリトン』篇の議論の範囲内では次のようになるだろう。ある時の「同意（説得）される言論」や選択した行為が、一方では、これまでの自分自身と矛盾する場合、その「矛盾」が言論（ロゴス）としてその人のうちに入り

として、かつ「悪法も法である」という主張を行なっていない証拠としてしばしば挙げられる。
(21) 50C-51C, esp. 51A。ソクラテス、プラトンの法への態度や思想について、特に『クリトン』のソクラテスについては三島 (1980／93) pp. 50-53。丸橋 (2017) pp. 56-60 参照。
(22) 「ソクラテスのパラドックス」と呼ばれる議論の一つ。『ゴルギアス』472D ff.「不正を受けるよりも為す方がより悪い」も参照。

込む（「説得」）、あるいはそうした矛盾した言論の下での行為が経験されその人のうちに留まる（行動が「同意」と同じ）のだと[23]。思慮ある者の言論、または真実の言論に従わないことは直ちに不利益なのであった。「矛盾」を抱え込むのであるから、一方に真実でないロゴスが含まれることになる。かくして、「それ」自身は「不正をする」選択を通じて真実でないロゴスを受け入れ損なわれる[24]。

　矛盾を抱え込む影響についても『クリトン』では具体的に指摘されている。たとえば、これからの発言や行動に「説得力」がなくなる（53B-54A）。あるいは、不正を行って一貫性がなくなってしまう姿は「身に纏うものが変わる」譬えでも表現される（53D ff.）。そして、こうした一貫性のない、変わってしまう「姿」は、正義やその他の徳と対極にあるのである（54A）。

　このように思慮ある者の行為の選択は、吟味の中で真だと現れる言論に「従って」、そうした言論に矛盾しないようにする、という原則に貫かれている。以上のことはソクラテスの中で「笛の音のように」響く言葉（54D）の内実である。プラトンの描くソクラテスは、他者との対話（吟味）や権威の承認などを含みつつ、何より一貫性の上でこれ以上ない人物と言わざるを得ない。

IV　正しい行為を選択することの困難

　だが、これでは「正・不正」の判定として、時間的にも継続して思慮を持とうとしてその通り持ち続ける者にしか「正しさ（正義）」、あるいは「不正でないこと」が「知られない」ことになる。それ以外は、むしろ真実でないことの方が自分自身に一致しているように見えたり、そうでなくともたまたま「真理そのものが言うこと」に一致したか、知っている者（そうした人物がいるとして）の助言などに従うことによってその特定の行為を「できるだ

---

(23)　『プロタゴラス』篇314A-B参照。「学識」（の言論）は直接魂を害したり益したりする。

(24)　この「魂が傷つく（損なわれる）」イメージは、『ゴルギアス』篇での「魂の秩序と正しさ」の比喩のほか、「穴の空いた甕」のたとえ（493-D-E）でも見られる。「不正が魂を損なう」議論は他に『国家』609B-Dを参照。

け」正しいものとして選ぶほかない。

　しかも、正しいことをすることで益され不正によって「損なわれる」のは思慮あるいはおそらく「魂」であった。さらに、正しさがよさや美しさと「同じである」と認められている以上、正しい行為を選択できないのではよく生きることにならない。「正しさ」に限らず、よさや美しさにおいても、文字通り不断にそれらに目を向け、できる限りそれらを選び続けることが必要となる。そうして獲得されるであろう思慮や魂の健全さが「先なるもの」となって、そこでようやく「不正でない」行為が思慮に一致する理由によって選ばれることになる。

　もし以上のような仕方で「正・不正」が語られるとすれば、仮に「不正を為すことによって損なわれる何か」を認めたしても、おそらく、ソクラテスと同じ仕方で我々にとっても「脱獄」が不正かどうかは、**自分自身を吟味した後でしか**判定できないことになる。

　さらにそうした吟味では『クリトン』篇のソクラテスに倣えば、自分が住む地域やその法・慣習、そしてその人の生き方・経験が具体的に考慮されることになるだろう。そうすると、似たような状況下であっても、一方では「不正でない」という評価の点では同一でありながら、他方、それぞれが異なる理由の下で別個の行為を選択することになるかもしれない。そうだとすると、たとえば、別人であれば、裁判で「国外追放」という選択肢が「不正でなく」選択される可能性もありうる。

　だが、我々は依然として「多くの人たち」の一人であろう。結局この時、「死刑」に感じる抵抗感、死への不安や家族のこと、あるいは名誉など、さまざまな自分自身の思わくを掘り起こし、それらを吟味の上で然るべき言論（ロゴス）（同意なのか否定なのか）に整えていくことなしに「脱獄する」「しない」の**どちらを選んでも**「正しさ」から遠い、という事態に直面しそうである。

　プラトンが描くソクラテスの「選択」は、徹底して不正を回避する点であまりにも純粋である。しかし、むしろそれゆえに、決して理解しやすいわけではない。幾つもの謎を残したままでソクラテスは死刑となった[25]。我々はいかにして思慮ある者でありうるのか。ソクラテスの同胞たちと同様、不

在の中心へと目を向けながら、日々の行為の選択の中にこそ、解くべき宿題が残っているのである[26]。

参考文献

Adam, J. (ed.) "Plato, Crito" Bristol Classical Press, 1888

Adam, J. "The Republic of Plato vol. Ⅱ (2nd. ed.)", Cambridge U.P., 1902/63

Brickhouse, T.C. & Smith, N.D. "Socrates on Trial", Oxford, 1989（米澤茂・三嶋輝夫訳『裁かれたソクラテス』、東海大学出版会、1994）

Burnet, J. (ed.) "Platonis Opera Ⅰ", Oxford. U.P., 1900

Burnet, J. (ed. with notes)" PLATO Euthyphro Apology of Socrates. and Crito" Oxford, 1924

Duke, E.A. et.al. "Platonis Opera Ⅰ", Oxford. U.P., 1995

Emlyn-Jones, C. & Freddy, W. "PLATO Euthypro, Apology, Crito, Phaedo"（Loeb Classical Library, 2017）

田中秀央『プラトーン　クリトーン』、大学書林、1971

田中美知太郎『ソクラテス』、岩波新書、1957

田中美知太郎訳『クリトン』（岩波『プラトン全集』1）、岩波書店、1975

田中美知太郎『田中美知太郎全集　第20巻　翻訳編Ⅰ』、筑摩書房、1989

田中享英訳『クリトン』（三島輝夫、田中享英『ソクラテスの弁明・クリトン』）、講談社学術文庫、1998

朴一功『魂の正義　プラトン倫理学の視座』、京都大学学術出版会、2010

朴一功訳『クリトン』（朴一功・西尾浩二訳『プラトン　エウテュプロン／ソクラテスの弁明／クリトン』（西洋古典叢書））、京都大学学術出版会、2017

納富信留『ギリシア哲学史』、筑摩書房、2021

松永雄二「ソクラテスの現存」（初出『現代思想』第10巻5号、1982）再録『知

---

(25) プラトンにあっても『クリトン』を執筆してのち、死の場面（『パイドン』編）を描ききるまでにそれなりの年月が必要であった。『パイドン』についた副題は「魂について」である。

(26) 本稿は2023年9月30日九州大学で開催の九州大学哲学会・特別講演「どのようにして法に従うか　プラトン『クリトン』のソクラテス」の発表原稿を大幅に加筆訂正したものである。特にソクラテスの法の遵守について納富信留氏の貴重な指摘に感謝する。その他名前はいちいちあげないが当日質問や助言を下さった参加者にも感謝したい。すべてを反映できた自信はないがソクラテスの精神に従って対話によって少しでも良くなっていることを願う。

と不知』第 1 章、東京大学出版会、1993
丸橋裕『法の支配と対話の哲学　プラトン対話篇『法律』の研究』、京都大学学術出版会、2017
三島淑臣『現代法律学講座 3　法思想史（新版）』、青林書院、1980／93

ヨハネス・メスナーの「文化倫理学」について
―「生活形式としての文化」について―

井 川 昭 弘

I 「文化倫理学」について
II メスナーの文化倫理学について――文化の本質について――
III 小　括

I 「文化倫理学」について

　今日、倫理学の世界において「文化倫理学」は独立の地位を築いたとはとても言い難く、わが国においても欧米においても管見では研究の蓄積がわずかのものであるように思われる。

　例えば、すでに稲垣良典（1928〜2022）が指摘したように[1]、わが国において「文化倫理学」と正面から取り組んだのは、ほぼかつてのカトリック哲学者吉満義彦（1904〜45）を例外とするものであるように思われるし[2]、欧

---

(1) 稲垣良典『人間文化基礎論』九州大学出版会、2003年、111頁には、「文化倫理学」が「こんにち、倫理学の分野においても、文化理論の領域においても確立されていない」としつつ、「かつてヨハネス・メスナーは文化倫理学に関する体系的著作を公にしており、わが国でも吉満義彦が文化倫理に関する興味深い論文を発表したことがある」としている。稲垣の本書は、「文化が真に『文化』であるために尊重すべき原則、ないしは従うべき規範の問題」（同82頁）を探求するものであり、それを「文化の自然法」（82頁）と呼んでいる。これはまさしくメスナーの『文化倫理学』と方向性を同じくするものと言えるだろう。
(2) 例えば吉満義彦「文化倫理における神学的問題」ほか、『吉満義彦全集　第1巻文化と宗教』講談社、1984年所収。なお今回は和辻哲郎については検討することができなかった。

米においても正義をテーマとした「多文化主義」に関する法哲学的ないし政治哲学的著作を別にすれば、文化の倫理それ自体を論じた議論としては、アルベルト・シュヴァイツァー（1875〜1965）の著作が目に留まるくらいであるようにも思われる[3]。

このような状況の背後にある諸問題を一刀両断式に簡潔に論じることは困難であるように思われる。しかしながら、いくつかの可能性を挙げるとすれば、第一に、欧米型近代自由主義文明においては近代化のなかで文化と倫理、さらには宗教がそれぞれ別の固有の論理を備えた「システム」として分化し、相互の関連付けがなされにくくなっていった、という見方もあるだろう[4]。「芸術のための芸術」という標語が典型的に示すように、近代社会における精神的自由の浸透とともに、文化的活動が次第に倫理的評価にはなじまないものとされた、という面もあろう（しかしその際には「文化」の領域が高等な芸術のごときものにとどまるものであるかが問題でもあるし、又芸術の営みが倫理的なものと常に無縁に営まれてきた訳でもないが）[5]。

（3）　シュヴァイツァーは言う「倫理は、私の中にありまた外にある生きんとする意志に対する畏敬である」。アルベルト・シュヴァイツァー「文化と倫理」（氷上訳）、『シュヴァイツァー著作集　第6巻』白水社、1957年、317頁。Albert Schweitzer, *Kulturphilosophie*, C. H. Beck（München), 2007, S. 312.

　　もっとも、あらゆる「生命への畏敬」を究極の倫理規範とみる、シュヴァイツァーの純然たる自然主義的な倫理学と、メスナーの自然法倫理学の立場からする文化倫理学はかなり性質の異なったものであると言わざるを得ないだろう。特にシュヴァイツァーにおいては、社会と個人が対立的に捉えられ、アモラルな前者を後者が倫理化する必要が説かれるが、メスナーにあって個人はそれ自体が社会的存在として捉えられると同時に、社会は個人を補完するものとされ、社会により積極的な意義が与えられている。

　　メスナー学派のラウシャーも社会や世俗世界の存在を悲観的にのみ捉えるシュヴァイツァーの議論をメスナーと対照的なものとみている。Anton Rauscher, „Religion als Grunddimension der Kultur", in: *Die Einheit der Kulturethik in vielen Ethosformen* (hrsg. von W. Freistetter und R. Weiler), Duncker&Humblot（Berlin), 1993, S. 26.

（4）　ユルゲン・ハーバーマス（丸山他訳）『コミュニケーション的行為の理論［下］』未来社、1987年、324、354頁。Jürgen Habermas, *Theorie des kommunikativen Handelns Band 2*, Suhrkamp Taschenbuch, 1995, S. 488, 518.

（5）　芸術と倫理の関係については次の書を参照。ジャック・マリタン（浜田訳）『芸術家の責任』九州大学出版会、1984年、6,37,42,105頁。Jacques Maritain, *The Responsibility of the Artist*, Scribner（New York), 1960, Chapter Ⅰ, Ⅱ, Ⅳ.

　　マリタンによると「芸術」と「倫理」は「人間という統一ある主体」のうちでそれぞ

第二に、今日、倫理学の分野において「社会倫理学」についての議論はあまり一般的ではないことから伺われるように、規範倫理学の分野においても倫理の主体としての個人の行為に焦点が当てられ、諸個人の集団的活動を担い手として生み出されるべき、個人の存在から区別される固有の存在を備えた、社会の「共同善」(bonum commune) という概念が、それほど浸透していないという事情もあろう[6]。それ故、そうした「共同善」の実現を目指す共時的な共同性に加えて、さらに過去と現在を通じた「伝統」(Tradition) という、いわば通時的な共同性をも媒介にして生み出される文化が、倫理学の対象となり難かったという事情があろう[7]。

　第三に、文化を倫理学の対象とする場合、当然に、文化に関する価値(ないし善)の問題を避けることが出来ず、ある特定の文化の基盤になる価値は何であり、それがどのように基礎づけられ正当化されうるのかという倫理学的問題が、解決しえたとしても結局はそれは特定の文化圏に固有のものであ

　　　れ自律的な世界に属しつつ(即ち作品の善と人間的行為の善という夫々の「形相的目的」formal object が相違する)、「外的で間接的な仕方」(即ち「質料因」の次元)でのみ両者は「従属関係」が存在するという。そして両者の調和は、芸術家としての観想的な魂に注がれる「慈愛(カリタス)」の徳という注賦徳によって(その存在様態が変容されることで)成し遂げられるとする。さらに「芸術のための芸術」という標語はあくまで抽象的観念としての「芸術」についてのみ成立し、実在の芸術家の事柄ではないと付言する。
(6)　特に日本においては(カトリシズムを別とすれば)近年の「共同体主義(コミュニタリアニズム)」の紹介などを例外として、そうであろう。これに関してはアラスデア・マッキンタイア、ロバート・N・ベラー、マイケル・サンデル、パトリック・デニーンなどの名前を挙げることが許されるであろう。
(7)　また「伝統」という概念が与える保守的印象も影響しているであろう。「伝統」(Tradition) とは先行世代が後続世代に「伝える」(tradieren) ことに努めた文化的価値やそれを帯びた財や制度の総体をいうのであり、人間の生活の営みが無からの営みではない以上、意識的・無意識的に各人が成長し社会化される中で身につけ、普段にその中で生活しているところの何ものかであろう。それはまた、後続世代が新たな発見や刷新をする際の前提となるものでもあり、後続世代によってより善きものへと更新されることが期待もされるところのものであり、単に過去の遺産を墨守することではないのは言うまでもないだろう。
　　　この点、思想史に関する議論であるが、「生きた伝統とは、歴史的に拡張され社会的に具体化された議論」であるとみるマッキンタイアの見解は参照されてもよいだろう。アラスデア・マッキンタイア(篠崎訳)『美徳なき時代』みすず書房、1993年、273頁。Alasdair MacIntyre, *After Virtue* (*2nd edition*), Notre Dame Univ. Press (Indiana), 1984, p. 222f.

り、諸文化圏間においては相対的価値を持つものにすぎないとみなされ、また特定の文化圏内における価値の究明も、何か特殊主義的な、もっと言えば「ナショナルな」性格ないし「宗派的な」性格を帯びるあまり、一定の「立場」に強くコミットすることを避けたい研究者からは避けられてきたと言う事情もあるかもしれない。この点、確かに文化（Kultur）の語源を礼拝（Kult）と結びつけるキリスト教哲学者ヨゼフ・ピーパーなどに典型的にみられるように、文化はしばしば（普遍性と同時に特殊性をも備えた）宗教と密接に関連を持つものと捉えられてきたのも事実である[8]。

　この点に関しては、本稿も文化と宗教との関連を重要なものとみなし、後述するように「自然法」（Naturgesetz）を規範的根拠とする「自然法倫理学」（Naturrechtsethik）の立場から文化の倫理を論じる**ヨハネス・メスナー**（1891〜1984：墺）の議論の分析である以上、そうした一定の「立場」にコミットするものであることは、認めざるを得ないだろう。しかし、最終的には第三者の判定にゆだねざるを得ないものの、普遍的な「人間本性」（natura humana）のもつ「本性法則＝自然法」（Naturgesetz）に焦点を当てての議論である以上、メスナーの議論が歴史的文脈としては20世紀中葉のオーストリアの「カトリシズム」の立場からの議論であっても、そうした特殊な文化圏・宗派性に内在的なものを目指しているのではないことは付言しておきたい。

　なお最後に第四に、メスナー自身はこの問題の原因として、「文化」（Kultur）という概念自体の歴史が浅いこと、また「文化」についての実証的な研究や、哲学的な研究の歴史についてもそうであることを挙げている[9]。

（8）　ヨゼフ・ピーパー（稲垣訳）『余暇と祝祭』講談社学術文庫、98頁。Josef Pieper, „Muße und Kult ", S. 22; in Josef Pieper, *Kulturphilosoophische Schriften* (hrsg. von B. Wald), Felix Meiner (Hamburg), 1999. なお本書を敷衍しつつ、日本におけるその適用を模索した次の書が近年出版された。ヨゼフ・ピーパー（土居・稲垣・松田編著）『余暇と祝祭——文化の基礎——』知泉書館、2021年。

　ほかにもフランスのカトリック哲学者ジャック・マリタン（1882〜1973）やイギリスの詩人・批評家であるT.S.エリオット（1888〜1965）の名を挙げることも出来るであろう。

（9）　すなわち「文化」概念自体の歴史がヴィーコやモンテスキュー以来の200年ほどで

以下では、メスナーの議論を追いながら、①メスナーは文化の本質をどのように捉えたか、②文化の規範的な側面についてメスナーは「自然法倫理学」の立場からどのような基礎的考察を行ったか、③現代の文化が抱える諸問題に対して具体的にどのような処方箋をメスナーは与えたのかの三点を論じたいが[10]、本稿では紙幅の都合上、このうちの第一の問題のみを取り上げ、他は別稿を期したい。

Ⅱ　メスナーの文化倫理学について
　　──文化の本質について──

1　ヨハネス・メスナーについて

カトリック司祭でもあった、オーストリアの社会倫理学者ヨハネス・メスナー（1891～1984年）について、伝記的な紹介はここでは割愛したい[11]。

メスナーの著作の特徴として、基本的には19世紀末よりの「新トマス主義」の流れに位置付けられつつも、マックス・シェーラーの実質的価値倫理学の影響をうけ、また第二次世界大戦中のイギリス亡命時に、同地で「経験主義的方法」の重要性を理解したと自ら述べているように、心理学や社会学、経済学など同時代の人文・社会科学の広汎な知識を自らの著作に批判的に摂取しつつ活かしている点が挙げられるだろう。

あること、実証的な研究もA.コント以来であること、哲学的な研究もヘルダーやカント以来であることを挙げている。Johannes Messner, *Kulturethik mit Grundlegung durch Prinzipenethik und Persönlichkeitsethik* (Nachdruck der Ausgabe von 1954), Verlag für Geschichte und Politik, 2001, S. 331 ff.
　なお「文化」（Kultur）概念の概念史について詳しくは次の書を参照。Alois Dempf, *Kuturphilosophie*, R. Oldenbourg (München), 1932, S. 9-30. デンプにおいて「文化」を定義する際に「職能」（Beruf）概念が大きな役割を果たしていると言えるだろう。この点、メスナーやエリオットにも親近性があろう。

(10)　メスナーはそれぞれを①「生活形式としての文化」②「秩序としての文化」③「課題としての文化」という見出し語で論じている。このうち③に関しては具体的処方箋という点ではメスナーの議論は一定の歴史性を帯びるだろうが、そうした相対性に単にとどまるものを目指しているのではないようにも思われる。
(11)　メスナーの生涯など詳しい伝記的事実に関しては次のものを参照。山田秀『ヨハネス・メスナーの自然法思想』成文堂、2014年より第1章。

2 「文化」と「自然」

　メスナーの著作に立ち入る前に、「文化」(Kultur) という概念について1点のみ指摘しておきたいことは、今日ではしばしば「文化」(Kultur) は「自然」(Natur) と対比され、対立的に捉えられる概念となっているのではないかという事である[12]。

　しかしながら、本稿の取り上げるメスナーにおいては「文化」は「自然」と密接に結びついており、「文化」は「自然」を完成させるものであり、普遍的「自然」自体が価値（より伝統的な用語法では善 bonum）と関係しつつも、人間において「文化」として具体化される。また人間という「自然」、つまり人間本性に関して言えば、それが理性でもって有徳な存在となるという点で、その「自然」は完成する[13]。

　また各々の時代・地域の「文化」は一定の特殊性を帯びながらも、人間本性という「自然」と関係するゆえ普遍性をもその根底に備えているものとメスナーにおいては考えられていることを、まず指摘しておきたい。そこでは実は前提としての「自然」(Natur) という概念自体が「人間本性」(natura humana) をも含む形而上学的な射程をもつものとして捉えられているとも言える[14]。

---

(12)　例えば新カント派の哲学者リッケルトは、あくまで「科学」の方法論上の観点の区別ではあるが、法則定立的で価値自由な「自然科学」と、個性記述的で価値関係的な「文化科学」とを峻別した。ただし「文化科学」を定礎するためには近似値的にも普遍的文化価値が前提されねばならないし、「自然科学」も「自然」自体の文化価値を前提にしているとする。リッケルト（豊川訳）『文化科学と自然科学』岩波書店、1939年、222, 229頁。Heinrich Rickert, *Kulturwissenschaft und Naturwissenschaft*, Reclam (Stuttgart), 1986, S. 168, 173.

(13)　同趣旨のことをトマス主義哲学者ジャック・マリタンも述べている。「かくして文化は理性と徳性の働きが人間にとって自然的であるという同じ意味において、人間に自然的なものであり、文化とは正にその果実であり又地上的成就である。」（なお原文を現代仮名遣いに手直しした）。ジャック・マリタン（吉満義彦訳解説）『宗教と文化』甲鳥書林、1944年、44頁。Jacques Maritain, "Religion and Culture", in: *The Persistence of Order* vol. 1 (eds. by C. Dawson and T.F. Burns), Cluny Media, 2019, p. 3.

(14)　同趣旨の議論として、稲垣良典、前掲書、81頁以下参照。

3　メスナー『文化倫理学』(1954年) という著作の構造

　メスナーの著作群のうち、戦後期に執筆された主著と目される『自然法——社会・国家・経済の倫理』(初版1950年、第5版1966年) と、いわば第二の主著であり本稿の主題である『文化倫理学——原理倫理学と人格倫理学による基礎づけ』[15] の関係に簡潔に触れるならば、両著は相互補完的な関係にあり、『文化倫理学』では原理倫理学の現象学的な詳しい基礎づけと、人格倫理学、文化倫理学が扱われているのに対して、『自然法』では原理倫理学の簡潔な要約と、その社会倫理学および国家倫理学、経済倫理学への応用が扱われているという関係になっている。

　さらに『文化倫理学』自体の著作としての構造は、次のようなものである。『文化倫理学』第一部は「原理倫理学」と題され、メスナーの倫理学体系の基盤となる。そこでは現象学的方法が採用され、倫理学の出発点として、人間の「外的経験」を通じて知られる諸事実のみならず[16]、「内的経験」を通じて知られる「意識事実」としての良心の作用 (良心の洞見、判断、傾動、呵責等) と義務、責任、罪責、悔恨、贖罪等が論じられる。さらには倫理的なものの存在根拠、本質、基準についての概略が「倫理的真理」の問題として論じられている。さらに人間本性のうちに刻まれた目的秩序の現実化を論じる「倫理的秩序」の問題と倫理学の方法論 (それは「経験的—帰納的」方法と呼ばれる) が「倫理的認識」の問題として論じられる[17]。

---

(15)　Johannes Messner, *Kulturethik mit Grundlegung durch Prinzipenethik und Persönlichkeitsethik* (Nachdruck der Ausgabe von 1954), Verlag für Geschichte und Politik, 2001. 以下、Messne, KE と略記する。

(16)　メスナーは「外的経験」を通じて知られる倫理的諸事実とは「倫理的確信や評価の表現である現在や過去の事実的なふるまいの類」としている。すなわち、宗教上の贖罪に関する儀礼や刑罰権の行使に関わる法制度、様々の社会的功績を褒章する制度など、歴史学的、文化人類学的、社会学的な諸事実である。ただしそれは「倫理的なもの」が人類の歴史・社会のうちに存在するという事実を示すのみで、そこから直ちに一定の規範的なものを導出できるような性格のものでないとされる。Vgl. Messner, KE, S. 8.

(17)　詳しくは山田秀、前掲書より第4章を参照。メスナーは倫理的諸原理 (「善はなすべし、悪は避けるべし」、黄金律など) の認識は経験に条件づけられているが、経験に由来するのではない「アプリオリな総合判断」であるとする。しかもその「経験」は家族共同体などの社会生活のなかでの具体的な経験である、と。

　またここでいう「アプリオリ」はカント道徳哲学でいう超越論的アプリオリではな

『文化倫理学』第二部の「人格倫理学」（die Persönlichkeitsethik）では自己認識、自己規律、無私、責任意識、隣人愛、謙遜、畏敬といった人格の徳論に関する議論を行っているが[18]、これは個人を超える文化的・社会的次元において完成されるはずのものである。それゆえ、「人格倫理学」は「社会倫理学（国家及び経済倫理学を含む）」と「文化倫理学」に接続している。

なお第二部「人格倫理学」と同著第三部の「文化倫理学」（die Kulturethik）との関係についていうならば、制作（poiesis）の領域に属する文化的な財や制度は、人格の存在充足に仕えるべき手段であるゆえ、そうした文化的な財や制度を扱うという意味での狭義の文化倫理学は人格倫理学に対して従属すると言えるが、同時に、文化とは結局のところ倫理的行為の実践（praxis）を通じての諸人格の存在充足をいうというメスナーの結論から言うならば[19]、広義の（あるいは勝義の）文化倫理学は人格倫理学を肉付けし完成するものとしての地位を占めているということも出来るだろう。メスナーは本書で両者を総合しながらも後者の議論に重きを置いているように思われる[20]。

　　く、人間的で習慣的（ハビトゥス的）な「アプリオリ」な洞察のことであり、具体的な内容を持ちながら、社会生活の基盤となる倫理的知識であるとメスナーは考えている。この点に関して次の拙稿も参照されたい。井川昭弘「自然法倫理学における倫理的アプリオリについて──ヨハネス・メスナーとその後」、日本法哲学会編『法哲学年報2021』有斐閣、2022年所収。

(18)　この点に関して詳しくは拙稿「自然法倫理学における徳論──ヨハネス・メスナーの場合──」日本カトリック神学会編『日本カトリック神学会誌』第23号、2012年参照。

(19)　Messner, KE, S. 333 f. ただしそれは所謂「活動的生活」（vita activa）において完成するものではなく、「観想的生活」（vita contemplativa）をその頂点とするものであろう。この点に関して、ヨゼフ・ピーパー（土居・稲垣・松田編著）、前掲書、13頁において稲垣良典は次のように言う。「文化は何よりも人間が人間として完成されるところに見出されるものであるが、人間が人間として完成するのは、（他の実用的な目的に秩序づけられることなく、それ自体が目的であるところの）観想の働きに他ならない」。この点、さらに自由と恩恵との神学的問題にも接続するであろうが、これ以上は立ち入らないこととする。

(20)　同趣旨の議論として次のものを参照。稲垣良典「文化の自然法──文化倫理学に向けての一試論」、水波・阿南・稲垣編『自然法と文化』創文社、2004年、58頁。又、後述のように、文化を「生活形式」とみる際には、文化倫理学は人格倫理学を社会倫理学へと橋渡しする中間領域とみることもできるであろう。

最後に本稿で主題的に扱う『文化倫理学』第三部の「文化倫理学」の構成は「文化」についてその本質を論じる①「生活形式としての文化」、②「自然法倫理学」の立場から「文化」に関する規範的基盤を論じる「秩序としての文化」、③現代の「文化」に関する個別的問題に対するいわば「処方箋」を論じた「課題としての文化」の三部分からなっている。このうち本稿では①「生活形式としての文化」を扱う。

4　メスナーにおける「文化」概念――「生活形式としての文化」――

メスナーは文化倫理学を営むに際して、「文化」という概念自体をまず、「それでもって人が真に人間らしくなるところのもの」(„worin der Mensh die Vollentfaltung des wahrhaft Menschlichen findet.") と定義する[21]。この定義は文化をまずは外的な財として定義するようであるが、メスナーはただちに「外的な財に乏しくとも人間的価値、即ち相互の愛と信頼、配慮と自己犠牲、共通のもののための協力といったことでもって文化的人間となり幸福感にみたされる」ことが人間には可能であり、そのための最も基本的な場が「家族」であると付け加える[22]。メスナーはしばしば人間が個人的存在や国家的存在であることを一面的に捉える思潮（即ち個人主義と全体主義）に対して、人間がまずは中間社会の最小単位である「家族」に属する「家族的存在」(Familienwesen) であることを繰り返し強調している。

また「文化」がしばしば精神的文化として観念されることに対して、メスナーは文化人類学者C.クラックホーンの「粗末な鍋もベートーベンの交響曲と同じく文化的産物である」[23]という言葉を援用する。さらに詩人・批評家T.S.エリオットを援用しながら[24]、文化には社会的・歴史的側面があ

---

(21) Messner, KE, S. 336. 真に人間らしく「なる」とは人間としての存在充足することである。
(22) Messner, ibid.
(23) Messner, KE, S. 339. クライド・クラックホーン（光延訳）『人間のための鏡』サイマル出版会、1971年、22頁。
(24) Messner, ibid. T.S.エリオットは文化を①個人の文化、②階級・集団（group）の文化、③社会全体の文化に区別し、①は②によって、②は③によって条件づけられているとした。また「文化の解体」は各層間の有機的連関が断たれた場合に起きるという。
　なおここで言う「階級」(class) とは経済的なそれというよりは文化的な観点で述べ

ることを指摘し、文化を「ある民族の伝統を形成するような見解や態度、また、それらによって規定された**生活形式**」[25]として捉えようとする。

　この「**生活形式**」という概念が、事実の水準からみた場合、メスナーにとって文化の本質的定義であると言えるだろう。そのうえで、「人間は価値を認識し、価値を実現するというその精神的・創造的資質ゆえに文化的存在 Kulturwesen であり」、「文化とは一つの民族の生活の発展の社会的・歴史的形態に他ならず、それぞれの生活領域における発展に成員が参加して**人格を完成させる**ということを本質的目的として持っている」とする[26]。ここでは文化が個々人の存在充足(「人格の完成」)と密接に関連するという重要な論点が指摘されている。すなわちここでは文化の目的因としての側面、規範的水準が示唆されている。

　その上で、メスナーは「生活形式」としての文化を、さらに**伝統、エートス、法、宗教**という四つの観点から分節しつつ論じる。なお、ここでは主に文化の存在の事実的、本質的な側面が論じられるのであり、あるべき文化を実現するという規範的、具体的な側面の議論はのちに「秩序としての文化」「課題としての文化」として論じられることになる。

　そしてこうした議論をする背景にあるのは次の経験的事実であるという。①基本的な倫理的諸原理と倫理的真理は、内容的に特定された仕方で幼少時よりの教育を通じて教えられ、内面化されること。②諸民族のモラルは大部分は社会的に、即ち伝統により条件づけられていること。③それゆえに歴史・社会的に条件づけられた実定的モラルは社会の発展とともに共同体内外

　　られており、「一つの全体としての階級の機能は、起居動作の標準 (standards of manners) を保存し伝播するにあります」とされる。また社会の諸部分間の「摩擦」 (friction) にも文化発展にとっての意義があるとする。T.S. エリオット (深瀬訳)『文化の定義のための覚書』中公文庫、2018 年、75、85、118、150 頁参照。T.S. Eliot, *Notes towards the Definition of Culture* in T.S. Eliot, *Christianity & Culture*, A Harvest Book, 1976, p. 93, 98, 115, 132.
　　なおメスナーも、文化的「エリート」を社会全体の上位に一元的に君臨する者としてではなく、多元的な各職能の指導的立場の者たちとして捉えた。Vgl. Messner, KE, S. 460ff.

(25)　Messner, *ibid*. それは次の価値実現、人格の完成という文化の目的因=形相因と対比すればその質料因とも言えるだろう。

(26)　Messner, KE, S. 343.

の相違が生じること。④歴史・社会的なモラルの特殊性・個別性にもかかわらず、人類の倫理的意識の統一、最も基本的な倫理的諸原理の真理性と義務付けについて、それを洞察する万人の理性の等しさがある、と[27]。

(1) 伝　統

　人間は他の動物と異なり、伝統（Tradition）を通じて集団的な経験や労働の成果、新たな認識を後の世代へと伝え、伝統を通じて人は「文化的存在」（Kulturwesen）となりうるのであるが、その最重要の伝達手段は言語であり、次いでシンボルである、とメスナーは言う。また伝統とは前世代の経験と洞察を次世代に伝達すること、次世代はそれらを道具や社会制度でもって活用し、自らの生活を形成することにある。

　そして幼少時より伝達された伝統は、人間の精神に無意識の影響を与え、その行動様式や価値観を規定するが、後の世代の成員は受け継いだ遺産を自らの生活経験において確証し、発展させ、更に後世に引き継ぐ必要がある、とする。

　また自らや他の諸国の伝統に対して相応の敬意が払われ、教育の場面でもそれが学ばれ、社会成員は伝統の形成に参画し、更に活性化せねばならないし、伝統に対して成員がシニカルな態度をとることも控えられねばならない、と付言されている[28]。

(2) エートス

　ある共同社会の生活形式である文化の根底には、一定のエートスが存在するが、エートスの相違は各民族の実定的モラルの個性を形作り、固有の徳性（勇気、粘り強さ、正義、忠実、親密さ、勤勉、節約、冷静、中庸、清さ…）を発達させる。しかしすべてのエートスが倫理的本性法則（Naturgesetz）に照らして必ずしも善いものではなく、それがどの程度「誤った良心」の表現であるかを確定するのは倫理学の課題であるとメスナーは言う。

　またある共同社会のエートスはその成員人格に対して補完的な関係にあ

---

[27] Messner, KE, S. 355. 最後の点に関しては次の論考も参照。水波朗「マリタンの文化哲学」、水波・阿南・稲垣編『自然法と文化』創文社、2004年所収。

[28] Messner, KE, S. 346-354. しかしながら実際の伝統はしばしば「反価値的な」生活習慣を含んでいることもあるとする。なお「反価値的」とは人間本性の本性法則（Naturgesetz）にその伝統が反するものであるかぎり言いうるであろう。

り、成員人格はエートスから受け取りもすれば、それに与えもするという。さらにエートスはその持続性にも関わらず可塑性も備え、諸文化の触れ合いや、「倫理的天才」の出現によりエートスが発展することもあるという。そして共同社会とその文化の盛衰は、そのエートス次第であり、個々人は共同社会のエートスのあり様に対して共同責任を担っているとする[29]。

(3) 法

　個人が文化的存在となるには社会を必要とし、社会もその文化を発展させるには文化に参加しつつ成長する諸個人を必要とする。そのためには前提として法によって実現する確たる社会秩序が必要であり、ゆえに法はあらゆる文化の発端にあるとも言えるとメスナーは言う。

　また法は必ずしも「近代法」の概念形式で捉えきれるものではなく、恣意的な権力行使を禁じるために一般に文化の発端にあるものであり、その第一の現象形態は風習（Sitte）や慣習（Gewohnheit）であるという。それは共同体の平和秩序を確立する支配力と関係づけられるが、人間本性の動性・歴史性に由来する発展的性格のものとされる。

　また全体社会内の諸グループの利害対立は、その民族のエートスのあり方として、法が倫理的なものを内在させていると信じられ、それゆえに法が尊重される限りでのみ、対立が文化的な豊かさをもたらしうる緊張へと転化しうると（そうでなければ「階級対立」と実力による支配関係へと至りうると）、メスナーは論じる。同時に国内的・国際的両面で、諸勢力の対立による社会破壊を防ぐために、「共同体理念」を現実化するような法文化が必須であるとも説いている。

　また今日の民主制において（社会政策的規制や計画経済により）私的な自由と責任の領域への過度な干渉がなされて「人間の国家化」が生じることが防がれねばならず、逆に「国家の人間化」が必要であるという[30]。

---

(29) Messner, KE, S. 355-367. また「人工的に造り出されたイデオロギー」によって共同社会のエートスが掘り崩されてもならないという。

(30) Messner, KE, S. 368-375.「国家の人間化」とは、メスナーがしばしば強調する「国家の補完性原理」により、国家が中間社会や諸個人を補完・支援する役割にとどまるべきであることを指していると理解できるだろう。

(4) 宗　教

　宗教は文化の構成要素であるというにとどまらず、歴史的・時間的な性格を帯びた文化という枠組みをある面で超えたものである。というのも宗教の文化的機能は伝統のうちにある重要な諸価値を伝達するのみならず、永遠、普遍、無条件のものに根差したエートスを伝達することにあるからである、とメスナーは言う[31]。

　また宗教は人間の「生きる意味」や世界のなかでの地位を生活形式のなかに受肉させ、存在充足への最強の動力を与える（即ち「感覚的快に囚われた小我を乗り越えさせより大なる善へと献身させる」）。さらに宗教は人間の精神的創造力に強い霊感を与え、緊張に耐える力や犠牲心を与え、文化の高さの前提を造り出す。加えて歴史的経験から導き出せる「文化法則」と言えるのは、宗教による生活形成力が弱くなるにつれ、持続的で本質的な価値よりも、効用・快価値が志向されるようになり、文化が没落することである、とメスナーは述べる。

　しかしながら、それ自体としては文化の促進が宗教の目的ではなく、宗教の目的は救世の業である。確かに宗教は人の無意識に働きかけて文化を発達させうるが、意識的な目的設定としてそうするのではない。逆に宗教が文化の発展のために利用されようとするならば、宗教はその本来の価値を失ってしまう、とする[32]。

　今日の文化危機の時代にあって、「文化の精神的な再統合」（C. ドーソン）が必要であるが、そこで宗教が役割を果たすには宗教再生のための「根」が

---
(31)　メスナーによると文化と宗教は「本質的には異なった次元に属し、異なった目的を持っている。文化は可変的で条件的、過渡的、歴史的、現世的なものを目的とするのに対して、宗教は不変で、無条件的、究極的、永遠の、彼岸的なものを目的としている」（傍点筆者）とする。

　また「宗教とその当局がある時代の世俗精神に由来する文化的・社会的理念をその救済の使信の内容とすることは許されない」としている。というのも「宗教は超時間的な目的への目印となるという本来の目的を断念することなしに、単に文化や社会を形成する力に仕える者と堕することは出来ない」からであると。Vgl. Messner, KE, S. 388f.

(32)　しかし宗教の当局には「社会の良心となる」という間接的な文化形成の課題があるとメスナーは言う。同時に、そこではそれぞれの分野の一般信徒が宗教的良心をもって文化形成に携わるべきで、宗教の当局がそれに関して指図したり直接に関与する者ではないとする（聖職者主義の否定）。

求められねばならないという[33]。そしてある社会・文化的な生活形式を生きる人間、特にそのエリート層が「生ける宗教」とならねばならないとメスナーは述べている[34]。

Ⅲ 小 括

これまでの議論を小括して言えるのは、以下の事であろう。メスナーは『文化倫理学』という著作で、今日において必要でありながらも稀な営みである「文化倫理学」と正面から取り組んだのであるが、その際にまず第一に、（人間の）「自然（本性）」(Natur)を形而上学的な射程を持ちつつ価値を内在させた実在として捉えることで、その「文化」(Kultur)との本質的な関連性を見出し、さらには人間の文化の営みと人間本性の「本性法則」(Naturgesetz)という倫理法則を関係づけることで、「文化」に関する倫理的評価の客観的基盤を見出したと言えるだろう。それゆえ観念的には文化と倫理の機能分化が進んだと考えられることもある近代社会においても、文化倫理学の可能性をまずは確保したと言えるだろうし、「人間本性」の普遍性を媒介にして、一定の歴史的・地域的な文脈をも超えうる普遍的な「文化倫理学」の可能性を見据えたと言えるのではないか。

第二に、個々の人格の倫理と、文化（文化倫理学）および（本稿では主題的には取りあげなかったが）社会の共同善（社会倫理学）とを結びつけることで、個人倫理学と文化倫理学・社会倫理学を関連させたと言えるし、本稿では詳しく立ち入られなかったが、人格の究極目的を超越的なものとすることで、倫理学と宗教との接点を見出すと共に、現世的社会や物的・手段的な文化財に対する人格の優位という存在論的な優先関係を見出しえたと言えるだろう[35]。

---

(33) したがって単に「宗教への回帰」を説くのみでは解決とならないという。というのもそのための精神的な前提が今日の西洋型文明において欠けているからである、と。ここでいう「根」とはまさにそうした精神的な前提を涵養することの謂であろう。Vgl. Messner, KE, S. 387.

(34) Messner, KE, S. 391.

(35) しかしながら人間は「個体」(individuum) としては全体社会の部分であるのだが。

第三に、「文化」(Kultur) 概念を、人格の存在充足という倫理的・存在論的な問題と関係づけつつ、人間の「生活形式」として捉えることで、(メスナーが好んで用いる言葉である)「現実に近い」(Wirklichkeitsnahe) 文化考察の基盤を確保し、それを「伝統」「エートス」「法」「宗教」という人間文化に本質的に伴う諸要素と関連付けて分析した。それによって人間の文化を個人を超える共同性において捉えて社会倫理学への橋渡しをすると共に、また「伝統」という概念を媒介に、文化を過去・現在・将来の世代にわたる歴史的発展性を持つ性格のものとして捉えることができるようになったと言えるのではないか。

　この先さらに、メスナーの『文化倫理学』での議論は、「秩序としての文化」という表題のもと、文化と倫理的本性法則 (Naturgesetz) との詳しい関係、また倫理的本性法則と文化固有の即事的諸法則との関係、また人間本性の存在論的秩序に由来する文化の総合的な秩序の原理、文化の目的としてのその最小限の保障と最大限の実現という課題などが扱われる。

　さらに「課題としての文化」という表題のもと、現代の文化的諸問題に対応するための「道」、またその際の「リスク」と「悲劇」、さらには人間本性自体に根差した「希望」が語られるのであるが、紙幅の都合上これらの論点については他稿を期したい。

　この点についてはジャック・マリタンが先鋭な分析を行っている。ジャック・マリタン (大塚訳)『公共福祉論』エンデルレ書店、1952 年。Jacques Maritain, *La personne et le bien commun* in: Oeuvres complètes, volume Ⅸ, Éditions universitaires (Fribourg Suisse), 1947.

自然法としての「ダルマ」
―― エゴイズムをいかにして超克するか？ ――

高橋 文彦

  I　はじめに
  II　正義の概念とエゴイズム
  III　仏教的アプローチ
  IV　おわりに

I　はじめに

　2017年3月26日、桜が咲き乱れる福岡において「九州法理論研究会」が開催され、私は「〈私〉の正義論は可能か？――「意欲」から善悪の彼岸へ？――」というテーマで拙い報告をさせていただいた。この研究会には、もちろん酒匂一郎教授も出席され、積極的に議論に参加された。本稿は、この研究会の報告原稿に当日の質疑応答およびその後に展開された議論の内容をも反映させつつ、大幅な加筆修正を施したものである[1]。

　この研究報告の出発点は「自然法は存在するはずだ！」という私が長年抱いてきた素朴な直観であり、「では、どこに？」という問題意識であった。そして、私は仮の到達点として「善悪の彼岸に、おそらくダルマとして」という荒唐無稽とも思われる仮説を設定した。私がこのような仮説を形成した

---

(1)　実は、私は既にこの報告原稿をもとに、「無我の正義論は可能か？――仏教的自然法論序説（1）――」『明治学院大学　法学研究』第106号（2019年1月）を執筆したが、諸般の事情により未完に終わっている。今回、忙中に閑を見出し、仕切り直しをする次第である。

背景には、イギリスの仏教倫理学者キーオン（Damien Keown）教授の次のような言葉があった。

> 仏教倫理にとって究極的な基礎はダルマ（Dharma）である。ダルマには多くの意味があるが、その根底にある観念は、宇宙の物理的秩序と道徳的秩序の両方を律する普遍的法則（universal law）である。ダルマは「自然法（natural law）」［＝自然法則］と訳すのが最も良いであろう。この用語はダルマの主要な意味を両方とも捉えている。すなわち、自然現象の振る舞いに見られる秩序と規則性の原理という意味と、ブッダのような悟りを開いた存在によってその要求内容が明らかにされたところの普遍的な道徳法則（universal moral law）という考えの両方である[2]。

　私はキーオン教授のこの言葉に強く心を動かされ、仏教思想に関して門外漢であるにもかかわらず、上述の仮説に基づいて、エゴイズムを超克し得るような自然法としての「ダルマ」について拙い考察を試みたのである。
　もっとも、この簡単な説明だけでは、「法」哲学の研究者である私がなぜ仏教という一つの宗教思想に依拠した自然法論の可能性を検討することになったのか、その理由がよく分からないであろう。そこに至る過程も含めて、以下でやや詳しく説明したい。

Ⅱ　正義の概念とエゴイズム

1　立場の反転可能性

　正義の概念（concept of justice）とエゴイズムの対立関係を明確にするために、まず酒匂教授の『法哲学講義』（成文堂、2019 年）から関連個所を引用したい。酒匂教授によれば、「…正義の主張は相手と立場を入れ替えても主張できるもの、「立場の反転可能性」（井上達夫）あるいは「相互性」の吟

（2）　Damien Keown, *Buddhist Ethics: A Very Short Introduction* (Oxford, 2005), pp. 3-4. ちなみに、イスラエルの歴史学者ハラリ（Yuval Noah Harari）もまた仏教を「自然法［則］を信じる宗教（natural-law religions）」の一つとして捉えている。*Cf.* Yuval Noah Harari, *Sapiens: A Brief History of Humankind* (Vintage, 2015), p.249.［ユヴァル・ノア・ハラリ（柴田裕之訳）『サピエンス全史（下）――文明の構造と人類の幸福』（河出書房新社、2016 年）27 頁。］

味に耐えるものであることを必要とするのである。」[3] この引用個所において、酒匂教授は井上達夫教授の『法という企て』(東京大学出版会、2003年) を参照するように明示的に指示している。そこで、井上教授自身の主張を直接引用しておく。井上教授によれば、正義の概念は普遍主義的要請として理解することができ、さらにこの普遍主義的要請は「立場の反転可能性」を含意するという。

> …的確な正義概念の理解として、普遍主義的要請を挙げることができる。これは、当事者の個的同一性による規範的判断の差別化の排除の要請である。もう少し厳密に言えば、普遍化不可能な条件、すなわち何らかの特定存在者 (個人だけでなく特定集団も含む) に究極的に言及することなしには記述しえない条件への包摂の有無を、規範的判断の正当化理由から排除することの要請である[4]。

> …普遍主義的要請の根本的含意に触れておく。それは立場の「反転可能性 (reversibility)」の要請に関わる。これはキリスト教の黄金律や「汝の欲せざる所、人に施すことなかれ」という儒教の訓戒にも通じる。普遍主義的要請は当事者の個別的同一性による規範的判断の差別化を排除するが、これは自他の立場が現状と反転したとしてもなお首尾一貫して受容しうる規範的判断のみが正義の判断としての身分をもつことを含意する[5]。

以上の引用から、酒匂教授も井上教授も、正義の概念が「立場の反転可能性」を含意すると考えていることが明らかになった。しかし、エゴイストは「自他の立場の反転可能性」の要請を拒否するであろう。なぜならば、自他 (自分と他人) との間には極めて重要な非対称性が存在していると考えるからである。この対立点について、さらに検討しよう。

2 エゴイズムと個体的同一性

井上教授によれば、正義の普遍主義的要請によって排除される立場がエゴイズムであるという。この点について、井上教授は最初期の著書『共生の作

---

(3) 酒匂一郎『法哲学講義』(成文堂、2019年) 182頁。
(4) 井上達夫『法という企て』(東京大学出版会、2003年) 17頁。
(5) 同書23頁。

法』（創文社、1986 年）において次のように述べている。

> 正義定式［＝「等しきは等しく、不等なるは不等に」という定式］は決して「八方美人」ではない。この定式が表明する正義の理念は少なくとも一つの実践的立場を排除する。それは、「私が私である」が故に、自己または自己と一定の関係をもつ存在者のために他者の場合とは違った特別な取扱いを要求する「エ̇ゴ̇イ̇ス̇ト̇（*ego*-ist）」の立場である[6]。

> …エゴイストたちが絶対的不正者であるのはなぜか。それは彼らが自分の場合と他人の場合とを、理由なく差別的に取扱っているからである。言い換えれば、自分が置かれた状況と他人が置かれた状況とが同様である（両者を区別する重要な特徴を差当たり挙げることができない）にも拘わらず、一方が自分に関わり他方が他人に関わるが故に、即ち、当事者の個体的同一性における相違の故に、二つの状況において為さるべき行動に差別を設けているからである[7]。

しかし、エゴイストは本当に「個体的同一性」における相違を根拠として自他を差別的に扱っているのだろうか。そもそも「私は私であり、他人は他人である」というエゴイストの理由づけは、「個体的同一性」における相違を述べているのだろうか。エゴイストを自認している私としては、エゴイストはそれほど愚かではない、と言いたい。もし井上教授が「個体的同一性」を「AはAであり、BはBである」というトートロジー（自己同一性）として理解しているならば、エゴイストの主張を根本的に誤解していることになろう。

3　永井哲学における「私」と〈私〉

エゴイストの主張を正確に表現するためには、特に自他の非対称性を図式的に明示するためには、永井均教授による「私」と〈私〉の区別を導入することが有益である。永井教授の比較的初期の著作『〈魂〉に対する態度』（勁草書房、1991 年）から引用しよう[8]。

（6）　井上達夫『共生の作法』（創文社、1986 年；〔増補新装版〕勁草書房、2021 年）49 頁。
（7）　同書 109 頁。

自然法としての「ダルマ」(高橋)　407

〈私〉（ひと呼んで山括弧のわたし）とは、…誰にとってもの「私」、主体としての人間一般、の意味をまったく含んでいない。それは、そこから世界が開けている唯一の原点たるこの私ただ一人を指示する[9]。

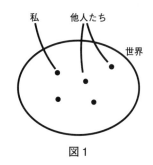

図1

ある意味では、世界はたしかに図1のようなあり方をしている。私は（最も重要な意味での）同胞に囲まれて、世界の中に存在している。…しかし別の意味では、世界は図2のようなあり方をしている（この図は『論理哲学論考』5.631の図の、眼を視野の原点＝世界の限界へ追い出した変形版である）。このとき、原点に位置する私、すなわち〈私〉は、「世界の──部分ではなく──限界」なのだが、同時にまた「世界とは私の世界」（『論考』5.641）でもあるのだ。他の諸主体は、さ

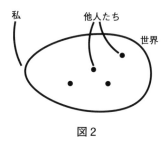

図2

しあたっては他人として、もちろんその世界の内部に登場する[10]。

　もしエゴイストが「私は私であり、他人は他人である」という自己同一性に基づいて自分の立場を正当化しているのであれば、それは「AはAであり、BはBである」と同様にトートロジーの主張であり、差別的な扱いの理由とはならないであろう。しかし、一般にエゴイストが論拠としている自他の非対称性は、永井哲学における「私」と〈私〉の区別を導入するならば、「私は〈私〉であり、他人は〈私〉ではない」と表現しうるような存在論的な差異ではないだろうか[11]。もしそうであるならば、井上教授の議論

---

(8)　本稿で援用しているのは、あくまでも初期の永井哲学であり、現在の永井哲学の到達点を知るには、例えば永井均『世界の独在論的存在構造──哲学探究2』（春秋社、2018年）を参照していただきたい。
(9)　永井均『〈魂〉に対する態度』（勁草書房、1991年）205頁。
(10)　同書 207-208頁。
(11)　参照、高橋文彦「普遍化可能性テーゼの有効射程──あるいは、ディケーに対する〈いちゃもん〉──」『法哲学年報1992年度　実践理性と法』（有斐閣、1993年）157-

はエゴイストの論駁に成功していないことになる。それでは、自他の非対称性、すなわち〈私〉と他人との存在論的な差異を前提した上で、エゴイズムを超克する途は存在するのだろうか。

III　仏教的アプローチ

1　初期仏教におけるブッダの教え

　視点を変えてみよう。私のようなエゴイストが自分自身を説得し、エゴイズムの超克を納得させる方法はあるだろうか。その手がかりを仏教に求めてみたい。仏教は自我（エゴ）に対する執着（我執）を捨てることを重要な課題としており、既に最古の仏典とされる『スッタニパータ（Sutta Nipata）』において次のように説かれている。

> 子のある者は子について憂い、また牛のある者は牛について憂う。実に人間の憂いは執着するもとのものである。執着するもとのもののない人は、憂うることがない[12]。

> …『およそ苦しみが生ずるのは、すべて執着に縁って起るのである』というのが、一つの観察〔法〕である。『しかしながら諸々の執着が残りなく離れ消滅するならば、苦しみの生ずることがない』というのが第二の観察〔法〕である[13]。

　仏教学者の三枝充悳教授によれば、「…執着のなかで、最も強烈で頑固であるのが、まさに我執であり、それは、執着のさらに根柢を自我が固めていることにもとづく」[14]と考えられる。この我執から根源的な「苦しみ」が生じるのだとすれば、それから離脱し解放されるためにはどうすればよいのか。この点に関するブッダの教えの核心をなすのが、いわゆる「四諦八正道」である。したがって、「…少なくともゴータマ・ブッダの仏教を理解し

164頁。
(12)　中村元訳『ブッダのことば——スッタニパータ』（岩波文庫、1984年）17頁。
(13)　同書164頁。
(14)　三枝充悳『仏教入門』（岩波新書、1990年）94頁。

ようとする行為は、究極的にはこの四諦の内実を、理論的にも実践的にも、了知する試みに帰着する」[15]と言えよう。

　伝統仏教の教説によれば、釈迦は「初転法輪」において「四諦八正道」を説いたとされる。「初転法輪」とは、釈迦が菩提樹の下で悟りを開いた後、初めて仏教の教義（法輪）を人びとに教えた出来事を指している。例えば、ブッダの教えを集めたとされる経典『ダンマパダ（Dhammapada）』すなわち『法句経』においては、仏・法・僧の三宝に帰依する者は「四諦八正道」を見ると説かれている。

　　さとれる者（＝仏）と真理のことわり（＝法）と聖者の集い（＝僧）とに帰
　　依する人は、正しい智慧をもって、四つの尊い真理を見る。——すなわち
　　（1）苦しみと、（2）苦しみの成り立ちと、（3）苦しみの超克と、（4）苦しみ
　　の終滅におもむく八つの尊い道（八聖道）とを（見る）[16]。

　初期仏教の研究者によれば、ここでいう「苦しみ（dukkha）」とは、肉体的・精神的な苦痛の感覚ではない。それは「不満足（unsatisfactoriness）」[17]のことであり、「思い通りにならないこと」[18]を意味している。そして、「生老病死」はすべてこの意味において我々の思い通りにならない「苦しみ」であり、したがって我々の人生は「苦しみ」そのものである。

　周知のように、ブッダが説いた「四諦八正道」における「四諦」とは四つの真理を意味しており、それは苦諦・集諦・滅諦・道諦から成る。「苦諦」とは「生きることそのものが苦しみである」という真理、「集諦」はその苦しみには原因（我執）があるという真理、「滅諦」はその原因を消滅させれば苦しみも消滅するという真理、そして「道諦」は苦の消滅に至る道が存在し、それが「八正道（＝八聖道）」（正見・正思・正語・正業・正命・正精進・正念・正定）であるという真理を表している。この「八正道」の具体的な内容

---

(15)　魚川祐司『仏教思想のゼロポイント——「悟り」とは何か』（新潮社、2015 年）60 頁。
(16)　中村元訳『ブッダの真理のことば・感興のことば』（岩波文庫、1978 年）36-37 頁。
(17)　参照、魚川・前掲書（註 15）51 頁。
(18)　参照、三枝・前掲書（註 14）81 頁、魚川・前掲書（註 15）53 頁、馬場紀寿『初期仏教——ブッダの思想をたどる』（岩波新書、2018 年）163 頁。

については、仏教の入門書でも説明されているので[19]、それらを参照していただくことにして、ここでは本稿のテーマとの関連において、次の点だけは確認しておきたい。すなわち、いわゆる坐禅は「正定」に、また最近流行の「マインドフルネス（mindfulness）」は「正念」に含まれるという点である[20]。このことは次節の議論にも直接関係するので、留意してほしい。

なお、ブッダの説法の対象は、あくまでも労働と生殖を放棄した「出家」のみであって、いわゆる「在家」も含むすべての人を対象としたものではなかったという指摘がある[21]。私は仏教学に関しては全くの素人なので、この点についてコメントする能力も資格もないが、さしあたり以下の論述においては、八正道の実践によって「在家」のエゴイストも我執を捨てることが原理的には可能であるという大乗仏教的な仮定のもとで考察を進めたい。

2 「仏教2.0」対「仏教3.0」

ここで問題を再確認しよう。私のようなエゴイストが、前述のように、「私は〈私〉であり、他人は〈私〉ではない」という自他の非対称性をエゴイズムの論拠としているならば、ブッダの教えはその超克の手がかりを与えてくれるであろうか。この問いの文脈において私が注目したいのは、藤田一照・山下良道の両氏が提唱される「仏教3.0」である。

この「仏教3.0」とは何かを知るためには、それに先行する「仏教1.0」および「仏教2.0」が何を指しているかを理解しなければならない。藤田・山下両氏の説明によれば[22]、「仏教1.0」とは、現在いろいろと批判にさらされている日本の仏教、すなわち外見だけを残して実質的な意味を失っているかに見える形骸化した在来仏教（大乗仏教）を指すのに対して、「仏教2.0」とは、ここ十数年の間に日本に定着してきた外来の仏教（主にテーラワーダ仏教）[23]を指す。両者の決定的な違いは、「仏教1.0」が心の「苦しみ」を解

---

(19) 参照、三枝・前掲書（註14）102-103頁、馬場・前掲書（註18）196-202頁。
(20) 参照、山下良道『「マインドフルネス×禅」であなたの雑念はすっきり消える』（集英社、2018年）56-59頁。
(21) 参照、魚川・前掲書（註15）32頁。
(22) 参照、藤田一照・山下良道『アップデートする仏教』（幻冬舎新書、2013年）3-4頁。

決する具体的で有効な方法をほとんど説かないのに対して、「仏教2.0」は「心を観察する」という仏教独特の方法（ヴィパッサナー瞑想）をきちんと説いて、それによって人生万般の問題を解決できると公言する点にあるとされる。

　仏教の瞑想には、「止（サマタ瞑想）」と「観（ヴィパッサナー瞑想）」がある。前者は心の働きを静めるための瞑想であるのに対して、後者は身体が感じるすべての感覚を対象化して気づいていく瞑想である[24]。例えば、坐禅の際に行われる「数息」、すなわち呼吸に合わせて「一、二、三、…」と数えることによって心の働きを止める工夫は、この分類によればサマタ瞑想であるが、ヴィパッサナー瞑想においては、呼吸を「観察する」こと、すなわち鼻の頭に心を集中して、入る息に「気づき」、出る息に「気づく」ことに重点が置かれる。この「気づき」はパーリ語で「サティ（sati）」と呼ばれ、その英訳が「マインドフルネス（mindfulness）」である[25]。「仏教2.0」は、日本においてほとんど忘却あるいは無視されてきたこのヴィパッサナー瞑想を指導の前面に押し出して、その方法論を明示した点に特徴がある。確かに、道元禅師が著した『普勧坐禅儀』には「心意識の運転を停め、念想観の測量を止めて、作仏を図ることなかれ」という言葉があり、前半の「心意識の運転を停め」がサマタ瞑想を、その後の「念想観の測量を止めて」がヴィパッサナーを表現しているという解釈が仏教学者によって唱えられることもある[26]。しかしながら、私が知る限り、「念想観の測量を止めて」はむしろ「マインドフルネスを止めなさい」という意味に理解され、「止観の枠にはまらない只管打坐を実践のベースにしなさい」と主張する伝統的な「仏教1.0」の立場から「仏教2.0」の瞑想法を批判する際の論拠として引用されること

---

(23) 「テーラワーダ仏教（Theravada Buddhism）」は「上座部仏教」あるいは「南伝仏教」とも呼ばれるが、「大乗仏教（Mahayana Buddhism）」の立場からは、自己の悟り（煩悩を断って阿羅漢位を得ること）のみを理想とする出家者中心の「小さな乗り物」（小乗 hinayana）と批判的に呼ばれた。参照、『岩波　哲学・思想事典』（岩波書店、1998年）1015頁、1388頁。
(24) 参照、箕輪顕量『仏教瞑想論』（春秋社、2008年）39-42頁。
(25) 参照、魚川・前掲書（註15）125-127頁、山下・前掲書（註20）20-26頁。
(26) 参照、箕輪・前掲書（註24）132-137頁。

の方が多いように思われる[27]。

　さて、ヴィパッサナー瞑想を方法論として明示する「仏教2.0」は、形骸化したとされる「仏教1.0」に対するアンチテーゼとして全面的に肯定しうるであろうか。曹洞宗の禅僧である藤田一照氏によれば、「仏教2.0」は「私」が自由になるためにはどうすればいいのかという問題設定をしている点、すなわち「私の自由」を目指している点に問題があるという。つまり、藤田氏は「仏教2.0」の瞑想に「私」への執着（我執）が潜んでいると考え、「仏教1.0」と「仏教2.0」を総合する「仏教3.0」の立場から、「私からの自由」あるいは「私というとらわれからの自由」を目指すべきであると主張する[28]。また、ワンダルマ仏教僧の山下良道氏は、永井哲学における〈私〉と関連づけながら、「結局、ヴィパッサナーとかマインドフルネスという現象が起こるでしょう。その現象が起こるのはあくまでも、私の言葉で言えば「青空としてのわたし」、永井さんでは〈私〉＝「比類なき私」だから起こる現象であって、現象としてはもう起こっているわけです。」[29]という興味深い指摘をしている。この最後の点について、すなわち永井哲学の〈私〉と「仏教3.0」との関連について、節を改めてさらに検討しよう。

3　内山興正老師の「自己曼画」

　「仏教3.0」と永井哲学とは微妙な距離を保ちながら触れ合っている。この点について、藤田一照氏は「永井さんの〈私〉の特徴というのは、宇宙に一つしかない比類なきもの、唯一無比、独在性というところですね。…そのことの深い自覚が仏の悟りだったのではないか。…〈仏教3.0〉と永井哲学を同一視するのは無理でしょうが、かなり重ね合わせることはできるのではないか。」[30]と問いかける。そして、この重ね合わせがどの程度まで成立しうる

---

(27)　参照、藤田一照・山下良道・ネルケ無方・永井均『哲学する仏教――内山興正老師の思索をめぐって』（サンガ、2019年）112-113頁、174頁、178-180頁。
(28)　参照、藤田一照・永井均・山下良道『〈仏教3.0〉を哲学する』（春秋社、2016年）49頁。
(29)　同書19頁。なお、「青空としてのわたし」の意味については、山下良道『青空としてのわたし』（幻冬舎、2014年）で詳しく論じられている。
(30)　藤田一照・永井均・山下良道『〈仏教3.0〉を哲学する　バージョンⅡ』（春秋社、

かを検証するための試みが、曹洞宗の内山興正老師が論じた「自己ぎりの自己」をめぐる藤田一照・永井均・山下良道の三氏による鼎談であり、さらにネルケ無方氏も加わった論争である[31]。

内山老師には多くの著書があるが、「仏教3.0」と永井哲学との関連を考えるために重要なのは『進みと安らい——自己の世界』（柏樹社、1969年）[32]、特にその冒頭に掲載された「自己曼画」（第一図〜第六図）である。紙幅の制約があるため、以下では第四図〜第六図のみに絞って、その意味するところを検討したい。まず、第四図は「アタマが展開した世界」を表しており、内山老師によれば、

第四図
アタマが展開した世界の中に住む人間
(A) 逃げたり追ったり

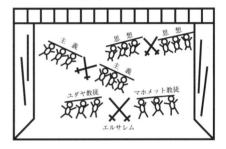

(B) グループ呆け

我々はこの「アタマが展開した世界」の中に「自己を投げ込んでしまう」のである[33]。この第四図は永井教授の図1にほぼ対応すると言えよう。永井哲学の用語を使えば、これは「私」たちの世界であり、「私」と「私」が金

2020年）127-128頁。
(31) ここで内山老師について簡単に紹介しておくと、早稲田大学で西洋哲学を学び、宮崎公教神学校で教師を務めた後、明治から昭和にかけて活躍した曹洞宗の澤木興道老師に長年師事して、ともに安泰寺に入り、澤木老師の死後にその住職となった禅僧である。藤田氏と山下氏は、内山老師の引退後ではあるが、相前後してこの安泰寺に入って修行に励んだ兄弟弟子である。また、ドイツ生まれの禅僧であるネルケ無方氏は、2002年から2020年まで安泰寺の住職を務めた。
(32) 現在入手しやすいのは、内山興正『〔新装版〕進みと安らい——自己の世界』（サンガ、2018年）である。ちなみに、「自己曼画」の「曼」は「曼荼羅」の「曼」であって、誤字でも変換ミスでもないので、誤解のないように。
(33) 参照、同書158頁。

や幸福をめぐって対立する世界である。あるいは、「私」の集団（グループ）と「私」の集団（グループ）とが思想や主義や信仰をめぐって対立する世界である。内山老師は「仏典に煩悩の世界とよび、聖書に罪の世界とよばれているのはまさしくこの世界のことです。」[34]と喝破される。哲学的に見れば、**第四図**の世界においては自他の対称性が想定されており、この対称的な対立関係からは「目には目を、歯には歯を」という対称的な応報原理（同害報復）が容易に生じるであろう。

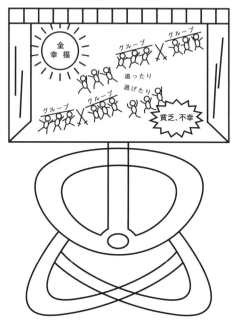

第五図
アタマの展開する世界の根本には「わが生命」があったのだ！

それでは、「アタマが展開した世界」における自他の対立を超克するにはどうすればよいのか。内山老師は、「その点われわれの真実の生命への出なおしは、…「アタマの展開する世界の根本には、わが生命があったのだ」（第五図）と生命の実物にしずまる以外にはありますまい。」[35]と答える。**第五図**は、「私」と「私」の対立が〈私〉の中で起きていることに気づいた状態を表している。すなわち、自他の対称性を超越した〈私〉は他者を包み込んでいる。

もっとも、私は永井哲学の〈私〉という概念を用いたが、厳密に言えば、内山老師の**第五図**は永井教授の図２に必ずしも全面的には対応しない。まず第一に、「アタマ」は「アタマが展開する世界」の根本に「わが生命」（身体）をもつが、〈私〉は世界の外部に身体をもたない。もし〈私〉が身体を

---

(34) 同書 172-173 頁。
(35) 同書 173 頁。

もつとすれば、マッハが『感覚の分析』に掲載した図のように[36]、世界の内部に描かれるはずである。第二に、内山老師の**第五図**においては、自分自身も「アタマが展開する世界」の中に含まれている。これに対して、永井教授の〈私〉の世界の中に、自分自身は含まれていない。このような両者の微妙な差異は、内山老師の「自己」と永井哲学の〈私〉の重なり合いを考える際に慎重に考慮しなければならないであろう。

第六図
「ナマの生命体験」と、「ナマに生命体験される世界」と、それぐるみの自己

それでは、永井教授自身は内山老師の「自己曼画」および「自己ぎりの自己」についてどのように理解しておられるのだろうか。少々長くなるが、前述の鼎談における発言から引用しよう。

> …第五図は坐禅をしている絵ですから、坐禅しているこの自己は「アタマの展開する世界」の中に「わが生命」を「その一員として投げ込んで」はいないんですね。「わが生命」は、この第五図の場合には、中に入っていないで、外に出ているんです。中に入って、その一員として何かヤリトリしたりはしていないで、その様子を外から観ているんですね。だから、「たんなる人間としての自分ではない」とも言われています。じゃあ、いったい何なんだ？と問われたなら、もちろん、何でもない。本質ではなく、存在、実存そのものです。何でもないのですから、もちろん誰でもないです。一員として投げ込まれて、分別や比較や価値づけによって他人とヤリトリしたりはしてないような、だから体験する自己と体験される世界の区別がもはやないような、独我的＝無我的な自己、つまり〈自己＝世界〉であるような自己で、これが最後の第六図に表わされている「自己ぎりの自己」であるわけです[37]。

---

(36) 参照、エルンスト・マッハ（須藤吾之助・廣松渉訳）『感覚の分析』（法政大学出版局、1971 年）16 頁。
(37) 藤田・永井・山下・前掲書（註28）113 頁。

この引用箇所を読む限り、永井教授は内山老師の「自己ぎりの自己」を「独我的＝無我的な自己、つまり〈自己＝世界〉であるような自己」として理解していると考えられる。もしそうであれば、永井哲学の〈私〉と内山老師の「自己ぎりの自己」の距離はかなり近いと言えそうである。さて、それでは、自他の非対称性、すなわち〈私〉と他人との存在論的な差異を前提した上で、自我（エゴ）に対する執着（我執）を捨てる途、つまりエゴイズムを超克する「自然法」はどのような形で存在するのだろうか。

4　暫定的な結論

　核心的な問いを深く掘り下げる前に紙幅が尽きてしまったので、本稿の考察が不十分ながら含意する暫定的な結論のみを簡単に述べておきたい。自然法としての「ダルマ」は、私のようなエゴイストに対して、「苦しみ」から解放されるには、**第五図**に示された坐禅やヴィパッサナー瞑想をも包含する「八正道」を実践するように説く[38]。そして、内山老師によれば、その到達点は**第六図**に示された「自己ぎりの自己」である。それでは、なぜ「自己ぎりの自己」においてエゴイズムは超克されるのだろうか。

　その答えは、おそらく自他の非対称性そのものに見出される。例えば、「目には目を、歯には歯を」という対称的な応報原理（同害報復）についてもう一度考えてみよう。この原理は**第四図**で描かれている自他の対称性を前提しているように思われる。これに対して、「自己ぎりの自己」すなわち「〈自己＝世界〉であるような自己」は、内山老師によれば、「…もはや自己の目の前に、いかなる他者も、過去も未来も存せず、ただ現ナマの生命の実物を生きるだけとなる」[39]のである。すなわち、自他の対称性を超えた「自己ぎりの自己」は他者をその中に包み込んで生きているのである。

---

(38)　もちろん、四諦八正道を単純に「苦しみから解放されたいならば、八正道を実践せよ」という仮言命法として理解するならば、自己の欲望を前提することになり、我執を捨てることはできない。参照、内山興正『自己——ある禅僧の心の遍歴——』（大法輪閣、2004年）241頁、藤田一照『現代「只管打坐」講義——そこに到る坐禅ではなく、そこから始める坐禅』（佼成出版社、2020年）332-333頁。

(39)　内山興正『〔新装版〕坐禅の意味と実際——生命の実物を生きる』（大法輪閣、2003年）115頁。

このような自他の対立を超克した見地に立つならば、イエス・キリストの福音も素直に理解することができよう[40]。周知のように、イエスは「山上の説教」において「あなたがたも聞いているとおり、『目には目を、歯には歯を』と命じられている。しかし、わたしは言っておく。悪人に手向かってはならない。だれかがあなたの右の頬を打つなら、左の頬をも向けなさい。」（マタイ5: 38-39）と述べて、応報原理（同害報復）を正面から否定している。そればかりか、「あなたがたも聞いているとおり、『隣人を愛し、敵を憎め』と命じられている。しかし、わたしは言っておく。敵を愛し、自分を迫害する者のために祈りなさい。」（マタイ5: 43-44）と説いているのである。この驚くべき逆説が成り立つのは、藤田一照氏が示唆しているように、イエスが**第四図**を超越した**第五図**あるいは**第六図**の立場から教えを説いているからであろう[41]。

Ⅳ　おわりに

どうやら本稿の考察は、「法」哲学から〈法〉哲学へと飛躍してしまったようである。この〈法〉哲学が今後検討すべき課題は少なくないが、ここでは二つだけ挙げておきたい。まず第一に、内山老師の「自己曼画」に内在する原理的な問題点である。「自己曼画」においては、**第六図**が「自己ぎりの自己」を示しており、ここが到達点となっている。しかし、我々は「自己ぎりの自己」にとどまって、「私」として他の「私」に働きかけることなく、〈私〉だけの世界を生きていればよいのだろうか。もし大乗仏教を本気で信仰し、「衆生は無辺なれども誓願して度せん」という誓いを立てるならば、「独我的＝無我的な自己、つまり〈自己＝世界〉であるような自己」にとどまることは許されないだろう。この点について「十牛図」を用いて説明するならば[42]、ネルケ無方氏が指摘しているように[43]、内山老師の第六図は

---

(40) 内山老師は宮崎公教神学校で教師を務めた経験があるだけに、キリスト教について造詣が深く、しばしば聖書の教えにも言及している。例えば、内山・前掲書（註32）236-244頁。

(41) 参照、藤田一照・永井均・山下良道・前掲書（註30）33頁。

(42) 「十牛図」については、例えば、山田無文『十牛図――禅の悟りにいたる十のプロ

「十牛図」における 8 番目の「人牛倶忘」に相当するだろう。しかし、「自己曼画」においては、9 番目の「返本還源」および最後の「入鄽垂手」に相当する図が欠落している。換言すれば、「色即是空」は描かれているが、「空即是色」は描かれていないのである。これが仏教的〈法〉哲学の検討すべき第一の課題である。

第二の課題は、仏教という宗教思想に依拠した自然法論がはらむ潜在的な危険性である。確かに、エゴイズムの問題と本気で格闘するためには、ラートブルフのいわゆる「価値超克的態度」を取らざる得ず、考察は宗教的な色彩を帯びざるを得ない[44]。しかし他方では、このような考察態度が常識的な意味における道徳的な「評価的態度」と正面から衝突しうることは、オウム真理教事件を引き合いに出すまでもなく明白であろう。西田幾多郎は「宗教的価値とは、いわゆる価値ではない。それとは反対の方向にあるのである。神聖とは、価値超越の方向にあるのである。価値否定の価値ともいうべきであろう。」[45]と述べているが、この「価値否定の価値」が現実世界に否定的に働いた場合、何をもたらしうるであろうか。

例えば、「血盟団」指導者の井上日召は「なにが善で、なにが悪か、私は従来それらを対立する二つのものと考えていたが、実に本来「善悪不二」なのである。ただ我々の思惟、行動が、宇宙一元の真理に順応した場合に、善となり、これに背反した場合に、悪となるのである。／仮りに、人と人との間の問題をとってみても、自他一如の境地に立って、考え且つ行うことが善であり、然らざる心行はすなわち悪である。」[46]と述べている。また、内山老師が師事した澤木興道老師も戦時中に「…一切のものは、敵も味方も吾が子、上官も我が有、部下も我が有、日本も我が有、世界も我が有の中で、秩序を乱すものを征伐するのが、即ち正義の戦さである。ここに殺しても、殺

セス』(禅文化研究所、1982 年)、横山紘一『十牛図の世界』(講談社、1987 年)等を参照してほしい。
(43) 参照、藤田一照・山下良道・ネルケ無方・永井均・前掲書(註 27) 198-200 頁。
(44) 参照、高橋・前掲論文(註 1) 46 頁。
(45) 上田閑照編『西田幾多郎哲学論集Ⅲ』(岩波文庫、1989 年) 344 頁。
(46) 井上日召『一人一殺——血盟団事件・首謀者の自伝』(河出書房新社、2023 年) 166 頁。

さんでも、不殺生。この不殺生戒は剣を揮う。この不殺生戒は爆弾を投げる。」[47]と明言している。「…日本の思想風土においては…、同一性を互いに要請しあう「身心」が「脱落」した「無我」の境地の勧めは、「他者から見て不透明な私に固執すべからず」という澄メラへの帰一の強制となり、「澄んで」いない（と勝手に決めつけた）他者の抹殺の強制となる。」[48]という今は亡き大庭健教授の激烈な言葉は、このような歴史的文脈において真剣に受けとめる必要がある。善悪の彼岸に散る「無我」の桜がいかに美しくとも、仏教的〈法〉哲学は此岸で流される血を忘れてはなるまい。

(47) ブライアン・アンドレー・ヴィクトリア（エイミー・ルイーズ・ツジモト訳）『〔新装版〕禅と戦争――禅仏教の戦争協力』（えにし書房、2015年）53頁。
(48) 大庭健『他者とは誰のことか――自己組織システムの倫理学』（勁草書房、1989年）30頁。

自然法の特免と衡平について
―― スアレス『法律論』第 2 巻第 16 章を中心に ――

松 島 裕 一

 I 問題の所在
 II 自然法の特免
 III 自然法と衡平

I 問題の所在

1　モーセの十戒の掟のうち、とりわけ「殺してはならない」「盗んではならない」といった倫理的規定は、トマス・アクィナス（Thomas Aquinas, c.1225-1274）が「この種のことがらは無条件的に自然法に属する」[1]と述べたように、一般に自然法の典型として理解されている。そして、これらの自然法にかんしては、古くよりその適用をめぐって次のような問いが議論されてきた。すなわち、自己の生命を守るために不正な相手方を殺害することは、いかなる場合においても許されないか。あるいは、極度の貧困からやむを得ずに他人の物を盗むことは絶対的に禁止されるか。

※本稿において〔　〕はすべて筆者（松島）による挿入であり、……は筆者による省略である。また特に断りがないかぎり、傍点は筆者による。原典からの引用に際して、邦訳がある場合は可能なかぎりそれらを利用したが、文脈にあわせて一部改変したり、既訳を参考にしながら新たに筆者が訳出した箇所がある。なお、聖書からの引用は聖書協会共同訳を使用した。聖書中の諸文書の略語は同書による。
（1）　Tomas Aquinas, *ST*, I-II, q. 100, a. 1, co.（トマス・アクィナス『神学大全 13』稲垣良典訳、創文社、1977 年、187 頁）。原典として、レオ版を参照した。

現代風に言えば、正当防衛や緊急避難に該当するこうした事例において、自然法の遵守を強いることは当事者にとって酷であり、正義に悖るようにも思われる。それゆえ、実定法のみならず自然法においても、その適用が特別に免除される場合があるのでないか——これが、本稿のタイトルの前半に掲げた「自然法の特免（dispensatio）」と呼ばれる問題である。

2　上記の「自然法の特免」と密接に関連するもうひとつのテーマが、本稿のタイトルの後半に掲げた「衡平」の問題である。衡平の原語は古典ギリシア語ではエピエイケイア（ἐπιείκεια）であり、ラテン語ではアエクイタース（aequitas）と翻訳されたり、そのままエピエイケイア（epieikeia）やエピイキア（epiikia）などと音写されることが多い。

この衡平概念の起源を辿っていくと、周知のように、アリストテレス（Aristoteles, 384-322 B.C.）の『ニコマコス倫理学』にまで遡る。アリストテレスによれば、衡平とは、「法がその普遍性のゆえに不十分である場面で、法を是正するもの」[2]であり、「立法者が法律を無条件的な仕方で述べる誤りをおかした」[3]がゆえに必要とされるものである。

例えば、前述の「殺してはならない」という十戒の掟はまさに無条件的な仕方で普遍的（一般的）に規定されており、正当防衛による殺害については何も語ってはいない。それゆえ、そうした殺害が正当な行為として許容されるのであれば、当該掟に対して衡平による是正が必要であるように思われる。

しかしながら、この点にかんしては次のような疑問がただちに思い浮かぶ。もし仮に自然法が衡平によって是正されるのであれば、アリストテレスが示唆するように、人間の立法者と同じく自然法の立法者たる神も誤りをおかしているのであろうか。

（2）　Aristoteles, *EN*, V 10, 1137b26-27（アリストテレス『ニコマコス倫理学』朴一功訳、京都大学学術出版会［西洋古典叢書］、2002年、247頁）。ちなみに、「法の是正」はギリシア語原文では ἐπανόρθωμα νόμου であり、筆者の管見のかぎり、中近世のラテン語訳では概ね correctio legis ないし emendatio legis と翻訳されている。スアレス『法律論』では、後述のように、後者の訳語が採用されている。

（3）　Aristoteles, *EN*, V 10, 1137b21-22（邦訳246頁）

3 以上に示したような神学・法学上の難問に解答を与えつつ、独自の自然法論を展開したのが、後期スコラ学を代表する神学者フランシスコ・スアレス（Francisco Suárez, 1548-1617）である。彼の法学上の主著『法律および立法者たる神についての論究（*Tractatus de Legibus ac Deo Legislatore*）』（以下、『法律論』と略す）[4]の第2巻には「永久法、自然法、万民法（ユス）について（De Lege Aeterna et Naturali ac Iure Gentium）」というタイトルが付されており、その第14章から第16章までが自然法の特免と衡平をめぐる考察に充てられている。参考までに各章の表題を示しておくと、次の通りである。

- 第14章「自然法（ユス）は人間の権能によって変更ないし特免できるか（Utrum ius naturale mutari vel dipensari possit per human potestatem）」
- 第15章「神はその絶対的権能によりさえすれば、自然法において特免をなしうるか。（Utrum Deus dispensare possit in lege naturali etiam de absoluta potestate）」
- 第16章「衡平ないし解釈は自然法にかんして効力を有するか。また、それは神が行うか、人間が行うかによるか。（Utrum circa legem naturalem habeat locum epiikia vel interpretatio sive a Deo sive ab homine facta）」

紙幅の都合上、本稿では第16章の「自然法と衡平」のテーマに的を絞って、スアレスの自然法思想の一端を明らかにしたいと考えている。もっと

---

(4) 本稿ではスアレス『法律論』第2巻後半の原典として以下に掲げる校訂版（いわゆる CSIC［Consejo Superior de Investigaciones Científicas］版）を使用し、必要に応じてコインブラ版（1612年）、パリ全集版（1856年）、ナポリ版（1872年）などを適宜参照した（以下 DL と略し、引用に際しては原典の巻・章・節を示す）。
　Francisco Suárez, *De Legibus*（II 13-20）, *De Iure Gentium*, Edición crítica bilingüe por L. Pereña, V. Abril y P. Suñer, y la colaboración de E. Elorduy, C. Villanueva, A. García y C. Baciero, Consejo Superior de Investigaciones Científicas, Madrid, 1973.
　細かな参照指示は省いたが、第2巻には英独仏伊西訳が揃っており、テキストの訳出に際して大いに参考にした。また、第2巻の部分的な邦訳としては、フランシスコ・スアレス（山辺建訳）「法律についての、そして立法者たる神についての論究」上智大学中世思想研究所編『中世思想原典集成20：近世のスコラ学』（平凡社、2000年）691～880頁と伊藤不二男『スアレスの国際法理論』（有斐閣、1957年）105～151頁がある。ただし、いずれの書籍においても本稿が考察の対象とする第15章と第16章は訳出されていない。

も、その前提として「自然法の特免」にかんする若干の知識が必要となるため、そのかぎりで第15章に関連する事柄にも言及することとする[5]。

II　自然法の特免

1　先に掲げたように『法律論』第2巻第15章と第16章の表題はそれぞれ問いのかたちで表現されており、各章はそれに対するスアレスの解答になっている。まず第15章表題の問いへの彼の解答は次のようなものである。「厳密に言えば、神は自然法において特免を行うのではなく、その素材（適用対象 materia）ないし諸般の事情を変化させるのであって、当該事情がなくなれば、自然的な掟そのものは特免に拠らずともそれ自体として義務を課さなくなるのである」[6]。

スアレスにとって、自然法は万民法とは異なり、絶対的に不変的かつ普遍的な法である[7]。それゆえ先行研究が指摘するように、そうした自然法にかんして、立法者たる神が特免によって例外を設けることは矛盾である[8]。しかしながら、スアレスの所論によれば、神は自然法の効力に手を加えずとも素材を変化させることによって、当該事案への自然法の適用を除外することができる。この「素材の変化（mutatio materiae）」という考え方は第16章に

---

(5)　スアレス『法律論』第2巻第15章の概要を含め、「自然法の特免」というテーマについては、ホセ・ヨンパルト『法の歴史性：現行法の法哲学試論』（成文堂、1977年）の第1部第2章「中世における自然法の dispensatio の問題」が詳しい。また、ホセ・ヨンパルトほか『人民主権思想の原点とその展開：スアレスの契約論を中心として』（成文堂、1985年）104頁も参照。

(6)　*DL*, II. 15. 26. « ... proprie loquendo, non dispensare Deum in aliquo praecepto naturali, sed mutare materiam eius vel circumstantias sine quibus praeceptum ipsum naturale non obligat ex se et absque dispensatione. »

(7)　*DL*, II. 19. 2. « ... ius gentium non potest esse tam immutabile sicut naturale, ... in universalitate et communitate ad omnes gentes naturale ius omnibus est commune solumque per errorem potest alicubi non servari. »（「万民法は自然法ほどには不変的でありえない……。すべての諸民族に及ぶ普遍性と共通性という点では、自然法はすべて［の諸民族］に共通であって、どこかで守られていないということも、錯誤によって以外にはありえない……。」山辺訳826頁）。

(8)　ヨンパルト『法の歴史性』（前掲注5）23頁を参照。

も登場するので、具体例についてはのちほど触れることにする。

　以上のようにスアレスは自然法の特免を否定しており、結果に着目すれば、彼の立場は『神学大全』におけるトマスの主張と合致する。トマスは「十戒の諸規定からの特免は可能であるか（Utrum praecepta decalogi sint dispensabilia）」という問いに対して、こう結論づけている。「十戒の諸規定はまったく特免不可能である（Et ideo praecepta decalogi sunt omnino indispensabilia.）」[9]。

　2　トマスが『神学大全』において論じているのは、正確に言えば、「自然法一般の特免」ではなく「十戒の特免」である。このように、自然法の特免というテーマは十戒の諸規定をめぐって展開されることが多い。スアレスによれば、自然法（自然的な掟 praecepta naturalia）のうち、第一の諸原理、すなわち「悪を行うべきではなく、善を追求すべきである」[10]といった最も普遍的な諸原理についてはそもそも特免はありえず、またこの点にかんして学者たちの間で争いは存在しない。むしろ争点は、第二の諸原理にかんする特免の可否である。スアレスによると、第二の諸原理とは第一の諸原理と直接的かつ完全に内在的に結びついている諸帰結であり、具体的には十戒の諸規定がこれに当たる[11]。

　法思想史学では周知のように、トマスの没後、ドゥンス・スコトゥス（Johannes Duns Scotus, 1265/66-1308）やオッカムのウィリアム（William of Ockham, c. 1285-1347/49）らの主意主義的な法思想が台頭する。自然法の特免にかんして言えば、スコトゥスは十戒のうち第二表のあらゆる規定──つまり第四戒から第十戒まで──について神による（自由な）特免を肯定し、オッカムは十戒の規定すべてについて特免を認める[12]。もちろんスアレス

（9）　Aquinas, *ST*, I-II, q. 100, a. 8, co.（稲垣訳215頁）。なお、稲垣訳では dispensatio は「免除」と訳されているため、本稿での引用に際して「特免」の訳語に改めた。

（10）　*DL*, II. 15. 2. « *malum faciendum non est et bonum est prosequendum* » なおトマス『神学大全』（*ST*, I-II, q. 94, a. 2, co.）においても、「善は為すべく、追求すべきであり、悪は避けるべきである（bonum est faciendum et prosequendum, et malum vitandum）」が自然法の第一の規定とされている（稲垣訳72頁）。

（11）　Cf. *DL*, II. 15. 2. なおスアレスによると、第三の諸原理もあり、それらは第一の諸原理からも十戒からも遠く離れたものとされる。ただし、この特免の可否についてはほとんど議論がなされていないという。

は自然法の特免を否定する立場から彼らとは鋭く対立しており、『法律論』第 2 巻第 15 章ではその批判に相当の紙幅が割かれている。

3 ところで、トマスの初期の著作である『命題集註解』には、後年の『神学大全』とは異なり、自然法の特免を正面から認めるような記述が見出される[13]。そこでの問いは「複数の妻をもつことが許される場合があるか」というものであり、旧約聖書における多妻の事例——例えば、『創世記』のヤコブや『サムエル記』のダビデ——を念頭に置きつつ、特免によるその可能性が考察されている。この問いに対するトマスの解答のうち、特免にかんする部分を要約すれば、以下のようになる。

アリストテレスが『ニコマコス倫理学』で明らかにしたように、人間の行為はさまざまな条件や状況に応じて多種多様なものにならざるをえない。そのため、多妻を禁じる自然法の規定[14]もまた、「つねに効力を有するのではなく、たいていの場合 (in majori parte) にあてはまる」ものと解される。当然のことながら、「こうした多様なものを〔すべて法で〕規律することは容易ではない。そこで、法に効力を与える権威をもつ者に対しては、次のこ

---

(12) 十戒の特免をめぐるスコトゥスとオッカムの立場につき、小林公『ウィリアム・オッカム研究：政治思想と神学思想』（勁草書房、2015 年）第 10 章「神と自然法」は必読文献である。なお、十戒の諸規定（出 20: 2-17、申 5: 6-21）の数え方は諸派によって相違が見られるが、カトリック・ルター派では、第一戒が「他神崇拝・偶像崇拝禁止」、第二戒が「神名濫唱禁止」、第三戒が「安息日遵守」であり、スアレスもそのように理解している。これら最初の三つの規定が神にかんする掟として第一表に属し、第四戒「父母尊重」以下の世俗的な掟が第二表に属す。各戒律の名称も含め、月本昭男『物語としての旧約聖書：人類史に何をもたらしたのか』（NHK 出版、2024 年）193 頁を参照。なお、スコトゥスの立場をより正確に記しておくと、スアレスも述べているように、第一表の第三戒については条件付きで特免可能であり、第一戒と第二戒のみが特免不可とされる（*DL*, II. 15. 6.）。

(13) トマスの法思想にかんして、『命題集註解』（*Super Sent.*, IV, d. 33, q. 1）に着目する邦語文献として、沢田和夫『トマス・アクィナス研究：法と倫理と宗教的現実』（南窓社、1969 年）117〜124 頁を参照。

(14) 本文では割愛したが、トマスは同箇所において自然法の第一諸規定と第二諸規定ということに言及しており、多妻を禁止する自然法は後者に該当すると述べている。『命題集註解』におけるこうした自然法の区別については、高坂直之『トマス・アクィナスの自然法研究』（創文社、1971 年）113 頁以下を参照。

とが留保されている。それは、法の効果が及ぶべきでない事例において、その法〔の適用〕を除外する許可を与えることである。このような許可を特免という」[15]。

トマスは以上のように特免を一般的に説明したあと、多妻をめぐる特免についてはこう結論づけている。「一夫一婦の法は人ではなく神によって定められたものであり……、それゆえ、本問では神のみが特免を行うことができたのである」[16]。

III　自然法と衡平

1　17世紀ドイツの法学者プーフェンドルフ（Samuel von Pufendorf, 1632-1694）はその著作の中で特免と衡平を取り上げ、「衡平は特免とはまったく異なる」と注意を促している[17]。裏を返せば、当時に至るまで両概念はしばしば混同されてきたわけであり、そうした誤謬の好例が既出のトマスの用語法であるように思われる。トマスは『命題集註解』において「特免」の語を用いていたが、実際に彼が語っていることは「衡平」にほかならない。そのことは、衡平の必要性を説いた『ニコマコス倫理学』の該当箇所（第5巻第10章）――特に、「法はたいていの場合にあてはまることを採用する」[18]という一節――と読み比べてみれば、一目瞭然であろう。

両概念の異同に自覚的だったスアレスは『命題集註解』におけるトマスの

---

(15)　Thomas Aquinas, *Super Sent.*, IV, d. 33, q. 1, a. 2, co. « Sed quia non est facile determinare hujusmodi varietates; ideo illi ex cujus auctoritate lex efficaciam habet, reservatur, ut licentiam praebeat legem praetermittendi in illis casibus ad quos legis efficacia se non extendere debet; et talis licentia dispensatio dicitur. » なお、原典はパルマ版（1858年）を使用した。

(16)　Aquinas, *op. cit* (n. 15) « Lex autem de unitate uxoris non est humanitus, sed divinitus instituta, ... et ideo in hoc a solo Deo dispensatio fieri potuit ... »

(17)　Samuel von Pufendorf, *De officio hominis et civis iuxta legem naturalem libri duo*, Londini Scanorum, 1673, p.24 (I, 2, §.10) « A dispensatione tamen multum differt *aequitas*, ... »（プーフェンドルフ『自然法にもとづく人間と市民の義務』前田俊文訳、京都大学学術出版会、2016年、47頁。傍点は訳者による。）

(18)　Aristoteles, *EN*, V 10, 1137b15-16（邦訳246頁）なお、トマスも参照したであろうロバート・グロステスト（Robert Grosseteste, c. 1168-1253）のラテン語訳『ニコマ

「特免」を「衡平」に読み替えたうえで、『法律論』第 2 巻第 16 章の考察を開始している。すでに紹介したように、第 16 章の表題が投げかける問いはふたつの設問から構成されており、学者たちの解答は次の 3 つに整理される。

　　［第一説］自然法においても衡平は効力を有する。ただし、それをなしうるのは神のみである。
　　［第二説］自然法においても衡平は効力を有する。また、それは神のみならず人間がなしうる場合もある。
　　［第三説］自然法において衡平が効力を有することはない。よって、それは人間にも神にもなしえない。

スアレス自身が「ほぼすべての著述家たちは、自然法は衡平によって解釈できるということに同意しているように思われる」[19] と認めるように、衡平を肯定するのが通説的見解である。こうした通説のなかでも、『命題集註解』でのトマスの見解は第一説に該当する[20]。これに対して、自然法の特免を否定したスアレスは、衡平においてもその効力を否定する。したがって、彼の立場は第三説ということになる。

　2　もっとも衡平を否定するスアレスの見解は、その帰結において他説と大きく異なるわけではない。スアレスにおいても、十戒の諸規定にかかわらず、正当防衛や緊急避難的な行為は容認される。この点に関連して、とりわけ次の 2 点が重要である。
　第一に、スアレスが否定する衡平とは「本来のエピエイケイアないし衡平（propria epiikia seu aequitas）」であり、「解釈」や「説明」とは区別される。彼によれば、「本来の衡平」とはアリストテレスが『ニコマコス倫理学』（本

　　　コス倫理学』では、当該一節は « hoc ut in plus accipit lex » と訳されている。
(19)　DL, II. 16. 1. « ... fere omnes auctores convenire videntur legem naturalem posse recipere interpretationem per epiikiam ... » この点にかんして、ヤン・シュレーダー『トーピク・類推・衡平：法解釈方法論史の基本概念』（石部雅亮編訳、信山社、2000 年）102～103 頁も参照。
(20)　第二説の支持者としては、ドミンゴ・デ・ソト（Domingo de Soto, 1495-1560）らの名前が挙げられている。ソトの著作には興味深い記述が見られるが、その検討は他日を期したい。

稿Ⅰ2参照）で定義するところのエピエイケイアであり、端的に言えば、「法の是正」である。しかしながら、スアレスの自然法理解では、自然の諸原理から導き出される「諸命題が個々において不十分であったり、誤っていたりすることはありえない」[21]。それゆえ、自然法の是正もまたありえないのである。

他方で、スアレスはナバルス（Martín de Azpilcueta [Navarrus], 1493-1586）の論攷「十戒の第五戒「殺してはならない」について」[22]を参照しつつ、次のように述べている。第五戒が禁じる「殺害」には「身を守るために必要であった殺害は含まれない。だが、これは衡平によるのではなく、たんに当該規定の真の意味を解釈したにすぎない」[23]。こうしたスアレスの理解は、『神学大全』でトマスが主張する内容とほぼ同趣旨である[24]。

第二に、「素材の変化」（本稿Ⅱ1）を通じて、自然法の適用が除外される場合がある。十戒の規定からは離れるが、ひとつ分かりやすい事例を紹介しておこう。スアレスは次のように問う、「自然法は下位者に対して上位者に従うことを命じる」が、上位者がその義務を免除したらどうか。解答のひとつは以下のようなものである。「本事案では、自然法は素材の変化を通じて義務づけを停止している、すなわち、下位者とされた者が、ナバルス自身も認めているように、免除を通じて下位者であることを止めているのである。よって、これは衡平によるものではない」[25]。

3 以上のように、スアレスは自然法において（本来の）衡平を否定してい

---

(21) *DL*, II. 16. 3. « Sed huiusmodi propositones in nullo individuo possunt deficere aut esse falsae. »
(22) Martín de Azpilcueta, *Enchiridion sive manuale confessariorum et poenitentium*, Antverpiae, 1581, cap. XV. de quinto praecepto Decalogi, Non occides., pag. 238ff.
(23) *DL*, II. 16. 7. « ... de praecepto *Non occides*, quod non comprehendat occisionem in defensionem necessariam. Haec autem non est epiikia sed simplex interpretatio veri sensus illius praecepti. »
(24) Aquinas, *ST*, I-II, q. 100, a. 8, ad 3.（稲垣訳216頁）
(25) DL, II. 16. 7. « ... ibi lex desinit obligare per mutationem materiae, quia scilicet ille qui erat inferior, per exemptionem desinit esse inferior, ut ipse Navarrus fatetur. At haec non est epiikia. »

るが、しかしその一方で、実定法については他の学者たちと同じく衡平による是正を肯定する。第16章の後半部分ではその理由がいくつか述べられているが、おそらく決定的に重要なのは実定法と自然法をめぐる次のような相違点であろう。

スアレスによると、「実定法を構成する本質的な原理（内在的な形相）は立法者の意志」であり[26]、それゆえ、実定法の欠陥は立法者の意志に基づいて是正されることになる。彼自身の言葉を借りれば、「法の是正と言われる本来の衡平」は、「（言うなれば）立法者の意図と思しきものや立法者が公平と考えたであろうことを通じてその正当化を行う」のである[27]。

これに対して、自然法は何かを禁止しようとする意志によって基礎づけられるのではない。スアレスいわく、「自然法を是正することはできない。なぜなら、自然法は正しい理性に基づいているからであり、その理性は真理に背くことはできないのである」[28]。

つまり実定法の解釈においては立法者の意志が優先され、他方、自然法の解釈においては自然の正しさ（ius naturae）が重視される。そして、後者の自然法の解釈では自然の正しさに基づいて、当該行為を善にしたり悪にしたりする条件や状況が探究されなければならない。神や天使たちであれば、解釈を介さずに、十戒で禁じられている「殺人」「姦淫」「窃盗」「偽証」がいかなるものであるかを直接的に認識できるだろう[29]。人間にはそれが不可能である以上、スアレスに従えば、人間に求められるのは自然法の解釈であって、けっして特免や衡平ではないのである。

---

[26] 拙稿「法律の精神について：スアレス『法律論』第3巻第20章と第6巻第1章を中心に」『法の理論39』（成文堂、2021年）80頁。

[27] *DL*, II. 16. 13. « ... propria epiikia quae dicitur emendatio legis, ... iustificando illa (ut sic dicam) per intentionem et aequitatem praesumptam legislatoris. »

[28] *DL*, II. 16. 9. « At lex naturalis emendari non potest, cum posita sit in recta ratione, quae a vero deficere non potest. »

[29] Cf. *DL*, II. 16. 6.

酒匂一郎先生　略　　歴

1954 年（昭和 29 年）鹿児島県にて出生
1978 年（昭和 53 年）九州大学法学部卒業
1980 年（昭和 55 年）九州大学大学院法学研究科修士課程修了
1984 年（昭和 59 年）九州大学大学院法学研究科博士課程単位取得退学
1984 年（昭和 59 年）九州大学法学部助手（〜1986 年 3 月）
1987 年（昭和 62 年）法学博士の学位取得（九州大学）
1989 年（平成元年）九州大学法学部助教授
1993 年（平成 5 年）日本法哲学会理事（〜2019 年）
1995 年（平成 7 年）九州大学法学部教授
2008 年（平成 20 年）九州大学大学院法学研究院副院長
2010 年（平成 22 年）同研究院長（学部長）（〜2013 年 3 月）
2018 年（平成 30 年）九州大学副学長（〜2020 年 3 月）
2020 年（令和 2 年）九州大学名誉教授
2020 年（令和 2 年）九州大学法科大学院非常勤講師（〜2024 年 3 月）

酒匂一郎先生　主要業績目録

I　著書・編著書

1 『法思想の伝統と現在——三島淑臣教授退官記念論集』（九州大学出版会、1998年）（共編著）
2 『法哲学入門』（成文堂、2002年）（共著：三島淑臣編）
3 『自由と正義の法理念——三島淑臣教授古稀祝賀』（成文堂、2003年）（共編著）
4 『インターネットと法』（信山社、2003年）（単著）
5 『医療倫理学』（中央法規出版、2004年）（共著：丸山マサ美編）
6 『法の理論31』（成文堂、2012年）（共編）
7 『法の理論32』（成文堂、2013年）（共編）
8 『法の理論33』（成文堂、2015年）（共編）
9 『法理論をめぐる現代的諸問題』（晃洋書房、2016年）（共著：角田猛之、市原靖久、亀本洋編）
10 『法の理論34』（成文堂、2016年）（共編）
11 『法の理論35』（成文堂、2017年）（共編）
12 『法の理論36』（成文堂、2018年）（共編）
13 『法の理論37』（成文堂、2019年）（共編著）
14 『法哲学講義』（成文堂、2019年）（単著）
15 『市民法学の新たな地平を求めて——法哲学・市民法学・法解釈学に関する諸問題（篠原敏雄先生追悼論文集）』（共編著）（成文堂、2019年）
16 『法の理論38』（成文堂、2020年）（共編）
17 『法の理論39』（成文堂、2021年）（共編）
18 『法の理論40』（成文堂、2021年）（共編）
19 『法の理論41』（成文堂、2023年）（共編）
20 『法の理論42』（成文堂、2024年）（共編）

II　論文

1 「ヴォルフ・パウルの批判的法理論について」原秀男、ホセ・ヨンパルト、三島淑臣編『法の理論3』（成文堂、1983年）
2 「制度と正義——パシュカーニス法理論の批判的検討」法政研究 第51巻第2号（九州大学法政学会、1985年）
3 「全体性の法思想——その構造と展開」（博士学位論文〔未公刊〕）（1987年）

4 「言語行為と規範の正当性——ハーバーマスに即して」『法哲学年報 1986』（有斐閣、1987 年）
5 「法の自立性と法の批判—— H・L・A・ハートの法理論に関する一考察（一）」法政研究 第 56 巻第 3-4 号（九州大学法政学会、1990 年）
6 「法の自立性と法の批判—— H・L・A・ハートの法理論に関する一考察（二）」法政研究 第 57 巻第 4 号（九州大学法政学会、1991 年）
7 「法と道徳との関連—— R・ドライヤーとR・アレクシーの所説を中心に」法政研究 第 59 巻第 3-4 号（九州大学法政学会、1993 年）
8 「総論：合意について——その法的社会的射程」九州法学会会報 1993（九州法学会、1994 年）
9 「規範・規範命題・規範的言明」法政研究 第 61 巻第 3-4 号（九州大学法政学会、1995 年）
10 「『差異の政治』とリベラリズム」ホセ・ヨンパルト、三島淑臣、笹倉秀夫編『法の理論16』（成文堂、1997 年）
11 「文化多元性と公共的対話」『法哲学年報 1996』（有斐閣、1997 年）
12 「法と政治の討議理論と倫理的問題」三島淑臣教授退官記念論集編集委員会編『法思想の伝統と現在』（九州大学出版会、1998 年）
13 「近代化する東アジアの法的諸問題」〔韓国語および中国語に翻訳、日本語のものは未公刊〕（1998 年）
14 「法・社会・国家」三島淑臣編『法哲学入門』（成文堂、2002 年）
15 「統一テーマ『情報社会の秩序問題』について」『法哲学年報 2001』（有斐閣、2002 年）
16 「法・情報・技術」『法哲学年報 2001』（有斐閣、2002 年）
17 「自己・社会・情報——自己同一性の自由に関する試論」ホセ・ヨンパルト、田中成明、竹下賢、笹倉秀夫、酒匂一郎、永尾孝雄編『自由と正義の法理念』（成文堂、2003 年）
18 「ヒトゲノム研究と法・総説」九州法学会会報 2003（九州法学会、2004 年）
19 「医療倫理と法」丸山マサ美編『医療倫理学』（中央法規出版、2004 年）
20 「科学技術・リスク・法化——環境法における規制改革をめぐって」民商法雑誌 第 133 巻第 3 号（有斐閣、2005 年）
21 「他者の倫理と普遍的正義」ホセ・ヨンパルト、三島淑臣、長谷川晃編『法の理論25』（成文堂、2006 年）
22 「グスタフ・ラートブルフにおける法の概念と理念」(Journal of Social Sciences, Vol.16. No.1-2.〔社会科学紀要 第 16 巻第 1-2 号〕）（蔚山大学校（韓国）、2008 年）

23 「ラートブルフ・テーゼについて」法政研究 第 78 巻第 2 号（九州大学法政学会、2011 年）
24 「法化としての世界化——カント的理念の可能性」ホセ・ヨンパルト、三島淑臣、竹下賢、長谷川晃編『法の理論 30』（成文堂、2011 年）
25 「枉法と故意——ラートブルフ・テーゼと裁判官の責任」法政研究 第 79 巻第 1-2 号（九州大学法政学会、2012 年）
26 「ヘーゲルと市民法学・立憲主義・共和主義：『マルクス主義市民法学』でもなく『近代主義市民法学』でもなく」『法哲学年報 2014』（有斐閣、2015 年）
27 「法の主張について」法政研究 第 81 巻 4 号（九州大学法政学会、2015 年）
28 「理念志向の法哲学」角田猛之・市原靖久・亀本洋編『法理論をめぐる現代的諸問題』（晃洋書房、2016 年）
29 「電子書籍と再販制度（IT 社会の法的課題 7）」Law & Technology 第 73 号（民事法研究会、2016 年）
30 「ドイツ連邦共和国司法におけるラートブルフ定式の受容と定式の現代的意義（上）」法政研究 第 84 巻第 1 号（九州大学法政学会、2017 年）
31 「ドイツ連邦共和国司法におけるラートブルフ定式の受容と定式の現代的意義（下）」法政研究 第 85 巻第 1 号（九州大学法政学会、2018 年）
32 「法の概念と理念について——ラートブルフとカントおよびヘーゲル」酒匂一郎、新谷眞人、福永清貴編『市民法学の新たな地平を求めて——法哲学・市民法学・法解釈学に関する諸問題』（成文堂、2019 年）
33 「アレクシーの基本権論と比例性分析論」法政研究 第 88 巻 1 号（九州大学法政学会、2021 年）
34 「合衆国司法審査理論と比例性アプローチ（上）」法政研究 第 88 巻 3 号（九州大学法政学会、2021 年）
35 「合衆国司法審査理論と比例性アプローチ（下・完）」法政研究 第 88 巻 4 号（九州大学法政学会、2022 年）
36 「比例性原則と比較衡量」法政研究 第 90 巻 2 号（九州大学法政学会、2023 年）
37 「法実証主義の規範的主張の批判的検討」『法哲学年報 2022』（有斐閣、2023 年）

Ⅲ　雑誌寄稿

1 「シネマ・法学入門 9：HIV/AIDS をめぐる差別と偏見——『フィラデルフィア』」法学教室 第 207 号〔1997 年 12 月号〕（有斐閣、1997 年）
2 「法学教育と情報化——法哲学的観点から」法律時報 第 74 巻第 3 号（日本評

論社、2002 年）
3 「基礎法・特別法講義（六）：法哲学（一）法の概念と実践」法学教室 第 259 号〔2002 年 4 月号〕（有斐閣、2002 年）
4 「基礎法・特別法講義（六）：法哲学（二）法の体系と自立性」法学教室 第 260 号〔2002 年 5 月号〕（有斐閣、2002 年）
5 「基礎法・特別法講義（六）：法哲学（三）正義と公共的対話」法学教室 第 261 号〔2002 年 6 月号〕（有斐閣、2002 年）
6 「基礎法・特別法講義（六）：法哲学（四・完）現代正義論」法学教室 第 262 号〔2002 年 7 月号〕（有斐閣、2002 年）
7 講演録「法と自由意志」東北学院大学法学政治学研究所紀要 第 31 号（東北学院大学法学政治学研究所、2023 年）

IV 書評

1 「書評：田中成明著『現代社会と裁判』」ジュリスト 第 1092 号〔1996 年 6 月 15 日号〕（有斐閣、1996 年）
2 「書評：篠原敏雄著『市民法学の基礎理論』」國士館法学 第 30 号（国士舘大学法学部、1998 年）
3 「書評：田中成明著『法への視座転換をめざして』」書斎の窓 第 560 号（有斐閣、2006 年）
4 「書評：青井秀夫著『法理学概説』」『法哲学年報 2007』（有斐閣、2008 年）
5 「書評：斬新なカント、法哲学か政治哲学か──木原淳著『境界と自由：カント理性法論における主権の成立と政治的なるもの』」『法哲学年報 2013』（有斐閣、2014 年）
6 「論評：『岡本論文および大河内論文へのコメント』」長谷川晃、酒匂一郎、河見誠編『法の理論 37』（成文堂、2019 年）
7 「論評：『亀本氏の書評に対するリプライ』」『法哲学年報 2018』（有斐閣、2019 年）
8 「書評：田中成明著『カントにおける法と道徳と政治』」書斎の窓 第 690 号（有斐閣、2023 年）

V 翻訳

1 ヴァージニア・ブラック「自然法の再討議」（共訳）ホセ・ヨンパルト、三島淑臣編『法の理論 9』（成文堂、1988 年）
2 トム・キャンベル「法的差別と社会的差別」（共訳）法政研究 第 57 巻第 1 号（九州大学法政学会、1990 年）

Ⅵ 学会・シンポジウム等報告

1 「文化多元性と公共的対話」日本法哲学会学術大会（明治大学）（1996 年）
2 「近代化する東アジアの法的諸問題」The 2nd Asian Conference on Philosophy of Law and Social Philosophy（Korea）（1998 年）
3 「法・情報・技術」第二〇回 FINE 千葉フォーラム（千葉大学）（2001 年）
4 「法学教育と情報化」法と情報を考える鹿児島セミナー2001（鹿児島大学）（2001 年）
5 「法・情報・技術」日本法哲学会学術大会（東北学院大学）（2001 年）
6 「科学技術・リスク・法化」京都大学法学研究科 COE シンポジウム「二一世紀の新しい法秩序」（京都大学）（2005 年）
7 「『ラートブルフ・テーゼ』について」九州法理論研究会（九州大学）（2008 年）
8 「グスタフ・ラートブルフにおける法の概念と理念」蔚山大学校-九州大学「法政 SYMPOSIUM」（韓国・蔚山大学校）（2008 年）
9 「『ラートブルフ・テーゼ』について」ドイツ法哲学研究会（学習院大学）（2008 年）
10 「『また、ラートブルフ』、あるいは法の概念と理念──ラートブルフの普遍的語用論的解釈」九州法理論研究会（九州大学）（2011 年）
11 「法の概念と理念について」九州法理論研究会（九州大学）（2015 年）
12 「ラートブルフと現代の理念主義法哲学」ドイツ法哲学研究会（立教大学）（2016 年）
13 「ラートブルフと現代の理念主義法哲学」日本法哲学会学術大会（立教大学）（2016 年）
14 「法実証主義の規範的主張の批判的検討」ドイツ法哲学研究会（オンライン開催）（2022 年）
15 「法実証主義の規範的主張の批判的検討」日本法哲学会学術大会（中央大学）（2022 年）

執筆者紹介 （掲載順）

河見　　誠（かわみ　まこと）	青山学院大学コミュニティ人間科学部教授
城下健太郎（しろした　けんたろう）	九州大学大学院法学研究院協力研究員
木原　　淳（きはら　じゅん）	関西大学法学部教授
小林　正士（こばやし　まさし）	国士舘大学法学部准教授
重松　博之（しげまつ　ひろゆき）	北九州市立大学法学部教授
毛利　康俊（もうり　やすとし）	西南学院大学法学部教授
福原　明雄（ふくはら　あきお）	九州大学大学院法学研究院准教授
菅原　寧格（すがわら　やすのり）	北海学園大学法学部教授
吉岡　剛彦（よしおか　たけひこ）	佐賀大学教育学部教授
小園　栄作（こぞの　えいさく）	九州大学大学院法学研究院協力研究員
渡辺　幹雄（わたなべ　みきお）	山口大学経済学部教授
神原　和宏（かんばら　かずひろ）	久留米大学法学部教授
亀本　　洋（かめもと　ひろし）	明治大学法学部教授
若松　良樹（わかまつ　よしき）	学習院大学法科大学院教授
細見　佳子（ほそみ　よしこ）	釧路工業高等専門学校創造工学科准教授
橋本　祐子（はしもと　ゆうこ）	龍谷大学法学部教授
太田　寿明（おおた　としあき）	熊本大学大学院人文社会科学研究部准教授
濱　真一郎（はま　しんいちろう）	同志社大学法学部教授
西村　清貴（にしむら　きよたか）	中央大学法学部准教授
近藤　圭介（こんどう　けいすけ）	京都大学大学院法学研究科准教授
宮田　賢人（みやた　けんと）	小樽商科大学商学部准教授
清水　　潤（しみず　じゅん）	白鷗大学法学部教授
森元　　拓（もりもと　たく）	東北公益文科大学公益学部教授
塩見　佳也（しおみ　よしなり）	静岡文化芸術大学文化政策学部准教授
江口　厚仁（えぐち　あつひと）	九州大学大学院法学研究院教授
陶久　利彦（すえひさ　としひこ）	東北学院大学法学部教授
村上　　学（むらかみ　まなぶ）	東京理科大学教養教育研究院教授
井川　昭弘（いかわ　あきひろ）	長崎純心大学人文学部准教授
高橋　文彦（たかはし　ふみひこ）	明治学院大学法学部教授
松島　裕一（まつしま　ゆういち）	摂南大学法学部准教授

法の理念と現実
──酒匂一郎先生古稀記念論文集──

2024年9月8日　初版第1刷発行

編集委員　
之城一彦
博橋洋竜
松橋山岡剛
重高中吉

発行者　阿部成一
〒169-0051　東京都新宿区西早稲田1-9-38
発行所　株式会社　成文堂
電話03(3203)9201(代)　FAX03(3203)9206
http://www.seibundoh.co.jp

製版・印刷　シナノ印刷　　　　　製本　弘伸製本
©2024　酒匂一郎先生古稀記念論文集編集委員会
☆乱丁・落丁本はおとりかえいたします☆　Printed in Japan

ISBN978-4-7923-0737-0 C3032　　　検印省略

定価（本体11,000円＋税）